HERBERT SCHINDLER

Barockreisen in Oberschwaben
und am Bodensee

HERBERT SCHINDLER

Barockreisen

in Oberschwaben
und am
Bodensee

PRESTEL VERLAG MÜNCHEN

Mit Zeichnungen des Verfassers

© Prestel-Verlag München 1971
3. Auflage 1980
Passavia Druckerei GmbH Passau
ISBN 3-7913-0005-9

Inhalt

VORWORT

Der oberschwäbische Barock, ehemals nur wenigen Kennern und Liebhabern vertraut, ist heute zu einem festen Begriff geworden. Er ist einbezogen in die Pläne der Reisenden wie auch der Ämter und Verbände, die uns zum Reisen animieren möchten. Hunderte von grünweißen Straßenschildern weisen uns zwischen Donau und Bodensee auf die ›Oberschwäbische Barockstraße‹ hin. Der Autofahrer wird über die Streckenführung und die Zahl der zu bewältigenden Kilometer orientiert. Er erhält auf Prospekten den perfekten touristischen Service. Der Erholungsuchende wird auf die oberschwäbischen Moorbäder mit ihren reizvollen Wanderwegen hingewiesen. Dem Ferienreisenden werden Bodenseestrandbäder mit verlockenden Namen genannt. Dabei fehlt es auch nicht an Anregungen für den Kunstfreund. Man weiß ja inzwischen längst, was man an Sehenswertem zu bieten hat.

Mit Hinweisen, die nur in Stichworten das Wichtigste anmerken, ist dem wirklich Interessierten niemals genügend gedient. So ist man eben, wie so oft, auf die örtliche Führerliteratur angewiesen oder auf Kunstführer, die einen anderen Aufbau haben, die schon älter und darum wenig barockfreundlich sind. Da und dort gibt es Führungen mit ihren Zufälligkeiten. Der Kunstreisende muß sie über sich ergehen lassen wie einen Landregen oder eine geschlossene Schranke. Am besten ist es wohl, man verläßt sich auf sich selbst.

Ich bin nicht von der Absicht ausgegangen, für unsere Barockstraße einen bis ins Detail exakten Kunstreiseführer zu schreiben. Das würde mich langweilen und vielleicht auch manchen Leser. Was mir vorschwebte, war ein wirkliches Reisebuch, in dem sich das Erlebte und Erschaute spiegeln und die Auseinandersetzung mit der vorliegenden Literatur. Eine solche Kunstreise, und eine Barockreise im besonderen, ist immer vom Geschmack und Eigenwillen des Reisenden bestimmt. Sie läßt sich nicht in Kilometerangaben und feststehende Routen pressen oder nach Tagestouren und Besichtigungszeiten auffächern. Sie ist auch Wechselfällen unterworfen, die nicht voraussehbar sind, die das Reisen ja erst interessant und vergnüglich machen.

Von dieser Lust des Einzelgängers am Aufspüren und Entdecken – einer sehr persönlichen Lust also – möchte ich dem Leser möglichst viel mitteilen, ohne daß die kunsthistorischen Fragen und Fakten vernachlässigt werden, der Aufbau und die Terminologie darunter leiden. Ein Reisebuch ist eben immer ein persönlich gehaltenes, vielleicht sogar für sich selbst geschriebenes Buch.

München im Frühjahr 1971   H. S.

DER OBERSCHWÄBISCHE HIMMEL

Lieber Barockfreund!

Sie haben sich also zu einer Reise ins oberschwäbische Paradies auf der Barockstraße entschlossen oder stecken noch in den Vorbereitungen zu ihr. Woher Sie auch kommen mögen, aus einem barockarmen oder barockreichen Landstrich: eine gewisse Einführung und Einstimmung erscheint mir angebracht. Denn möglicherweise hängt davon vieles ab. Etwa der rechte Überblick und die Beurteilung des zu Schauenden. Ihre Bereitschaft und Ihre Einstellung zum Barock. Die Möglichkeit, ihn als Kunststil eingehender zu begreifen. Vielleicht sogar, als eine Art Lebensstil zu genießen. Etwas vom barocken Lebensgefühl ist ja in dieser Landschaft zwischen oberer Donau und Bodensee immer noch lebendig. Und eine Kunstsprache, in der sich eine Landschaft und ihr Menschentum so nachdrücklich ausgeprägt und ausgelebt haben, hat von sich aus nichts Museales.

Meine Einstimmung kann natürlich keine exakte Wesensbestimmung sein. Aber soviel sei wenigstens zur Psyche und zum Erscheinungsbild angemerkt: Der Barock Oberschwabens ist eine kleine Welt für sich. Er ist anders als der bayerische, anders als der österreichische und auch von dem stammesverwandten württembergischen zu unterscheiden. Unsere Vorstellung verbindet ihn unter dem Oberbegriff ›Süddeutsch-österreichischer Barock‹ allzu eng mit diesen Landschaften. Die Gemeinsamkeiten sind natürlich im Großen immer wieder zu erkennen, die historischen und kunstgeschichtlichen Verbindungen zu greifen: es gibt aber über dieser gemeinsamen Grundlage so viele individuelle Züge und Eigenheiten, daß wir von einer Eigenpersönlichkeit in Wuchs, Geist und Herkommen sprechen möchten.

Grob gesprochen und auf den ersten Eindruck hin erscheint uns Oberschwabens Barock nüchtern und streng. Er ist geprägt vom Ernst der Vorarlberger Baumeister, von der Schwere des Frühstils nach dem Dreißigjährigen Krieg. Im Verhältnis zum Bayerischen ist er künstlerisch weniger griffig und dekorativ, gegenüber dem Österreichischen ist er weniger elegant. Vermißt wird jene Heiterkeit und Originalität, jener launische Übermut, die uns in den bayerischen, auch bayerisch-schwäbischen Barockkirchen immer wieder bezaubern. Es gibt natürlich Ausnahmen, gravierende sogar, die unseren Grundeindruck nicht aufheben, sondern eher noch sichtbarer machen. Allgemein festzustellen ist der Sinn für Klarheit und ein Gefühl für das Rationale, wie es sich in Bausystemen ausdrückt, notwendiges Korrelat für ein Übermaß des Wollens, für einen Überfluß an Baulust, Aufwand und Dekor. Die allgemeinen Neigungen des Barock mit eingerechnet, konstatieren wir einen Sinn für Würde, für das Repräsentative, ja schlechthin Grandiose.

Es läge nun nahe, diese Eigenschaften, die vorhandenen und die nicht vorhandenen, aus dem schwäbischen, oberschwäbischen Menschentum zu erklären, was manchmal geschehen ist, aber doch nur wenig Verbindliches zutage brachte. West- und Ostschwäbisches, Alemannisches insgesamt ist nur schwer auf eine Formel zu bringen. Wir hätten zudem überall Einschränkungen zu machen und auf Sonderfälle hinzuweisen. Dem breiten Hereinströmen Wessobrunner Stukkatoren steht die westschwäbische Neigung zu klassischer und klassizistischer Form gegenüber. Der rokokohaften Gelöstheit der Wallfahrtskirche Birnau (die hart an der Grenze der klassizistischen Ernüchterung schwebt) haben wir die unbeirrbare Konsequenz und bedächtige Nüchternheit der Vorarlberger Baumeister entgegenzuhalten. Es ist hier fast wie in der oberschwäbischen Literaturlandschaft, der sowohl die ornamentale Rhetorik und volksnahe Heiterkeit eines Sebastian Sailer als auch die kühlere Geisteshaltung schwäbischen Aufklärertums eigen ist. In der Bodenseegegend wirkt ein Meister des ekstatischen Stils, der das Rokoko auf die Spitze treibt: Joseph Anton Feuchtmayer aus der Wessobrunner Sippe. Sein Schüler und Mitarbeiter, der Schwabe Johann Georg Dirr, bekennt sich schrittweise zum römischen Klassizismus und seiner beruhigten Form. Ein ähnliches Verhältnis haben wir bei Franz Anton Maulpertsch, dem letzten Großmeister eines feurigen und genialischen Stils in der Rokokomalerei Österreichs – er stammte vom Bodensee – und seinem Schüler Andreas Brugger, wenn auch die Qualitätsunterschiede hier größer sind. Oberschwaben ist eben die Landschaft, in der sich der Abgesang des Barock mit am frühesten dokumentiert. Der bayerische und wessobrunnische Einstrom wird überlagert von einer Welle des französisch-römischen Klassizismus, was schließlich zu einer Art von Barockklassizismus führt.

Will man bei solchen Spannungen überhaupt noch gemeinsam Verbindliches herausfiltern, so vielleicht am sichtbarsten im Bereich der Architektur, wo die Grundlinien am deutlichsten zutage treten. Sie strebt allgemein Feierlichkeit und feste Haltung an. Die Neigung zum Konservativismus ist ihr wohl eigen. Es ist im Grunde eine sehr geradlinige barocke Architektursprache, die bei aller Rhetorik von einem durchsichtigen Aufbau zeugt, von einem Sinn für Zusammenhänge, Wiederholungen und Kulminationen. Technisches Formgefühl und der geweckte Sinn für das Konstruktive treten übrigens in Oberschwaben früher und schärfer hervor als in den anderen deutschen Landschaften. Das beginnt hier schon mit der großen schwäbischen Baumeisterfamilie der Parler aus Gmünd, dokumentiert sich am deutlichsten in Ulm mit einem Münster- und Turmbau, der nach den Maßstäben der Zeit zu den größten architektonischen Willensbekundungen des Mittelalters gerechnet werden muß.

Es gibt allerdings auch historische Voraussetzungen für diesen schwäbischen Willen zur Selbsterfüllung und den Hang zum Repräsentativen. Das heute württembergische Oberschwaben war nämlich bis zum Anfang des 19. Jahrhunderts eine politisch sehr vielgestaltige Landschaft mit zahlreichen Einsprengungen und verschiedenartigen Einflußsphären. Da gab es mehr als ein Dutzend Reichsstädte, kleinere und größere, mit eigenständiger, traditionsbedachter Verwaltung, samt ihrem liebenswürdigen

Zopf dem Schutz des Reiches anvertraut. Dann die alten habsburgischen Territorien, Vorderösterreich genannt, die fünf habsburgischen Donaustädte Waldsee, Riedlingen, Mengen, Mun-
derkingen und Saulgau mit ihrer maria-theresianischen und
josephinischen Kaschierung. Dann die stolze Kette der oberschwäbischen Reichsstifte mit ihrem oft beträchtlichen Grund-
besitz: Weingarten, Obermarchtal, Weißenau, Schussenried,
Zwiefalten. Auch die Äbtissin der kleinen Zisterzienserinnen-
abtei Gutenzell – sagen wir eine Tochter des Baumeisters Zimmermann – war immerhin noch Reichsfürstin. Da war das
Deutschordensland mit dem Sitz Altshausen, waren die Herr-
schaftsbereiche der Truchsessen von Waldburg mit ihren zahlreichen Nebenlinien. Es gab selbständige Grafschaften, wie das
schöne Montfort-Land um Langenargen und Tettnang, das
immer schon nach Wien geblickt hat und am Ende des 18. Jahrhunderts durch wachsende Verschuldung an Habsburg kam.
Bayern hätte es nämlich auch gerne erworben. Nicht nur in
Wien hatte man sich längst daran gewöhnt, von Oberschwaben
als von Vorderösterreich zu sprechen. Was von Bayern her gesehen wie ein Zangengriff Habsburgs empfunden werden mochte, empfand man hier mehr als die Schutzmaßnahme zur Garantie
der eigenständigen Stellung vieler Kleinbereiche im alten römischen Reich.

Diese Selbständigkeit zu bestätigen und öffentlich zu bekräfti-
gen war wohl eines der Hauptantriebsmotive des barocken Bauens der großen Stiftsprälaten, der kleinen und großen Territorial-
herren wie auch der Reichsstädte. Barockes Bauen: oft ist es
denn auch Politik mit anderen Mitteln. Es wird erst verständlich
aus der heimlichen Rivalität von Stift zu Stift, Stadt zu Stadt,
Residenz zu Residenz. Um nicht selten in ein allgemeines Wett-
eifern hineinzugeraten, dessen Kardinalfrage lautet: Wer hat die
schönste Kirche, wer hat die größte Bibliothek, wer hat das
prächtigste Schloß? Dieses große barocke und unendliche Frage-
spiel – unendlich, weil sich Stil und Geschmack beständig wandeln – beschäftigte Bürger und Bauern, Aristokratie und Geistlichkeit, es durchzieht die Berichte der alten Reisechronisten,

und es reizt uns noch heute, obwohl wir Begriffe wie ›schön‹, ›neu‹, ›groß‹ und ›modern‹ in ihrer zeitgebundenen Relativität längst erkannt haben.

Freilich, der oberste Schutzherr in Wien, der Kaiser, war weit. Man mußte es sich ohne ihn einrichten. Allein in dem sehr kurzen Zeitraum, da die Kaiserwürde in wittelsbachische Hand geriet, unter Karl VII., ist auch kunstpolitisch eine deutliche bayerische Orientierung zu konstatieren. Der Münchner Baumeister Johann Michael Fischer und die Wessobrunner Stukkatoren des ›Karl-Albrecht-Stils‹ (so genannt nach dem Kurfürstennamen des Wittelsbachers auf dem Kaiserthron) wurden nun zu den großen Kirchenbauten Schwabens herbeigerufen, nach Ottobeuren, Zwiefalten und nach Wiblingen. Sie verkörperten ja damals nicht nur einen ›Style moderne‹, sondern kamen durch nachbarliche Art und Wesensverwandtschaft schwäbischem Kunstempfinden nahe. Aus einer kleinen bayerischen Enklave im alten Zollernland, dem Städtchen Wiesensteig, kamen andererseits so bedeutende Bildhauer wie Johann Baptist Straub samt seinen Brüdern oder Franz Xaver Messerschmidt nach München und ins Österreichische – eine ›Gegengabe‹, die man nicht übersehen sollte.

Der westliche Einfluß schlägt aus dem stammesverbundenen Württemberg, aus dem Elsaß, Baden, vom Oberrhein und aus Frankreich ins Oberschwäbische herein. Das Antibarocke des frühen Klassizismus ist durch das demonstrative Beispiel des Michel d'Ixnard in Sankt Blasien gegeben, einer Rotunde mit Kuppel, die den Aufklärer Nicolai aus Berlin überrascht und begeistert hat und die mit ihrer frühen Entstehungszeit (1771-76) ein mitteleuropäisches Novum war. Stärker aber als durch diesen Modellbau des neuen Stils hat d'Ixnard durch das klare Rechteckschema der Stiftskirche von Buchau gewirkt: sind doch darin noch immer vorarlbergische Elemente des dreischiffigen Hallenraumes enthalten. Die Stuttgarter Hofbaudirektion gewinnt auf den Kirchen- und Stiftsbau von Weingarten, in einer Phase örtlicher Stagnation, ihren Einfluß durch Giovanni Donato Frisoni, den Schöpfer des Idealplans von Weingarten. Die rege Tätigkeit der beiden Deutschordensbaumeister Bagnato mit ihrer westlichen Observanz kommt zur Erscheinung. Sie erstreckt sich auf Altshausen und Mainau, von Lindau bis Wurzach und Ochsenhausen und wird noch in der Turmlösung der Birnau zu konstatieren sein. Bagnato-Werke durchmischen Oberschwaben mit westschwäbischer Farbe, als es in seinem Eigencharakter eigentlich schon geprägt war.

Den Hauptanteil und die schwäbisch-alemannische Sonderleistung innerhalb der deutschen Barockarchitektur, auch der Oberschwabens, stellen eben die Vorarlberger Meister, jene Legion von Baumeistern und Handwerkern, Stukkateuren, die in einer nur noch den Wessobrunnern vergleichbaren Dichte das Baugeschehen im Südwesten in die Hand nehmen und bestimmen. Hier zeichnet sich ohne Einflüsse von außen eine Linie alemannischer Selbstvollendung ab, der wir die Größe der Gesinnung und der Verwirklichung zusprechen müssen. Die Hauptwerke beweisen hohen Rang. Sie stehen vorzüglich im ›Schwäbischen Himmel‹.

Diese Hauptstücke und eigentlichen Attraktionen der Oberschwäbischen Barockstraße, wir möchten sie gleich zu Eingang auffädeln oder vielmehr in ihrer entwicklungsgeschichtlichen Bedeutung umreißen. Ohne ein wenig Fachterminologie und eine Rangordnung geht es freilich nicht ab. Denn auch im ›Himmel‹ herrscht eine Ordnung! Wir versuchen dabei die komplizierten Gebilde auf das Äußerste zu vereinfachen. Falls Sie die Fachbezeichnungen noch nicht kennen sollten, bietet sich hier eine erste Gelegenheit zum verbalen Training.

Die imponierend klare Langhausanlage von Obermarchtal gibt um 1700 den Auftakt. Sie stellt eine erste vollkommene Ausprägung des Vorarlberger Münsterschemas vor, einen Wandpfeilerraum also mit durchbrochenen Seitenschiffen und mit Emporen, schmalem Querhaus ohne Vierungskuppel und dreischiffigem, halbrund geschlossenem Chor. Anders gesagt: Obermarchtal besitzt den Reiz und die Spröde, die Stereometrie der Frühzeit, die noch lange weiterwirken werden und die es zu beleben, zu bereichern gilt.

Das Weingartner Münster könnte man vom Bausystem her als das größte und reifste Werk der Vorarlberger Bauschule bezeichnen, obwohl oder gerade weil hier Einflüsse von Salzburg (Fassade von Fischer von Erlachs Kollegienkirche) und Einsiedeln in der Schweiz (Kaspar Moosbrugger) zu erkennen sind. Es ist ein grandioser Wandpfeilerraum mit seitenschiffartigen Durchgängen hinter den Pfeilern, dazwischen eingespannten Emporen, mit hoher Tambourkuppel und großer Fassade, sichtlich vom Reichsstil mitgeprägt. Wir haben hier außerdem noch eine exemplarische Klosteranlage im ›Eskorialschema‹, deren symmetrisch angelegter Idealplan in Verbindung mit den österreichischen ›Eskorialklöstern‹ – Melk, Göttweig und Klosterneuburg – wie auch dem schweizerischen Einsiedeln zu sehen ist.

Zwiefalten, eine der reichsten Rokokoschöpfungen Süddeutschlands, die Ottobeuren, der größten in ihrer Reihe, knapp vorausgeht, reiht sich in das von Italien her kommende System der kreuzförmigen Langhausanlagen ein, die durch einen mächtigen Wandpfeilerraum charakterisiert sind. Die Vierungskuppel ist als Flachkuppel ausgebildet, die Übergänge sind kunstvoll verschliffen. Es ist – wie auch in Ottobeuren, bei dem die Zentralraumtendenz vorherrscht – monumentales Rokoko und, wenn man so sagen will, letzte Kathedrale. Im schweizerischen Sankt Gallen, das zu dieser genannten Bautengruppe gehört, finden wir eine Synthese vom Vorarlberger Münsterschema und der die Zeit beherrschenden Abschleifungs- und Zentralraumtendenz, oder kurz gesagt: des Vorarlbergischen und Bayrisch-Böhmischen. Wir haben hier eine im Charakter sehr alemannische Langhausanlage mit durchgehenden Seitenschiffen vor uns, in die ein runder Freipfeilerraum von räumlicher Eigenwirkung förmlich hineinkomponiert worden ist. Die Planungsgeschichte erscheint uns bezeichnend für diesen Willen zur Synthese.

In Wiblingen bei Ulm, wo ähnlich großartig geplant und begonnen wurde, war man schon gezwungen, den gewaltigen Baugedanken des Rokokozeitalters im klassizistischen Sinn zu vereinfachen und damit zu modifizieren. Aber es kam hier, gleich der hier nicht behandelten Balthasar-Neumann-Schöpfung zu Neresheim, zu einem allerletzten Versuch, die große Einheit von Baukörper und Ausstattung herzustellen, dessen Scheitern in Einzelheiten dem Ganzen nichts von seiner Größe nimmt.

Zwei Wallfahrtskirchen in Oberschwaben beweisen einzigartigen Rang, sind Juwele des 18. Jahrhunderts: die Dominikus-Zimmermann-Kirche von Steinhausen – ein ovaler Freipfeilerraum –, wohl die köstlichste Raumschöpfung des Meisters neben der Wieskirche bei Steingaden. Und schließlich die berühmteste Rokokoperle der Bodenseelandschaft, die Wallfahrtskirche Birnau bei Überlingen. Ein eigener alemannischer Raumtyp, von den Bibliothekssälen mit Emporen bestimmt, erfährt hier seine kirchliche rokokohafte Ausformung. Wer diese Wallfahrtskirche am Ufer des Bodensees gesehen hat, weiß, daß sie etwas vom Originellsten und Apartesten ist, dessen das Rokoko fähig war.

Geist und Glanz der oberschwäbischen Bibliotheken haben schon viele verlockt, nach Oberschwaben zu reisen. Der oberschwäbische Raum liefert denn auch die prächtigsten Beispiele dieser barocken Kunstspezies, in denen ein ordentlicher Überfluß an Farben und Formen herrscht und ein förmliches Fest für Bücher vor unsere Augen gestellt wird. Es sind freilich auch Festräume der Wissenschaft und der christlich-antiken Allegorie und Emblematik, was sich in den Ausstattungsprogrammen ausdrückt. Die großen Vier sind Wiblingen, Schussenried, Ochsenhausen und das schweizerische Sankt Gallen.

Ja die Altäre und auch die Orgeln des Barock, die in Kirchenführern last not least drankommen. Durch sie wird die oberschwäbische Reise zum vollen barocken Erlebnis. Jörg Zürns Überlinger Altar macht den Auftakt, Joseph Anton Feuchtmayer gibt uns sowohl mit seinen noch erhaltenen wie auch durch Entwürfe überlieferten, heute aber zerstörten Altarbauten den ganzen Phantasiereichtum des sich auslebenden Barock, der sich in der Erfindung und Ausschmückung von geistlichen Triumphgerüsten nicht genug tun kann. Ein einziger Altar von ihm, etwa der in Birnau, könnte seinen Namen auszeichnen und nach heutigen Maßstäben ein Lebenswerk umgreifen. Ähnliches gilt es über die Orgelbaumeister zu sagen: die Riepp, Gabler, Holzhay und Staingasser. Es ist reizvoll, dem kunstvollen Aufbau dieser Werke nachzuspüren, ihrem Klang nachzuhorchen, so er noch der reine ist. Es sind Prachtwerke in der vielleicht farbigsten Orgellandschaft Europas. Einer von diesen Orgelbaumeistern, den wir noch gar nicht genannt haben – Georg Friedrich Schmahl in Ulm –, schuf die große, heute zerstörte Münsterorgel von 1731 bis 1735. Selbst wenn es nicht mehr der originale feine silberne Klang ist, den Sie hören: mit einem Orgelkonzert könnte man die Rundreise beginnen oder beenden.

Die Reiseroute ist ohnehin schon vorgezeichnet und genügend mit Schildern versehen. Obwohl wir von einer strengen Reisesystematik nur wenig halten, noch ein paar nützliche Hinweise. Für die Hauptdenkmäler der Barockstraße hat man wohl einen längeren Aufenthalt vorzusehen. Sie beanspruchen Zeit und Muße, zumal sie ja auch mit festgelegten Führungszeiten aufwarten. Die Rundreise, auf der alles, was zu sehen ist, absolviert wird, erscheint mir denn auch ein wenig illusorisch. Es sei denn, daß man sich für bestimmte Abschnitte und Etappen entscheidet. Am besten ist es, man wählt sich bestimmte Tagesziele aus, im nördlichen Teil vielleicht Biberach, im mittleren Teil Ravensburg oder Weingarten, im südlichen Bereich die Bodenseeorte Lindau, Meersburg, Langenargen, Überlingen.

Selbst die Rückreise zum Autobahnanschluß Ulm ist mit Kunstsehenswürdigem so reich bestückt, daß ein Tag nicht ausreicht. Hier planen Sie am besten eine Übernachtung ein, etwa Bad Wurzach oder Memmingen.

Wir selbst haben uns an die offizielle Route gehalten und nur gelegentlich kleine Abstecher gemacht, um die Barockreise ertragreicher und vergnüglicher zu gestalten. Vielleicht, daß Sie auch bald bemerken, wie nicht alles Geschriebene als Reiselektüre geeignet erscheint und daß man sich manche Partie besser zu Hause erst vornimmt: Hier ist es ein kleiner Ausflug ins Biographische, dort die Erörterung einer wichtigen Planungsgeschichte oder eine barocke Abschweifung ins Persönliche.

Ich wünsche Ihnen eine gute Reise!

Gotiſches Vorſpiel

BLICK IN DAS ULMER MÜNSTER

Ulm ist ein abscheulicher altväterischer, und so abgeschmackt gebauter ort, daß ich vielmahl an Sie gedacht und gewunschen habe, daß Sie ihn sehen sollten. Stellen sie sich nur Häuser vor, wo sie von aussen das ganze Stock- und alles Holzwerk, so wie es angelegt ist sehen müssen, und wenn es hoch kommt, solches mit einer farbe überstrichen, das Mauer-werk aber schön weis oder ieder Ziegl, so wie er liegt natürlich ange-mahlt ist, damit die Mauer und das Holzwerk desto deutlicher ge-sehen wird. (Leopold Mozart, 1763)

Ulm an der Donau, die Reichsstadt von einst und die Universitäts-stadt von heute, hat man zum Ausgangspunkt der Reise ge-wählt, wohl hauptsächlich wegen des hier gegebenen Autobahn-anschlusses. Es widerstrebt einem zunächst, das hinzunehmen, denn in Ulm ist kaum Barock zu sehen. Aber es hat auch sein gutes Recht, sich als Ausgangspunkt zu bezeichnen, zumal für eine Reise nach Oberschwaben. Wer aus Stuttgart oder Mün-chen, den jeweiligen Landesmetropolen, angereist kommt, braucht nur die Spitze des Münsterturms zu sehen, von ferne in der dunstigen Donaulandschaft, oder im Gewinkel der Giebel und Gassen, um seinen Hauptstadtstolz etwas zu mäßigen, zu-mal ihm hier eine typisch schwäbische, auch effiziente Moderne im Bauwesen entgegentritt, hauptsächlich in den Randberei-chen, die man durchfährt. Wer Ulm aber nicht aussparen möchte, wird mit magischen Fäden zur Mitte hingezogen, findet sich, wie wir, in aller Morgenfrühe schon auf dem Münsterplatz, vor dem *Ulmer Münster*, das immer noch etwas von der gotischen Bauhütte hat und an dem noch immer gebaut wird. Er erlebt

hier den zu Stein gewordenen Geist reichsstädtisch-schwäbi-
schen Bauens mit seiner Neigung zu konstruktiven Kühnheiten,
spröder Geometrie und großer Perspektive. Die bürgerliche
Reichsstadt wollte eine Pfarrkirche haben, die der Kathedrale
eines Bischofsitzes ebenbürtig, ja möglicherweise noch überlegen war. Sie brachte aus ihrer Einwohnerschaft die Mittel und
den Geist auf, das Werk so großartig aufzuführen. Sie stellte
Baumeister in ihren Dienst, die im mittleren Europa angesehen
waren: Heinrich Parler den Jüngeren und Ulrich Ensinger. Von
Parler ist uns bekannt, daß ihn die Mailänder in einer kritischen
Phase ihres großen Dombauunternehmens zu Hilfe riefen (1391)
und somit den Ulmern abwarben. Als oberster Bauleiter der Mailänder Domopera verfaßt er ein schriftliches Baugutachten, läßt
ein Holzmodell seines neuen Querschnittentwurfs für den Mailänder Dom herstellen, zeichnet selbst neue Fenster und Kapitäle auf Pergament, stößt aber mit all seinen Entwürfen auf den
festen Widerstand der Italiener. Nach fünf Monaten schon wird
er entlassen. Der Bauverwalter Guidolo della Croce hat ihn noch
1401 wegen seiner Kenntnis in der Baugeometrie gerühmt und
gesagt, daß er nur durch Verleumdung und Bösartigkeit der
Mailänder verjagt worden war. 1391 hatte man in Mailand schon
versucht, Ulrich Ensinger von Freiburg aus zu gewinnen. Dieser
aber sagte ab, weil er zur Zeit dieser Berufung vermutlich schon
mit den Pflegern des Ulmer Münsterbaues verhandelte. Ulm
schien ihm begehrenswerter. Er wurde Heinrich Parler des Jüngeren Nachfolger in Ulm.

Ulrich Ensinger (oder von Ensingen) trat mit dem Plan eines
beherrschenden Westturms auf, er verlängerte das Langhaus um
zwei Joche nach Westen, die etwas tiefer sind als die übrigen. Er
überhöhte das Mittelschiff basilikal, während von den Parlern
eine Hallenkirche oder eine sogenannte Pseudobasilika ohne
selbständige Belichtung des Mittelschiffs geplant war. Um eines
konstruktiven Meisterstückes wegen, eines großen Westfensters
über der Vorhalle, riß er den ganzen Plan aus den harmonischen
Proportionen und stellte es in die Zwänge einer neuen Struktur.
Den nachfolgenden Meister Mathias Böblinger traf das Unglück

unverschuldet. 1493 senkte sich der gewaltige Turmstumpf, der erst bis zum Beginn des Achtecks gediehen war. Burkhard Engelberg aus Augsburg wurde nun berufen, den Turm zu unterfangen. Auch sonst auf die Sicherung des kühn erweiterten Kirchenwerks bedacht, teilte er die weitgespannten Seitenschiffe durch je eine Säulenreihe, und so wurde die Ulmer Pfarrkirche, vielleicht unter Rückwirkung des Mailänder Doms, fünfschiffig. Aber 1543 kam die Ulmer Pfarropera im Gefolge der Reformation zum Stillstand. Erst 1844-1890 erfolgte die Vollendung des Münsters im Geiste der Romantik: der Ausbau der Chorgalerie und der Chortürme, des reichen Strebesystems und vor allem des grandiosen Westturmes bis zur Höhe von 162 Metern, wobei man Böblingers Plan teilweise nachzuempfinden suchte.

Dies ist in großen Zügen die Baugeschichte des Ulmer Münsters in ihrem Fortgang. Die älteste Baugeschichte ist noch immer nicht ganz geklärt. Wir wissen jedenfalls, daß 1377 die Grundsteinlegung (vgl. Relief an einem Mittelschiffspfeiler der Südreihe) erfolgte. Hauptweihe ist 1405. In Bauabrechnungen von 1387 und 1388 wird ein älterer und jüngerer Meister Heinrich (Parler) erwähnt wie auch ein Meister Michael (Parler). Der Plan zur ersten Anlage stammt demnach wohl von Heinrich Parler dem Älteren (gestorben 1387 oder vor 1387), dem Erbauer der Heiligkreuzkirche in Schwäbisch Gmünd und Stammvater der ganzen Familie. Seinem Geist ist der Chorbau des Ulmer Münsters verpflichtet: bescheiden in den Abmessungen, jedoch sicher proportioniert. Allerdings kein Hallenchor wie in Schwäbisch Gmünd. Vermutlich war ein Kapellenkranz geplant. Beim Langhausbau hatte man wohl vor, die Portale der früheren ›Pfarrkirche über Feld‹ als Seitenportale mitzubenützen, was dann auch geschehen ist.

Das Nordwestportal von 1356 mit der Darstellung der Geburt Christi und den drei Weisen ist das älteste und schönste in ihrer Reihe, es hat den Adel der Frühe. Man hat eine weitgehende Ähnlichkeit mit den Wächtergestalten des Heiligen Grabes im Straßburger Münster festgestellt und auf die Stilverwandtschaft mit dem Tympanonrelief des Westportals der Lorenzkirche in

Nürnberg hingewiesen. Das Nordostportal mit der Darstellung der Passion, um 1370-1375, wird von Erwin Gradmann einer unter Johann Parler in Freiburg (Münster, nördliches Chor-portal) und am Augsburger Dom (südliches Chorportal) täti-gen Steinmetzengruppe zugeteilt. Das bekannte Brautportal im Südosten mit der Darstellung des Jüngsten Gerichts ist noch enger an diese Augsburger ›Johann-Parler-Werkstatt‹ anzu-schließen: um 1360-1370. Das Marienportal im Südwesten war ursprünglich wohl als das Hauptportal des um zwei Joche kürzer geplanten Langhauses gedacht. Etwa 1375-1385 gearbeitet, wurde es erst unter Ulrich Ensinger als südwestliches Seiten-portal versetzt.

Die Söhne Heinrich Parlers des Älteren, Heinrich der Jün-gere und Michael, führten dann – aus Prag zurückkehrend – das Werk des Vaters fort und standen ihm zur Seite. Ab 1389 bis zu seinem Fortgang 1391 nach Mailand ist Heinrich der Jüngere allein als Kirchenbaumeister genannt. Er muß als der Bildhauer der Familienunion bezeichnet werden, ein vorzüglicher Bild-hauer noch dazu, wie uns steinerne Büstenkonsolen im Langhaus des Münsters beweisen. Ihr sehr lebendiger, wirklichkeitsnaher Zug weist nach Prag zu den berühmten Büsten der Domtriforien, die unter Leitung Peter Parlers, des Bruders wohl, entstanden sind. Genauer: sie stehen den bei aller Wirklichkeitsnähe ideali-sierten Bildnisbüsten Peter Parlers vom Prager Domtriforium nahe, sind aber wohl auch von einer zweiten Gruppe dieser be-rühmten ›Porträtgalerie in Stein‹ beeinflußt, der die prachtvoll lebendigen Büsten der Erzbischöfe Ernst von Pardubitz und Ocko von Vlasim sowie des Baurektors Beneš von Weitmühl zu-gehören. So haben wir in Heinrich dem Jüngeren einen der ersten ungotischen realistischen Bildhauer im Parlerkreis zu sehen. Die Freiheit seiner Porträtplastik, die fast an Stuck- oder Tonplastik gemahnt, zeigt sich in Ulm am herrlichsten in einer Laubwerk-konsole mit weiblicher Halbfigur an einem der nördlichen Mittel-schiffspfeiler des Münsters. Die Steinmetzen des Parlerkreises haben denn auch noch eine Weile unter der Oberleitung Ensin-gers am Bau gewirkt.

Das herrliche Westportal unter der von Ensinger geschaffenen Turmvorhalle läßt in seinem plastischen Teil bereits eine gewisse Schematisierung des Parlerstils erkennen, vorab in den drei Relieffeldern mit der Schöpfungsgeschichte. Gradmann denkt an einen in Italien geschulten Bildhauer der Heinrich-Parler-Truppe. Die Archivoltenfiguren der Propheten, Apostel, Heiligen, Märtyrer, Klugen und Törichten Jungfrauen, 1410 bis 1420, werden von ihm in die Nähe Heinrich Parlers III., des Sohns von Peter Parler, gerückt. Ein Meister Hartmann hat 1421 die Statuen an der Stirnwand der Vorhalle geschaffen. Sie schlagen am Ende des Weichen Stils schon wieder einen realistischeren Ton an. Wohl am großartigsten aber – die Figur am Mittelpfeiler – der Schmerzensmann von 1429, das ergreifende Frühwerk Hans Multschers. Mit ihm, der Ulm zu einem führenden Zentrum des spätgotischen Altarbaues machte, als ›Werkmann‹ und Visierer tätig war, kennen wir schon die große Personalunion von Maler, Bildhauer und Entwerfer – eine der wesentlichen Voraussetzungen für das Gesamtkunstwerk des Barock.

Einer seiner Nachfolger in Ulm, der Bildschnitzer Jörg Syrlin der Ältere, hat uns einen wundervollen Riß zum Hochaltar des Münsters hinterlassen (Ulmer Museum). Wäre er ausgeführt worden, so hätte das Ulmer Münster eine große Altarschöpfung schwäbischer Spätgotik aufzuweisen. So blieb es beim Chorgestühl Jörg Syrlins, das womöglich noch großartiger ist, nach Meinung vieler überhaupt das herrlichste Gestühl der Gotik in Deutschland.

Durch ein kunstvoll geschmiedetes Barockgitter von 1737 wird der Chorraum betreten und in gewisser Weise auch abgeschlossen. Vor den hellen Putzwänden, eingespannt zwischen den Hausteindiensten und von der farbigen Glut der Chorfenster eingehüllt, erstrecken sich die Wandungen und Sitze des Gestühls in dunkler Eiche, ausladend in die Breite und Höhe, mit achtundneunzig Plätzen. Der Rat der Stadt Ulm hat Syrlin d. Ä. 1469 den Auftrag erteilt, nachdem er ein Jahr zuvor durch den Dreisitz oder Levitenstuhl (am Chorgitter) einen glänzenden Beweis seines Könnens abgelegt hatte. 1474 war die Arbeit daran

beendet. Sein Ruhm war durch alle Zeiten unangefochten, bis
es 1945 durch eine Bombe schwer beschädigt wurde. Man hat es
mühevoll mit einem Aufwand von einer runden Million wieder
instand gesetzt. Besondere Mühe hatte man mit dem Spreng-
werk, das in viele Einzelteile zersplittert war und nun in einer
Art Puzzlespiel wieder zusammengesetzt werden mußte. Nichts
mehr erinnert an die Zerstörung.

Ohne auf das umfassende, bis ins Detail durchgeführte Programm mittelalterlicher Symbolik näher einzugehen, sei nur ein
Blick auf den plastischen Hauptschmuck, die Büsten, geworfen.
Auf der Männerseite sind es die sieben heidnischen Weisen und
Dichter, in der Ecke das Bildnis des Bildhauers Syrlin des Älteren
selbst, in den Nischen der Rückwand darüber die zwanzig
Männerhalbfiguren aus dem Alten Testament, noch einmal
darüber in die Kielbogen des Sprengwerks eingelassen die acht-
zehn Männer des Neuen Testaments. Auf der Frauenseite wieder-
holt sich die Anordnung durch Frauengestalten der Antike, des
Alten und Neuen Testaments. In dieser programmatischen Ver-
klammerung von Antike und Christentum, Altertum und Mittelalter, zu der noch der Geist der Zeitenwende und eines neuen
Selbstbewußtseins tritt, wird man den Sinn der wahren Tradition erkennen, die sich mit der Bewahrung, der Überlieferung
nicht zufriedengibt, sondern ein neues Gesamtbild entwickelt
und dieses künstlerisch formuliert. Man sehe sich nur das Haupt
des Ptolemäus an oder das Selbstbildnis des Bildschnitzers, der
dem Handwerkertum entstammt.

Das Ulmer Münster hat uns nun doch länger gefesselt, als wir es
erwartet haben. Da war die feine Intimität der Bessererkapelle
mit ihren Glasfenstern (um 1420); die in ihrer Farbigkeit wieder
freigelegte Wandnische des Kargaltars von Hans Multscher mit
den Torsi zweier zierlicher Engel; eine seltene Kopie der Kreuzabnahme Albrecht Dürers mit der aquarellhaften Hintergrund-
landschaft; da war die erwähnte Schöne Ulmerin als Steinkon-
sole unter einem riesigen Hut aus Laubwerk versteckt ... Sie
sieht aus wie das Urbild der Schönen Lau in der Schilderung

Mörikes: »... geschah es doch nicht selten, daß sie am lichten Tag mit halbem Leib heraufkam und zuhorchte, dabei trug sie zuweilen einen Kranz von breiten Blättern auf dem Kopf...« Die Überzeugungskraft der neuen Glasfenster von Geyer und Stockhausen wollte bedacht sein. Ein Orgelkonzert lud zum An- hören ein. Kurzum: Ulm machte es einem schwer, sich loszu- reißen. Die Gotik legte ihre feinmaschigen Netze der Verzaube- rung aus, Netze, denen man so schwer entrinnen kann. In Blau- beuren werden wir diese Spätgotik noch einmal von ihrer in- timen Seite her erleben ...

Aber zuvor bleiben wir noch ein wenig in Ulm, genehmigen uns jetzt eine Tasse Kaffee in einer Konditorei am Münsterplatz. Wir haben einen Stadtführer zur Hand und blättern darin. Ob wir nicht doch noch etwas Barockes in Ulm ausfindig machen könnten? Da steht etwa der Name Furttenbach: jawohl, dieser Joseph Furttenbach oder Furttembach ist als Baumeister und Theoretiker, aber auch als Kunstsammler, einer der Wegbereiter des Barock gewesen. 1591 in Leutkirch geboren, 1667 in Ulm als Stadtbaumeister gestorben, hat ihn vor allem seine ›Architec- tura Civilis‹ von 1628 bekannt gemacht. Merkwürdigerweise hat er schon damals die Zweckmäßigkeit des Bauens besonders betont, ja zur Hauptsache erhoben, als man noch keine ›Hoch- schule für Gestaltung‹ kannte. Was er allerdings darunter ver- stand, mochte sein berühmtes Ulmer Theater gezeigt haben, das er in einem säkularisierten Kloster einrichtete und das da- mit als das erste freistehende Stadttheater nördlich der Alpen angesprochen werden darf. Der Ulmer Historiograph Veit Marchtaler (1612-1676) erzählt darüber in seiner ›Ulmischen Chronik‹, einer noch unveröffentlichten Handschrift der Baye- rischen Staatsbibliothek:

Nach dem sich die Prediger mönche ao. 1531. aus dem staub gemacht, vnd nachgehends deren Closter ganz verkehrt, vnd zu korn schütten worden, hat es sich auff angeben mehr gedachten H Joseph Furtenbachs, ao. 1641. wider geändert, vnd die gestalt eineß Italienischen spihlhaus, mit sonderbahren verwendungen, angenommen; darinnen sich die la- teinische Schuliugend, under deß, in dergleichen sachen sehr wol ge-

übten H. Conrad Merken, Rectoris S:, direction ..., zu allererst rühm-
lich auffgeführet. Denen nachgehends fremde, und hiesige comedienten
gefolget.

Anno 1626 ließ Furttenbach seinem Musterbuch bereits ein
kleines Reisewerk vorausgehen, das ›Itinerarium Italiae‹. Nach
Süden also hat dieser ›teutsche Vitruvius‹ die Augen seiner
Leser gelenkt, wie nach ihm noch so viele.

Wir bleiben indes zu Hause, bleiben und reisen in Oberschwaben wie Johann Nepomuk Hauntinger aus Sankt Gallen
oder wie Plazidus Scharl aus Andechs. Aus Scharls ›Kloster-
reisen‹ haben wir eine hübsche Geschichte herausgefischt, die
das Verhältnis der beiden Konfessionen in Ulm auf eine recht barocke Art beleuchtet:

Man lud jährlich einmal von dem Hochlöblichem Magistrate der
Reichsstadt Ulm einige Herrn auf ein Mittagsmahl in das (Wengen-)-
Kloster ein. Vor etwa zwei oder drei Jahren, als eben diese Ehre den
Herrn der Stadt erwiesen wurde, und als der Herr Dechant Obladen im
Nachhausegehen dieselben bis zum Tore des Klosters begleitete, ver-
setzte ihm einer davon jählings eine derbe Ohrfeige und sagte dabei:
»So muß man es euch Papisten;machen!« Da ihm der Herr Dechant nicht
die mindeste Gelegenheit zu diesem Unternehmen gegeben hatte, würde
er freilich eine gemessene Genugtuung haben fordern können. Aber er
legte dieses für eine Erhitzung des Mannes durch den Trunk aus, nahm
die Unbill ganz gelassen an, und begehrte nur, man möchte diesem
Herrn, um fernere Weitläufigkeiten zu vermeiden, verbieten, künftig
das Kloster Wengen zu betreten ...

Den Besuch des Ulmer Wengenklosters und der Wengen-
kirche müssen wir uns leider auch versagen. Die Kirche ist im
vergangenen Krieg schwer beschädigt worden und modern
wiederhergestellt. Dabei wäre sie ursprünglich eine durchaus
sehenswerte Ulmer Barockkirche gewesen mit ihren Fresken
des jungen Franz Martin Kuen aus Weißenhorn.

Einer seiner besten Schüler, Johann Baptist Enderle – man
kennt ihn näher durch eine jüngst erschienene Monographie –,
ist allerdings in Söflingen bei Ulm (heute eingemeindet) 1725
geboren. Sein Hauptwirkungsort ist Donauwörth und das sich

anschließende südliche Stück Bayerisch-Schwaben; die feinen Dossenberger-Kirchen von Sankt Thekla in Welden, Hammerstetten, Oberrammingen und Allerheiligen bei Scheppach hat er schwungvoll freskiert. In Söflingen hat sich außer einem Altarbild nichts von ihm erhalten. Ein Archivstück jedoch, das erste, das ihn erwähnt, gehört in seine Söflinger Jugendzeit. Und hier geht es zufällig wieder um eine Ohrfeige, keine aus konfessioneller Abneigung, sondern aus verletztem Künstlerstolz, eben eine Wirtshausstreiterei mit dem Maler und Rivalen Anton Walser. Hier heißt es unter dem 13. März 1747:

Johannes Enderle allhier clagt dato contra Antoni Walser, auch Mahler, des Gottshaus Baumeisters Sohn, daß solcher gestrigen Tags im Schlössle Würths Haus ihne an Ehren angegriffen, mit Schelmen undt Spizbuben ihne geschmähet, über das ihm eine Maulschellen gegeben...

Streitobjekt war ein Fahnenblatt der Weberzunft. Der Antoni mußte »einen öffentlichen Widterruf« leisten, der Schimpfreden wegen und wegen dem Schlagen »der Herrschaft zur Straf 1 Pfund Heller bezahlen«. Im Ulmer Museum sind uns übrigens die feinen Skizzen und Entwürfe Enderles in schöner Vollständigkeit und Farbenfrische erhalten. Er hinterließ uns zudem das klassische Porträt eines schwäbischen Rokokobaumeisters, des Zimmermannschülers Joseph Anton Dossenberger (heute in Privatbesitz).

Wir sitzen aber nicht in der Schlößle-Wirtschaft zu Söflingen, sondern in einer Ulmer Konditorei. In kleinen Gruppen drängen nun die Kirchenbesucher herein. Sie sind gar nicht so jenseitig gestimmt, wie man nach einem Besuch des Münsters erwarten könnte, sondern eher diesseitig, den kleinen Genüssen des Alltags zugetan. Während wir in unseren Büchern blättern, läßt eine noch ungeübte Serviererin ein ganzes Tablett Tassen fallen. Noch bevor die letzten Scherben zur Ruhe gekommen sind, ruft ein Gast, der gerade hereinkommt: »Das gibt aus! Da müsset se aber in nächschter Zeit viel Glück habe, Fräulein!« Wir nehmen es auf, nehmen es als einen heiteren Auftakt zu unserer Reise in den Oberschwäbischen Barock. Noch aber steht uns ein Blick auf die wundersame spätgotische Welt bevor. Wir brechen auf.

Während wir über den Münsterplatz gehen, noch einmal ein Blick auf den gewaltigen Münsterturm, der nach oben hin immer zartgliedriger wird, ohne die spröde Anmut schwäbischer Gotik ganz zu verleugnen. Die Vorhalle, die mit Brettern abgeriegelt ist und ›verkürzt‹ erscheint, öffnet sich immer noch mit überhohen Bögen, gewiß eine der schönsten Vorhallen der deutschen Gotik. Da fällt uns ein, was Emanuel Max Graf Törring Anno 1786 seinem noch unveröffentlichten Reisejournal anvertraut hat. Er schreibt über das Ulmer Münster: »Es ist ein entsetzlicher Steinklumpen … Man muß erstaunen über die Maschine dieses Turmes, besonders über die entsetzliche Dicke desselben …« Jawohl, so steht es hier. Und da lachen selbst die Ulmer Spatzen von den Ulmer Türmen.

Aber man vergißt eben leicht, daß der Turm des Ulmer Münsters damals noch nicht ausgebaut war: Auch Mörike, der Romantiker, stieß sich 1831 an der Unförmigkeit seiner Erscheinung:

Bald lag der Münster wie ein schauerlicher Block vor Augen. Dieser Koloß, der so tyrannisch alles um sich her verkleinert und, von der Ferne betrachtet, gar keinen Bezug auf die Stadt annehmen will, scheint, wie ein überbliebenes Gespenst aus früheren Jahrhunderten, sich fremd und kalt in unserm verflachten Kirchenalter zu fühlen. Übrigens ist er zu seiner baulichen Umgebung um so unverhältnismäßiger, als er zu sich selber kein Verhältnis hat. Die Schuld hievon liegt aber nur daran, daß der Turm weit über die Hälfte nicht ausgebaut ist; das Fehlende hinzugedacht, ist alles unvergleichlich.

In diesem Winkel rinnt der Fluß Ach gleichsam bis an den Ursprung der Blau hinab, die an dessen äußersten Ende am Fuß der Rundung der Berg und im Grund des Kessels aus der Erde in so wunderbarem und plötzlichem Ausfluß hervorbricht, daß jeder, der es sieht, erstaunen muß. Denn aus der verborgensten Tiefe eines steinernen Topfes, eines grundlosen Felsbeckens bricht eine solche Menge Wasser hervor, daß man meinen könnte, es öffnen sich die Quellen der Hölle. Denn es strömt über den Rand des Topfes heraus und fließt in stürmischem Ausguß plötzlich hinab. Und da das Becken sehr tief und das Wasser sehr klar ist, nimmt es die Farbe des darüber leuchtenden Himmels an und erhält von dieser Farbe seinen in der Volkssprache üblichen Namen und wird Blau genannt. (Felix Fabri)

Die Fahrt endet in der romantischen Enge einer Talstraße, begleitet von Karstfelsen: beklommene Fachwerkhäuser, Kurpark-Atmosphäre und dann – ein Stück hinter der kleinen Stadt – (Hinweisschild: Blautopf – Kloster) der befreiende Blick auf ein Amphitheater aus weitgeschwungenen bewaldeten Höhen, auf dessen naher Bühne uns das Kloster präsentiert wird. *Blaubeuren,* eine Bühnenlandschaft deutscher Gotik, ein Emporion altdeutscher Kunst! Andrerseits auch ein großes Zementwerk, sich stauende Autokolonnen, ein paar mißratene Neubauten, kanalisierter Fremdenbetrieb mit Hinweistafeln und Andenkenläden. Ein deutsches Sommermärchen, eine Art von Mysterium! Irgend etwas, das unvergleichlich erscheint, etwas, das legendenhaft hingeschrieben steht, ›zaubrisch‹, wie die ›Historie von der schönen Lau‹. Man kennt sie aus allen Schulbüchern, diese Historie, die Mörike, wohl in Erinnerung seiner ›Peregrina‹, erfunden hat. Zitieren wir nur den Anfang:

Der Blautopf ist der große runde Kessel eines wundersamen Quells bei einer jähen Felsenwand gleich hinter dem Kloster. Gen Morgen sendet er ein Flüßchen aus, die Blau, welche der Donau zufällt. Dieser Teich ist einwärts wie ein tiefer Trichter, sein Wasser ist von Farbe ganz blau, sehr herrlich, mit Worten nicht zu beschreiben; wenn man es aber schöpft, sieht es ganz hell in dem Gefäß.

Zuunterst auf dem Grund saß ehemals eine Wasserfrau mit langen

fließenden Haaren. Ihr Leib war allenthalben wie eines schönen natürli-
chen Weibs, dies eine ausgenommen, daß sie zwischen den Fingern und
Zehen eine Schwimmhaut hatte, blühweiß und zarter als ein Blatt von
Mohn. Im Städtlein ist noch heutzutag ein alter Bau, vormals ein Frau-
enkloster, hernach zu einer großen Wirtschaft eingerichtet, und hieß dar-
um der Nonnenhof. Dort hing vor sechzig Jahren noch ein Bildnis von
dem Wasserweib, trotz Rauch und Alter noch wohl kenntlich in den Far-
ben. Da hatte sie die Hände kreuzweis auf die Brust gelegt, ihr Ange-
sicht sah weißlich, das Haupthaar schwarz, die Augen aber, welche sehr
groß waren, blau. Beim Volk hieß sie die arge Lau im Topf, auch wohl
die schöne Lau ...

Unter den Besuchern sieht man viele junge Leute, meist Paare,
darunter so manche ›schöne Lau‹. Auffällig freilich auch eine
Holländerin in einem grünen Hosenanzug. Sie saß aber nicht im
Blautopf, sondern in einem roten Sportwagen. Ihr blonder bärti-
ger Begleiter mochte an ein Bildnis Dürers erinnern. Auch das
gehört zu Blaubeuren.

... unter den Bäumen auf dem märchenhaften Wasser schwamm gel-
bes Laub, Wehr und Bach voll von Gänsen und Enten, tief im Grunde
saß die schöne Lau und lächelte bläulich herauf, einsam und hoffnungslos
stand daneben das rührend drollige Denkmal eines früheren Königs. Alles
roch nach Heimat, nach Schwäbisch, nach Roggenbrot und Märchen, und
wieder einmal war es mir wunderlich, wie sehr wenig diese wunderbar le-
bendige und höchst besondere Landschaft von den neuern deutschen Ma-
lern gekannt ist. Überall war die Lau verborgen, überall duftete es nach
Jugend und Kindheit, Träumen und Lebkuchen und nicht minder nach
Hölderlin und Mörike, und daß keine Denkmäler von ihnen dastanden,
konnte ich nicht bedauern. Es war begreiflich, immer hatten die Schwa-
ben mehr Dichter als Könige gehabt.   (*Hermann Hesse, 1925*)

Die Kunst von Blaubeuren ist in schöner Reinheit und Ur-
sprünglichkeit bewahrt. Man zwängt sich im *Blautopf-Kloster*
durch ein kleines Portal, in die Kühle und das Halbdämmer eines
gotischen Kreuzgangs, der einen niedlichen Garten umschließt.
Brunnenkapelle, Rosenstöcke und der schwere Duft von Seelen-
sträuchern. Man entrichtet an einem altmodischen Andenken-
schalter den Eintritt, biegt um eine Ecke und steht wie gebannt

in der Vorhalle eines intimen Kirchenraumes, in den das Mittelalter, wie in einem Prisma zusammengefaßt, aufscheint.

Ein machtvoller gotischer Schreinaltar, dessen Flügel aufgetan
sind, zieht uns in den Raum hinein. Wir treten ihm näher, blicken
uns um auf halbem Weg: es ist nicht dieser Altar allein, es ist ein
herrliches Gewölbe mit dem Schmelz verblichener Ornamente;
es ist ein Gestühl von schwerer dunkler Eiche; es ist eine gotische
Gesamtausstattung aus Wandfiguren, Triumphbogenkreuz und
zweigeschossigem Erker... Nur das Sakramentshaus und die farbigen Glasscheiben fehlen!

Der noch frische Eindruck des Ulmer Münsters ist gewaltig,
gibt uns aber nicht den ganzen Reichtum der gotischen Kunst-
epoche wieder. Zum Gesamtbild der Gotik gehören die Bluten-
burg vor München, die spätgotischen Dorfkirchen des Tauber-
grundes und des Allgäus, die Kleinodien Frankens und Tirols.
Zu ihm gehören die Stille und der Stimmungsgehalt der Kloster-
kreuzgänge und Refektorien von Maulbronn und Seligenporten,
der Nonnenklöster vor allem. Hier in Blaubeuren erlebt man die
ganze Intimität der Gotik, ihre preziöse Schönheit und Abge-
schlossenheit, die sie im klösterlichen Bereich zuweilen annimmt.

Es ist freilich Spätgotik in ihrer süddeutschen Ausformung,
um nicht zu sagen Sonderentwicklung. Es scheint, als ob dieser
gedrängte Zusammenstand von Raum, Plastik und Malerei im
Keim schon die Elemente des räumlichen Schaubildes enthalte,
spätgotisches Gesamtkunstwerk sei. Der große Wandelaltar mit
den doppelten Flügeln ist wie ein Riesen-Missale vor uns aufgetan, er entfaltet in seinem plastischen Schrein von Michel Erhart
aus Ulm räumliche Tendenzen und fast bühnenhafte Wirkung.
Das wird um so deutlicher, je näher man ihm kommt.

Wir hatten keine Scheu, nahmen es uns heraus, von den Altar-
stufen aus die Apostelbüsten der Predella genau anzusehen. Es
sind lebensgroße schwäbische Charakterköpfe, Menschenbilder
von einer erstaunlichen Diesseitigkeit... Ein jeder der zwölf ein
Typ. Als wir ein paar Schritte zurücktraten, waren es plötzlich
dreizehn. Der Kopf des bärtigen Holländers, der hinter dem Altar hervorkam, gesellte sich zur Apostelgalerie und man spürte

es nun doch, daß die Apostel Erharts bei allem Realismus aus einer anderen Welt kamen. Die grüne schöne Lau saß derweil im Chorgestühl Jörg Syrlins des Jüngeren.

Dieses Chorgestühl samt dem Dreisitz nimmt den Hauptteil des Kirchenraums ein und macht mit seinem dunklen Eichenton die Seitenwände und die Rückwand zu einer Architektur aus Holz. Es ist noch dekorativer als das Ulmer Gestühl, wie auch die spätere Entstehungszeit darin spürbar ist. Der Reichtum liegt nicht nur im Schnitzwerk der gliedernden Teile, sondern in unzähligen Figuren auf Tragekonsolen und Figürchen in Baldachinen, obwohl der größte Teil davon verlorengegangen ist. An den Türpfosten und an den Wänden der Bänke beim Eingang hat Syrlin das Gedächtnis der Klostergründer berufen: des Pfalzgrafen Friedrich von Tübingen, seiner Gemahlin, des Grafen Heinrich und seiner Gemahlin, des Grafen Siegfried und seines Sohnes Walter, des Grafen Sigiboto. Eine Inschrift gibt 1493 als Vollendungsjahr an. Drei Jahre später wurde der Dreisitz vollendet, eine Darstellung des Stammbaumes Christi aus der Wurzel Jesse. Der schlafenden Figur des Erzvaters Jesse hat sich die Volkslegende bemächtigt. Es wird erzählt, was wir auch bei anderen berühmten Kunstwerken zu hören bekommen, die Mönche hätten dem Künstler nach der Vollendung des Werks die Augen ausgestochen, damit er kein zweites oder noch schöneres Werk mehr hinterlassen könne. Wer den traurigen Zug im Antlitz des jüngeren Syrlin – auf einer Büste des Abdias – erblickt, möchte die Legende fast glauben.

Uns erschien das Chorgestühl wie ein Auditorium, darin noch die kirchlichen Stundengebete, die Psalmen und Hymnen Mariens förmlich widerhallen, ein Auditorium für ein Theatrum sacrum oder ein mittelalterliches Mysterienspiel. Heimlich berühren sich in Blaubeuren späte Gotik und später Barock in ihrem bildhaften Ausdrucksverlangen und in der absoluten Stimmungseinheit des Environnements.

Der Blick in das Gewölbe zeigt uns farbig gemalte und gerahmte Schlußsteine, darunter das Meisterzeichen des Baumeisters Peter von Koblenz und des Abtes Fabri, unter dem die Kir-

che 1491 bis 1499 erbaut worden ist. Noch ein Blick auf den
mächtigen Schreinaltar, in dessen überhöhter Mitte auf einem
Postament Michel Erharts Maria mit dem Kinde steht. Eine Figur von standbildhafter Monumentalität, verklärter Mütterlich-
keit und schwäbischer Milde. Die beiden Johannes, der Täufer
und der Evangelist – prächtig ihre Charakterisierung als bärtig
und bartlos, naturhaft und sensibel –, sind durch eine Wendung
ihres Oberkörpers von der Zentralfigur Mariens leicht abgerückt: ein Zeichen, wie der Bildhauer bereits rhythmisch komponiert und Bewegungsakzente im Sinne einer Steigerung der
Hauptfigur beachtet. Sankt Benedikt links außen, ein treffliches
Abtsporträt mit Zügen von nervöser Gespanntheit, steht auf der
rechten äußeren Seite, die Ordensgründerin Scholastika mit träumerisch entrücktem Ausdruck im halbverhüllten Antlitz gegenüber. Diese Mittelgruppe der Festtagsöffnung des Altars zeigt
wie das ganze übrige Schnitzwerk noch die Seltenheit der alten
Fassung. In das wundervolle Gespreng aus Astwerk und Fialen
sind die Büsten der Heiligen Stephan und Laurentius sowie der
vier Kirchenlehrer förmlich hineingeflochten. Unter Baldachinen
im Gitterwerk zartester Netze die Figuren des die Wundmale
weisenden Erlösers, begleitet von einem kleinen Engel, oder der
Maria Magdalena mit dem Kreuze, einer trauernden Muttergottes und des Johannes Evangelist. Die Seitenflügel, die so schwer
sind, daß sie durch eiserne Stangen gestützt werden müssen, zeigen uns die Reliefs der Geburt Christi und der Erscheinung des
Herrn mit der Huldigung der Könige. In kleinen Aufsätzen an
den Flügelaußenseiten, die wie Fenster aussehen, die plastischen
Bildnisse des Grafen Eberhard im Bart und des Abtes Heinrich
Fabri.

Die Wochentagseite bei geschlossenen Flügeln bringt die gemalten Szenen aus der Passion Christi. In dieser Form – eines geschlossenen Buchs – war der Altar auch in der Passionszeit zu sehen. Bei geöffnetem ersten Flügelpaar wird der farbige Schmelz
von sechzehn Einzelbildern ausgebreitet: das Leben Johannes des
Täufers, des Klosterpatrons. In dieser Form ist der Altar am Jo-
hannisfest und an Sonntagen gezeigt worden. Die Öffnung des

Mittelschreins mit dem Opus pulchrum erfolgte zu den Festgottesdiensten der Marienfeiertage und im weihnachtlichen Festkreis. Auch hier also eine überlegte, fein abgestufte Regie mit der Steigerungsabsicht im Verlauf des Kirchenjahres. Obwohl uns über den Meister des einzigartigen Werkes, das zu den großen Altären der deutschen Spätgotik zählt, urkundlich nichts überliefert ist, steht doch Michel Erhart als Schöpfer des Ganzen fest. Unterstützt haben ihn dabei sein Sohn Gregor Erhart und Gesellen. Nach Inschriften ist auf die Jahre 1493 und 1494 als Entstehungszeit zu schließen. Es ist also die Ulmer Zeit des Meisters Michel Erhart, während sein Sohn seinen Wirkungskreis nach Augsburg verlegte. Die Malerei wird vier verschiedenen Händen zugeschrieben. Der Ulmer Bartholomäus Zeitblom wird für sechs Bilder der Johanneslegende, der Kreuztragung auf der Außenseite und des linken Predellaflügels in Anspruch genommen. Der Memminger Bernhard Strigel malte wohl die Ölbergdarstellung und die Dornenkrönung auf der Außenseite, wie auch einige Szenen der Johannesgeschichte. Zwei weitere Meister, deren Namen nicht erfaßbar sind, heben sich von den Genannten als Mitarbeiter ab.

Beim Verlassen des Kirchenraumes, bevor wir noch durch das ›Nadelöhr‹ der gotischen Tür zum Lettner schlüpfen, haben wir noch einen bezeichnenden Eindruck. An der Rückwand der Westempore, über der blau und rot bemalten und geschnitzten Brüstung, wird ein Kruzifixus der Erbauungszeit sichtbar. Einsam auf der grauen Wand im leeren Raumgehäuse bildet er einen starken Kontrast zum Hochaltar. Noch einen letzten Eindruck nehmen wir beim Verlassen des Blaubeurer Klosters mit: seine Hauptwirkung entfaltet es in der Geborgenheit des Räumlichen. Die Außenarchitektur hat nichts Großes oder Klares. Sie wirkt etwas kleinteilig und verbaut, wozu auch die Fachwerkteile beitragen. Doch geht auch davon eine eigene Stimmung aus, die wir altdeutsch und dürerzeitlich empfinden.

Barocker Auftakt

EHINGEN UND OBERMARCHTAL

Die dämmrige Gotik von Blaubeuren entläßt uns. Und die schöne Lau verwirkt in der Klarheit eines hellen Herbsttages ihren Bann. Wir fahren durch ein offenes, von Jurafelsen begrenztes Tal der oberen Donau, vorbei an großen Laubwäldern. An den Kalkfelsen erblickt man gelegentlich blaue und rote Punkte, wie Mauerfalken in das Juragestein hineingekrallt. Es sind Bergsteiger, Kletterer, die hier für ihre größeren Abenteuer in den Alpen üben. Wir wünschen ihnen Glück für ihre nicht ungefährlichen Unternehmungen, während wir auf einer gemächlichen Barockreise sind. Aber zuviel Gemächlichkeit auf der Straße ist auch nicht ungefährlich und deshalb nicht erlaubt. Wir hätten tatsächlich auf Holz klopfen sollen, was aber nur bei teuren Sportwagen möglich ist und deshalb unterblieb. Wenige Augenblicke später werden wir von einem teuren roten Sportwagen mit holländischem Kennzeichen in einer gefährlichen Kurve (!) überholt. Gerade noch, daß er vor uns einscheren kann. Dürers Bartkopf bleibt unbewegt nach vorne gerichtet, aber die grüne Lau wendet sich um, streift uns mit einem Blick, der alles andere als verführerisch ist. *Ehingen* heißt es auf einem grünweißen Straßenschild mit einem Puttenkopf und vom MG ist nur noch eine leichte Staubfahne zu sehen, die sich in die Windungen der Talstraße hineinfrißt.

Halten wir uns an den gemächlichen Reisenden Pater Plazidus Scharl, der Anno 1757 dieses Ehingen wohl mit der Thurn- und Taxisschen Ordinaripost besucht und sich folgendes notiert hat:

Ehingen, eine kleine Stadt, wo die Patres von Zwiefalten ein Gymnasium mit Professoren unterhielten. Man zeigte uns in demselben ein Thea-

ter als ein Meisterstück der optischen Perspektiv-Malerei, welches auch
ein Werk des titl. Herrn Reichsprälaten von Zwiefalten ist. In der natür-
lichsten Einfalt stellten die Dekorationen so eine ordentliche Tiefe der Sze-
nen vor, daß sich das Auge des Zusehers wundern muß, wie es durch die
Kunst so überraschend betrogen werden kann. Abends trafen wir in der
Reichsstadt Ulm ein und wurden im dortigen katholischen Stifte der regu-
lierten Chorherren, ›zu den Wengen‹ genannt, sehr gastlich aufgenom-
men. Prälat war daselbst der Hochwürdige Herr Michael Khuen, be-
rühmt von herausgegebenen Schriften und Mitarbeitung in der Literatur-
geschichte der regulierten Chorherren, die im bayerischen Polling zusam-
mengetragen wurde . . .

Die weitere Beschreibung von Wengen kennen wir ja schon.
Und so wundert es uns, daß Pater Plazidus mit keinem Wort die
Konviktskirche in Ehingen erwähnt und auch sonst kein Wort
über die liebenswürdige Kleinstadt gefunden hat.

Vielleicht, daß man den Reiz nicht sogleich erkennt, weil sie
von zwei Stadtbränden heimgesucht wurde, 1688 und 1749, und
ihre Sehenswürdigkeit ein wenig versteckt hält. Noch ehe man
am Hauptplatz von Ehingen anlangt, hat man die Hauptsehens-
würdigkeit, auf die wir noch eingehend zurückkommen, schon
passiert. Es ist die Konviktskirche, etwas an den Uferhang hinausgerückt, wo es schon ländlich still wird.

So parken wir am Marktplatz und sehen uns um. Das *Stände-*
haus von 1749 (heute Amtsgericht) hat die etwas gravitätische
Haltung vor der österreichischer Amtsbauten aus der Zeit
Maria Theresias. Es birgt einen Ständesaal, pilastergegliedert
und mit zarten Girlanden und Kartuschenwerk stuckiert. Im
lebhaften Gegensatz dazu das ehemalige *Oberamteigebäude* am
verschwundenen Nikolaustor. Ein heimischer Frühbarock mit
kräftig durchgegliederter Erkerfassade und donauländischem
Schweifgiebel. 1692 erbaut, dient dieses ehemalige Ritterhaus
der Donaukantone heute als Landratsamt. Auch hier Räume mit
plastischem hochbarocken Stuckwerk. Die *Pfarrkirche Sankt Bla-*
sius ist ein drastisch barockisierter Saalraum, der aus einer gotischen Hallenkirche durch Herausbrechen der Pfeiler entstanden
sein mag. Sie enthält einen schönen Mariä-Krönungs-Altar und

eine Reihe bemerkenswerter Holzstatuen des 16.Jahrhunderts.
Die *Liebfrauenkirche* in der Unteren Stadt kann eine Muttergottes-
Holzfigur aus dem Multscherkreis vorweisen. Man fragt sich am
besten nach diesen Kirchen durch, die längs der Hauptstraße
durch Ehingen aufgereiht sind – und man halte sich nicht zu lange
bei ihnen auf, denn das bedeutendste Werk steht uns ja noch bevor. Es ist die schon erwähnte *Konviktskirche*, ein in seiner proportionalen Strenge und Würde unvergeßlicher Auftakt des barok-
ken Kirchenbaus in Oberschwaben. Der ab 1712 errichtete Bau
wird Franz Beer zugeschrieben. Was den Grundriß betrifft, der
von der Salzburger Kollegienkirche angeregt ist, wird die Zu-
schreibung nicht völlig überzeugen. Auffällig ist jedenfalls die
Verwandtschaft zu einem Teil von Kaspar Moosbruggers Projek-
ten für die Wallfahrtskirche Einsiedeln in der Schweiz (1705). In
seiner Raumfolge finden wir nach dem Zentralraum über der
Gnadenkapelle einen ganz ähnlich gestalteten Kuppelraum mit
ausgerundeten Eckkapellen. Bei dem engen Kontakt der Vorarlberger Baumeister Beer und Moosbrugger könnte es sich allerdings auch um eine Übernahme des Moosbruggerschen Gedankens handeln.

Eine schmale Gasse führt uns zur Kirche. Das Äußere verrät architektonische Eigenart: ein breites Langhaus und Querhaus, die
sich durchdringen und eigene Giebel vorschicken, kräftige Pilastergliederung, das den Bau umspannende Gebälk über den Fenstern brückenartig gebogen. Ein umrahmtes Portal. Aber dann
ist der Eindruck des Barocken vorerst wie weggewischt. Ein moderner Windfang stellt uns zunächst in eine Art Glaskammer.
Muß das denn sein? Dieser Innenraum ist so entschlossen modernisiert, daß man sich mehr in einem Schloßvestibül denn in einer
Barockkirche wähnt. Modernes Gestühl, Zentralaltar, spiegel-
neuer Solnhofener Plattenboden, kahle Wände. Jawohl: die neue
deutsche Liturgie im alten römisch-barocken Gehäuse! Wand-
altäre sind einfach verschwunden. Nur Bilder hängen noch da.
Freilich, trotz aller moderner Um- und Einbauten haben wir hier
noch das barocke Raumgefüge: einen stämmigen Vierpfeilerraum
aus zwei sich überlagernden Rechtecken gebildet, die zentrale

Tendenz der Flachkuppel. So ergeben sich vier durch Ausbuchtungen und Rundungen noch betonte Kapellen. Pilastergliederung an den Pfeilern, im Hauptschiff Doppelpilaster mit dazwi-
schenliegenden Nischen, so daß der Raum in die Längsachse
gerichtet erscheint. Zur Kahlheit der Wände gibt der üppige
Akanthusstuck der Gewölbe einen lebhaften Kontrast. Die darin
ausgesparten Freskenfelder und Medaillons bringen Farbe in die
Deckenzone und wirken sehr dekorativ. Seltene Barockembleme
fordern unsere Aufmerksamkeit. Es sind hauptsächlich Kreuz-
und Herzsymbole, gelehrt und erfindungsreich ausgedeutet. Ein
besonders schönes zeigt ein Herz mit einer Lilie, das sich zu einem
Herzen mit Kreuz neigt. LILIUM INTER SPINAS sagt die Inschrift.
Ein kleiner Hortus symbolicus ist über diese blumenreiche Decke
ausgestreut. In der ersten Kapelle links neben dem Eingang stoßen wir auf ein altes Altarbild, das sich in seinem bräunlichen
Helldunkel als Augsburger Werk erweist: ›Bergmüller 1718‹
entziffern wir am Rand. Es ist eine gute Darstellung des Tods
Mariä. In der dritten Kapelle links hängt ein Breitformat mit rea-
listisch wiedergegebenen ›Portraits‹ des 17. Jahrhunderts, darunter wir eine hochgeborene Dame mit vier Töchtern wähnen, in
seiner mehr weltlichen Auffassung vielleicht ein Stifterbild, dem
Stile Johann Heinrich Schönfelds nahekommend. Das biblische
Thema ist fast bukolisch ausgelegt: Christus erweckt den Laza-
rus. Beim Hinausgehen fällt uns noch die formvollendete Wappenkartusche über dem gläsernen Windfang auf. Eine Trophäe
des römischen Barock! Wir hätten sie gerne gezeichnet, haben
aber kein Utensil zur Hand. So verlassen wir diese Konviktskirche, die einmal gar zur Universitätskirche bestimmt war und
heute moderne Gemeindekirche ist, und werfen noch einen Blick
auf den kernigen Barockturm, der an der Seite aufwächst. Ob im
Konviktsgebäude, das noch der Erneuerung harrt, der alte Theatersaal als Raum noch erhalten ist, von dem uns Scharl erzählt?
Es schaut nicht so aus! Ob sich Herr Furttenbach, der Ulmer Vi-
truv, die beim Bauen zu beachtende Zweckmäßigkeit so vorgestellt hat, wie man sie hier praktiziert, möchten wir dahingestellt
lassen. Hier jedenfalls, in der Ehinger Konviktskirche, trifft sein

Geist mit den kreativen, von der Ulmer HfG (Hochschule für Gestaltung) ausgehenden Kräften in einer seltsamen Konfrontation zusammen. Und wir erhalten wenigstens einen Begriff, daß hierzulande der Barock noch eine vitale – keine museale – Wirklichkeit besitzt. Mit einem Wort: Man verfährt barock mit dem Barock. – Aber nun weiter nach Obermarchtal!

Ein Jahr ist es, daß ihm und seinem Stifte die höchste Gnade widerfuhr, als Ihro königliche Hoheit die durchleuchtigste Fürstinn, und Frau Maria Antonia Erzherzoginn zu Oesterreich vermählte Dauphine von Frankreich ihr Nachtlager in Marchtall zu halten gnädigst geruhete. Marchtall war damals in der größten Lebhaftigkeit, so lange es steht. Das ganze Gefolg von fünfhundert Personen war in unserm Klosterumfange mit Wohnung versehen. Bernhard Kögel unser würdigster Oberamtmann und erster weltlicher Rath beschrieb, und besang diesen merkwürdigen Vorfall mit seinem in dem Musenbach getauchten Kiele.

(Sebastian Sailer, 1771)

Nicht einmal hundert Jahre liegen zwischen dem 1686 von Michael Thumb begonnenen Kirchenbau und dem Rokokopavillon,
darin die durchreisende Marie Antoinette nächtigte. 1789 hatte
sich dieses Jahrhundert überlebt. 1803 wurden die Prämonstratenser aus ihrem Himmel ausgewiesen.

Die ehemalige Prämonstratenser-Abtei *Obermarchtal* ist ein
passend plazierter Auftakt nach dem Vorspiel von Ehingen. Lernt
man doch eine Klosteranlage kennen aus der Frühphase des Barock, dazu eine exemplarische Kirche, die (wie in Hauttmanns
›Entwicklungsgeschichte‹) den Auftakt barocken Kirchenbauens
in Schwaben gibt. Dazu wird in einigen Innenräumen der Stil-
wandel vom Barock zum Rokoko hin sichtbar.

Die Kirche, um 1700, zur Zeit ihrer Fertigstellung, als das
›schönste Gotteshaus Schwabens‹ gepriesen, wurde 1784 bereits
als unmodern und schwerfällig bezeichnet: sie ...

... *ist mittelmäßig schön in einem etwas alternden Geschmacke erbaut,
mit einer ganzen Galerie; sie wird gegenwärtig samt dem Chore, so viel
es sich tun läßt, nach dem herrschenden Geschmacke verziert. Die zwei
Orgeln, die größere besonders, welche Herr Holzhay eben aufsetzt, sind
unvergleichlich schön, und die Zungen und die Flötenwerke darin mögen
wohl ihresgleichen suchen. Auch hält sich hier ein Bildhauer auf, von dessen Arbeit ich einige in Stein ausgehauene Grabmonumente gesehen habe,
welche ihrer expressiven Feinheit halber Verwunderung erregen. ... Auf
die Musik wird hier sehr stark gesehen, wie denn dieser Ort in diesem Fache von jeher berühmt war und auch gute Tonsetzer von da bekannt sind.
Die Tafelmusik war gut besetzt und unterhaltend. Die Blasinstrumente
aller Art zeichneten sich besonders aus, gaben dem ganzen Stücke ange-
nehme Lebhaftigkeit, und alle diese Instrumente waren nur von Kapitula-
ren besetzt. Hierzulande muß also die Übung in Blasinstrumenten der
Brust nicht schädlich sein, oder der Klosteräskulap muß immer tüchtige
Gegenmittel dawider bei Handen haben. (Johann Nepomuk Hauntinger)*
Wer heute durch das Torhaus eintritt, ist sogleich gefesselt
durch den asketischen Zug der Anlage und durch die großzügige
und klare Stilsprache der Frühzeit. Er freut sich über die gepflegte Erscheinung des Ganzen, der Putzarchitektur, der Kloster-
trakte. Wie im späteren Ottobeuren bildet die Kirche den Auf-

takt zur Gesamtanlage des Klosters. Vorgezogen stößt sie mit ihrem Chor an das große Rechteck aus langgezogenen Trakten und Eckpavillons, die wiederum zum Rechteck geformt sind. Die Kirchenfassade ist von großer Nüchternheit. Die beiden Türme seitlich des Chors sind im oberen Teil lapidar zum Achteck geformt und mit Putzfeldern belebt. So präsentierte sich die Moderne von 1700!

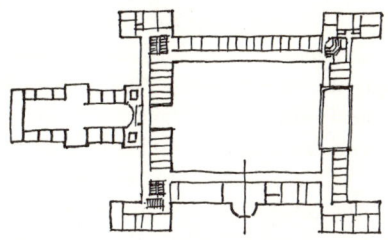

Im Innern haben wir dann das Vorarlberger Münsterschema in seiner reinsten Form: Das Langhaus mit breitrechteckigen Gewölbejochen, das schmale Querhaus ohne Vierungskuppel, den das Langhaus nur leicht variierenden Chor mit der halbrunden Apsis. Seitlich Wandpfeiler, die durchbrochen sind und daher wie Freipfeiler wirken, dazwischen eingespannte Emporen. Ein Übermaß an Weiß erscheint als das Charakteristische der Frühzeit, keine Fresken, sondern nur die weiche plastische Belebung der Gewölbe und Gurtbogen durch Akanthusstuck von Johann Schmuzer. Farbe bringen allein die Altäre; das edle Gehäuse einer Holzhay-Orgel sei in dieser Ausstattung nicht übersehen. Diese Orgel hat eine eigene samtene Klangsprache, die gut zu dieser Verhaltenheit der Formen und Farben paßt.

Die Klostergebäude sind nach der Säkularisation an das Fürstenhaus Thurn und Taxis übergegangen. So essen wir also in der ›Schloßwirtschaft‹. Hier gibt es sogar eine Zeitung. Da lesen wir im Lokalteil:

Einen Tag der offenen Tür veranstaltet ›Stadt und Land e.V.‹ am morgigen Sonntag für die Bevölkerung. Unter der Schirmherrschaft des Mi-

*nisters für Ernährung, Landwirtschaft und Forsten können zehn land-
wirtschaftliche Betriebe besichtigt werden. Kartoffelfeuer für die Besucher sowie die Verlosung eines Mastlammes und acht halber Truthähne
bei Bierausschank gehören zur Attraktion …*

Was ist dies anders als ein Stück 18. Jahrhundert! Damals wurde von der Hofgesellschaft der Reiz des Ländlichen entdeckt.
Man nannte solche Landausflüge und Feste › Wirtschaften ‹. Sebastian Sailer hätte vielleicht an dieser › Wirtschaft ‹ seine helle Freude gehabt. Hier in seiner Heimat hat man einmal ein Stück des
geistlichen Idyllendichters wieder aufgeführt, stilgetreu, wie vermeldet. Neben vielen begeisterten Zuschauern blieb auch der
aufgeklärte Protest von heute nicht aus. Es sei eine reine Blasphe-
mie gewesen, schrieb ein sauertöpfischer Berichterstatter voller
Entrüstung.

Der von Goethe geschätzte schwäbische Mundartdichter Sebastian Sailer (1714-1777) nahm kein Blatt vor den Mund. Er ist
ja hier in Obermarchtal daheim gewesen. Seine biblischen Komö-
dien, darin die › Schwäbische Schöpfung ‹ als eine barocke Perle
glänzt, sind durchwürzt von köstlichem Humor und volkstümlicher Realistik. Am berühmtesten etwa ist sein Klagelied der aus
dem Paradies verstoßenen Eva – ein Beitrag zur Emanzipation
der Frau. Da es uns an die kleine Szene im Ulmer Café erinnert,
möchten wir es dem Leser nicht vorenthalten:

> *O Jeggerle was fällt ui ei*
> *was fanget ar ar no a*
> *dass i soll untergeaba sei*
> *und diena gar meim Ma.*
>
> *Suppa Knöpfla Spatza kocha*
> *schpüala schaffa ganze Wocha*
> *und darnoh zum Lau (Lohn)*
> *d' Moischterschaft itt hau (haben).*

Aber geben wir zu einer Charakteristik Sailers noch unserem
jüngst verstorbenen schwäbischen Freund Franz Weyr das Wort.
Er schreibt in seinem reizvollen Buch › Mozart in Bayern ‹:

*Der 1714 als Sohn eines gräflich-fuggerischen Amtsschreibers zu Wei-
ßenhorn geborene Sebastian Sailer war nicht irgendein schwäbischer Bau-*

ernpfarrer, sondern des Prämonstratenser-Ordens Kapitular, ein bedeuten-
der Sprachkenner und als Kanzelredner weithin berühmt. Er predigte
nicht nur seinen Bauern, er predigte von allen namhaften Kanzeln zwi-
schen Einsiedeln (Schweiz), Bamberg und Wien, und derselbe Sailer, der
in Dieterskirchen ›denen Bauernflegeln‹ im derbsten Oberschwäbisch die
Hölle heiß machte, war in den Stadtkirchen der geistreiche Norbertiner,
der die Gläubigen mit weltläufigen Kenntnissen zu überzeugen, mit einer
meisterhaften Rhetorik hinzureißen verstand. Nicht umsonst hatte ihm
die Kaiserin Maria Theresia nach einer glänzenden Predigt in Wien eine
kostbare Tabakdose verehrt mit der schmeichelhaften Inschrift ›Ciceroni
suevico‹.

Warum eigentlich Cicerone, wo er doch Kanzelredner und
Stückeschreiber war! Natürlich ist Cicero gemeint! Seis wias
mog! Wir trinken ein Glas Taxis-Bier auf diesen Freund der
Mundart und machen uns auf die Weiterreise auf der alten ›Dau-
phinestraße‹:

Sie geht von Ulm nach Altbreisach und wurde 1770, in welchem Jahre
Marie Antoinette, als Braut des Dauphin, durch Schwaben nach Frank-
reich reiste, von den oberschwäbischen Kreisständen angelegt; daher die
Benennung Dauphine- oder auch Devotionsstrasse.

(Adalbert Müller, 1839)

RAUSCHENDES ROKOKO – ZWIEFALTEN

Dieser Bau, in einem Wiesental der Alb gelegen, beherbergt in der Idylle
seines abseitigen Seins die seltsamste Sensation. Denn nirgend so wie hier hat
sich in einem sakralen Werk die spielerische Freiheit und der schwelgende
Übermut des Rokoko durchgesetzt. Dieser Bau Fischers hat an sich nicht
die gleiche betonte Würde wie bei dem heute bayerischen Kloster [Ottobeu-
ren]; die reine Architekturleistung, obwohl bedeutend genug, schwingt im
Eindruck nicht vor; aber unerhört, verwirrend und berauschend, hinrei-
ßend im ganzen und oft erschreckend im einzelnen, ist der farbige Glanz,
die zerrissene Beweglichkeit, das Springende, Hängende, Kecke, Freche
und doch wieder im malerischen Kontrast unendlich Sichere der Rokoko-
dekoration, der Figuren auf Altären und Gesimsen, der Blumengewinde

und Puttenspiele, der Arabesken und wuchernden Formenwelt um Beicht-
stuhl und Kanzel. Auf wieviel Instrumenten wird hier Musik gespielt!
Jedes tönt, jedes kämpft um die Wirkung seiner Klangfarbe, Pauke wie
Flöte und Horn; horcht man nur auf das einzelne, dann erscheint das
Ganze als Wirrwarr und Getöse, bleibt man aber in der unerschütterten
Haltung dem ›Gesamtwerk‹ von Architektur, Plastik und Malerei zuge-
wandt, dann sieht und spürt man, wie aus der Mannigfaltigkeit von hun-
dert Händen ein großer und sieghafter Rhythmus ersteht. Jenes Letzte an
Rokoko, da das Zarte, Graziöse, Spielende zu einer gewaltigen Einheit
sich schließen kann und im Überschwang eine feine Gesetzmäßigkeit ent-
steht, habe ich nur noch in venezianischen Zimmern ähnlich empfunden.

(Theodor Heuss, 1918)

Zuerst einmal ein Blick auf die Fassade. Ein echtes Fischer-
Werk. Die Situation erinnert an Fürstenzell bei Passau, obwohl
hier in *Zwiefalten* die Türme erheblich nach hinten gerückt sind
und im Eindruck nicht mitsprechen. Keine Doppelturmfassade
also, sondern eine Schaufront. Kein Rundbogengiebel, sondern
die klassische Rokoko-Dreiecksädikula mit der Wappenkartusche im durchbrochenen Giebelfeld. Statt Pilaster hier Säulen.
Die Mittelpartie leicht vorgewölbt, und darum plastischer. Auch
der abschließende Schweifgiebel spannungsvoller kurviert, be-
herrschender im Schwung und im Ausgriff. Die Gesimse reicher,
voller instrumentiert. Man spürt, wie der Meister an François
Cuvilliés' Fassadenlösungen geschult und gewachsen ist.

Die große dreischiffige Vorhalle ist eine Verheißung. Allein der
Stuck von Johann Michael Feichtmayer. Der erste Blick in den
Kirchenraum gehört zu den großen Überraschungen, die uns die
Kirchenbaukunst Süddeutschlands zu schenken vermag, eigentlich nur noch vergleichbar mit Ottobeuren. Auch hier ist es nicht
eigentlich Überraschung, sondern Berauschung. Es ist ein Eindruck, der auch bei öfteren Besuchen der Kirche nicht nachläßt.
Man geht auch beim zweiten und dritten Mal nicht einfach in die
Kirche hinein, sondern bleibt jedesmal, wie von magischer Kraft
festgehalten, hinter dem Portal stehen, prüft den Gesamteindruck, ob sich irgend etwas geändert hätte, die Lichtstimmung,
die Farbe, die Festlichkeit, ob es nachhält ... Eine Steigerung ist

nur noch denkbar, wenn in diesem Raum barocke Musik zum Festgottesdienst erklingt oder die große Orgel anhebt. Auch Glockengeläut könnte man sich denken, zuerst die silberhellen Töne, dann die tiefen vollen Schläge, zuletzt die verbindenden untermalenden des Hintergrunds. Als ich hereintrat, herrschte eine nachmittägige Stille und es regierten allein der Raum, seine Farbe, das Licht. Das Licht wechselt. Es ist am Nachmittag anders als am Vormittag. Aber diese Kirche braucht das volle Licht.

Wie jeder wahrhaft große Kirchenraum fordert Zwiefalten heraus. Das wurde schon einige Jahrzehnte nach der Vollendung der Kirche spürbar. Der reisende Bibliothekar von Sankt Gallen, Johann Nepomuk Hauntinger, berichtet vom abwertenden Urteil eines Italieners über die Fresken, welches ihm ein Stiftsangehöriger genüßlich weitererzählt hat. Und er selbst meint einmal:»Die Stukkatur ist im modernen Muschelgeschmacke mit Gold überschmiert und sogar mit kleinen Spiegelchen versetzt. Das mag gefallen wem da will.«

Geschrieben im Jahre 1784! Nun, Hauntinger war ein Bücherwurm und nicht besonders kunstaufgeschlossen. Das zeigt sich schon daran, daß er 1784 von ›modernem Muschelgeschmack‹ spricht, als die Rocaille schon nicht mehr modern war. Oder meinte er einfach jenen ›style moderne‹, unter dessen Begriff das Rokoko seine Herrschaft antrat? An anderer Stelle spricht er jedoch von »tändelndem Flitterwerk«, einem Geschmack, »der vor dreißig bis vierzig Jahren in Deutschland sehr willkommen war und sich sogar ins Heiligtum der Kirchen einschlich, zum Beispiel in Zwiefalten und Ottobeuren«.

Kunst ist immer eine Frage des Geschmacks, und der Geschmack ist allgemein dem Zeitempfinden angepaßt und unterworfen. Man kann deshalb förmlich mit Scheuklappen herumlaufen wie Herr Hauntinger und viele seiner Zeitgenossen. Rufen wir uns nur ein Beispiel aus der Musik ins Gedächtnis. Die großartigen Kompositionen der Barockmeister waren jahrhundertelang verkannt und abgetan, bis man sie wieder entdeckt und gewürdigt hat. Sogar Mozart, der eigentlich schon zur Klassik gerechnet wird, mußte sich das Attribut ›tändelnd‹ gefallen lassen. Zwei Begriffe jedoch, die Hauntinger verwendet, greifen wir auf: Muschelwerk-Grotte und Spiegelkabinett. Mit beiden hat die Kirche wirklich etwas zu tun, denn wer in die Gewölbe blickt oder zur Kanzel empor und zu ihrem Gegenüber, der glaubt tatsächlich, daß die Zwiefaltener Berauschung ihren Ursprung – ihre tiefere Schicht sozusagen – im verwirrend irrationalen Eindruck einer Felsengrotte hat. An ein Spiegelkabinett mögen die glänzenden Stuccolustrosäulen und die in den Gewölbestuck ein-

gelassenen Spiegel erinnern. Auch die Kapitälzone gehört noch
dem grottenartig aufgerauhten Teil zu. In bewußtem Gegensatz
dazu steht die Glätte, ja Härte der Sockelzone, der Gebälkstücke
über den Säulen, der kleineren Lisenen, die an die Säulen an-
schließen und die Oratorien tragen, am spürbarsten bei den
Schildmauern der Wandpfeiler, die mit ihren Rundbögen etwas
Klassizistisches haben. Glatte Form und weiße Fläche sind also
gegen die aufgerauhte Form und farbige Fläche gesetzt, oder vielmehr die glatte Struktur durchzieht die aufgerauhte und belebt
sie wie ein inneres Gerüst. Zur glatten Zone gehören noch die
Attika-Aufsätze auf den Gesimsen, obwohl hier gelegentlich die
Stukkatur herabgreift. Zu ihr gehört aber nur noch bedingt der
Spiegel des Gewölbes und der Kartuschen. Dieser ist nämlich
durch Freskomalerei in einer Weise dynamisiert, daß man ihn als
eine riesige Spiegelung des geöffneten Himmels betrachten könnte. Über das Deckenbild selbst wird noch zu reden sein. Betrachten wir uns vorerst noch den Raum. Er geht stärker als der Raum
von Ottobeuren in die Tiefe, scheint auch breiter, stämmiger proportioniert. Ein Langhaus mit Querschiff und Flachkuppel über
der Vierung, der Chor durch ein Gitter abgeschlossen und in seiner Tiefe etwas unbestimmt. Seitlich Kapellen und Emporen,
deren Brüstungen leicht vorgebaucht sind. Durch diese Seitenschiffe oder Kapellen kommt das Licht herein. Also indirekte
Lichtführung, Einbruch des Lichts durch eine Höhlung, kanali-
siertes Licht, Lichtbrechungen. Das ergibt die merkwürdige,
weiche, gleitende Lichtstimmung von Zwiefalten.

Die *Deckenfresken* der Kirche werden sogleich als kongeniale
Leistungen empfunden. Sie sind das Werk des Allgäuers Franz
Joseph Spiegler (1691-1756). Er hatte zuvor eine Reihe von
Kirchenfresken geschaffen, in Wolfegg und Konstanz, die von
lokaler Bedeutung sind und einen Auftrag dieser Größenord-
nung nicht entsprechend rechtfertigen. Verglichen mit der
Spitzengruppe der Augsburger Freskanten – Bergmüller,
Günther, Kuen, Göz, Baumgartner – und den Tirolern Knoller
und Zeiller, war Spiegler ein oberschwäbischer Lokalmaler.
Seinen Namen hatte er sich vor allem durch seine Altarblätter

und Skizzen gemacht, die ein unakademisches Temperament und ein inneres Feuer bezeugen. (Siehe Seite 11.) Der Bauabt von Zwiefalten Benedikt Mauz (1744-1765) muß ein unbeirrbares Vertrauen zu seinem Landsmann gehabt haben, um ihn Fischer gegenüber durchzusetzen. Spiegler hat dieses Vertrauen glänzend gerechtfertigt, ja übertroffen. Gerade weil er durch keine akademische Observanz gebunden war, gelang ihm ein Durchbruch von stilgeschichtlicher Tragweite, die Einleitung einer neuen genialischen Phase in der süddeutschen Freskomalerei aus dem Erlebnis des Schizzo, nämlich der Freiheiten der barocken Ölskizze – einer Gestaltungsweise, die von Carlo Carlone begründet wurde und die von Meistern wie Kosmas Damian Asam schon im Fresko vorbereitet ist. Die großartigen Zwiefaltener Deckenfresken sind in rascher Folge entstanden: 1747 die Chordecke, das Martyrium des heiligen Plazidus und seiner Gefährten, 1748 die Glorien der Heiligen Stephanus und Benedikt in den beiden Querhauskapellen, 1749 die Himmelsglorie in der Vierungskuppel, 1751 dann die gewaltige Langhausdecke: Engel zeigen dem auf Wolken entschwebenden heiligen Benedikt das Madonnenbild von Santa Maria Maggiore. In einem mächtigen Auf- und Abwogen, das die Rhythmen der Stukkatur fortführt, auf kühn in den Bildraum stoßenden kurvierten Balustraden wird die Prozession zu den großen marianischen Wallfahrtsorten vorgeführt: Altötting und Santiago, Einsiedeln und Fourvières, Genazzo und Zwiefalten selber. Wir erleben in einer prächtigen Szene die Grundsteinlegung Kurfürst Max Emanuels für den geplanten Marientempel von Altötting, im Beisein des Gründers Sankt Rupert. Wir sehen den König von Frankreich im herrlich gemalten Lilienmantel sich vor dem Gnadenbild in Fourvières beugen. Einsiedeln wird durch die Heiligen Magnus und Gallus berufen, und über Santiago schwebt der Engel des Sieges mit der Palme. In der Hauptachse unter einer mächtigen Wolkenbank wird das Lukasbild von Santa Maria Maggiore verehrt. Die himmlische Szenerie ist wie vom Föhnsturm aufgerissen, Wolkenfetzen sind vom Sog einer Ovalbahn erfaßt und geben den Blick frei in den himmlichen Äther. Dort erscheint Maria auf

Wolken thronend unter der Dreifaltigkeit. Ein Gnadenstrahl geht von ihrer Brust aus und trifft auf das von Engeln gehaltene Gnadenbild. Von diesem zurückgeworfen empfängt ihn der heilige Benedikt in Orantengeste mit ausgebreiteten Armen. Von ihm fällt der Gnadenstrom verteilt wie in Flocken auf andere Heilige.

Hans Tintelnot schreibt über die beiden Hauptfresken:

Die Gruppen der über zweihundert dargestellten Heiligen scheinen von einer immanenten motorischen Kraft gefesselt und bewegt, sie gleiten in kühn wechselnder Beleuchtung unmerklich in einen Spiralzug über. Die Wolken haben etwas Entmaterialisiertes, sie sind keine Ballen mehr, sondern bandartige Gebilde, die sich schräg nach oben verjüngen und wie in einer aufrauschenden Woge plötzlich in den äußersten schlohgelben Tiefenraum des Himmels einmünden, wo Christus und Gottvater, einbezogen in den Strudel erregter Spannungen, Maria aufnehmen ... Im Langhausfresko ist die Suggestionskraft des Visionsraumes fast noch unheimlicher. Erregend wirkt schon die Behandlung der Randzone: in das prächtige unruhige Gewoge der Prozessionen und Erinnerungsakte, zwischen den drängenden Kurvierungen der Treppen und Balustraden züngeln die Stuckrocaillen. Gewittrige Wolken führen uns aus der Rahmenzone in eine Illusionswelt von fast Grünewaldschem Geiste ... Der Künstler wird zum Erfinder traumferner Farbskalen und rauschhafter Ausdrucksformen, die dem Expressionismus spätmittelalterlicher Malerei in ihrer Wesenheit näher stehen als der genießerischen Freundlichkeit des landläufigen Rokoko.

Das von Tintelnot oben gerühmte Vierungsfresko ›Maria als Königin der Heiligen‹ – man vergleiche es mit einer Reihe ähnlicher Lösungen von Weingarten bis Sankt Gallen – ist mit sicherer Hand und durchgehendem Schwung gemeistert. Dabei stärker rhythmisch akzentuiert, fugenhaft verspannt und von flüssiger Bewegung. Die Fähigkeit Spieglers, einen malerischen Rhythmus durchzuhalten, das Wesentliche vom Unwesentlichen zu sondern, wird dabei besonders deutlich. Es ist sozusagen eine Art von rhapsodischer Gestaltung und genialischer Schnellmalerei, der keine Spur mehr von akademischer, schulmäßiger Bedächtigkeit anhaftet. Das Detail verliert an Bedeutung, Figuren

beginnen leidenschaftlich zu agieren, Gewänder blähen sich
scheinbar willkürlich auf, Engel und Heilige formieren sich zu
Gruppen, ja Girlanden, ›impressionistisch‹ hingeworfen und hin-
getupft. Einzelgestalten führen absurde Verrenkungen aus. Eine
Hand wirkt klobig, ein Gesicht fast wie aus Lehm geformt. Es ist
eine von religiöser Spannung durchgriffene, von künstlerischer
Begeisterung getragene ›Sturm-und-Drang-Malerei‹.

Im Vergleich zu Spieglers Ölskizzen ist die milchige Auflich-
tung der Farbskala bemerkenswert. Für die Darstellung eines
Zwickelbildes der Vierungskuppel – der ›Europa‹ – ist uns die
entsprechende Ölskizze im Museum zu Meran erhalten (Farbtafel 1, Seite 49). Sie ist in ihren kräftigen Ockertönen und ihrer
branstig roten Umrahmung und Grundierung von der Ausführung sehr verschieden. Diese hat eine lichtere Farbskala und paßt
sich kompositionell dem Rhythmus der Rahmenform aus Stuck
an. Gerade dieses Geschick der Einfühlung, des Aufnehmens
und Fortführens gegebener Zusammenhänge, des Sich-Ein-
fügens in eine hochqualifizierte Künstlergemeinschaft, spontanen
Begreifens fähig, schneller Änderungen gegenwärtig, der Begeisterung des Augenblicks aufgetan, kurz gesagt: dem Team-
work und dem Ensemblegeist verschrieben, dies alles macht die
Kongenialität des Freskanten Spiegler aus. Weil man allerseits
hochzufrieden mit seiner Arbeit war, erhielt er auch das Hochaltarblatt ›Die Jungfrau als Vorbild aller Stände‹, ein großflächig
aufgezogenes, in wirkungsvollem Helldunkel gehaltenes Kernstück des ganzen Raumes, eines Raumes, den wir uns jetzt noch
näher betrachten wollen.

Der Langhauscharakter dominiert zunächst und gibt in seiner Spannung von glatter und belebter, gerader und gerunde-
ter Fläche den Ton an. Erst wenn man das Langhaus durchschritten hat und auf der Höhe der Kanzel steht, wird das Querschiff
als Eigenraum von erheblicher Breite wahrgenommen. Es hat
direktes Licht. Seine Ecken sind abgeschrägt und mit jeweils drei
Altären besetzt. Eine deutliche Steigerung, eine Häufung der
Akzente machen sich im Weg nach vorne bemerkbar. Auch die
Säulen sind in der Vierung gehäuft und streben bündelweise auf.

Auf den Gesimsen sitzen aufrauschende Figurengruppen der vier
Elemente. Die Kanzel wirkt wie ein Korallenriff, das von Wellen
gepeitscht wird. Ihr gegenüber die Stuckgruppe des Propheten
Ezechiel, in einer abenteuerlichen Muschelwerkgrotte, an der
Wolkenfetzen hängen und Engel agieren. Selbst aus den Kartuschen des Obergadens schrauben sich noch plastische Gruppen und Figuren heraus. Eine jede ist des Betrachtens wert, eine
jede hat ihre individuelle Schönheit, ihre eigenwillige Komposition. Man bräuchte ein Fernglas, um die bildnerische Qualität
so recht zu erkennen. Hier müssen verschiedene Hände am Werk
gewesen sein. Die Forschung hat sie inzwischen durch sorgfälti-
ge Stilanalysen geschieden.

Es scheint festzustehen, daß die Kirche von Zwiefalten auch
stukkaturgeschichtlich einen Höhepunkt des Rokoko markiert,
zeigt sie uns doch die Rocaille auf einer Stufe, die hinsichtlich
ihres Formenreichtums, ihrer Wirkungskraft und ihrer freien
Schönheit nicht mehr übertroffen werden kann. Als ausgesprochen intime Dekorationsform für höfische Appartements hatte
die Rocaille in Frankreich ihren Ausgang genommen, als Re-
präsentantin des ›style moderne‹, gegenüber dem ›grand goût‹
der Zeit Ludwigs XVI. Als höfische Dekorationsform (was sie ja
in Frankreich und im übrigen Europa geblieben ist) ist sie von
Meistern wie François Cuvilliés und Johann August Nahl in
Deutschland weiterentwickelt worden bis zu einer schöpferi-
schen Freiheit und Reife, die Jacob Burckhardt, aber auch
Kenneth Clark, von dem schönsten Rokoko der Welt sprechen
ließen. Daß sie die architekturverbundene, raumbestimmende
Dekorationsform der letzten monumentalen Kirchengebäude
Europas geworden ist, darf als die fast ausschließliche Leistung
der Wessobrunner Stukkateure angesehen werden. Es ist die
großartige Sensibilität von Künstlern, die zu ihrer Zeit als Hand-
werker angesehen wurden, ›Gastarbeiter in Europa‹ hat man sie
genannt. Daß sie dieses feine Empfinden für die künstlerischen
Ausdrucksmöglichkeiten ihrer Zeit in den Spitzen ihrer Finger
und in ihren Herzen hatten, stellte sie ebenbürtig an die Seite
der Kompositeure und Musikanten ihrer Zeit.

Die Kirche ist inzwischen von einer Reisegruppe betreten worden. Es wird deutsch und englisch gesprochen. Die Engländer haben das süddeutsche Rokoko seit einigen Jahren als europäisches Novum entdeckt und in ihre Reisepläne mit einbezogen. In England erscheinen wesentliche Bücher-Forschungen auf diesem Gebiet, nennen wir nur Henry Russell Hitchcocks ›German Rococo – The Zimmermann Brothers‹, London 1968. Ich erinnere mich an einen jungen Besucher, Alastair Laing mit Namen. Er arbeitet in Harvard an einer Entwicklungsgeschichte des süddeutschen Rokokostucks und seiner Meister. Er kannte sie alle – diese so schwer aussprechbaren Namen: Feichtmayer und Übelher, Finsterwalder und Zöpf... er kannte sie nicht nur, sondern sie waren ihm ein Begriff. Als ich auf Josef Anton Feuchtmayer zu sprechen kam und seine Stuckfiguren »in Wolfegg« heraushob, korrigierte er mich auf typisch englische Weise: er nickte zustimmend. Später jedoch meinte er beiläufig, daß diese Stuckfiguren »in Kisslegg« zwar »very interesting«, aber eigentlich auch von einem »personal mannerism« geprägt seien und nicht mehr in sein Betrachtungsfeld gehörten.

Im ›Gradmann‹, dem für Württemberg maßgebenden Kunstführer (letzte von Hans Christ überarbeitete Auflage, die mir vorliegt: 1955), können wir aber immer noch über Zwiefalten lesen:

Ein Gesamtkunstwerk, das nichts Geringeres will, als den Himmel der Seligen darstellen, nicht nur andeuten. Geistiges soll sinnlich, nicht etwa sinnbildlich, sondern körperlich greifbar nahe dargestellt werden: eine Absicht, die in ihrem Beweggrund künstlerisch, in ihren Zielen aber eine Verirrung ist. Auf eine grobe Art von Illusion ist es abgesehen mit all den Künsten, die das moderne Panorama wieder aufgegriffen hat. Notwendig muß sie irgendwo an der durchschauten Täuschung scheitern ... Das ist im Barock geworden aus dem geheimnisvollen Seraphim der altkirchlichen Kunst.

Auffällig, wie sich hier die Argumente mit denen in Hauntingers Reisebericht von 1784 berühren. Gradmann – ein im übrigen sehr verdienter Kunsthistoriker – war noch in den Kunstanschauungen des 19. Jahrhunderts ausgebildet worden. Sein

Ideal war der ›Seraphim der altkirchlichen Kunst‹: die Kunst des Mittelalters. Bezeichnend, wie er das Rokoko von Zwiefalten in die Nähe des ›modernen Panoramas‹ rückt, das ihm offenbar Unbehagen verursacht oder für das er sich nicht mehr erwärmen, geschweige denn begeistern kann. Von solchen, wohl auch weltanschaulich bedingten Anmerkungen abgesehen, ist seine Beschreibung beachtlich genau; er spricht am Anfang seines Artikels sogar – vielleicht in weiser Erinnerung an den alten Jacob Burckhardt – von einer »wahren Festvorstellung des reichsten und feinsten Rokokos«. Und das ist Zwiefalten. Nur sollte man eben bei solchen Festvorstellungen kein grämlicher Gast sein.

Die Besucher von der Insel sind nicht grämlich, sondern höchst angetan und aufgeschlossen. Das Material scheint sie zu interessieren. Ungezwungen sind sie auch. Sie legen die Hand auf den Marmor, um die Unterschiede des Wärmegrads bei natürlichem und künstlichem Marmor zu erkennen. Vor der Ezechielgruppe ruft ein junger Mann: »It's inexpressibly beautiful!« Jetzt scheint man sich über die Bestimmung und den Rang der Kirche nicht ganz klar zu sein: Klosterkirche, Pfarrkirche oder Kathedrale … Zwiefalten ist Klosterkirche, aber keine Pfarrkirche. Im bau- und kunstgeschichtlichem Sinne könnte man es jedoch tatsächlich eine Kathedrale nennen, eine Kathedrale des Rokoko. Das gilt auch für die anderen großen Rokoko-Kirchen.

Wie die Kathedralen der Gotik, doch mit anderen Mitteln, trotzen sie dem Gesetz der Schwere, überwinden sie die Sprödigkeit des Stoffes, berauschen, ja betäuben sie mit einer Welt von Formen, die ans Wunderbare grenzt und doch bis ins Kleinste programmatisch durchdacht und schöpferisch geformt ist. Sie erschaffen mit ihren eigenen, natürlichen Materialien eine neue Natur. Jede Kleinigkeit bis herab zu den Türbeschlägen ist künstlerisch durchformt, hat Stil, Phantasie, Originalität – Witz, würde man damals vielleicht auch gesagt haben.

Im Rückblick zur Orgel bemerken wir zwei den Vorhang raffende Engel – höchst elegante Trophäen aus Stuck, die man leicht übersehen könnte. Sie sind nur ein winziger Teil dieser kathedralischen Raumausstattung, und doch hat der Bildhauer

Christian hier das letzte und vielleicht schönste Glied einer langen Kette von barocken Tragefiguren gefunden. Seine unmittelbaren Vorbilder: die Engelshermen von Johann Michael Feichtmayr und Egid Quirin Asam.

Die große Westorgel ist ein spätes Werk von Johann Martin aus Hayingen. Die künstlerisch wertvollere Chororgel schuf aber Joseph Gabler aus Ochsenhausen, der Schöpfer der machtvollen Orgel von Weingarten.

Beim Verlassen der Kirche noch ein Blick auf das große Deckenfresko der Vorhalle: Es ist 1760 von Franz Sigrist geschaffen worden und stellt den Triumph des Glaubens dar. Vor unseren Augen liegen der von Heiligenchören erfüllte Himmel als eine überirdische Vision und die Erde als stürmisch-bewegte Szenerie. Hier kämpft Sankt Michael gegen den Drachen an, bäumt sich ein Aussätziger gegen den Tod auf, tötet Abraham seinen Sohn ... eine herkulische Gestalt schüttet Wasser auf das höllische Drachengezücht. Das Heer der Neider und Spötter aber, samt ihren Schriften, wird hinweggeschwemmt vom Strom der Zeit.

Wer sich Zeit nimmt, über Zwiefalten hinaus noch ein Stück in die Alb hineinzublicken, der entdeckt im ersten Ort *Gossenzugen* eine kleine, überaus reizvolle Zentralanlage, die die sichere Handschrift Johann Michael Fischers trägt. 1749 wurde sie vom Zwiefaltener Künstlerensemble – wie man sagt, zum Dank für die Vollendung der Klosterkirche und wohl auch aus Freude an der gelungenen Zusammenarbeit – errichtet und ausgestattet. Feichtmayr zierte sie mit Stukkaturen und Spiegler malte das Deckenbild ›Sankt Magnus als Helfer der Notleidenden und Kranken‹ sowie das feine Altarbild ›Maria mit Kind‹. Hier hätten wir also den seltenen Fall einer Künstlerstiftung ähnlich der Münchner Asamkirche, doch bei bescheideneren Verhältnissen, da anzunehmen ist, daß das Kloster Zwiefalten den Hauptteil der Baukosten übernommen hat. Franz Joseph Spiegler hatte sich übrigens in Konstanz auf eigene Kosten eine Grabkapelle erbaut (vgl. Seite 204) und diese auch ausgestattet. Die barocke Künstlernatur bestätigte sich eben nicht nur im Nehmen.

Riedlingen, 536 m (über dem Meeresspiegel), 6000 Einwohner. Am Schnittpunkt von B311 und B312, an der oberen Donau zwischen dem Südabfall der schwäbischen Alb und dem Bussen, dem zweithöchsten Berg Oberschwabens (767 m, früher ›Schwabenberg‹ genannt). – 836 erste urkundliche Nennung. 1250 Stadtrecht. Um 1300 Besitzerwerb durch die Habsburger. 1714 Herausgabe der ersten Zeitung in Württemberg. 1805 zum Königreich Württemberg.

So lesen wir in unserem Kurzführer der Oberschwäbischen Barockstraße, »herausgegeben mit Unterstützung von Städten und Gemeinden in Oberschwaben und den angrenzenden Landschaften sowie mit Wohlwollen der Gebietsgemeinschaft Oberschwaben im Fremdenverkehrsverband Württemberg«, wobei mit Wohlwollen auch auf die kunsthistorischen Sehenswürdigkeiten in Stichworten eingegangen ist und die Besonderheiten eines jeden Ortes, die Veranstaltungen und Feste im Jahreslauf nicht vergessen sind. In *Riedlingen* wird auf den Gallusmarkt und die Fasnet hingewiesen, die man hier noch auf eine sehr ursprüngliche, ja fast chthonische Weise erleben kann, wie Gerhard Nebel es uns 1957 schilderte:

... aber welch Erschauern, als fünf Schellenmänner im Rhythmus ihres Tanzes durch den Saal glitten! Der Schellenrhythmus bricht und zeichnet die Bahn vor, auf der der Narr, ohne daß er seitwärts ausweichen kann, ins Narrentum hineingeschoben wird, jeder Laut ein neuer Druck, jedes Geklingel preßt ihn weiter ins Offene und Freie der Fastnacht hinein. Maske, Kleid, Geschell erfüllen sich wechselweise, kommen zueinander im Tanz – jede Zunft hat ihre eigene, streng bewahrte Figur; kein entfesseltes Walzen, sondern ein verhaltenes, schwieriges Schreiten oder Hüpfen. Ob man will oder nicht, man wird, sofern man überhaupt noch für Mythos ansprechbar ist, mitgenommen, und so war ich zwei Stunden lang Narr und Hahn, Fuchs und Bock.

In Riedlingen also traf ich Volk an, nicht kommerzialisierte, künstlich verschönte, für den Fremdenverkehr chemisch präparierte Folklore. Volk und Dichtung gehören zusammen wie Bildung und Literatur, und nun ist es so, daß in der Tat einmal aus dem Fastnachtstreiben höchste

Dichtung hervorgegangen ist, aus Reigen und Rausch, aus Maske und Tracht gebaren sich Tragödie, Komödie, Chorlyrik. In Riedlingen ließ sich der Ursprung der Tragödie erfahren ...

Wer freilich durch das Zwiefaltner Tor hereinfährt, hat etwas Mühe, sehenswerten Barock zu finden. Die Pfarrkirche ist gotisch, Sankt Georg ist gotisch, eine weiträumige flachgedeckte Basilika, aus der man seit 1960 die neugotischen Altäre, die doch schon wieder interessant werden, entfernt hat. Originale Plastiken und Fresken gehören der Spätgotik an. In einem Heimatmuseum entdeckt man ein vergoldetes, dem heiligen Wendelin geweihtes Aufsatzrelief mit einer hübschen Darstellung der Stadtsilhouette modellhaft geschnitzt. Auch eine Maria auf Wolken nach Art der Buchauer › Maria vom Siege ‹ ist hier. Die beiden Werke stammen aus der Werkstatt des Franz Joseph Christian. Ein Bildhauer, der meist ein wenig hintangestellt ist in der Reihe der Großen des Barock, der aber zu den feinsten zählt, der Großes zu leisten imstande war und auch den etwas ländlichen sentimentalischen Ton traf, der von ihm in Oberschwabens Dorfkirchen erwartet wurde. Sicher auch ein Meister, der sich nach seiner Lehrzeit bei Johann Eucharius Hermann zwischen Wien und dem Bodensee, München und Passau auf der Wanderschaft umgesehen hatte, der Donner kannte und die Brüder Asam, den Meister der Passauer Domkanzel und die Meister von Wessobrunn. Hier in Riedlingen am Oberlauf der Donau ist er ja daheim gewesen. Von hier aus hat er die oberschwäbischen Stifte und Pfarrkirchen mit seinen Schnitzarbeiten beliefert. Nennen wir nur das großartige Ottobeurer Chorgestühl ... In Zwiefalten sind wir ihm schon begegnet. Wir werden ihn noch öfter hervorheben müssen. Riedlingen hat noch einige Werke von ihm bewahrt.

In der ehemaligen *Kapuzinerkirche Sankt Sebastian,* heute *Sankt Georg,* findet man ein Vesperbild von seiner Hand, um 1765 geschaffen. Auf dem Fidelis-Altar ein Bild von Franz Joseph Spiegler, den wir ja in Zwiefalten höchst schätzen gelernt haben – 1733 ist es signiert. Ein Johann de Pay hat das Altarbild gemalt.

Die *Weilerkapelle*, erbaut um 1721-1722 – also doch eine barocke Sehenswürdigkeit in Riedlingen, wenn auch mehr eine
frühbarocke, was ihre einheitliche Ausstattung mit Altären,
Kanzel und Gestühl betrifft! Es sind Schöpfungen des Georg
Antoni Machein, während Teile des Chorgestühls aus der Pfarrkirche stammen und als Spätwerk von Franz Joseph Christian
beglaubigt sind. Freilich, in der Joseph-Christian-Straße Nummer 8 das Domizil der *Sammlung Steinhauser*. Und hier ist Gelegenheit, dem großen Bildhauer Riedlingens auf die Spur zu
kommen. Christian hat eigentlich immer noch nicht die Monographie, die ihm längst gebührt. Alfons Kasper hat uns seinen
Lehrmeister Johann Eucharius Hermann nachgewiesen und somit die verdienstvollen Studien von Gerhard Woeckel und Adolf
Huber ergänzt. In Kaspers ›Kunstwanderungen‹ haben wir im
Anhang einen kleinen stichwortartigen Katalog seiner Werke
im Umkreis von Riedlingen gefunden:

*Christians Entwicklung können wir schon mit dem Stuckmarmorhoch-
altar und der Stuckmarmorkanzel (1731) in Wilflingen belegen, wo
ihm auch eine frühe Muttergottes und eine reife Immaculata sowie
Tropfsteingebilde an der Kanzeltreppe (1750) zugeschrieben werden.
Noch von seinem Lehrmeister Johann Eucharius Hermann inspiriert
eine Madonna in der Kapelle unserer lieben Frau in Andelfingen. Von
den Frühwerken in Beuron, Blochingen, Deutstetten, Hedingen führt
sein Weg über Andelfingen, Ertingen, Herbertingen, Inzigkofen,
Laiz, Langenenslingen, Mengen, Sigmaringen, Veringenstadt und
immer wieder zu neuen Aufträgen nach Riedlingen, wo er sich heute in
Kirchen, im Rathaus, Stadtmuseum, unter dem Privatbesitz vor allem
in der Sammlung Steinhauser mit Engel (um 1728), Reliefs der Geburt
Christi und einer Anbetung der Hirten (um 1745), einem späten Kruzifix und drei Modellen der Halbfiguren (Apostel) für die Emporen-
brüstung der Stiftskirche Buchau am Federsee verewigt. Letztere dokumentiert auch den zeitgenössischen Umkreis um Johann Eucharius
Hermann (Muttergottes, heiliger Nepomuk, Putto um 1720) und
Johann Baptist Hops (Kruzifix und Christi Fall unterm Kreuz um
1725): der Vater der Hops-Werkstatt wird in dem signierten Kerker-
Christi-Altar (1726) in Heiligkreuztal, sein Sohn Franz Magnus*

– *der bei Joseph Christian gearbeitet hat – mit dem Gefängnis-Christi-Altar in der Marienkapelle zu Hedingen, Kruzifix auf Volutensockel des Hochaltars der Stadtpfarrkirche Sigmaringen, mit Werken eines persönlichen Stils in Deutstetten, Fridingen, Habstal, Schloßkapelle Hornstein, Inzigkofen, Langenenslingen, Mühlheim, Veringendorf, Veringenstadt und Wilflingen vorgestellt; die Spuren seines Bruders Joseph Anton in Villingen, der bei Joseph Christian gelernt, sind insbesondere nach seinem Tode 1756 in Langenenslingen und Bärental, seines Onkels Johann Adam Hops, Sigmaringen, in Jungnau, des Neffen Johann Baptist in Fridingen, Inzigkofen, Laiz, Sigmaringen u. a. zu verfolgen.*

Und hier in Riedlingen erfahren wir auch etwas über den Riedlinger Öl- und Freskomaler Joseph Ignaz Wegscheider (1704-1759), der als Ölmaler seinem Lehrer Jakob Karl Stauder und als Freskant Franz Joseph Spiegler verpflichtet war, zahlreiche Deckenbilder, Altarbilder und Supraporten malte zwischen Beuron und Inzigkofen, Sigmaringen und Ertingen, und es schließlich sogar zum Bürgermeister von Riedlingen brachte. Als solcher hat er sich in Würde und Amtstracht selbst porträtiert. Es ist allerdings nicht überliefert, ob er als Verwaltungsmann gleich fruchtbar wie als Maler gewesen ist. Farbig war er auf jeden Fall!

Es ist nicht ausgeschlossen, daß in seiner ›Amtszeit‹ jenes angebliche Dokument verfaßt wurde, das Sebastian Sailer Anlaß gab, mit saftigem Humor seine Satire von den ›Sieben Schwaben‹ niederzuschreiben. Das vorgeschützte Dokument trägt das Datum vom 16. März 1756. Es lautet:

Bei anwachsendem Donaustrom schwamm ein anzusehen fürchterliches Tier denselben hinab und henkte sich an die Bruck mit seinen in die Höhe gestreckten Läufen, denn es schwamm auf dem Rücken. Der Wächter voller Furcht und Angst läuft zu dem wohlweisen, wirklich versammelten Stadtmagistrat, um solchen Unheil bäldest vorzubeugen. Nach eingeholten Stimmen ist der endliche Schluß ergangen, die stärksten Helden der Bürgerschaft sollten sich wohl mit Gewehr und Waffen versehen, auch insgesamt auf dieses Untier losgehen. Alles wurde vollzogen und nach langem Streit löset sich endlich dieses vermeintliche Untier

von der Brücke ab und geriet den Obsiegern zur Beute. Dieses Tier aber
war nichts anderes als eine die Füße in die Höhe streckende Bank.

Zu *Kappel bei Bad Buchau* entdeckt man die alte befestigte Pfarrkirche von Buchau mit sehr interessanten Freskofragmenten.
Es sind Apostel und Propheten in Rundbogennischen (Anfang
des 12.Jahrhunderts entstanden) aus einer Weltgerichtsdar-
stellung sowie ein Christus in der Mandorla, der schon der
frühen Gotik zugehört. Die Plastiken zweier Apostelfürsten sind
1711 für Johann Eucharius Hermann bezeugt. Der gleichen Zeit
gehört ein Johannes der Täufer an. Das Hochaltarblatt, eine
Himmelfahrt Mariens, ist mit ›Jos Roos pi(n)xit 1755‹ signiert.
Von ihm auch die beiden Seitenaltarblätter.

Am schönsten ist es, im Herbst nach *Bad Buchau* zu kommen,
wenn die Mooslandschaft um den idyllischen Federsee in Rem-
brandtschen Farben aufleuchtet und die Häuser in klares Licht
getaucht sind. Der verlandende See, obwohl nicht gleich sichtbar, gibt der Landschaft, dem Kur- und Badeort spürbares Flair.
Man vermeint fast, irgendwo am Ufer des Neusiedler Sees zu
sein, und ist doch mitten in Oberschwaben. Auch ein Federsee-
Museum gibt es hier mit seltenen Fundstücken aus der Pfahlbau-
zeit, Einbäumen und Schmuckgegenständen. Buchau ist ein
alter Ort. Schon in der Zeit der Karolinger, die solche von Seen
umschlossene Orte liebten, wurde hier auf einer ehemaligen
Insel des Federsees ein Reichskloster gegründet. Irmingard, eine
Tochter Ludwigs des Deutschen und spätere Äbtissin von
Frauenchiemsee, hat hier dem adeligen Damenstift einige Jahre
vorgestanden. Doch nicht sie, sondern eine ihrer Vorgängerin-
nen, Adelinde mit Namen, ist die eigentliche Gründerin des
Stifts gewesen (um 770). Die Überlieferung hat sie – wie wir
neuerdings wissen – mit Adelinde der Jüngeren, Gemahlin des
Grafen Ato, gleichgesetzt, die hier im Stifte starb (nach 915).
Drei Söhne, Beringer, Reginolf und Gerhard, sind bei Buchau in
der Ungarnzeit gefallen, worauf sie ins Kloster eingetreten sein
mag. Die Legende will es anders haben: sie läßt die Söhne Brüder

sein, die ihre Schwester aus dem Kloster entführen wollen und bei
diesem Versuch erschlagen werden. Ihr Wahlspruch

Windle, Windle weh, daß ich meinen Herren wiederseh

spricht allerdings weder für die Legende noch für die historische
Wirklichkeit. Er müßte sich wohl auf ihren Gemahl Ato beziehen. Wie es auch sei: man hat erst in jüngster Zeit bei der
Freilegung einer frühromanischen Hallenkrypta in der Buchauer
Stiftskirche die Gebeine der Äbtissin und ihrer Söhne gefunden
und in einem Sarkophag beigesetzt. Von der älteren zweischiffi-
gen *Stiftskirche* mögen noch Mauerteile im Chor vorhanden sein.
Sonst aber ist die heutige Kirche ein durch und durch neues und
spätes Werk, etwas später begonnen als Sankt Blasien im Schwarzwald, eine der ersten großen Bauschöpfungen des westlichen
Klassizismus auf süddeutschem Boden. Man tritt ein und ist
überrascht über soviel Licht und rationale Kühle. Der klare,
zum Rechteck vereinfachte Raumkubus läßt zwar noch Erinnerungen an den Barock zu (man vergleiche Bagnatos Lindauer
Stadtkirche), auch hier ein dreischiffiger Saalraum mit Recht-
eckpfeilern, vorgelegten Pilastern und dazwischengespannten
Emporen, aber die grundlegend neue Haltung wird durch die
Dekoration diktiert. Den Emporenbrüstungen sind antikische
Medaillons appliziert, die Gesimse und das Gebälk haben den
klassischen Schnitt eines griechischen Tempels, wie ihn sich das
18. Jahrhundert vorstellte. Hinter diesem Saalraum öffnet sich
ein etwas hart eingezogener Chor, der mit drei Seiten eines
Sechsecks schließt. Zuerst zieht das Deckengemälde auf der
Flachdecke die Aufmerksamkeit auf sich. Es ist ein gestalten-
reiches, gut komponiertes Werk des Maulpertschschülers Andreas Brugger, um 1776 gemalt. Wir sehen die Krönung Mariä
durch die Heiligste Dreifaltigkeit in Gegenwart der Kirchenpatrone und der Stifterin Adelinde, die ihre Stiftungsurkunde
hinterlegt; ihr gegenüber sitzt Kaiser Ludwig der Fromme.
Auch die Söhne sind dargestellt. Besonders reizvoll durch den
zeitgenössischen Charakter ist die gegenüberliegende Szene mit
der Erneuerung des Stifts durch die Äbtissin Maximiliane von

Stadion zu Tann und Warthausen (1775-1803), der vorletzten
Leiterin des Stifts. Sie präsentiert den von Engeln gehaltenen
Plan des Neubaus in Gegenwart des Konstanzer Bischofs Roth,
des Fürstabtes von Kempten und des Fürsten von Fürstenberg.
In ihrem Gefolge ist eine stattliche Parade von hochgeborenen
Stiftsdamen in ihrer eigentümlichen Tracht mit weißem drei-
eckigen Kopffächer und Halstuch. Im Chorfresko jedoch beten
die vierundzwanzig Ältesten das Lamm auf dem Buch der sieben
Siegel an, ein Lieblingsmotiv des Malers Brugger, das sich auch
oft in den oberschwäbischen Bibliotheken findet. In einem vor
dem Chore ausgesparten querrechteckigen Doppelfeld wird die
Begegnung von Abraham und Melchisedek geschildert und das
Manna-Wunder. Altäre und Kanzel, etwas hart in den Raum gestellt, haben die typische Zopf-Dekoration. Allein der Hochaltar mit der daraufgesetzten Kreuzgruppe und die der Kanzel
gegenüberliegende plastische Gruppe – Maria vom Siege –
weisen noch spätbarocken Charakter auf. Es sind die letzten
Werke des Bildhauers von Riedlingen, Joseph Christian. Und es
ist fast ergreifend, zu sehen, wie hier der alte Meister des stürmi-
schen Stils von Zwiefalten und Ottobeuren in ein ihm wesens-
fremdes Milieu hineingestellt worden ist. Sosehr die hohe Qualität seiner bildnerischen Auffassung und sein Können doch durch-
klingen, er vermag uns nicht mehr spontan zu begeistern. Feinheit zeigt sich noch in den Ovalreliefs der zwölf Apostel an den
Emporenbrüstungen. Doch ist nicht sicher, ob sie sämtlich von
seiner Hand sind. 1777 – die Kirche ist ein Jahr zuvor geweiht
worden – ist Christian gestorben. In der Sammlung Steinhauser
in Riedlingen finden sich ein später Kruzifixus und Modelle für
die Halbreliefs der Buchauer Apostel. Die Stukkatur von Buchau,
von Jakob Ruez geschaffen, ist ganz auf Louis-seize-Motive und
den entsprechenden Farbklang Weiß-Gold abgestimmt. Sie dokumentiert sich meist in Rahmenformen, Girlanden und Konsolen. An der Westempore dürfen noch Hermen tragen; aber
auch sie tragen nicht mehr so lächelnd und beschwingt. An der
Chorwand haben wir die Reliefs von Christus und Maria, an den
Nebenaltären lebensgroße Heiligenfiguren, auf den Beicht-

stühlen plastische Gruppen, wohl aus der Werkstatt Christians. In der rechten Chornische dann eine der empfindungsstarken Marienklagen der schwäbischen Gotik (ein eng verwandtes Werk dazu in der Skulpturen-Sammlung der Staatlichen Museen zu Berlin). Mit einem spätgotischen Gnadenstuhl am rechten Eingangspfeiler schließt sich der Kreis der Buchauer Innenausstattung. Die beiden mittelalterlichen Werke in so stilfremder Umgebung: sie mögen daran erinnern, daß Buchau auf gotischen Grundmauern steht.

Noch haben wir den Architekten dieser neuartigen und sehr frühen Kirche des Klassizismus nicht genannt: es ist der Straßburger Michel d'Ixnard, der Erbauer der Rotunde von Sankt Blasien. Seinem Direktorium, das formell die Mitarbeit von Jakob Emele und Jakob Ruez vorsah, hatten sich letztlich auch der Stukkateur und der Bildhauer zu beugen. Das ging wohl nicht ganz ohne Verlust an persönlicher, individueller Aussage. Allein Andreas Brugger, der Freskomaler aus Langenargen, scheint durch diese Zusammenarbeit zu einer seiner besten Leistungen inspiriert worden zu sein. Es scheint mir nicht ganz gerecht, die Buchauer Decke einfach als ein riesiges Tafelbild anzusprechen. Blickt man nach oben, so ist die illusionistische Wirkung noch durchaus da, wenn auch schon entscheidend zurückgedrängt. Der Spätstil des Maulpertsch ist ebenso spürbar in Bruggers Werk wie der Freskostil des jungen Raffael Mengs in Rom, den Brugger von einem römischen Studienaufenthalt her kannte.

DIE BIBLIOTHEK VON SCHUSSENRIED

Zwar geht in diesem kleinen Musentempelchen an der Decke die Sonne auf, aber man muß es sich doch von beiden Seiten betrachten, zuerst gegen Westen.

Als Zugang, der heute über eine Nebentreppe erfolgt, diente ursprünglich das östliche Treppenhaus des Klosters im Eckpavillon. Ein kleiner Festsaal öffnet sich, von schätzungsweise nicht ganz dreißig Meter Tiefe und halb so großer Breite, von den Langseiten her durch große Fenster erhellt. Der Raum ist durch eine Galerie unterteilt, die von hölzernen Freistützen getragen sind. In die Flachdecke ist ein ovales Muldengewölbe eingelassen, durch eine Hohlkehle deutlich abgesetzt.

Das Besondere ist, man erkennt es erst später, daß die Bücherschränke illusionistisch vorgetäuscht sind. Durch einzelne schräggelegte Bücher und nach oben kleiner werdende Gefache ist die Täuschung ziemlich perfekt. Auf Fotografien wird diese Tatsache überhaupt nicht wahrgenommen. Sie ist nicht vereinzelt anzutreffen, und man hat dieses Vortäuschen oft gerügt. Ich finde jedoch, daß Bücher in lichtundurchlässigen Schränken zwar nicht am vorteilhaftesten, aber am dauerhaftesten untergebracht sind. Ein zweiter Vorzug dieses Verfahrens, Bücher aufzubewahren, wird gleich deutlich. Man öffnet eine der großen, aber doch leichten Schranktüren und findet kein einziges Buch darin. Ob die Mönche das mitbedacht haben: die Säkularisation und den großen Bücherraub von Anno 1803?

Heute dient die Bibliothek als Anstaltskirche für beide Konfessionen. Es wird gerade eine neue Raumbeleuchtung eingebaut, hängendes Gestänge, das an der Galerie gebündelt ist: Kaffeehausbeleuchtung. Aber wir dürfen hier ungeniert herumgehen und alles genau betrachten.

Das Hauptdeckenfresko vor allem! Es ist von Franz Georg Hermann signiert. Der erste Gesamteindruck überrascht uns förmlich. Man kennt Hermann von einigen Deckenbildern, die nicht ganz mithalten mit den besten Leistungen der Augsburger Freskanten, ihrer Spitzengruppe zumal. Man muß ihm jetzt einiges abbitten. Hier hat er sich trefflich eingefügt in den geistlichen Rahmen und Kompositionsgeschick bewiesen. Dabei hat man ihm an ›Gelahrsamkeit‹ doch allerhand zugemutet: die Ikonographie des Cesare Ripa mußte er kennen, um das Lamm auf dem Buch mit den sieben Siegeln (als Sitz der göttlichen Weisheit) so zu versinnbildlichen. Vom Buch gehen die Strahlen aus. Es schwebt im Zenit der Decke.

Die Wölbung der Westseite zeigt uns die Himmelskönigin als Quelle der Weisheit, umschwebt von einem Engelreigen. Sie

trägt ein Spruchband mit der Inschrift: REGINA LAETARE. Um
sie der Chorus der großen Marienverehrer, angeführt von dem
Franziskaner Duns Scotus, gefolgt von dem Prämonstratenser
Hermann Josef, dem Zisterzienserordensgründer Bernhard, dem
Benediktiner Hermann Contractus, dem Erzbischof von Canter-
bury, dem Doctor Seraphicus Bonaventura, dem Prager Erzbischof Ernst von Pardubitz. Offenbar eine wohlüberlegte und
zugleich individuelle Auswahl, jedenfalls eine europäisch-christ-
liche. Die Verbindung mit dem Lokalen zeigt sich dann auf dem
zentralen Gruppenbild der Westseite. Es stellt die Audienz des
Marchtaler Abtes Nikolaus Wirieth beim Sonnenkönig Ludwig XIV. dar, was ihm den Ruf eines zweiten Salomo einbrachte.
Die literarische Devise lautet hier SEDES SAPIENTIAE MAGNIFI-
CATA A NICOLAO ANTISTITE – Sitz der Weisheit, verherrlicht
von Abt Nikolaus. Doch ist diese Anspielung wohl in Verbindung mit dem wahren Sitz der Weisheit – dem göttlichen Buch
mit den sieben Siegeln – zu denken.

Die Ostseite aber wird von dem Gekreuzigten auf dem Berge
Golgatha beherrscht: ein dritter Sedes sapientiae, in dem sich
das Erlösungswerk vollendet. Zu dieser Szene leitet direkt ein
Engel über, der ein Buch in der Linken hält mit der Aufschrift:
12 000 SIGNATI. Unter dem Kreuz die Vertreter des Alten und des
Neuen Bundes.

Wenden wir uns der Südseite zu, so erblicken wir den Tempel
des Heiligen Geistes und seine Sieben Gaben, die als Weisheit,
Wissenschaft, Stärke, Frömmigkeit, Rat, Gottesfurcht und Verstand personifiziert sind. Auf der zugehörigen Kartusche lesen
wir: ILLE VOS DOCEBIT OMNIA – Er wird Euch alles lehren. Die
gegenüberliegende Mittelgruppe auf der Nordseite zeigt uns
den wahren König Salomo, wie er seine Weisheit beim Streit der
Frauen um ein Kind und in seinem Urteil über natürliche und
künstliche Blumen offenbart. Fast möchte man glauben, er
habe damit Probleme unserer Zeit vorausgesehen: INCERTA ET
OCCULTA SAPIENTIAE MANIFESTASTI MIHI – Die geheimen un-
verdorbenen Dinge hast du mir offenbart – heißt es hier sinn-
gemäß.

Die acht Wissenschaften schieben sich in jeweils zwei Diszi-
plinen zwischen die Hauptgruppen ein. Auch hier sind die
Größen der Geschichte reizvoll mit den Lokalgrößen gemischt,
auch die sakralen (die schwebend gegeben sind) mit den profanen (die stehen): die Kirchengeschichte neben den Vertretern
des Alten Testaments verkörpern der Historiker Caesar Ba-
ronius, der Abt Hugo von Etival und Johannes Le Paige. Die
Weltgeschichte hingegen wird mit dem Prämonstratenser-Abt
Emo, Propst Burckhard mit seinem ›Chronicon Urspergensis‹
umrissen, wobei ihnen antike Historiker wie Livius, Flavius,
Tacitus assistieren. TRANSMITTETIS AD POSTEROS – Ihr werdet
sie den Nachkommen weiterreichen – lesen wir hier. Die Heilkunde ist mit dem Brüderpaar Cosmas und Damian und ihren antiken
Ahnherren Hippokrates und Galenus repräsentiert. Die Seelen-
heilkunde bestreiten die Vier Kirchenlehrer. Auch die Rechtswissenschaft darf nicht fehlen: neben dem Tempel des Heiligen
Geistes wird diskutiert: Gratian und Gregor XIII. Benedikt XIV.
und Kaiser Justinian. Auf der Gruppe der Philosophie entdecken
wir Heinrich Seuse, Verfasser des Büchleins ›Von der ewigen
Weisheit‹, Albertus Magnus von Lauingen und Thomas von
Aquin. Der ›fliegende Mönch‹ Kaspar Mohr soll die exakte Wissenschaft vertreten. Und nicht weit von ihm Aristoteles unter
dem Kategorienbaum, der wie ein Fachwerk aussieht, Sokrates
tritt auf, und am Diogenes im Faß hat der Maler sichtlich seine
Freude gehabt. Zuletzt die Dichtkunst mit dem Musenberg
– unweit das brennende Troja, Aeneas mit seinem Sohne, auf dem
Rücken den Vater Anchises (eine Gruppe, die sich gleich heraus-
hebt), Homer, Vergil, Paris, Achilles. Die Inschrift auf dem
Täfelchen: LABORIOSE FINGIT AD USUS NOSTROS – Eifrig gestaltet zu unserem Nutzen. Es folgen nun noch an den Ecken der
Flachdecke die Vier Künste: Architektur, Malerei, Musik und
Plastik. In der Mitte werden die Vier Elemente symbolisiert.
Man beachte das ›Feuer‹, wo vier herkulische Männer einen
riesigen Brennspiegel auf ein paar Holzscheite richten. Als
Grisaillen sind die acht Künste und Wissenschaften des Krieges
und des Friedens gemalt, als da sind: Artillerie, Kriegskunst;

Festungsbau; Feldmesserei, Geographie; Bergbau; Altertums-
kunde, Münzwesen; Heraldik, Genealogie; Schiffsbaukunst;
Astrologie und Handlesekunst. Apoll und Athene nehmen in
Grisailletechnik die Mitte der östlichen und westlichen Flachdecke ein. Die Vier Kardinaltugenden sind an den Längsseiten
auf goldenen Grund gebettet.

Reizvoll sind auch die streitenden Puttenpaare, jene Plastiken
von Fidel Sporer, die die Hauptháresien heiter glossieren, darunter auch Vertreter des Materialismus! Acht Kirchenlehrer, ebenfalls aus Stuck und in würdig-flüssiger Haltung, stehen ihnen
antipodisch gegenüber. Büsten auf der Galerie (Werke des Bildhauers Johann Trunk) stellen Kaiser Karl v. und Karl vi. dar
sowie den Architekten und Bildhauer Giovanni Bernini, den
Maler Albrecht Dürer, den Astronomen Johannes Kepler. Die
Stukkaturen sind gute Leistungen von Jakob Schwarzmann, der
auch die Reliefs in den Fensterleibungen schuf.

Bleibt uns nur noch zu sagen, daß die ehemaligen Bücherschätze, etwa dreißigtausend Bände, nach der Klosteraufhebung
in Stuttgart versteigert wurden. Doch wir haben noch einen
lückenhaften Katalog. Demnach waren 117 Handschriften und
58 Inkunabeln darunter. Wir verlassen nun das anmutige Gefäß
der göttlichen Weisheit, nicht ohne noch einen Blick auf das
Ganze zu werfen. Ein Klostermodell von Dominikus Zimmermann, das unauffällig in einer Ecke steht, hätten wir beinahe
übersehen, da der Blick immerzu in die Höhe ging. Es zeigt,
daß man auch in Schussenried an eine symmetrische Anlage
dachte, ein Quadrum, in dessen Mitte die nicht vollendete
Kirche liegt, durch zwei Flügel mit vorgezogenen Pavillons zu
einer kleinen Mönchsstadt gestaltet.

Verehrter Bibliotheksbewunderer, diese Bibliothek ist ein
›Hortus symbolicus‹. Als Irrgarten mag sie Ihnen jetzt erscheinen, da sie den Raum durch irgendeine Tür verlassen möchten.
Durch welche? Alle vier Türen sind durch den Maler zu Bücherschränken ›umfunktioniert‹. Außerdem habe ich Ihnen öfters
durch schnellen Wechsel der Blickpunkte ›den Kopf verdreht‹.
Natürlich nicht mit der Absicht, Sie schwindlig zu machen.

Drehen Sie sich oder schauen Sie noch einmal nach oben: wo Sie am Deckenfresko das Kreuz erblicken, ist Osten. Hier geht es hinaus: die Türe rechts, bitte!

Anmutig stuckiert ist der lange Verbindungsgang, den wir entlanggehen. Neben der unauffälligen Tür hängt eine Sparbüchse. Darauf ein Zettel: ›Für die Gemütskranken!‹ Wer möchte da vorbeigehen!

1784 hat der Sankt Gallener Klosterbibliothekar Hauntinger die Schussenrieder Bibliothek auf seine Weise beschrieben und glossiert:

Der Bibliotheksaal ist der schönste, den wir auf unserer Reise gesehen haben. Er ist größer als der unserige (Sankt Gallen), enthält aber nur einen einzigen Plafond, von Hermann dem Älteren in Fresko gemalt; man kann aber fast nicht klug werden, was die Malerei vorstellen soll, weil darin gar zu viele Gegenstände nach und nach während der Arbeit eingeschoben wurden. Unten und auf der Galerie sind in allem 66 Kästen angebracht, davon sechs nur zur Symmetrie da sind und zugleich die Bibliothektüren ausmachen. Die Kästen sind nur aus Fichtenholz mit Perlfarbe angestrichen und mit Gold verziert, die Kastentüren mit Leinwand überzogen, worauf weiß eingebundene Bücher mit roten Titeln gemalt sind. Auf beiden Seiten des Saales stehen der Länge nach Reihen von gipsalabasternen Säulen mit Statuen, welche zueinander passen und sich sozusagen widersprechen, zum Beispiel auf einer Seite die Freigeisterei, falsche Politik, Irrlehre mit ihren Kennzeichen, Devisen, auch Büchern, worauf Voltaire, Rousseau, Macchiavelli steht und so fort, auch Luther, Calvin mit ihren Lehrsätzen und so weiter, und dann gegenüber die Statuen eines Propheten, Apostels, Evangelisten, welche die vorigen mit Schrifttexten widerlegen. Das ist ein Gedanke, welcher meiner Meinung nach an jedem anderen Ort besser als auf einer Bibliothek stünde, denn ein Büchersaal muß allen Gattungen Leute offen stehen, und er ist doch kraft seines Daseins der Ort nicht, wo man Religionsstreitigkeiten mit einem durchreisenden fremden Gaste ausmacht. Jetzt, da diese Statuen mit ihren Inschriften noch nicht vollkommen ausgearbeitet sind (!), ließe sich da noch Rat schaffen. Die Bibliothek ist sonst bequem eingerichtet … Nur konnte ich, weil der Bibliothekar nicht zuhause war, nicht wissen, wohin der Lokalkatalog eines jeden Faches hinkommen sollte. Die ganze Bauart, die helle Perlfarbe,

das herausblickende Gold machen der Bibliothek ein ungemein lichtes An-
sehen, und ob sie gleich bei weitem nicht mit so kostbarer Holz- und Four-
nierarbeit ausgeziert ist wie die unserige, so fällt sie, wenn ich nicht irre,
gewiß ebenso schön, wo nicht besser ins Auge … Auf dem Deckel eines alten
Buches fand ich ein Stück aus Walafrieds Miraculis Sancti Galli, unge-
fähr aus dem zehnten Jahrhundert.

Die Schussenrieder *Klosterkirche*, die auf dem Idealmodell in der
Bibliothek als stattlicher Barockbau zu sehen ist, steht heute als
romanische Basilika etwas fremd in der Umgebung. Zum Neubau
hat offenbar das Geld nicht mehr gereicht. So blieb es bei einer
umfassenden Barockisierung unter dem Abt Sighard Frick. Das
wundert uns allerdings nicht, hatte doch das baufreudige Kloster
die herrliche Wallfahrtskirche Steinhausen gebaut und noch 1777
die Dorfpfarre von Otterswang durch den Klosterbaumeister Jakob Emele erstellen lassen (sie ist eine der feinen Dorfkirchen im
Umkreis von Schussenried).

In Schussenried hatten die Freskomaler das Raumbild neu bestimmt, 1744 ein Gabriel Weiß im Chor, und weil dieser offenbar
nicht genügen konnte, holte man 1746 Johannes Zick für die Mit-
tel- und Seitenschiffgewölbe. Sie erzählen in kräftigen Farben das
Leben des Ordensstifters Norbert, sein wunderbares Wirken und
sein Sterben. Auch der Tugenden wird in gerahmten Grisaillen
gedacht. In den Seitenschiffen begegnen wir dem heiligen Augustin, dem Vater der Augustinerchorherrn, und dem Allgäu-Apo-
stel Sankt Magnus. Beachtlich erscheint das Hochaltarbild, eine
Krönung Mariä durch die Heiligste Dreifaltigkeit, 1717 von
dem Münchner Maler Johann Kaspar Sing gemalt. Sein genialischer Schüler Franz Joseph Spiegler ist der Meister der Altarblätter am Marien- und am Josefsaltar, die im kräftigen Hell-Dunkel
leuchten, eine triumphierende Immakulata und ein heiliger Josef
mit dem göttlichen Kind. Wertvollstes Ausstattungsstück der
Schussenrieder Klosterkirche ist jedoch das Chorgestühl von Georg Antoni Machein (geboren in Prüfening bei Regensburg). Alfons Kasper schreibt:

Das zweireihige Chorgestühl mit den tausend Köpfen von Mensch und
Tier, seinen sechsundvierzig Sitzen zählt zu den ikonographisch reichsten

*des Hochbarocks. Das untere Gestühl versinnbildlicht an den Füßen den
Satan und die bösen Geister. Sonne und Mond, Himmel und Erde nehmen
an der Heilsgeschichte teil und vor allem die Flachreliefs an den Wangen
stimmen ein in die Stundengebete der Chorherren. Die Rückwand mit den
Statuetten der Ordensstifter und Prämonstratenser-Heiligen gleichen einem einzigen Sursum Corda: Empor die Herzen zu den Vorbildern und
der Offenbarung!*

WALLFAHRTSKIRCHE STEINHAUSEN

Wir sind diesmal von Schussenried herübergekommen. Auf dem
alten Wallfahrerweg, der durch Wegkapellen (darunter eine dem
Wiesheiland geweiht), durch Marterln und Bildstöcke zur Heiligen Straße bestimmt ist – wohl auch zur gelegentlichen Rast
oder zum Unterstand bei schlechtem Wetter. Von Buchenwald
aus dann der herrliche Blick auf das von Ährenfeldern umgebene,
ockergelb aufleuchtende Mariengotteshaus der *Steinhausener Zimmermann-Kirche.* Man hat sie einmal mit Heimatstolz die ›Schönste
Dorfkirche der Welt‹ genannt, obwohl dieser Terminus für sie
nicht ganz zutreffend ist, weil sie doch nur als Wallfahrtskirche in
diesen prächtigen Stand gebracht werden konnte, gerade durch
den Einsatz des Klosters Schussenried. Aber, wie immer bei solchen außergewöhnlichen Leistungen, stehen markante Persönlichkeiten hinter den Plänen und ihrer gemäßen Verwirklichung.
Hier ist es der Schussenrieder Abt Didakus Ströbele gewesen. Er
muß eine besondere Liebe zu der Steinhausener ›Mutter auf der
Säulen‹ gehabt haben und reger Förderer des Kults ›zu den Sieben
Schmerzen Mariä‹ gewesen sein. Der Neubau der Kirche ist wohl
nicht zum wenigsten seiner Initiative zu verdanken. Das Pfarr-
dorf – also die laikale Seite – mag daran einen nicht unbeträcht-
lichen Anteil haben. Man weiß ja, wie stolz man im 18. Jahrhundert auf ein stattliches und schön ausgeziertes Kirchengebäude
war und sich selbst und gegenseitig zu übertreffen suchte.

1727 macht Abt Ströbele in sein Tagebuch den bemerkenswer-
ten Eintrag: »Den 3. März ist Herr Dominicus Zimmermann von

Landtsperg gebürtig, ser gueter baumeister, von Sießen anhero kommen, hat mir ein feines Rißel gebracht wegen zuekünftigen neuen Kirchen zue Steinehausen, so mir Gott das Leben lasset.« Bemerkenswert daran ist vor allem der letzte Satz, eine Art Ausruf oder Bitte für ein langes Leben, aus dem wir entnehmen und ersehen können, daß das Vorhaben auf lange Sicht geplant war. Das »sehr feine Rißel«, wenigstens der Grundriß, ist uns im ›Schussenrieder Planalbum‹ erhalten.

Es ist ein außergewöhnliches Werk – selbst für diese wagemutige Zeit: eine Kirche auf ovalem Grundriß mit zehn eingestellten Freipfeilern, die Längsachse durch die rechteckigen Anbauten von Chor und Vorhalle betont, die Außenmauern des Ovals durch Verstärkungsmauern gerade geschlossen. Der Ausführung

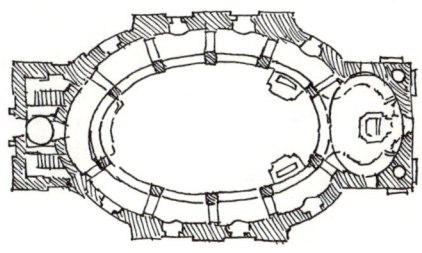

liegt ein zweiter, noch verfeinerter Plan zugrunde, bei dem die Form des Ovals vollklingender und gestreckter erscheint und auf den Umgang um den Altar verzichtet wird. Zimmermann muß also noch weitere Pläne vor dem Baubeginn geliefert und vielleicht sogar ein Modell aus Holz erstellt haben. Das durch und durch Neuartige und Komplizierte der Raumgestalt setzt dies voraus.

Worin liegt nun das Neue und eigentlich Sensationelle der Steinhausener Raumlösung? Ovale Kirchenräume sind seit Bernini und Borromini keine Seltenheit im Barock, haben aber immer den Charakter des Exzeptionellen. Sankt Peter in Wien und die Asamkirche von Weltenburg waren als Ovalanlagen vorausgegangen. Aber es scheint, als ob sich Zimmermann die Anregung zu seinem Grundriß aus einem anderen Bereich geholt hätte. Im ›Schussenrieder Planalbum‹ ist uns der Grundriß einer Kirche mit ovalem Chor, von Kaspar Moosbrugger entworfen, überliefert. Das Oval stimmt in den Abmessungen und in der ursprünglich geplanten gedrungenen Form auffällig mit Steinhausen überein. Im böhmischen Bereich, besonders im Kreis der Dientzenhofer, wohin sich auch von Moosbrugger aus noch nicht näher greifbare Fäden spannen, ist der Ovalgrundriß nicht unbekannt. Die Wallfahrtskirche Tannaberg hat einen ovalen Raummantel und acht eingestellte Freipfeiler. Ihr Grundriß ist im ›Dientzenhofer-Skizzenbuch‹ des Bayerischen Nationalmuseums variiert. Es ist auch nicht ausgeschlossen, daß Zimmermann auf seiner Gesellenwanderschaft nach Böhmen und später nach Franken gekommen ist, also solche Ideen kannte. Das Außergewöhnliche und eigentlich Geniale seiner Steinhausener Lösung liegt jedoch in der Verschmelzung des Ovalgedankens mit dem Vorarlberger System des Freipfeilerraumes – das letztlich auf die gotische Hallenkirche zurückzuführen ist – und der künstlerischen Durchknetung des Gedankens im ornamentalen Sinne der Wessobrunner Schule. Das Einmalige ist: ein dörflicher Wallfahrtskirchenbau wird zum Prisma der die Zeit bewegenden architektonischen und dekorativen Ideen, reflektiert von einer originalen Künstlerpersönlichkeit, oder besser: zum Werk aus einem Guß verschmolzen. Mit der Unbeirrbarkeit des naturhaften Genies hat der Landbaumeister diesen hier zum ersten Mal ausgesprochenen Gedanken des Freipfeilerovals dann weiterentwickelt, in seinen Plänen für die Klosterkirche Ottobeuren und schließlich – noch eine letzte Steigerung – in seinem berühmtesten Werk, der Wieskirche bei Steingaden. Originelleres, Preziöseres als Steinhausen ist ihm dabei doch eigentlich nicht mehr gelungen, es sei denn die Chorlösung der Wieskirche in ihrem fast ›maurischen‹ Rokoko.

Von allen seinen Bauten hat Steinhausen die reichste Durchbildung des Außenbaus. Es sind nicht nur die charakteristischen Zimmermann-Fenster, eine dekorativ empfundene und in Ver-

bindung zu farbiger Architekturmalerei zu bringende Fenster-
form. Wo er sie nur her hat? Bei seinem Lehrmeister Herkomer
in Füssen kann man nur Ansätze dazu erkennen, in den dreige-
teilten Segmentbogenformen. Im Dientzenhoferkreis – oder bei
Thaller im oberbayerischen Berbling bei Aibling – ist die Form-
auffassung ähnlich, doch strenger. Hochgezogene Schweifgiebel
an der Vorder- und Rückseite wie an den Querhausrisaliten geben eine bewegte Dachkontur, wobei noch ein Übriges getan ist:
aus dem Ovalraum wird in der Dachzone durch zwei weitere Giebel ein turmartiges Quadrat abgesondert. Es sind regelrechte
›Häuserstirnen‹, die der Bau nach allen vier Richtungen entsendet, mit Kugeln und Pyramiden geschmückt. Man bemerkt auch
sogleich, daß diese hohen Lang- und Querhausgiebel typisches
Baukennzeichen der Vorarlberger Schule sind, hier freilich ohne
rechte Notwendigkeit zum reinen Schmuck der Außenansicht
hergesetzt. Jeder im Dorf sollte offenbar eine schöne Giebelseite
der Kirche in seinem Blickfeld haben! Flache Doppelpilaster gliedern darauf die typischen Zimmermann-Kapitäle. Ein kräftiges
Kranzgesims, dessen Architrav sich an den gerundeten Mauer-
teilen aufschwingt, umzieht den ganzen Bau. Der Turm steigt
hinter der Giebelseite aus dem Dach heraus, ohne extensiv auf
die Schauseite einzuwirken. Er ist zu stattlich, um als Dachreiter
bezeichnet zu werden. Die Verbindung mit dem Baukörper hätte
wahrscheinlich ein Prandtauer oder ein Mungenast noch organi-
scher gelöst. Als Form an sich gibt der Turm mit seiner elegant
gezeichneten Haube eine feine Silhouette ab.

Wir werden nun eingelassen in den Tempel Mariens, durch
eine schmale Vorhalle, stehen dann unter der Empore. Der erste
Eindruck ist märchenhaft: kreisende Pfeilerarchitektur, indirekt
geführtes Licht auf weißem Putzgrund und im Spiel der Farben.
Auf der Empore, die sich vorschwingt und von Hermen getragen
wird, lesen wir an der Decke: DOMINICUS ZIMMERMANN AR-
CHIT.E. STUCKADOR LANDSBERGENSIS. Die einzelnen Versalien
haben höchst originelle Rokokoform, die in ihren schwungvollen
Längen ein wenig an Konditorschrift erinnert. Die Inschrift – als
eine seltene Baumeistersignatur zu werten – ist rosa gefaßt. Man

geht ein paar Schritte vor, steht unter der Wölbung. Die Pfeiler
sind vierkantig und mit Pilastern besetzt. Sie tragen köstliche
Kapitäle im Stil des Régence, darauf die Rundbogen ruhen. Nach
oben zum Gewölbespiegel hin wird alles reicher instrumentiert,
die Stukkatur formt große Felder mit sich einrollenden Voluten
und Balustraden aus, in denen Vasen stehen und Engel mit Girlanden spielen. Die Felder haben noch den Charakter des Régence
mit ihren Masken und dem verschlungenen Bandornament. Auch
die Gurtbogen sind mit Bandlwerk verziert, dazwischen Gitterwerk. Noch keine reine Rocaille! Was aber nun als reines Rokokowerk angesprochen werden muß, ist die Deckenmalerei von seinem Bruder Johann Baptist Zimmermann. Die vier damals bekannten Weltteile huldigen Maria, die von einem Engelreigen
emporgetragen mit strahlender Geste zum Himmel fährt. Bezeichnenderweise ist aber dem Maler nicht das Figurale das
Wichtigste, sondern der landschaftliche und atmosphärische

Grund. Er zaubert eine herrliche Idylle an die Decke; Bäume, die
wie auf Tapisserien aufsprießen; ein abendliches Rosa im Ge-
wölk; ein symbolisch gemeinter Springbrunnen und gegenüber,
wie kleine Staffage-Figuren, Adam und Eva im Paradiese. Manches Detail der Rahmenzone erinnert an Rokokoembleme. Da
sehen wir einen kleinen Wasserfall, dort einen Baum mit goldenen Früchten (Granatäpfeln). Beherrschendes Thema ist der
Paradiesgarten und der ›Hortus conclusus‹, der verschlossene

Garten. Dieses Hauptfresko, das in den Farben mit fast schwel-
gerischer Süße ausklingt, umgibt nun ein Kranz von kleineren
Fresken in den Kapellen, beginnend an der Sakristei. Es ist ein
Zyklus aus dem Marienleben, der mit der Verheißung der Geburt Mariens einsetzt und mit der Gründung der ersten Marienkirche Santa Maria Maggiore endet. Im kleineren Format
tritt das dekorative Ingenium des Deckenmalers, der idyllische
Rokokogeist, noch charakteristischer hervor. Unter der Orgelempore finden wir den Tod Mariens dargestellt, über der Orgel
die Verehrung Mariens durch den seligen Hermann Joseph. Auf
den Gesimsen der Pfeiler sitzen gewichtige Stuckfiguren, zum
Teil farbig gefaßt. Es sind Apostel, die das Gewölbe der Kirche
symbolisch tragen. An der Orgelbrüstung, umgeben von Rokoko-
Grisaillemalerei in Rot und Gelb, erblicken wir das Kloster- und
Abtswappen, den schwarzen Adler des Reichsstifts Schussenried und den roten Löwen. Es ist freilich nicht Abt Ströbele, der
hier sein Wappen anbringt, sondern Sikard Frick (1733-1750).

Die Ausstattung ist ungemein detailfreudig und farbfrisch,
und in einzelnen Partien verdichtet sie sich zur wahren Orna-
ment- und Farbschwelgerei. Dabei wird man immer wieder auf
das Symbol ›Hortus mysticarum‹ hingewiesen. Ein Blick zu den
dreiteiligen Oberfenstern schenkt wohl die intimste Überraschung. Hier ist auf einmal ein Schmetterling zu sehen auf einer
Rose, dann eine Schnecke auf einem Blatt, ein Füchslein, Hirsch-
käfer und Kreuzschnabel, Biene und Heuschreck. Selbst eine
Kreuzspinne mit gefährlich gepunktetem Kreuz kriecht über
eine Margerite. Specht, Wiedehopf und Eichhörnchen fehlen
nicht, Elster und Schwalbe leisten ihnen Gesellschaft, und der
Papagei wirkt in dieser Tier- und Pflanzenwelt – die der Stukkateur im Steinhauser Ried beobachtet haben mag – wie ein exoti-
scher Fremdling.

Der Blick hält sich jetzt am *Hochaltar* fest. Hier ist das Gnadenbild der ›Schmerzhaften Muttergottes‹, ein Werk aus dem Ulmer
Kreis, um 1420 geschaffen, ein Vesperbild eigentlich, das in der
Strenge der Auffassung und im kubischen Duktus des Falten-
werks den Weichen Stil schon überwunden hat. Das Hochaltar-

blatt, eine gute Leistung von Franz Martin Kuen aus Weißenhorn, zeigt uns die Kreuzabnahme. Georg Antoni Machein hat 1729 die kleinen Nischenfiguren des Jakobus Lacop und Adrianus Becanus geschnitzt und wohl auch die Plastik des Altarauszugs geschaffen. Joachim Frühholz ist der Meister der beiden großen Apostelstatuen Petrus und Paulus, wie auch der Meister der Erzengel Michael und Gabriel. Ein Johann Georg Prestel hingegen schnitzte die Reliefs der vier Medaillons unter den Apostelkonsolen, ziemlich flache Schnitzerei.

Wenden wir uns zurück. Der geschickt eingefügte Orgelprospekt hat Georg Reusch zum Urheber. Doch die ursprüngliche Orgel von Jakob Schmid ist erneuert und erweitert worden. Es ist also nicht mehr der ursprüngliche, reine Klang des Orgelwerkes, den wir uns erhofft haben in dieser Kirche. Dafür ist die letzte Restaurierung in einem Maße geglückt, daß sie uns reichlich für das Entgangene entschädigt. Die ursprünglichen Farben des Stucks und der Fresken kamen wieder zum Vorschein. Das intime Farbwunder von Steinhausen schälte sich unter den Übermalungen heraus.

Wer nun nach Bad Schussenried zurückkehrt und dort sein Quartier aufschlägt, wird es nicht versäumen, einen Abstecher nach Süden zu machen. Dort erwartet ihn zuerst die spätbarocke Pfarrkirche St. Oswald in *Otterswang*, seit 1777 erbaut durch den Klosterbaumeister Jakob Emele, mit einer feinen spätgotischen Muttergottes von Ivo Strigel. Dann das sehenswerte Schloß Königsegg in *Aulendorf*, ein aus einer mittelalterlichen Burg hervorgewachsener Bau, dem klassizistische Umbauten eine vornehme Schauseite geben und schiefwinkelige Renaissancegiebel die ragende Silhouette. 1942 wurde das Schloß von der Bundespost übernommen und erneuert. Die Aulendorfer Pfarrkirche St. Martin birgt noch die Grablege der Reichsgrafen von Königsegg, darunter hervorragende Epitaphien des Klassizismus. Gern besucht wird der von Wald umschlossene Steeger See mit seiner Kneipp-Kuranstalt. Mit der von hier leicht erreichbaren Deutschordenskommende Altshausen werden wir uns im nächsten Kapitel befassen.

Vorderösterreich

IN BIBERACH AN DER RISS

Rund um die ehemalige Freie Reichsstadt Biberach ist die oberschwäbische Landkarte einmal geistlich, dann habsburgisch,
dann waldburgisch eingefärbt. Im Norden die österreichische
Markgrafschaft Burgau mit ihrem Regierungssitz Günzburg,
im Süden bis zum Bodensee hin Reichsstädte, Reichsgrafschaf-
ten, Reichsstifte und Habsburger Streubesitz. Wir stoßen hier
immer wieder auf Überreste jener Landbrücke der Habsburger
zum Oberrhein, die man Vorderösterreich genannt hat (Vgl.
S. 12).

Biberach also! Es liegt so schön in der Mitte des oberschwäbischen Himmels, als wäre es hineingefallen. Es ist die Wieland-
stadt, die Schönfeldstadt. ›Große Kreisstadt‹ verkündet das Ortsschild. Wir parken auf dem geräumigen Marktplatz. Modernisierte Fachwerkgiebel säumen ihn, darunter noch mancher mit alter
Grisaillenmalerei. Aber kein Hotel! Wir schlendern durch das
abendliche Biberach, blicken in die barockisierte *Stadtpfarrkirche.*
Ein fulminanter Hochaltar steht heute dort, wo sich einst der
Flügelaltar von Martin Schongauer erhob. Ein Bergmüller-Altar-
bild der Himmelfahrt Mariens, schwungvolle Figuren von Johann Eucharius Hermann (von ihm der Altar 1718-1720), Fresken von Johann Zick: die Sieben Freuden und die Sieben Schmerzen Mariens.

Das ›Oberschwäbische Athen‹, eine Musenstadt, hat man die
alte Reichsstadt genannt. Das geschah hauptsächlich wegen
Christoph Martin Wieland, den man so leichthin einen Rokoko-
dichter nennt, der aber für seine Zeit ein Neuerer, ein revolutio-
närer, ein kritischer Dichter war, anregend nach allen Seiten. Im
alten Komödienhaus, dem späteren Schlachthof, wurde auf sein

Betreiben hin 1761 zum erstenmal in Deutschland Shakespeares
›Sturm‹ aufgeführt. Man hat neben dem Städtischen Museum
noch ein eigenes *Wieland-Museum* in Biberach. Dies ist in einem
Biedermeierhaus untergebracht. Hinter einem anmutigen Rokokoportal steht das winzige Tuskulum des Dichters, ein zweistök-
kiges Gartenhaus. Hier also hat er seinen Shakespeare übersetzt,

Wielands Gartenhaus

seinen Bildungsroman ›Agathon‹ geschrieben, ›Musarion‹, die
›Grazien‹ und den ›Neuen Amadis‹ in klassische, gewagte und
aufgeklärte Prosa gebracht. Ein hölzerner Parnaß! Und wir erinnern uns der köstlichen Charakterisierung Wielands, die wir
aus Mozarts schelmisch-kecker Feder besitzen – allerdings geht
sie auf eine Begegnung mit dem Dichter nicht hier in seiner Heimatstadt, sondern in Mannheim im Dezember 1777 zurück:

*... Nun bin ich mit H: wieland auch bekant. er kennt mich aber noch
nicht so, wie ich ihn; denn er hat noch nichts von mir gehört. ich hätte ihn
mir nicht so vorgestellt wie ich ihn gefunden; er kommt mir im reden ein
wenig gezwungen vor. Eine ziemlich kindische stimme; ein beständiges
gläselgucken, eine gewisse gelehrte grobheit, und doch zuweilen eine dum-
me herablassung. mich wundert aber nicht daß er / wenn auch zu weimar
oder sonst nicht / sich hier so zu betragen geruhet, denn die leute sehen ihn*

hier an, als wenn er vom himmel herabgefahren wäre. Man genirt sich or-
dentlich wegen ihm, man redet nichts, man ist still; man giebt auf jedes
Wort acht, was er spricht; — nur schade daß die leute oft so lange in der
erwartung seyn müssen, denn er hat einen defect in der Zunge vermög er
ganz sachte redet, und nicht 6 Worte sagen kann, ohne einzuhalten. sonst
ist er wie wir ihn alle kennen, ein fortreflicher kopf. das gesicht ist von her-
zen hässlich, mit blattern angefüllt, und eine ziemlich lange Nase. die
statur wird seyn: beyläufig etwas grösser als der Papa ...

Wir gehen zum Marktplatz zurück, entdecken schließlich in einer
Seitengasse ein modernes Café. Hier trifft sich jung und alt bei
der schwäbischen Mehlspeise, und die Mädchen tragen tatsächlich das Haar wie zu Wielands Zeiten, mit einer Schleife im Nak-
ken. Bei ihren Begleitern sind Bärte beliebt. Wir fragen nach
einem Hotel. Die Serviererin zögert nicht lange und nennt uns
›Das Rad‹ gleich nebenan. »Da brauchet Se nur zweimal umfalla!«
meint sie, »dann sind Se schon dort.« Wir bedanken uns. Das ›Goldene Rad‹, ziemlich versteckt in einem Seitengäßchen, der Rad-
gasse, enttäuscht uns nicht.

Die Besitzerin ist Französin, dem Akzent nach aus der französischen Schweiz. Sie gibt in Biberach eine ›Französische Woche‹ in
ihrem Restaurant: Vive la France! Aber ausgerechnet heute hat
sie ihren Ruhetag. Wir fahren mit dem Lift in den dritten Stock:
Zimmer 26, gassenseitig! Wir müssen also noch wenigstens zweimal umfallen, um ein Restaurant zu finden. Dieses ist schnell zur
Stelle: vis-à-vis vom Café, im ersten Stock eines umgebauten Patrizierhauses: ein Klasse-Restaurant in einem bürgerlichen Re-
creation Center. Hier sind nur wenige Gäste und man wird flink
bedient. Eine große Familie aus Frankreich - es werden wahrscheinlich die lieben Verwandten sein! – nimmt im Runderker
Platz. Es wird französisch gespeist. Flambiertes und Rotwein.
Nach dem Essen kann man sogar noch etwas schreiben, eine Seite
mit Eindrücken, die dann wieder korrigiert werden müssen ...

Von irgendwoher hört man heiße Musik. Das kommt aus dem
Keller, wo sich die Diskothek etabliert hat. Man will es wenigstens mitgenommen haben, dieses Biberach-›Take five‹, fällt also

in den Keller, blickt hinein. Hier ist viel Gedränge, Zigaretten-
rauch und gedämpftes Licht, sind rustikale Rundtische, Stühle
mit überlangen Lehnen. Es wird gerade zu den letzten Takten
eines Hits getanzt: ›The House of the Rising Sun‹. Wielands
Schleifchen wippen und Biber-Bärte werden heftig geschüttelt.
Ich setze mich zu einem Whisky-Orange an die Bar. Der ›Disc-
jockey‹ war ein junges Mädchen. Mit halbem Leib über das Gerät
gebeugt und von unten her fahl beleuchtet, sah sie aus wie das
leibhaftige Spiegelbild der ›Schönen Lau‹ im Ulmer Münster. Sie
legte jetzt eine Beatle-Platte auf den Teller. Von der Aufschrift
der Hülle kann man gerade noch lesen: ›ABBEY ROAD‹ – Abtei-
straße also. Was für ein Titel!

Heimatmuseen sind für einen längeren Urlaubsaufenthalt eine
herrliche Abwechslung. Auf einer Rundreise, und selbst wenn
diese einen ganztägigen Aufenthalt in einer Stadt mit einschließt,
wird man sie selten in Ruhe betrachten können. Das liegt nicht
nur an den wechselnden Öffnungszeiten und Ruhetagen, sondern
an ihrem Hang zum Lehrhaften und Systematischen, der uns viel
Zeit nimmt und die Ruhe der Betrachtung aufzwingt.

In Biberach wird man das *Braith-Mali-Museum* nicht einfach
aussparen dürfen. Es ist ein ausgewachsenes, jüngst erst wieder
umgebautes Kunstmuseum, in dem sich die Musenstadt nicht nur
in ihrer künstlerischen Vielfalt und Regsamkeit bestätigt, sondern
auch ihre Wirkung über die engere Heimat hinaus. Der eigentümliche Name ist schnell erklärt. Der aus der Münchner Malerschule hervorgegangene Tiermaler Anton Braith (1836-1905)
und sein Freund, der Landschaftsmaler Christian Mali (1832 bis
1906), haben ihren gesamten Nachlaß, dazu noch Teile ihrer Ate-
lierausstattung wie Decken und Vertäfelungen, dem 1901 gegründeten Kunst- und Altertumsverein überlassen. Zusammen
mit Heimatkundlichen Sammlungen und der Skulpturensamm-
lung des Bildhauers Benedikt König (1842-1906) entstand diese
reichhaltige städtische Sammlung, die einen fesselnden Querschnitt durch die Kunst des 17. bis 20. Jahrhunderts gibt, von den
schwäbischen Idyllikern (am reichhaltigsten Johann Baptist
Pflug) bis zu den Stuttgarter ›Nazarenern‹, den Münchner Land-

schaftern und Tiermalern. Durch Wechselausstellungen der Stuttgarter Staatsgalerie und Privatsammlungen wie auch Kollektivausstellungen oberschwäbischer Künstler wird aus der Raumnot eine Tugend gemacht und lebendige Kunstpflege getrieben.

Zu den liebenswürdigen Überraschungen Biberachs gehört etwa die Entdeckung, daß der Gemmenschneider Johann Christoph Schaupp (1685-1757) hier in Biberach zu Hause gewesen ist, wie auch sein Zunftgefährte Lorenz Natter. Schaupp ist vortrefflich ausgewiesen durch die Dauerleihgaben von McKay: Bildnisse europäischer und asiatischer Herrscher auf über zweihundert Kameen. Den weltberühmten Goldschmied Johann Melchior Dinglinger müssen wir allerdings im ›Grünen Gewölbe‹ zu Dresden kennenlernen oder in einer Monographie über sein Hauptwerk: ›Der Hofstaat zu Delhi am Geburtstag des Großmoguls Aureng-Zeb‹.

Für den großen in Biberach geborenen Barockmaler Johann Heinrich Schönfeld wird wohl die neugeschaffene Deutsche Barockgalerie in Augsburg ergiebigste Anschauungsquelle sein. Des weiteren die Staatsgalerie Stuttgart, das Kunsthistorische Museum Wien, die Eremitage in Leningrad, die Galleria Pallavicini in Rom. In den Städtischen Sammlungen von Biberach hat man heute immerhin fünf Ölbilder und eine Zeichnung des Meisters vorzuweisen, zum Teil Leihgaben verständnisvoller Besitzer oder Neuerwerbungen des rührigen Kunst- und Altertumsvereins. Es sind dies ›Die Plünderer‹ aus der frühesten römischen Zeit Schönfelds; ›Daniel in der Löwengrube‹ mit dem für ihn bezeichnenden schrägen Lichteinfall, der Ruinenszenerie und dem Blau-Rot-Klang der Stoffe (aus den frühen italienischen Jahren); dann der furios gemalte ›Bethlehemitische Kindermord‹, erworben 1958, ehemals in der Sammlung Vitale Bloch, Paris; am großartigsten vielleicht ›Das Goldene Kalb‹ (1964 aus römischem Privatbesitz erworben). Es nimmt in der Komposition Eindrücke von Tintoretto, Elsheimer und Callot auf und verarbeitet sie auf die Schönfeld eigene preziöse Art. Es schien uns, als wäre hier für die spätere Entwicklung der Barockmalerei, für ihre Kultivierung und Ausprägung der ›autonomen Skizze‹ der Grund gelegt. Die große Gruppe der ›Heiligen Dreifaltigkeit‹, signiert und datiert ›J H Schönfeldt Fecit 1681‹, stammt (als Leihgabe) aus der Biberacher Stadtpfarrkirche. Vermutlich ist sie von einem Neffen des Malers, dem Augsburger Goldschmied Franz Schönfeld, in die Pfarrkirche seiner Heimatstadt gestiftet worden. Aus der letzten Schaffensphase Schönfelds stammend, nur wenige Jahre vor seinem Tod entstanden, kommt ihr zweifellos größere Bedeutung zu. Es gibt noch eine zweite eigenhändige Fassung dieses Bildes, signiert und datiert 1681, in Schloß Austerlitz bei Brünn. In ihr ist noch ein Schuß mehr Eigenhändigkeit, Vergeistigung der Pinselführung und malerische Verve. Franz Anton Maulpertsch muß sie gekannt haben, denn in seinem späteren Werk finden wir eine ähnliche Typenbildung und malerisch-rhythmische Belebung des Stofflichen.

Johann Heinrich Schönfeld, der wohl bedeutendste deutsche Maler des 17. Jahrhunderts nach Elsheimer und Johann Liß und neben dem Schlesier Michael Willmann, wurde am 23. März 1609 als Sohn des Goldschmieds und späteren Bürgermeisters Johann Baptist Schönfeld in Biberach geboren. (Das Geburtshaus kennen wir nicht.) Er lernte in Memmingen bei einem Mitglied der Malerfamilie Sichelbein (1626 belegt) und war 1627-1629 Geselle in Stuttgart. Nach Sandrart hielt er sich noch in Basel und in anderen Orten Deutschlands auf, bis er nach Italien ging. Anfang 1651 dürfte er in Rom gewesen sein und im gleichen Jahr auch in Augsburg. Über die umstrittene Dauer seines Italienaufenthaltes gibt uns jedoch der Ulmer Baumeister und Kunstsammler Joseph Furttenbach in einer Tagebucheintragung von 1652 eine verläßliche Auskunft. Hier heißt es: »5. May war der vortreffliche Mahler Herr Hansz Joerg Schönfeldt von Biberach In meiner Kunstkammer vnnd machte große Freundschaft zu mir ... er ist 18 Jahr in Italia darunter aber 12 Jar zu Napoli gewesen« (Cronica... der Dritte Teil, Seite 80; Stadtarchiv Ulm, Handschriften, Nachlässe; Furttenbach 4). Herbert Pée, dem wir die aufschlußreiche Ulmer Schönfeld-Ausstellung von 1967 verdanken – und aus ihrem Katalog auch die entsprechenden Daten unserer biographischen Skizze – nimmt den Italienaufenthalt in den Jahren etwa zwischen 1633 und 1651 an. Er dürfte den größten Teil der restlichen sechs Jahre in Rom verbracht haben.

Am 23. Juli 1652 suchte er in Ulm um den Ehekonsens mit der Ulmerin Anna Elisabeth Sträußin nach. Am 9. September 1653 wird in das Taufregister der Neupfarrkirche zu Regensburg die Taufe eines Sohnes Johann Baptist eingetragen (Name der Frau: Elisabetha). Erst am 29. April 1655 wird die Ehe mit der Ulmerin Anna Elisabeth Sträußin vollzogen. Er hat acht Kinder gehabt. In Augsburg blieb er bis zu seinem Tode im Jahre 1683 oder 1684 wohnhaft, hochangesehen und des öfteren in den Urkunden erwähnt. Joachim von Sandrart hat ihn in seiner ›Teutschen Academie‹ gebührend hervorgehoben. In seiner graziösen phantasievollen Eigenart, seiner manieristischen Eleganz, seiner spirituellen Vertiefung des Malerischen wurde er freilich erst so recht in letzter Zeit bekannt durch die Ulmer und Augsburger Ausstellung und die essayistische Monographie von Hermann Voss ›Johann Heinrich Schönfeld, ein schwäbischer Maler des 17. Jahrhunderts‹, Biberach 1964. Man kann sie also in jeder Buchhandlung von Biberach erwerben.

Freilich, man sollte dieses ›Schwäbische Athen‹ nicht hinter sich lassen, ohne dem *Schloß Warthausen* und seinem Rokoko-Musenhof die Reverenz zu erweisen. Hier vollzog sich noch vor Weimar und dem josephinischen Wien etwas für Deutschland Eigentümliches. Mitten in ländlicher Abgeschiedenheit, in der Idylle des Bergschlosses und seines frühromantischen Parks, in dieser katholisch durchgriffenen Klosterlandschaft Oberschwabens bildete sich eine Keimzelle der Aufklärung, ja ein rechtes Aufklärernest, vor allem aber ein Musenhof von zuwenig beachteter geistig-literarischer Ausstrahlung. Mittelpunkt dieses Kreises ist der Schloßherr Graf Friedrich von Stadion. Gleich zu Beginn seiner Herrschaft befreite er 1741 eine durch Folter arg zugerichtete Frau, eine ›Hexe‹, aus dem Schloßgefängnis und nahm sich auch später mit besonderer Sorgfalt der Armen und Waisen an. Sein Reformeifer in Handel, Industrie und Landwirtschaft erinnert an Joseph II. Der Bewunderer französischer Kultur und Literatur (hier vor allem Voltaires, mit dem er in Verbindung stand) orientierte sich in seinen Wirtschaftsunternehmungen nach London. Nicht als Staatsmann, sondern als der freundschaftliche Förderer des am 5. September 1733 in dem Dorf Oberholzheim bei Biberach geborenen, in der schwäbischen Kleinstadt zum Dichter gereiften Christoph Martin Wieland ist er in die Geschichte eingegangen. Graf Friedrich von Stadion, trotz seiner kosmopolitischen Haltung ein echter ›Prinz Rokoko‹ mit Freude an Späßen und geistreichen Gesprächen, ein Liebhaber aufklärerischer und galanter Literatur, erfahren in der hohen Politik (er war kurmainzischer Minister und Großhofmeister), auch in galanten Abenteuern, wurde für Wieland zum ›Mittelpunkt der Welt, die er kennt‹.

Das von Rokokoanmut, französischem Geist und kosmopolitischer Haltung erfüllte Schaffen des Dichters, der sechziger Jahre zumal, ist wie ein Spiegel der geistigen Haltung des Stadion-Salons zu Warthausen. In den ›Abderiten‹ werden die Biberacher Kleinbürger als »grobe Knollenstöcke und Lümmel« glossiert, Voltairesche Skepsis und der erotisch durchwürzte Humor des Grafen wirkten in den ›Comischen Erzählungen‹ nach (1765), im Gedicht ›Nadine‹, das als eine Nacherzählung »in Priors Manier« Geist und Laune einer Warthausener Stunde wiederberuft. Am bedeutendsten vielleicht von den im Warthausener Umkreis entstandenen Werken der ›Agathon‹ von 1766/67 ff., weil wir in ihm den eigentlichen Bildungsroman des Aufklärungszeitalters erkennen, in dem sich, kunstvoll verschlüsselt, für diese Zeit durchaus revolutionäre Ideen und Tendenzen verbergen. Nennen wir noch die Versdichtung ›Musarion‹, die ›Grazien‹, den ›Verklagten Amor‹, das ›Leben ein Traum‹, das Epos ›Idris und Zenide‹, zuletzt den ›Neuen Amadis‹ von 1766-1774, so ist ein rundes Kapitel süddeutscher Rokokoliteratur abgesteckt, das von den jungen Kräften zum Teil abgelehnt und von den Romantikern überdeckt wurde. Zur Eigentümlichkeit des Stadion-Wieland-Kreises gehört es freilich, daß bei aller zur Schau getragenen antiklösterlichen Haltung auch ein ›Pater Sebastian‹ (Sailer) geschätzt wird, »ein paar Hochgeborene Stiftsdamen mit Sehnsucht auf Musarion warten« (Maximiliane von Buchau, eine geborene von Stadion, war vorletzte Fürstäbtissin von Buchau, vergleiche Seite 61 f.) und sich auch sonst erste Fäden zur beginnenden Romantik spannen. So ist etwa ein von Wieland verehrter Chronist des Musenhofes der Warthausener Pfarrer Ignaz Valentin Heggelin (1738 bis 1801), bekannt aus Johann Michael Sailers Schrift ›An Heggelins Freunde‹; sein Ölporträt hängt heute noch in dem schönen Fachwerkpfarrhof zu Warthausen, wo ihn Lavater mehrmals besucht hat.

Der entschiedenste Freigeist in der Runde war Georg Michael Frank Laroche, ein illegitimer Sohn des Grafen Stadion und der Anna Katharina Laroche, einer reformierten Französin. Dessen Tochter Maximiliane heiratete einen Frankfurter Handelsherrn und schenkte vor ihrem frühen Tode zwei Kindern das Leben: Clemens und Bettina Brentano, die von ihrer Großmutter Sophie Laroche erzogen wurden. Bei ihnen erfolgte der geistige Umschwung, die Abkehr von der Aufklärung und ihrer Ideologie. Die Rokokoskepsis schlug in eine neue schöpferische Ära des Weltverstehens um, in der alles in Poesie verwandelt werden sollte.

Warthausen, das in Napoleonischer Zeit viel Ungemach erfahren mußte (es wurde sogar von Württemberg beschlagnahmt), hat heute noch viel der Stadionschen Ära bewahrt. Die ihnen zu Anfang des 19. Jahrhunderts als Besitzer nachfolgenden Freiherrn König von und zu Warthausen haben den weitläufigen Bau mit Möbeln und Kunstwerken ausgestattet, darunter zwei geschnitzte Hermen von Joseph Anton Feuchtmayer aus dessen Weingartner Zeit. Im Obergeschoß des Nordflügels finden sich Öfen, Fay-

encen und Bildnisse des 18. Jahrhunderts. Ein besonders wert-
voller Bestand ist die zum Teil noch auf Stadion zurückgehende
Bibliothek mit ihren kostbaren Ausgaben französischer, engli-
scher und deutscher Literatur. Antike und Naturwissenschaften,
Bildende Kunst und Landesgeschichte, Geographie und Ornitho-
logie, die großen Atlanten geben ihr das reizvolle Gepräge einer
Privatbibliothek des 18. Jahrhunderts

Den originalen Eindruck vermittelt der Stadionsche Salon mit
dem Ölporträt des Großhofmeisters und den Bildnissen seiner
Töchter, von Johann Heinrich Tischbein gemalt. Das anstoßende Turmzimmer hat Rokokostuck, in Grün und Weiß gefaßt,
Ludwigsburger Porzellan und unter den zeitgenössischen Möbeln einen japanischen Tisch. Beachtenswert sind auch die elegant gezeichneten Türen mit ihren Intarsienfüllungen. Die gräfliche Schloßkapelle, wo einst Justin Knecht, der Komponist und
spätere Direktor der Stuttgarter Oper, zum erstenmal Pergolesi,
Stamitz, Telemann und Haydn hörte, sei nicht vergessen. Sie bewahrt spätgotische Altarflügel und ein Vesperbild der Zeit um
1500. Das Treppenhaus des Schlosses erinnert uns an die Verwandtschaft der Stadion mit dem gräflichen Haus Schönborn.
Als es um 1710 errichtet wurde, berief man den Wessobrunner
Johann Jakob Vogel aus Bamberg, dem der feine Akanthusstuck
zu danken ist.

Noch aber haben wir ein bedeutendes Mitglied der Familie
Stadion nicht erwähnt: Graf Friedrichs Enkel Johann Philipp von
Stadion, den österreichischen Staatsmann und Diplomaten,
Freund Grillparzers, Berater Metternichs, Verfasser einer Denk-
schrift über die deutsche Verfassung. Bei ihm, der an die Wieder-
herstellung des Reiches unter Habsburgs Führung glaubte und
daher die vorderösterreichischen Gebiete wieder mit Habsburg
vereinigt sehen wollte, ist das konservative Element stärker gewesen, als seine Herkunft vermuten ließe. Aber dies hat uns Franz
Prinz zu Sayn Wittgenstein in seinem Buch ›Am Neckar und am
Rhein‹ biographisch skizziert. Wir können uns diese Figur der
Stadion-Galerie hier sparen, zumal sie ohnehin der napoleoni-
schen Ära zugehört.

Die Stadion, ursprünglich Graubündner Herkunft, seit 1696
Besitzer von Warthausen, waren ja auch im oberschwäbischen
Ober- und Unterstadion angesessen und hatten Besitzungen in
Bönnigheim und in Böhmen (Chodenschloß). Das Rathaus von
Bönnigheim (1765-1767) und das Neue Schloß (1756) wurden
von Anton Haaf aus Warthausen errichtet. Sicher ist Anton
Haaf als Architekt auch in Warthausen tätig gewesen, etwa an
den gut proportionierten Wirtschaftsbauten und dem statt-
lichen Rokoko-Amtshof von 1747.

DEUTSCHORDENSKOMMENDE
ALTSHAUSEN

Mitten in Oberschwaben, wo es am grünsten ist: eine parkartige
Vedute, zwischen idyllischen Seen, Waldparzellen, Kornfeldern
und weiten Wiesen. Baumgruppen, die an die Bilder der Romantiker erinnern, dazwischen hell in der Abendsonne die kubischen
Fronten und warmbraunen Dachungen barocker Pavillons und
geduckter Wirtschaftshöfe. Alles grün umbuscht, mit der Landschaft verwachsen und fast verborgen. Der schlanke Uhrturm
möchte, könnte an die Birnau am Bodensee erinnern. Herrschaft-
liche Sphäre mit einem Zug ins Geistliche: Reithalle und Schloßkirche, ein wenig Merry old England und ein wenig Salem ...
Aber doch im wesentlichen die oberschwäbische, barock durch-
schwängerte Luft, Landschloßatmosphäre, Denkmals- und Land-
schaftspflege in den Maßstäben von heute, den gesellschaftlichen
und wirtschaftlichen Gegebenheiten. Wer soll solche Bauten, die
für das historische Gesicht der süddeutschen Kulturlandschaft
charakteristisch sind, denn erhalten? Wenn es der Private nicht
übernimmt, fallen sie dem Staat anheim. Samt allen Baulasten.
Dann werden Erholungsheime, Heilanstalten oder Altersheime
in sie hineinverlegt, Institutionen, für die sie nicht geschaffen
und auch meist nicht geeignet sind. *Altshausen* ist kein Altersheim. Es ist Sitz der Herzöge von Württemberg.

Früher gehörte es dem Deutschen Orden, war Sitz des Landkomturs. Der Deutschorden existiert zwar bis heute in seiner

letzten Abzweigung. Aber er ist ein Bettelorden. In Süd- und Westdeutschland hat er sich in seiner katholischen Abzweigung länger erhalten als in seinem Hauptverbreitungsgebiet Preußen. Dort wurde er vom Staat annektiert. Aber seine große Zeit war auch hier vorbei. Mit seinen ritterlichen, adeligen Lebensformen, seiner Elitevorstellung geriet er im 18. Jahrhundert in den Gegensatz zu einer auf Wohlleben, gesellschaftliche Zerstreuung und standesgemäße Versorgung eingestellten Zeit. Und doch war noch Kraft da zu baulichen Unternehmungen.

Hier sollte in Erweiterung einer mittelalterlichen Burg für den Landkomtur der Ballei Elsaß und Burgund, einen der höchsten Würdenträger des Ritterordens, durch Johann Kaspar Bagnato ab 1729 ein umfangreicher Schloßkomplex erstellt werden, der jedoch nur bruchstückweise zur Ausführung kam.

So heißt es bei Gradmann über Altshausen. Wer aber wissen möchte, wie sich Gesamtplan und Ausführung zueinander verhalten, der betrachte sich zunächst einmal jenen ›Idealplan‹ der Deutschordenskommende, der uns in einer Intarsienarbeit von Franz Jakob Denner (1766) im Württembergischen Landesmuseum Stuttgart erhalten ist (abgebildet in J. N. Hauntinger: ›Reise durch Bayern und Schwaben‹) und stelle ihn dem bei Gradmann gegebenen Grundriß der heutigen Anlage gegenüber.

Der Idealplan gibt nichts weniger als ein Miniatur-Versailles mitten in der wald- und seenreichen Landschaft Oberschwabens. Er hat die Form zweier ineinandergeschobener Hufeisen, die aus höheren und niedrigeren Trakten zusammengesetzt sind. Wir sagen ›zusammengesetzt‹, denn der Wechsel der Dachhöhen, das noch Unentschiedene der Haltung zwischen modernem französischen Pavillonstil mit niederen Verbindungsbauten und der barocken Ehrenhofanlage, die sich dreigeschossig darstellt, ist für diese Planung kennzeichnend. Die Ausführung hatte zudem noch ältere, von der mittelalterlichen Burg herrührende Bauteile mit einzubeziehen, etwa den in der Südwestecke gelegenen, 1544 erweiterten ›Alten Bau‹, »einen hohen Kasten durch einen Arkadengang mit dem neuen Südbau Bagnatos verbunden«. Oder die Schloßkirche Sankt Michael von 1413, die schräg zum Alten Bau gestellt ist und sich durchaus nicht dem Schachbrettsystem einfügen ließ.

Auf dem ›Idealplan‹ sind diese unregelmäßigen Einsprengungen älterer Bauten nicht zu sehen. Hier herrscht eine großartige Symmetrie, aufgehängt am Torpavillon und seiner ihn durchschneidenden Mittelachse. Vier vorgelagerte Beamtenpavillons, die in beträchtlichem Abstand als zweigeschossige ›Punkthäuser‹ ausgesetzt sind, geben den Auftakt zur ganzen Anlage. Zwischen den beiden mittleren spannt sich ein Gitterportal. Beherrschend dann der hohe Torbau zwischen den niederen, originell gestalteten Flügeln der Wirtschaftsbauten, die seitlich vorgreifen und mit ihren Stirnseiten kleine Fassaden entbieten. Dieser Wirtschaftshof, ein niederer gelagertes Hufeisen, wird durch Mauern in zwei seitliche Höfe unterteilt, deren abgerundete Abschlußmauern zur Mittelachse hin einen Eingangshof absondern. An die äußeren Flanken des Wirtschaftshofes legen sich je zwei stattliche dreigeschossige Trakte an, die den typischen Gliederungsstil Bagnatos haben: kräftige Eckpavillons mit Walmdächern, die Mittelachse des Verbindungsbaues, der gleiche Höhe hat, durch Risalite mit Giebeln betont. In diese kräftigen Flankenbauten, die ein zweites nach rückwärts umgelegtes Hufeisen bilden, oder vielmehr seine kräftigen Schenkel, wird nun ein dreigeschossiger, jedoch etwas gepreßt und schmalbrüstig wirkender Ehrenhofbau hineingestellt, vorne abgeschlossen durch niedere Galerien. Es dürfte sich wohl um den eigentlichen Schloßbau handeln mit einem mittleren Corps de logis, das als Risalit hervorgehoben ist. Diese Kernanlage, die auf dem ›Idealplan‹ zu sehen ist, kam nicht zur Ausführung. Wie schon gesagt, wäre dieser Kernbau – nach dem ›Idealplan‹ zu schließen – gegenüber der Erscheinungskraft der Flankenbauten zu schwach ausgebildet gewesen. Zwei größere Baukomplexe, die die Ehrenhofrückwand seitlich flankieren – die Schloßkirche und der Marstall –, legen sich in die Querachse und bilden einen Abschlußriegel, der nur noch von dem in der Mittelachse der Gesamtanlage liegenden Gartenpavillon als Point de vue durchstoßen wird. Soweit unsere Beschreibung des ›Idealplans‹.

Was davon verwirklicht wurde, ist immerhin so beträchtlich, daß es als oberschwäbische Residenz des Ritterordens (heute der Herzöge von Württemberg) dienen kann. Zunächst der vortrefflich proportionierte schloßartige Torbau mit seinen kräftigen Portalen, den malerischen Giebeln, dem rassigen Uhrtürmchen auf dem steilen Pyramidendach. Charakteristisch für diesen Empfangsbau die hohe mit Stukkatur und Malerei verzierte Durchfahrt. Ebenerdige Flügelbauten, die von reizvollen Risaliten unterbrochen sind, schaffen die Verbindung zum Reitstall (rechts) und zum Neubau (links), an den sich der Kapuzinerbau und das erwähnte Alte Schloß anfügen. So imponierend der Auftakt oder die Vorderansicht der heutigen Anlage mit den vorgesetzten Beamtenpavillons sich auch präsentiert, der Blick in die rückwärtige Hofanlage zeigt sogleich das Bruchstückhafte und Unvollendete der Gesamtanlage auf. Gut gegliedert ist die vom Schloßkomplex etwas abgerückte Reithalle, die als wesentliches Stück der Idealkonzeption verwirklicht werden konnte. Aber zu der ihr symmetrisch entsprechenden neuen Schloßkirche kam es nicht mehr. Man ließ die alte Schloßkirche, eine Pfeilerbasilika, deren Turm von einem noch älteren Bau stammt, bestehen. Auch der rückwärtige Gartenpavillon ist seltsamerweise aus der Mittelachse gerückt. Das Alte Schloß, ein etwas ungefüger Fremdkörper, ist mit dem neuen Südbau durch eine Arkadenhalle verbunden. Der repräsentativste Teil, und als Wohnbau neben dem Torbau besonders hervorgehoben, ist dieses Neue Schloß, ein sehr geschmackvoll ausgestattetes, durchaus nobles Rokokopalais mit stuckierten Gemächern, laternengeschmücktem und mit Fresken verziertem Treppenhaus. Der erste Stock enthält die Wohn- und Repräsentationsräume des Komturs, hohe Räume, die mit Spiegeln verziert, mit schönen Öfen und Kaminen ausgestattet sind. Nicht weniger interessant, wenn auch wesentlich einfacher gehalten, die Gemächer für die Ordensritter. Sie bestehen aus je einem Wohnzimmer mit Alkoven, einer Garderobe und dem Dienerzimmer. Bemerkenswert vor allem die Supraporten: Kinderbildnisse, die in Vergleich zu den von Anton Brugger stammenden Kinderporträts zu sehen sind.

Die *Schloßkirche Sankt Michael*, auf spätgotischem Gründungs-
bau von Johann Kaspar Bagnato 1748-1753 umgestaltet, hat
Freskomalereien von Joseph Ignaz Appiani, der auch in Meersburg im Neuen Schloß tätig war. Ihr Stuckmarmor-Hochaltar
enthält die Kreuzgruppe (in Holz) von dem vortrefflichen Franz
Joseph Christan aus Riedlingen und ein Altarbild mit dem Sturz
Luzifers. Zwei Nebenaltäre von 1630 und eine Reihe älterer,
barock umgestalteter Kapellen, die Marienkapelle (um 1400),
die Salvatorkapelle (von 1511), die Kreuzkapelle (von 1660),
geben dieser Schloßkirche ihren gewachsenen Charakter. Sie
birgt auch die Gruft der Komture.

Zur Baugeschichte wäre noch zu ergänzen, daß der ältere
Schloßbau, das Alte Schloß, wahrscheinlich nach dem Brand
von 1434 neu errichtet wurde. Der Komtur von Waldrambs ließ
dann 1665 den West- und Südflügel errichten. Komtur von Fal-
kenstein (1710) und Komtur von Königsegg (1759-1774) veran-
laßten die weiteren Bauten samt ihrer Ausstattung. Als Baumeister sind uns die beiden Bagnato, Johann Kaspar und Franz
Anton (Vater und Sohn), überliefert. Johann Kaspar erstellte den
Torbau 1730-1732. Von Franz Anton, der als Deutschordensbaumeister der Nachfolger seines Vaters wurde, haben wir den
Neuen Bau von 1759, wie auch die den ganzen Lustgarten abschließende Gartenhalle, die nach 1774 fertig wurde. Vermutlich
ist der jüngere Bagnato auch der Entwerfer des ›Idealplans‹, der
uns in der Stuttgarter Intarsie mit erstaunlichem architektonischen Vorstellungsvermögen fast zeichnerisch überliefert ist.
Die Motive, die eine Ausführung des ›Idealplans‹ verhinderten,
sind hauptsächlich in der Geldknappheit zu sehen, aber auch in
den inneren Schwierigkeiten des Ordens, der sich im 18. Jahrhundert aus seinen autoritären Formen zu lösen begann. Dies
läßt wenigstens eine Bemerkung Johann Nepomuk Hauntingers
vermuten, die uns einen genaueren Einblick in das Leben der
Ordensritter und in die Situation des Ordens gibt. Wir möchten
sie hier zitieren:

Das Schloß des Landkomturs ist, vom äußerlichen Ansehen zu urtei-
len, prächtig; auch soll diese Landkommende eine zahlreiche und ausge-

wählte Bibliothek besitzen. In der Nähe des Schlosses sind einige Weiher,
welche gegen die schönen Kornfelder und Wälder gut abstechen. Der
jetzige Herr Landkomtur ist der vollkommene Antipode seines Vorfah-
ren. Er macht durch seine ordentlich eingerichtete Sparsamkeit alles
wieder gut, was derselbe durch übertriebene Pracht, Musik undsofort
mit beträchtlichem Verfalle der Landkommende vernachlässigt hat. Er
ist zugleich Komtur auf der Insel Mainau, begnügt sich mit den mäßi-
gen Einkünften derselben und wendet alle Einkünfte der Landkommende
ganz zur Tilgung der Ordensschulden an. Allein er wird dem unge-
achtet seine Kommende verlassen und sich aus der Landkommende erhal-
ten müssen. Die jungen Herren Deutschritter, welchen der Charakter
eines Exspektanten lange schon zur Last geworden, möchten auch einmal
gerne am Brette sitzen und ihre Talente, die sie im ökonomischen Fache
und in der Regierungskunde zu besitzen glauben, an den Tag legen;
der Landkommende mag dann aufhelfen, wer da kann und Muße und
obendrein noch Willen dazu hat. Nachdem wir uns hier wegen der
wackeren Vorsorge der Gnädigen Frau Postmeisterin fast zu Tode auf
Postpferde gewartet hatten, setzten wir unsere Reise erstlich auf einer
herrlichen Straße, ganz mit den schönsten Alleen besetzt, durch einen
angenehmen, an einem Weiher gelegenen Wald, und dann bei Spitz-
reuthe (Blitzenreute) über eine große sehr steile Steige herab fort, und
nun wieder das prächtige Weingarten im Angesichte.

Noch ein Wort zu den Bagnato, den Deutschordensbaumei-
stern, denen wir häufig auf unserer oberschwäbischen Reise begegnen. Es sind keine Italiener, wie man vermuten könnte. Der
Vater Johann Kaspar ist 1696 zu Landau in der Pfalz geboren und
1757 auf der Mainau gestorben. Seine Tätigkeit erstreckte sich
über Altshausen hinaus nach Mainau, Lindau, Friedberg im Kreis
Saulgau, Wurzach, Meßkirch. Er war auch Leiter des bischöflichen Bauwesens im Bistum Konstanz von 1735-1740. In Markdorf, Buchau, Salem, Sankt Blasien, Mülheim an der Donau,
Unterwachingen, Freiburg im Breisgau und wohl auch in Birnau
finden wir seine stilsichere, von der rheinisch-französischen
Architektursphäre her inspirierte Hand.

Der Sohn Franz Anton löste ihn als Deutschordensbaumeister
und Baudirektor ab. 1731 in Altshausen geboren, gestorben 1810,

war er hauptsächlich an der Weiterführung und Vollendung der Bauunternehmungen seines Vaters tätig. Wie schon erwähnt in Altshausen, in Oberkirchberg bei Ulm, Sitz der Grafen Fugger von Kirchberg-Weißenhorn, in der elsässischen Deutschordenskommende Andlau. 1773 übernahm er im Auftrag des Fürsten Anselm von Thurn und Taxis die Posthalterei zu Altshausen. Er war auch Pächter von Liegenschaften der Kommende. Die »Gnädige Frau Posthalterin«, die Hauntinger in seinem Bericht erwähnt, war demnach seine Frau Antonia, geborene Zelling aus Überlingen. Es ist bezeichnend, daß die Architekten im späten 18. Jahrhundert, als die Bauaufträge weniger einträglich werden, solche Nebenämter wie die Posthalterei übernehmen. Der älteste Sohn Bagnato des Jüngeren, Johann Nepomuk Bagnato, wechselte ganz in den Behördendienst. Er wurde als Kanzleivorsteher auf der Kommende Mainau vom Deutschmeister geadelt.

Der Deutschmeister war der Landmeister des Ordens für Süd- und Westdeutschland, wo der katholische Zweig des Deutschordens weiterlebte, bis er 1809 von Napoleon aufgehoben wurde. 1834 von Franz I. von Österreich wiederhergestellt und 1929 in einen klerikalen Bettel-Orden umgewandelt, besteht der Orden heute noch. Freilich in anderer Form. Die bekannteste Hinterlassenschaft ist neben den Ordensschlössern der österreichische Deutschmeistermarsch.

BAD WALDSEE UND BAINDT

›Nach Weingarten‹ weist uns das Straßenschild. Eine kleine Stadt – *Bad Waldsee* (1298 Stadtrecht, 1331 an die Habsburger) – legt sich dazwischen. Wohlig liegt sie da, und der Auftakt ist gar nicht so bürgerlich, wie man es erwartet, sondern eher festlich und barock. Die Türme der Stadtkirche – barock behelmte Wächter – grüßen schon von weitem, ihre Figur ist so beschwingt und ihre Farbe so weiß, daß man an eine Stiftskirche von Rang erinnert wird. Die Straße fällt sanft in das Städtlein hinein, man parkt auf einem Platz bei der Kirche. Hier plätschert ein Jugendstilbrunnen, den man schon irgendwo einmal gesehen hat. Ist es eine Kopie? Oder ist dieser Brunnen gar ein Werk des Münchner Stadtbaumeisters Theodor Fischer? Aber wir wollten die Kirche betrachten und stehen nun staunend vor dem übereck gestellten Paar ihrer Türme. Selbst wenn bei unserer kritischen Prüfung die Profile und Gesimse ein wenig Landbaumeistertum verraten, so bewundert man doch die augenfällige Wirkung und Schönheit dieser Fassadenturmgruppe. Ein Lob auch den Waldseern des 18. Jahrhunderts, die ihrer Stadt dieses für ihre Zeit moderne Wahrzeichen gegeben haben. Denn es nimmt sich von allen Seiten her betrachtet gut aus, gibt der Park- und Seenlandschaft, die in ihrer eigentümlichen Milde spürbar ist, den heiteren Akzent. Woher wohl die eigentümliche Übereckstellung der Türme kommt? Vielleicht ist sie aus der beengten Bausituation zu erklären oder einfach aus der Schmalbrüstigkeit des Langhauses der Kirche, die noch aus dem 15. Jahrhundert stammt. Die Liebfrauenkirche in Ingolstadt hat diese Übereckstellung der Türme schon in der Spätgotik eingeführt. In Wiblingen tritt sie später noch einmal auf: monumental gesteigert.

Wir blättern in unseren Büchern nach. Natürlich, es sind die Türme der ehemaligen Stiftskirche des Augustiner-Chorherrenstiftes Waldsee. Der Baumeister Jakob Emele aus Stafflangen bei Schussenried hat sie entworfen und gebaut. So zwischen 1765 und 1768, als auch die Kirche barockisiert wurde. Ein Waldseer bleibt bei uns stehen und blickt nun auch zu den Türmen hinauf. »Unsere Schtadtkirch«, meint er, »hat eba zwoi Türm, weil wir amol a Schtiff gehabt habe. Auguschtiner-Chorherre. Noble Herra. Jetzt simma Schtation auf der Barockstraß. Ware Se schon in Weingarte?« – »Nein, da möchten wir gerade hin.« – »Aber blicke Se nur hinein in unsere Kirch.«

Eine junge Waldseerin geht vorbei, grüßt uns und blickt jetzt auch an den Türmen hinauf, als ob es dort was zu sehen gäbe. Wir blicken ihr nach. Sie hat das, was man eine Figur nennt, und zeigt sie auch. »Es ischt wirklich erschtaunlich, wia die

Mädle sich herauswachse«, meint jetzt unser Turmfreund und klopft sich ganz ungeniert die Pfeife an einer Brunnenstufe aus. »Kurschtadt simmer ja au geworde! Und im Sommer ischt Betrieb mit Kurkonzert und so …« Wir danken für die Hinweise und gehen hinüber in die *Stiftskirche*.

Das barockisierte Innere öffnet sich mit drei Schiffen. Hell und sicher aufgezogene Fresken schmücken die Decken. Johann Bap-

tist Zimmermann könnte hier den Ton angegeben haben. Seine Motive finden sich auch in der Stukkatur, während man den Hochaltar seinem Bruder Dominikus zuschreibt. Dieses Innere ist zwar nicht ganz das Rokokowerk aus einem Guß, das man sich erwartet hat: aber es hat Charakter, auch in der Sakristei, die ein Zimmermannfresko schmückt. Im linken Nebenchor kann man eine meisterlich gearbeitete Bronzeplatte sehen, die einen Truchsessen von Waldburg zeigt, in Rüstung mit Emblemen. Jetzt kommen die Kirchenpflegerinnen, und die sind weniger gesprächig. Sie gehen mit Besen und Kübel ans Werk, als ob wir nicht vorhanden wären. Wir räumen das Feld.

Lassen uns zum schilfumwachsenen Parksee hinübertreiben, wo das Fürstlich Waldburg-Wolfegg-Waldseesche Wasserschloß liegt. Auch hier kräftige Ecktürme. Aber distinguierte Atmosphäre. Parkeinsamkeit.

Reizvoll nimmt sich die Vedute der Stiftstürme aus, wenn man den Stadtsee umrundet, zumal sie hier in das Panorama der Stadt sehr gefällig eingebunden sind. Schwäne und Segelboote geben die weiße, sommerlich heitere Rahmung ab. Vielleicht sollte man hier in Waldsee einmal Urlaub machen. Auch als Kurgast könnte man sich in dieser Umgebung wohlfühlen, Ausflüge nach Schussenried, Weingarten mit eingeschlossen. Hier in Waldsee scheint der Barock auch ein wenig österreichisch angehaucht. War man doch Donaustadt in Vorderösterreich. Und pflegt vielleicht noch heute eine vorderösterreichische Art zu leben und zu genießen, eine heimliche Austrophilie.

Wir fahren weiter, eine sanft ansteigende Ausfallstraße zur Stadt hinaus, Richtung Weingarten. Da steht direkt an der Straße eine barocke Ölbergkapelle, mit schwungvollem Giebel, fast wie in der Wachau. Wir halten an, obwohl es aus Verkehrsgründen nicht ratsam ist. Ein verwittertes Fresko schmückt die Rückwand. Davor eine Kreuzigungsgruppe. Lokalmeister ... Wir wollen weiterfahren, blicken aber noch von ungefähr über die alte Mauer, um irgend etwas Barockes zu erhaschen. Da ist nun wirklich eine Überraschung: freilich keine barocke, sondern eine höchst moderne. Auf der mauerumschlossenen, abschüssigen Wiesenfläche steht das ›haus am hang‹, wie aus einer Architektenzeitschrift herausgeschnitten: zwei unsymmetrische Beton-Flachgiebel, große Glasfenster darin, ein windgeschützter Freisitz an der südlichen Binnenecke. So wohnt man also auch in Waldsee. Die Damen des Hauses speisen gerade im Freien, aber es will uns so scheinen, als wären sie ihrer avantgardistischen Behausung wenigstens heute nicht recht froh. Eine geradezu klösterliche Askese und Abgeschiedenheit durch den vorherrschenden Sichtbeton und das Konstruktive ist nicht zu übersehen. Allerdings ist das Haus gärtnerisch freundlich und großzügig, ja fast lässig auf dem Terrain plaziert. Jedenfalls keine provinzielle Moderne, die einem in Oberschwaben auch begegnen kann. Und die geht, wie man sagt, leicht ›ins Auge‹.

Auf der Weiterfahrt am Berg betätigt sich wieder einmal wie von Geisterhand mein Autoradiogerät, wie es denn auch nach einiger Zeit wieder geheimnisvoll verstummt. Nichts kann einen so ärgern, nicht einmal das ödeste und dümmste Programm. So haben wir wohl weiß Gott wie lang eine musikalische Fasten-

zeit vor uns. Dabei spielten sie gerade Procul Harum – ein Stück
mit elektronischer Orgel …

Schnurgerade stößt die Autostraße in das sich weitende Schus-
sental hinein. Sie möchte uns möglichst schnell nach Weingarten
und Ravensburg schleusen, zwingt uns dabei die Tempi des
Schlusses auf – aber wir haben es gar nicht so eilig, achten auf die
Ausfahrt nach Baindt, die leicht zu übersehen ist, und fahren den
Höhenrücken hinauf.

Baindt ist eine alte Zisterzienserinnen-Reichsabtei, 1240 ist
seine Kirche erbaut, 1241 geweiht, im 16. Jahrhundert gleich
nach den Bauernkriegen wiederhergestellt und erneuert, 1729
barockisiert, 1842 teilweise abgebrochen. Der Rest kürzlich
modernisiert.

Das haben wir vor dem Kirchenbesuch in unseren Büchern
nachgeschlagen und Schlimmes erwartet. Jetzt blicken wir uns
um. Eigentlich ein idyllischer Ort, dieses Baindt. Das im 19. Jahrhundert veränderte Schlößl mit seinem Mansarddach, das heute
den Franziskanerinnen als Kinderheim dient, ist wohl noch das
alte Kloster-Gästehaus, ein Rest der barocken Anlage. Sonst
steht nur noch die Kirche da. Eine Basilika in der strengen Haltung der Zisterzienser, der Turm ›reromanisiert‹. Der frische
Putz und die modernen Bronzeportale lassen erkennen, daß eine
durchgreifende Restaurierung stattgefunden hat. Ein Blick ins
Innere bestätigt beides. Basilikaler Raum, neun Arkaden auf
kräftigen Vierkantpfeilern, neues Gestühl, Zentralaltar, moderne Glasmalerei … Aber vorne im Chor hat sich tatsächlich
noch ein Stück feines Rokoko, wie in einer Laube, erhalten. Es ist
füglich eine Überraschung, ein vergessenes Juwel auf unserer
Oberschwäbischen Barockstraße.

Der Rokoko-Hochaltar, ein frühes Hauptwerk von Johann
Georg Dirr, laut Vertrag von der Äbtissin Maria Seitz 1763 er-
richtet. Seine elegante Stuckmarmorsäulen-Architektur mit
Baldachinaufsatz hat wohl im Birnauer Hochaltar des Joseph
Anton Feuchtmayer ihr nächstes Vorbild. Zwischen den Säulen
die weiß gefaßten Statuen der beiden Johannes, auf den seitlichen

Bogen die Ordensväter Benedikt und Bernhard. Es sind Schnitz-
figuren, die noch dem Stuckstil Feuchtmayers verpflichtet sind,
in denen sich aber auch in der eigenen Empfindsamkeit und leicht
schwärmerischen Haltung der Personalstil Dirrs zeigt. Eine gewisse Milde und vornehme Gehaltenheit ist ihnen eigen, wie es
den frühklassizistischen Neigungen entgegenkommt. Gewand
und Mantelwerk umhüllt die Körper in weichen Fältelungen,
abgeschliffen und abgerundet. Es ist ein Stil, den wir auch bei
Straub in München und bei Wenzinger in Freiburg finden und
der am besten ›empfindsames Rokoko‹ genannt werden könnte,
eine Art Vorstufe des kommenden Klassizismus.

Empfindsam sind auch die geschnitzten Reliefs auf der Altar-
mensa, die Beweinung Christi und einen Engel mit Leidenswerkzeugen darstellend. Die Chorlaube ist elegant stuckiert. Sie
zeigt noch züngelnden Rokokostuck von Dirr, weiß und gold
gefaßt, in den Zwickeln der Kuppel feine Kartuschen. Die
Grisaillen darin lassen sogleich einen Künstler erkennen, der Dirr
ebenbürtig ist. Es ist der Weißenhorner Rokokofreskant Franz
Martin Kuen, der Schöpfer auch des meisterlichen Freskenbildes
an der Decke.

1764 ist dieses Bild gemalt. Thema ist die alttestamentarische
Szene von Esther und Ahasver. Prächtig wird diese Szene ausge-
breitet und phantasievoll ist sie erzählt. Der Auftritt der fürstlich
gekleideten Tochter Israels ereignet sich in einer illusionistischen
Phantasiearchitektur, die an Venedig erinnert. In Kostümen und
Bauten, auch in der sorgfältigen Zeichnung, zeigt sich das Ge-
schick dieses ›Schwäbischen Tiepolo‹, der in Venedig gelernt hat.
Aber wir haben schon einmal (in unserer Barockreisen erstem
Teil durch Altbayern und Schwaben) auf Franz Martin Kuen
hingewiesen und können es uns sparen, noch weiteres zu seinem
Lob zu sagen.

Dafür wollen wir eine kleine Beobachtung am Rand unseres
Besuchs in Baindt festhalten. Zumal sie für den uns überall auf
unserer Reise begegneten Drang zur Reinlichkeit – eine sehr
schwäbische Eigenschaft – hier einmal stehen soll. Beim Verlassen der Kirche bemerken wir nämlich, wie eine Ordens-

schwester im grauen Arbeitsschurz Reinigungsarbeit betreibt.
Das Objekt ist ein barocker Kanzelkorpus, für den man offenbar
bei der Restaurierung keine Verwendung mehr gehabt hat. Er
steht abseits. Und wird heftig bearbeitet. »Grüß Gott, Schwester!
Was machet Se da?« fragen wir etwas erschrocken. »Ja, sehet Se
net, Kanzele putze!« sagt sie, während sie bei der Arbeit kaum
innehält. Da es sich um eine wertvolle Arbeit mit eingelegten
Edelhölzern handelt, ist uns nicht wohl bei diesem Sauberkeits-
drang. Wie aber soll man es der lieben Schwester begreiflich
machen? So sagen wir ihr im Weggehen noch: »A bißle a Patina
müsset Se schon noch dranlasse!« – »Was ischt des?« fragt sie
zurück. »Das ischt eben des, was dem Kanzele den Wert gibt!« –
»Ja, glaubet Se?« Sie hält tatsächlich inne. Und ruft uns noch
nach: »Ja, wenn ma amol beim Schaffe ischt, kann ma schier nim-
mer aufhöre!«

STIFT WEINGARTEN

Baindt, die modernisierte Klosteridylle am Berg, war eine Oase
der Ruhe, die letzte Poststation vor dem Ereignis von *Weingarten*. Man rüstet dort für die Feiertage. Ostern steht vor der
Tür: Ostern in Weingarten. Die Natur schmückt sich. Auch die
Landschaft zieht ihr Festgewand an. Wir lassen den Wagen bei
der Kirche stehen und wandern noch ein Stück über Baindt
hinauf ins Grün seiner Hänge. Dort oben hat man auf einmal einen
großartig freien Ausblick auf die Terra Benedictina, in der Stift
Weingarten liegt. Der Blick geht in die Talsenke über die Türme
von Ravensburg bis ins Herz der Bodenseelandschaft, nur durch
die ferne zartblaue Kammlinie der Bodenseealpen begrenzt. Auf
der Uferhöhe des Martinsberges, die einmal Weinberge trug,
ein ockergelbes, lehmfarbenes, barockes Emporium; breithinge-
lagert die Flanke der Stiftsbauten, fast schwebend die Kuppel,
die diademhafte, ins Tal hinausgehaltene Kirchenstirn mit ihren
knapp sitzenden grünen Hauben.

Es ist mehr als eine barocke Vedute, eine schöner Ausblick …
Auch für uns wohl ein Ort, den Reisedrang etwas zu zähmen,

einzuhalten. Es ist die vom Menschen vollzogene Überhöhung und Krönung einer an sich schon schönen, reifen Landschaft. Vergeistigung durch barocke Architektur. Nur selten, nur beim Anblick von Stift Melk an der Donau, beim Erblicken der Stiftsanlagen von Ottobeuren, von Göttweig in der Wachau werden wir ähnlich ergriffen. Der Zug ins Sakrale, der jeder geistlich geprägten Landschaft eigen ist, das, was man im liturgischen Sprachgebrauch die ›Weihe des Ortes‹ nennt, dieses Sich-selber-Feiern, ist hier in Weingarten vielleicht am stärksten.

Mag sein, daß uns die von Bergen begrenzte Räumlichkeit und Farbigkeit dieses Landstriches an Bilder von Griechenland erinnern, daß die aus dem Gelände erfühlte Terrassenlage des Stifts griechischen Tempel- und Weihebezirken verwandt ist. Mag sein, daß uns das nahe Osterfest die Phantasie beweglich und das Begreifen leicht macht. Es ist schön, wenn sich ein Festtag im Kreis des Kirchenjahres mit einem festlichen Erlebnis verbindet. Jeder ist dann Teilnehmer, bekommt einen Schimmer davon ab. Und der Alltag, auch der Reisealltag, wird um vieles schöner. Wir verlassen die vorösterliche Idylle von den Höhen über Baindt. Es geht jetzt ohne Aufenthalt Weingarten zu.

Beim Näherkommen kein Nachlassen der Wirkung, sondern eher eine Steigerung durch Kontraste und Überschneidungen mit der kleinräumigen Architektur des Ortes, der dem Kloster zu Füßen liegt. Der Markt *Weingarten* nimmt uns mit vorgeschobenen Fabriken, Villen und Bürgerhäusern, Gaststätten und Läden auf. Seine Mitte ist unregelmäßig, formt sich zu einem Platz, dem ein Kriegerdenkmal den monumentalen Rückhalt gibt. An ihm vorbei steigt man nun die Freitreppe zum Münster empor und erhält einen Begriff von den Maßstäben des barocken Bauens. Wer aber dann droben angelangt ist, vor der mächtig sich auftürmenden, vorwölbenden Fassade steht, die nach Norden hin einen langen Flügel entsendet, im Süden aber unvermittelt abbricht, der erkennt sogleich das Unvollendete der heutigen Gesamtanlage.

Es ist deshalb gut, sich fürs erste auf eine der Bänke vor der Kirche zu setzen und sich den ›Weingartner Idealplan‹ von 1723 vorzunehmen, der in den Kirchenführern abgebildet ist. Die heutige Kirche nimmt hier in ihrer ganzen Tiefe die Mitte einer breitrechteckigen Vierflügelanlage ein. Die Ecken der Flügel sind durch kräftige, turmartige Pavillons betont, den Nord- und den Südtrakt zeichnen in der Mitte breitgelagerte Risalite mit Walmdächern aus. Was aber diesem Idealplan erst seine ganze barocke Umrahmung verleiht, ist das Hinausgreifen in die Landschaft nach allen vier Seiten. Sogar dem Fassadentrakt, vor dem wir jetzt sitzen, sind noch drei Höfe vorgelagert. Niedere Flügelbauten, die leichtkurviert sind, vermitteln zur Fassade, vorgelagerte Pavillons sind auf abgeböschte Substruktionen gesetzt, um das abfallende Gelände zu erweitern und zu überbrücken. In der Mitte dieses streng symmetrischen Vorwerks führt eine Auffahrt zur Kirchenfassade hin. – Nördlich und südlich gliedern sich dem Klosterviereck zwei weitausschwingende dreipaßförmige Arkadengalerien oder Ambiten an. Diese sind an ihren Knickungen mit winkelförmigen Pavillons ausgesetzt, während die Mittelachse durch je einen größeren Ovalpavillon mit Mansarddach betont ist. Geometrisch angelegte Gärten mit Trennmauern liegen in diesen Flankenanlagen, die insgesamt niederer als die Stiftsgebäude sind, aber an den äußersten Punkten noch einmal ausladen, als wollten sie es mit den mächtigen Halbrunden des Kirchenquerhauses aufnehmen.

An der Rückseite der Klosteranlage, wo genügend Raum zur Verfügung stand, finden wir eine Baugruppierung, die in ihrer Grundrißzeichnung fast an barocke Giebelformen erinnert. Hier sind in der Mittelachse je zwei pavillonartige Empfangsbauten und an den Knickungsstellen der Arkadenflügel würfelförmige Pavillons eingesetzt. Der Gesamtblick auf diesen Idealplan von 1723, den ein Pater Beda Stadtmüller wohl nach den Plänen des Ludwigsburger Architekten Donato Giuseppe Frisoni nachgezeichnet hat, zeigt uns noch schmiedeiserne Gitterportale in den Hauptachsen und Dachbalustraden über den verbindenden Galerien zum Stift. Darin und in mancher anderen Einzelheit zeigt sich das Rokoko der Entstehungszeit.

Und doch steht dieser späte Idealplan, der nur zum Teil verwirklicht werden konnte, in der großen Entwicklung der Palastklosterarchitektur des Barock. Man konstatiert Beziehungen zum Idealplan von Klosterneuburg bei Wien, der die gesamte Klosterarchitektur über hohen geschwungenen Terrassen präsentiert, aber es fehlt gerade hier das Typische von Weingarten: die ausschwingenden, vorgreifenden Galerien und die in sie eingesetzten Pavillons von mannigfacher Form. In Klosterneuburg ging es um die Verbindung von Kloster und Herrschersitz. In Weingarten um die Verbindung von Kloster und Wallfahrtskirche. Die Kirche stellt hier eindeutig die Dominante dar. Die Galerien mit ihren Wandelgängen sind nichts anderes als die Ambiten der barocken Wallfahrtskirchen und Heiligen Berge, wie sie uns in Böhmen und Mähren, in Oberitalien und Bayern überliefert sind. Göttweigs Terrassen wirken wie Vorwerke einer geistlichen Burg, Klosterneuburgs Terrassen wie kaiserliche Lustgärten, die Terrassen des Weingartner Idealplans werden von Wandelhallen für Wallfahrer umgeben.

So gehn wir nach altem Wallfahrerbrauch zuerst um die Kirche herum, blicken in den Hof des Stiftes und erforschen die Rückseite. Schon im Hof, der durchaus hell und geräumig ist, spürt man das Provisorium in der etwas nüchternen Fassadengestaltung. Reine Putzarchitektur, jedoch von männlichen Verhältnissen, an einzelnen Stellen Rokokostuckakzente, schlichte Hausteinportale. Der weitläufige Stiftstrakt ist entschlossen modernisiert worden und dient heute der Pädagogischen Hochschule. Ein Festsaal mit einem Deckenfresko von Gottfried Bern-

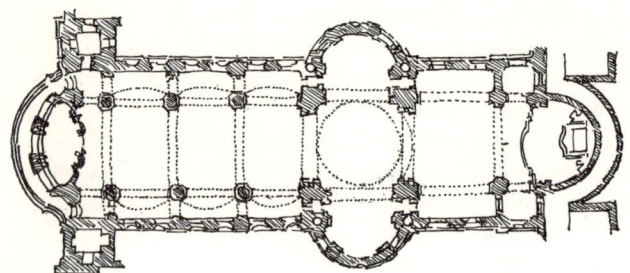

hard Göz, den wir nicht besichtigen konnten, bildet den räumlichen Schwerpunkt.

Verläßt man nun diesen Trakt durch den rückwärtigen Torbogen, so hat man die Rückseite des Klosters vor sich. Oder vielmehr: man muß ein gehöriges Stück zurücktreten, um sie in ihrer erstaunlichen Erstreckung zu erfassen. Mit Überraschung stellt man fest, daß hier an der Rückseite größere Teile des Idealplans ausgeführt worden sind. Nicht nur, daß die ganze Südfront des Klosters in symmetrischen Stand zur Nordfront gebracht wurde: auch einige der Pavillons des Idealplans wurden erstellt. Sie sind inzwischen modernisiert worden. Ein Stück der geplanten Ambite führt uns den Schwung und die Proportion des Ganzen annähernd vor Augen. Das ist typisch für den Barock, daß er immer von einer nicht ganz vollendeten Anlage ein paar Stücke, Ansatzpunkte, Anhaltspunkte ausgeführt hat.

Freilich: einige unregelmäßig über den Berg gelagerte Bautrakte des älteren Baubestands stören die Symmetrie. Die Rückseite des Klosters hat auch etwas kasernenartig Nüchternes. Vielleicht, daß sie diesen Zug durch eine gute Restaurierung einmal verliert.

Beherrschend tritt das runde Chorhaupt der Kirche in Erscheinung. Es wird Zeit, daß wir uns mit ihrer Baugeschichte näher befassen.

Sie ist, wie man weiß, ein wenig undurchsichtig und umstritten. Gliedert sich in eine Vorgeschichte und Hauptgeschichte. Wie so oft bei den barocken Großbaustellen lösen sich die Meister ab, und schon in der Phase der Planung werden Gedanken von verschiedenen Architekten kollektiv verschmolzen. Die Vor- und eigentliche Planungsgeschichte ist schnell erzählt. Schon während des Dreißigjährigen Krieges befaßte man sich mit Neubauplänen für die romanische Basilika von Weingarten. 1627 wurde dazu der Italiener Giulio Benso verpflichtet. Was er plante, wurde wegen der Kriegsverwüstungen nicht begonnen. 1673 ist von neuen Baukonzepten die Rede. 1677 wird mit Michael Thumb über den neuen Noviziatsbau abgerechnet. 1679 wird der kurbayerische Hofbaumeister Enrico Zuccalli, zusammen mit

Barelli, Erbauer der Münchner Theatinerkirche, Renovator von Ettal, für ›Reparationen‹ der Kirche empfohlen. Es findet sich jedoch kein Steinbruch in der Nähe. Am 25. August 1684 endlich ergreift Abt Willibald die Initiative und holt den Architekten aus Einsiedeln, Bruder Kaspar Moosbrugger, nach Weingarten. Ein zweiter Vorarlberger, Heinrich Bader, wird ein Jahr später von einem Grafen von Montfort als Baumeister empfohlen. 1685-1688 wird der Kornkasten gebaut, dann die Erweiterung der Stiftsanlage vorbereitet, 1695 der Konventgarten mit einer Mauer umgeben. 1703 wird Bruder Kaspar Moosbrugger mit neun Pfund entlohnt. 1709-1713 entsteht der neue Bauhof. 1712 erfahren wir von einem neuen Architekten: »Baumeister Herkomer aus Füssen hat einen Riß gemacht.« 1715 wird mit dem Abbruch der alten Kirche begonnen, am 22. August 1715 der Grundstein zum Neubau durch den päpstlichen Nuntius gelegt. Mitte Februar 1716 schreibt Pater Leopold Herderer: »Her Beer, unser nunmehriger Baumeister ...« Aber schon am 3. April 1716 gibt es Schwierigkeiten mit Franz Beer. Er weigert sich, stracks eine Kaution zu stellen, und reitet verärgert ab. Die Bauleitung hat nun Christian Thumb, unterstützt durch Bruder Andreas Schreck. Am 6. Oktober 1717 – die offene Großbaustelle hatte sich inzwischen herumgesprochen – empfahl sich der Stukkateurarchitekt Carlo Domenico Lucchese (aus Lugano stammender, in Speinshart in der Oberpfalz tätiger Stukkateur) als Architekt.

Und schon am 10. Dezember 1717 schickte der Württembergische Hofarchitekt Donato Giuseppe Frisoni, den der Abt eigens in Ludwigsburg aufgesucht hatte, Entwürfe für die Türme und den Giebel der Fassade, im Februar für die Kuppel. Daß diese Risse auch akzeptiert wurden, beweisen uns Rechnungen Frisonis über die Entwürfe für die Langhausdekoration (1718), 1719 für den Fassadengiebel der Kirche, für den Neubau von Konvent und Abtei. Der Wessobrunner Stukkateur Franz Xaver Schmuzer erhielt 1718 den Auftrag zur Stuckierung der Kirche und der Kanzel, 1723 wurden ihm sechs der Langhaus-Stuckmarmoraltäre übertragen. Am 3. Oktober 1718 wurde schließlich der Münchner Maler Kosmas Damian Asam vertraglich mit der Ausmalung der Kirche beauftragt. Die Fassadenstatuen erhielt 1719 der Bregenzer Bildhauer Franz Anton Kuen. Am 19. Januar 1720 der Vertrag mit Joseph Anton Feuchtmayer über das Chorgestühl, 1723 mit Diego Francesco Carlone über den Hochaltar nach einem Entwurf Frisonis. Am 10. September 1724 findet die feierliche Kirchenweihe statt. Für den Klosterneubau hatte auch Andreas Maini Pläne vorgelegt, die nicht angenommen wurden. Der Konventbau, der beim Tode des Abtes Sebastian Hyller (1730) schon in den Grundfesten lag, wurde auf Einspruch von Innsbruck bis 1740 zurückgestellt. Abt Renz erwirkte die Genehmigung durch die Wiener Instanz. 1740 endlich übertrug man den Bau des Nordflügels dem Wessobrunner Joseph Schmuzer. Der Bau schritt zäh voran und dauerte von 1745 bis 1784. 1762-1765 schuf Fidel Sporer die Kanzel. Er hatte also Schmuzers Auftrag übernommen. Auch unter dem letzten Abt von Weingarten, Anselm Rittler (1784-1804), fand das Kloster nicht mehr die Kraft, den Südflügel zu komplettieren, geschweige denn die äußeren Galerien und Vorhöfe auszuführen. So blieb es bei der heutigen Erscheinung, die das unvollendete ›Eskorialschema‹, soweit es möglich war, repräsentiert und die in ihrer Asymmetrie – die einer abgebrochenen Symphonie gleicht, von der die Hauptsätze stehen – gewiß auch ihren Reiz hat.

Weingarten hat vor allem, im Unterschied zu Göttweig und Klosterneuburg, zuerst seine *Kirche* neugebaut. So steht hier der architektonische Dominantakkord.

Betrachten wir uns nun die *Fassade* genauer. Diese Schauseite ist ohne Zweifel eine der großen Fassaden des deutschen Barock, eigentlich nur vergleichbar mit der Salzburger Kollegienkirche und mit Einsiedeln in der Schweiz. Mit diesen beiden Vorbildern teilt sie die kraftvolle Vorwölbung der Mitte und die Doppeltürmigkeit. Salzburg ist freilich noch straffer aus der plastischen Kraft des großen Bildhauerarchitekten Johann Bernhard Fischer von Erlach entwickelt. Die Fassade von Einsiedeln, die sich an Salzburg anschließt, läßt die Wand zwischen den Pilastern, die flächige Schichtung eines Massenbaues, stärker erkennen. Die Zeichnung des Giebels ist mit Weingarten nächstverwandt. Und doch ist hier in Weingarten alles konzentrierter, zusammengefaßt von einer kräftig männlichen Struktur, hinter der das Vorarlbergische Bauen sichtbar wird. Der Vorarlberger Franz Beer dürfte jedenfalls die Fassadenstruktur bis zum Hauptgesims in ihrer etwas spröden Großartigkeit bestimmt haben. Für ihn sprechen vor allem die großen, knapp zwischen den Pilastern sitzenden Rundbogenfenster in den beiden Geschossen. Gebaut hat er jedoch die Fassade nicht. Sein Fassadenriß muß durch eine geschmeidigere Hand in entscheidenden Punkten überarbeitet worden sein. Sicher war es der Württembergische Hofarchitekt Donato Giuseppe Frisoni, der ab 1717 den Fassadenabschluß über dem Kranzgesims, das heißt den Giebel und die beiden Türme, selbständig gestaltete (beim Giebel unter Anregung von Einsiedeln). Dieser knappe, konzentrierte, leicht ondulierende Giebel mit den beiden kleinen Voluten und seinen Nischenstatuen (Marienfigur von Franz Anton Kuen), den Figuren der Kirchenpatrone Martin und Oswald, den beiden Engeln mit der Nachbildung der Heiligblutreliquie, ist ein Meisterstück. Desgleichen der Abschluß der beiden Türme mit knapp sitzenden, wie angeschmiegten Hauben, mit denen der Höhendrang der Beerschen Türme so geschickt abgefangen, oder sagen wir: weich gestoppt wird.

Aber vergessen wir bei all diesen feinen Plänen bekannter Meister nicht: Die baugewerkliche Ausführung lag bei den Vertrauensleuten des Bauabtes Sebastian Hyller, dem Weingartner Frater Andreas Schreck und bei Christian Thumb, beide Vorarlberger.

Das *Innere* dieser Wallfahrtskirche erweist seine räumliche, architektonische Macht und absolute Eigenwilligkeit schon beim Eintritt in die Vorhalle. Ein heller weiter Ovalraum nimmt uns auf. Hier stehen Tafeln mit Hinweisen, Bücher und Zeitschriften sind ausgelegt, Besucher halten sich auf, wie in Rom in der Vorhalle von Sankt Peter.

Hat man die Basilika nun durch eine der hohen Glastüren betreten, so überrascht uns am meisten der Eindruck von Helligkeit und räumlicher Freiheit. Anders als in Melk, der zeitlich und
im Stil entsprechenden großen Benediktinerkirche Österreichs
– noch bestimmter –, steht dieser Raum da. Trotz mächtiger
Pfeiler wirkt diese Architektur licht und frei. Nichts drängt sich,

Weingarten

jede dynamische Raumbewegung ist zurückgestaut und gehalten durch ein System. Die lapidare Einfachheit des Vorarlberger Schemas gibt dem Raum seine klare Erscheinungswürde.
Diese beruht wiederum auf der Kühnheit der Dimension und
ihrer proportionalen Sicherheit. Das Langhaus von Weingarten
besitzt die herrlichsten und am freiesten und weitesten gespannten Gewölbe. Es sind Böhmische Kappen – Kugel-Kalotten also,

die zwischen die Gurten gespannt sind. Von meisterlichem proportionalen Gefühl bestimmt ist die Gewölbetechnik auch in den Nebenschiffen. Das zeigt sich vor allem im Blick nach oben: über die wie eine Netzhaut oder Schwimmhaut zurückgezogenen Emporen zu den Quertonnen der Gewölberegion. Nur bei einem so klar organisierten und durchdachten System konnte diese Lichtführung erreicht werden, die dem Innenraum einer dreischiffigen Kirche ein Übermaß an Helligkeit schenkt. Es gibt keine nicht voll ausgelichtete, dämmrige Ecke in dieser Kirche, es gibt keinen Nebenraum, keine isolierte Kapelle. Alles ist auf den Gesamtraum hin orientiert. Selbst die hohe lichterfüllte Tambourkuppel muß sich, so hat es den Anschein, dem Wandpfeilerraum unterordnen: als ein Lichtkanal von oben. Auch das Querschiff darf nicht – wie in Ottobeuren – räumliche Sonderexistenz entfalten; seine halbrunden Konchen sind dicht an den Langhaus-Raumkern angefügt, sozusagen knapp gehalten.

Diese Klarheit, Straffheit der baulichen Struktur und Organisation ist gewiß das Vorarlbergische Erbe von Weingarten; es ist aber auch – wie uns scheinen will – der nachdrückliche Einfluß der hochbarocken Architektur eines Johann Bernhard Fischer von Erlach, des österreichischen Reichsstils also. Um ein Bild zu gebrauchen: hier ist die herrscherliche, klassisch orientierte Architektur des Reichsstils mit der lokalen Tradition Schwabens ein Bündnis eingegangen. Im Hintergrund steht die alte Verbindung des Stiftes zum Reich, steht die benediktinische Orientierung nach Salzburg, dem Sitz der Ordensuniversität, sicher auch der Einfluß von Einsiedeln in der Schweiz. Wer von den Details absieht und nur den Gesamteindruck auf sich einwirken läßt, fühlt sich denn auch an den Salzburger Dom erinnert als einen der räumlichen Vorläufer von Weingarten.

Damit ist die baugeschichtliche Dimension fürs erste abgesteckt. Obermarchtal, Weissenau und Sankt Urban in Luzern, die gewiß sehr deutliche Verwandtschaft innerhalb der Vorarlberger Schule, erscheinen doch nachgeordnet. Es sind mehr lokale Vorstufen und Ausprägungen ohne die volle Überzeugungskraft einer großen, die Entwicklung krönenden Synthese. Dem *Stuck* kommt nur geringe Bedeutung zu. Es wirken allein die Architektur, die Schönheit weißer Putzflächen, glatter Pilaster in ihrer linearen Prägnanz, die klare Figur der halbkreisförmigen Gurtbogen, die Flächigkeit der weitgespannten Gewölbe. Der Raumstuck – so fein er aufgetragen ist und sich an einzelnen Stellen, etwa in den Zwickeln der Gewölbe, figural verdichtet –, er hat nicht die Größe der Architektur. Die Griffigkeit und plastische Schönheit der klassischen Dekoration stand dem Stukkateur nicht mehr zu Gebote. Der Reichsstil ist hier schon durch das Régence erweicht, kraftlos geworden. Weil aber der Stuck ohnehin zurückgedrängt wird, stört es den Eindruck nicht.

Dies wird nämlich aufgewogen durch groß angelegte *Fresken* des bedeutendsten Malers, der damals in Europa zur Verfügung stand: Kosmas Damian Asam aus München. Schon von der Architektur her, aber auch durch eine spürbare Unsicherheit der Stukkatur, fand er hier Freskofelder in weitgespannten Gewölben vor, die seinen Absichten sehr entgegenkamen. Er fand die Möglichkeit, die Architektur im Sinne Pozzos jochweise und illusionistisch nach oben zu erweitern, also über dem an sich schon hohen realen Raum der Kirche noch einmal einen überrealen Raum zu schaffen, der der Unendlichkeit zustrebt. Die Stärke Asams, die in seiner Einfühlungskraft in die Architektur liegt – er war ja eigentlich Malerarchitekt –, aber auch sein Ruhm als Freskomaler sind unlösbar mit Weingarten verknüpft.

Der Inhalt der Fresken ist ein himmlischer und luminarer, gestaltet nach einem umfassenden Programm. Dieses beginnt über der Orgel mit der Darstellung der Geburt Christi, programmatisch übersetzt: das Licht wird der Welt geschenkt. Seitlich davon die Anbetung der Könige und die Reinigung Mariens. Das folgende Gewölbe ist der Verherrlichung des Heiligen Blutes zugedacht. Der Erlösungsgedanke steht im Mittelpunkt, Christi Blut wird übergeleitet auf Longinus und die leidende Menschheit.

In der Randzone des Gemäldefeldes erblicken wir Mitglieder der Welfenfamilie, darunter Judith von Flandern, die Gemahlin

Herzog Welfs IV., die 1090 oder 1094 ein Stück Erde mit Christi Blut getränkt an Weingarten geschenkt hat. Das folgende größere Gemäldefeld zeigt den heiligen Ordensvater Benedikt, wie er in einer mystischen Vision die Welt als feurige Kugel erschaut. Im Seitenschiff links Szenen aus seinem Leben: wie er das Ordenskleid empfängt, wie er sich in Dornen abtötet, den Altar Apolls zerstört. Rechts: er sagt Totila seinen Tod voraus, erweckt einen toten Knaben zum Leben, stirbt selbst. Die vierte Kuppel zeigt uns in zurückgenommenem Architektur-Illusionismus die Aufnahme Mariens in den Himmel. Sie wird begleitet von Szenen aus dem Leben Mariens, Szenen, in denen das Intime vorherrscht. Im Gewölbescheitel der Kuppel sehen wir die Heiligste Dreifaltigkeit inmitten der Triumphierenden Kirche, eine figurale Komposition in konzentrischem Aufsteigen bis zur lichterfüllten Glorie. Die Vier Evangelisten sind in Grisailletechnik in die Gewölbezwickel gesetzt, von Goldbrokat hinterlegt. Die kleineren Fresken in den Querschiffarmen zwischen den Gurten berufen sich auf die Eucharistie (rechts) und das Heilige Blut (links). Im Chorraumgewölbe das Pfingstfest mit der Herabkunft des Heiligen Geistes, in den Zwickeln gerahmt von den Vier lateinischen Kirchenvätern. In den Quertonnen des Seitenschiffs die Sieben Gaben des Heiligen Geistes. Über dem Hochaltar schließlich die Anbetung des Lammes. In den seitlichen Medaillons das Opfer Abrahams und Noes: alttestamentarische Vorbilder des apokalyptischen Symbols.

Der Vorzug dieser Fresken und das Fortschrittliche liegen in ihrer dekorativen Farbwirkung, die sich mit zarten Abstufungen der weißen Architektur in kongenialer Weise verbindet. Die Verbindung des architektonischen Illusionsgerüstes mit der figürlichen Szene ist in idealer Weise geglückt. Die Vorzüge einer sinnlichen Koloristik verbinden sich mit dramatischem Kompositionsgeschick. Der Wechsel der raumüberhöhenden Großfresken des Mittelschiffs zu den mehr medaillonartigen und intimen Fresken der Seitenschiffe und Querarme gibt Abwechslung und läßt das Auge nicht ermüden. Wer länger nach oben blickt, empfindet die Fresken fast als einen einheitlich gewirkten farbigen

›Teppich‹, mit dem die weißen Architekturglieder hinterlegt sind. Dieser Eindruck wird durch den Spitzencharakter der Régencestukkatur noch verstärkt. Durch die wechselnde Größe der Deckenfelder ergibt sich eine wohlüberlegte Abstufung und Rangordnung der Bedeutungsinhalte im Rahmen des Gesamtprogramms.

Dem sehr zurückhaltenden Frührokokostuck von Schmuzer und den ebenso dekorativen wie kraftvollen Fresken Asams entspricht eine *Ausstattung*, die sich der feierlichen Gehaltenheit der Vorarlberger Architektur unterordnet. Zunächst der von Donato Giuseppe Frisoni entworfene Hochaltar (1718) mit seinem Scagliola-Antependium von Giacomo Antonio Corbellini (1723). Ein würdevoll repräsentatives Werk, das Statuen von Diego Francesco Carlone flankieren: Sankt Joseph und Johannes der Täufer, der heilige Konrad und Alto. Im Aufsatz die heiligen Jungfrauen Christina und Agatha. Im gelben Okuluslicht die Taube des Heiligen Geistes, Sankt Benedikt von Diego Carlone. Das Altarblatt der Heiligsten Dreifaltigkeit stammt von dem älteren Italiener Giulio Benso (1627). Mit Recht berühmt ist das perspektivische Chorgitter, eine herrliche Schmiedearbeit mit dem Wappen des Abtes Alfons Jobst (1730-1738). Sein Verfertiger (vielleicht ein Konstanzer) ist unbekannt. Es wurde vom Choreingang vor den Hochaltar versetzt.

Besondere Beachtung verdient das Weingartner Chorgestühl, allein durch den Umstand, daß wir hier eines der Frühwerke Joseph Anton Feuchtmayers vor uns haben. Genauer gesagt: Dokken und Wangen wurden von dem am 25. Dezember 1718 verstorbenen Vater Franz Joseph Feuchtmayer entworfen, ab 1716 von seinen Werkstattmitarbeitern und dem Klosterschreiner Koch weitergeführt. Joseph Anton Feuchtmayer vollendete dann laut Vertrag von 1720 den Auszug und die Rückwände. Die frühe Eigenwilligkeit des Bildhauers und sein schon ausgebildeter Personalstil zeigen sich in den Engelhermen und den Aufsätzen des Prior- und Abtstuhls, nicht weniger in den Figuren Sankt Maurus und Plazidus, Sankt Benedikt und Scholastika, die vom Abschlußgesims des Chorgestühls später auf die Brüstung versetzt wurden, wo sie in ihrem eigentümlichen Manierismus etwas isoliert stehen.

Das nördliche Querhaus nimmt der Kreuzaltar ein mit einem Retabel-Bilde von Giulio Benso: Longinus öffnet die Seite Jesu. Das Auszuggemälde ist von Leopold Greising gemalt: Auferstehung Christi. Die Altarfiguren Petrus und Paulus von Diego Carlone, dem Lehrer Joseph Anton Feuchtmayers. Unter der Vierung dann das eigentliche Heiligtum und Wallfahrerziel von Weingarten: der Heilig-Blut-Altar. (Geschichte und Legende der Blutreliquie erzählen acht Tafelbilder des 17. Jahrhunderts unter der Orgelempore.)

Im südlichen Querhaus der Kreuzablösungsaltar. Das dramatische, gewitterhaft dräuende Altarblatt der ›Abnahme Christi vom Kreuz‹ schuf der als Altarbild- und Deckenmaler weitum gesuchte Austro-Italiener Carlo Carlone (1731). Seine Presto-Malerei, sein eigentümliches, atmosphärisch durchgriffenes Kolorit, seine eckige und ekstatisch verschränkte und doch flüssige Komposition hat auf den Allgäuer Franz Joseph Spiegler nachdrücklich eingewirkt. Vielleicht, daß er sogar, wie Feuchtmayer bei dem Namensvetter, einige Zeit in dessen vielbeschäftigter Werkstatt gearbeitet hat. Auch Franz Anton Maulpertsch, der Wiener aus Langenargen, dürfte von Carlone beeinflußt worden sein. – Das Oberbild schuf hingegen wieder Leopold Greising. Die sicher ponderierten und ausdrucksvoll agierenden Altarstatuen aus Stuck sind Werke von Diego Carlone: Sankt Joachim und Anna.

Im nördlichen Seitenschiff haben wir noch ein zweites Werk des Malers Carlo Carlone: den ›Tod des heiligen Joseph‹, bezeichnet ›C. Carlone F. 1731‹. Das Oberbild ›Raphael und Tobias‹ ist von Greising. Es folgt hier der Sebastian-Altar mit dem Bild ›Aufhebung des Leichnams des Sebastian durch die heilige Irene‹ von Benso, ein durchaus malerisch empfundenes Werk des auch als Architekten verbürgten Italieners in Weingarten. Am Pfeiler entdecken wir eine Bronzetafel von 1730 für den hier ruhenden Bauabt Sebastian Hyller.

Der Marienaltar enthält eine Kopie des berühmten Gnadenbildes von Lukas Cranach aus Sankt Jakob in Innsbruck: Maria Hilf, von Benso gemalt. Die große Kanzel, die sich von hier aus gut betrachten läßt, ist ein tüchtiges Werk des Wessobrunners Fidel Sporer, obgleich ihre Figuralplastik – zumal der Trage- oder Schwebeengel – nicht die Höhe von Diego Carlones Stuck- plastik erreicht. Fast hat man den Eindruck, der Engel klammere sich an die Kanzel. Am Kanzelkorb Reliefs der Bergpredigt, des Pfingstfestes und der Petruspredigt, dann die Evangelistensym- bole. Bekrönt wird die erst spät (1762-1765) geschaffene Kanzel von der Figur Johannes des Täufers.

Die Seitenaltäre im Langhaus führte Franz Schmuzer aus. Sie schmücken Figuren von Diego Carlone. Der Benedikt-Altar im südlichen Langhaus weist ein Bild von Benso auf. Von ihm ist auch das Bild des Jakobus- und Stephanus-Altars im südlichen Langhaus, wo wir nun unseren Rundgang fortsetzen. Das Reta- bel zeigt die Enthauptung Jakobus des Älteren. Den oberschwä- bischen Freskanten und Altarbildmaler Franz Joseph Spiegler finden wir schließlich auch noch vertreten. Er schuf das Altarbild des Johann-Nepomuk- und Leonhard-Altars ›Johann Nepomuk wird sein Martyrium geoffenbart‹ (1738). Die Welfengruft, seit 1715 unter dem nördlichen Querschiff, wurde 1852-1860 von Leo von Klenze umgebaut. Gegenüber ist die Gruft der Grafen von Königsegg. Klenze war übrigens ein besonderer Freund der Bodenseelandschaft, die er oft aufgesucht hat und in der er ge- storben ist.

Von dem Bodenseebildhauer Joseph Anton Feuchtmayer ist uns in der *Sommersakristei* südlich des Chores eine kleine Christus- figur erhalten, die ein Reliquienkreuz bekrönt. Das heutige Reli- quiar im Heilig-Blut-Altar ist eine Neufassung nach dem Modell des von Abt Berthold um 1220-1232 angefertigten spätromani- schen Reliquiars in Form eines Doppelkreuzes.

Im hohen Westchor von Weingarten, der mit seiner zweifa- chen Fensterreihe ein Raum für sich ist, unter dem Geburts- fresko Asams, entfaltet sich das Gehäuse der großen *Barockorgel*. In üppiger Rahmenform, die holzbraun, olivgrün, weiß und gold gefaßt ist und in sich bewegt durch Vor- und Rücksprünge, auch

Durchbrechungen, das Stakkato der Pfeifen aus mattglänzendem Blei: neun Meter zweiundfünfzig zählt die höchste, dreißig Zentimeter die kleinste. Mit einem Blick ist die Orgel nicht zu erfassen. Das königliche Instrument beansprucht, wie schon gesagt, einen eigenen Raum über der großen Vorhalle; es greift mit zwei Werken an der Brüstung in das Langhaus hinein und legt sich in die Wölbung der Fassade. »Orgeln sind Wunderbaue, Tempel von Gottes Hauch beseelt«, sagte Johann Georg Herder einmal, und hier ist das Wort ›Tempel‹ vor allem berechtigt.

Dabei ist die Mechanik dieses ›Wunderbaues‹ kunstvoll umkleidet. Sockel mit Säulen und Karyatiden tragen die beiden großen Pedaltürme und die zwei kleineren Pfeifentürme an den Flanken. Im Blick von unten sieht man diesen kunstvollen Unterbau nicht. Kleinere Brücken aus Pfeifenfeldern stellen die Verbindung zwischen den Türmen her. Den oberen Abschluß der Pfeifen bilden geschwungene Gesimsteile und zurückgeschlagene Vorhänge. Engel sitzen darauf. Die großen Fenstereinbrüche sind dabei sehr geschickt in die Wirkung miteinbezogen, handelt es sich doch um eine regelrecht gebaute Orgelfassade. Zur Architektur dieser Orgel gehört gewiß auch das Spielerische, insoweit es in Weingarten erlaubt ist: so spannt sich eine kleine Orgelbrücke über dem unteren Hauptfenster, von einem Putto, der die Pauke schlägt, bekrönt. Darunter hängt das Carillon, ein gläsernes Glockenspiel in Gestalt von riesigen Trauben. Über dem oberen Hauptfenster – waghalsig vorgeschoben – schwebt das Kronwerk, eigentlich eine Orgel allein, die einer stattlichen Dorfkirche angemessen wäre.

Erst auf der Empore selbst zeigt sich die Gesamtheit des Kunstwerks, sein handwerklich-technischer und bildnerischer Aufwand. Engelfiguren von Joachim Früholz halten die Instrumente des 18. Jahrhunderts in der Hand: Violine, Laute, Oboe, Flöte, Fagott, Hörner, Trompeten, Pauken, Glockenspiel, Tamburin und Triangel. Der ungewöhnlich schöne Spieltisch ist auf ein Podest erhoben, eine Schranke schirmt ihn ab, Treppen führen von zwei Seiten zu ihm hinauf, wie zu einem Denkmal. Ein Denkmal des Instrumentenbaues ist er ja auch. Nicht zuletzt durch seine vorzügliche Erhaltung. Und ein wahres Schmuckstück barocker Intarsienkunst und Holzschnitzerei. Allein die Form, die überall glatt und gerundet ist, kann uns bezaubern. Die siebenundsiebzig Registerzüge an den Seiten, die in vier Reihen aufsteigende Manualklaviatur sind in Elfenbein ausgelegt. Der Notenständer darüber aus durchbrochenem Rankenwerk geschnitzt. Sogar im Inneren des Tisches, von einem fein geschnitzten Gitter halb verdeckt, ein kleines Spielwerk: ein Glockenspiel.

Als dieses Werk vollendet war, erregte es weites Aufsehen. Der französische Benediktiner Dom Bedos de Celles veröffentlichte schon 1766 einen Stich davon in seinem Werk ›L'art du facteur d'orgues‹. Das oberschwäbische Volk aber erklärte sich das Wunderwerk anders. Es raunte, wie so oft bei großen Meisterwerken, von einem Pakt mit dem Teufel. Die ›Vox humana‹ – die Nachahmung einer menschlichen Stimme – regte seine Phantasie an. Und es wurde erzählt, wie der Orgelbauer sein vollendetes Werk mit einem Geheimhebel versehen und damit sein Honorar von den Auftraggebern erzwungen habe. Irgendetwas ist immer an solchen Sagen wahr. Der Kern der Sage: auf sechstausend Gulden wurde der Orgelbau vor Beginn der Arbeit veranschlagt. Am Ende stand er mit sechsundzwanzigtausend Gulden dem Stift zu Buche. Dies ohne die Kosten für das Material und die Handlanger, das Gehäuse, das in der Klosterschreinerei hergestellt wurde. Nicht abgerechnet die freie Kost und Wohnung für den Orgelbaumeister, seine ganze Familie und zwölf Gesellen. Dreizehn Jahre nahm die Bauzeit in Anspruch.

Wer war also dieser Meister, oder ›Ausbund Meister‹, wie er genannt wurde? ›Joseph Gabler Orgelmacher‹ heißt es schlicht in den Abrechnungen. Die Schrift in ihrem barocken Zug und Schwung, mit Längen und Verstärkungen, Vor- und Zurück, steckt voller Eigenwillen. Die Biographie des Mannes freilich ist keine sehr künstlerische, wie man sie sich landläufig vorstellt, sondern eher die eines fleißigen Handwerkers oder Mechanikus, freilich eines genialen.

Joseph Gabler, der am 6. Juli des Jahres 1700 in dem Klosterort Ochsenhausen getauft wurde, kam nach seiner Lehre in der Klosterschreinerei auf der Gesellenwanderschaft nach Mainz. Und dies wohl nicht so ganz aus purem Zufall. Mainz war durch seine Orgelbauer berühmt. In diesem Zentrum eines neuen Stils im Orgelbau, der auf Totalität und Prunk gerichtet war und auch ein neues Klangideal, ein sozusagen orchestrales, umfaßte, erwarb er sich das künstlerische und technische Rüstzeug für sein späteres Schaffen. In Mainz wirkten damals die Orgelbauer Johann Jakob Dahm, aus Kempenich in der Eifel gebürtig, in dessen Werkstatt Gabler arbeitete, dann Johann Kohlhaas, Johann Anton Ignaz Will und Johann Peter Geißel. Als die Bewerbung des jungen Gabler für das Amt des Domkapitelschen Orgelbaumeisters amtlicherseits abgelehnt wurde, kehrte er Mainz den Rücken und ging in seinen Heimatort zurück. Von 1729 bis 1733 war er mit der Renovierung der großen Ochsenhausener Orgel genügend beschäftigt. Um 1730, während dieser Arbeit also, wird er zum erstenmal nach Weingarten gerufen, um die von Josef Bossart aus Zug gebaute, heute verlorene Chororgel zu renovieren.

Weingarten bot eine große Chance. Das Stift trug sich nämlich damals schon mit dem Gedanken, die großartige Kirche mit einer entsprechenden Orgel zu krönen. Um den verlockenden Auftrag bewarben sich die bedeutendsten Orgelbauer des deutschen Südens und Westens: der berühmte Andreas Silbermann aus Straßburg, Georg Friedrich Schmahl in Ulm, Erbauer der Roggenburger Orgel, Johann Fux aus Donauwörth, Erbauer der Fürstenfelder Orgel. Aber Gabler, durch seine Ochsenhausener und Weingartner Reparationen empfohlen, erhielt schließlich am 6. Juli 1737 den Auftrag seines Lebens. Am 24. Juni, mitten im schönsten Sommer des Jahres 1750, wurde das Werk, wie man so sagt, ›dem Gebrauch übergeben‹. Ein nie gehörtes Vokabular an Registern und Stimmen erklang zum erstenmal vor der staunenden Zuhörerschaft: Prinzipal und Piffaro, Rohrflaut und Violon douce, Rossignol (Nachtigall) und Kuckuck, Cymbala und Posaunenbaß, Unda maris und La force, Carillon, und dazu noch die Sensation der Vox humana … Die Fachleute aber, die herbeigeeilt waren, bewunderten jetzt die weiche Intonation der Register, der Prinzipale und Flöten, den strahlenden Glanz der bis zu

zwölffachen Mixturen, die räumliche Disposition und Konfrontation der einzelnen Werke ... Nach Gablers verwegenem Plan
sollte neben dem Kronpositiv (das nur schwer mit Wind zu ver-
sorgen war) auch noch die Chororgel in die Gesamtdisposition
einbezogen werden. Ein Orgelwerk also mit hundert Registern
und etwa zehntausend Pfeifen, das zu den größten der Zeit zählte
und auch heute noch kaum übertroffen ist. Heute besitzt die
Gabler-Orgel 1042 Pfeifen, und 1929 hat man das Kronpositiv
elektrisch spielbar gemacht. Sonst aber blieb es bei Gablers me-
chanischer Traktur, den Schleifladen und den alten Pfeifen, so
daß wir bis auf kleine Einzelheiten den Orgelton der Entstehungszeit vernehmen. Ein Ton, der zweihundert Jahre überbrückt.

Fragt man nun nach dem Grund, warum das Kloster Weingarten
im Barockzeitalter eine so großartige Überhöhung erfuhr, so
zeigt sich wieder einmal das Wissen um die tiefer gelegenen
Schichten als der historische Ansporn.

Das historische Weingarten ist mit dem schwäbischen Geschlecht der Welfen innig verbunden. Zwischen den Jahren 920
und 940 hatte sich der Welfengraf Heinrich, Vater des heiligen
Bischofs Konrad von Konstanz, entschlossen, hier in seinem
Stammsitz Altdorf – wie der Ort bis 1865 hieß – ein Frauenkloster zu gründen. Es wurde zur Grablege des Geschlechts bestimmt und sollte den unverheirateten Welfinnen ein geistliches
Unterkommen gewähren.

Nach einem Brand 1053 entschloß sich Welf III., das Kloster
auf die Weinberghänge des Martinsberges zu verlegen. 1056, ein
Jahr nach dem Tode Graf Welf III., wurde aus dem Frauenkloster
ein Männerkloster, kamen die Benediktiner aus Altomünster.
Graf Welf IV. – späterer Herzog Welf I. von Bayern – baute das
Kloster zu Altdorf neu, bestimmte es neuerdings zur Grablege
der Welfen. Am 31. Mai 1090 oder 1094 schenkte seine Frau Judith, Tochter des Grafen Balduin von Flandern, dem Kloster jene
kleine Phiole aus Glas, die einen Tropfen des Heiligen Blutes ent-
hielt, wohl als Verlöbnis für eine gute Rückkehr ihres Mannes
aus dem Kreuzzug ins Heilige Land. Der Herzog kehrte jedoch

nicht zurück, sondern starb nach dem Scheitern dieses ersten Kreuzzuges 1101 auf Zypern.

Die Legenda aurea des Jakobus von Voragine erzählt die Geschichte des Heiligen Bluts. Demnach hatte der Hauptmann Longinus einige Tropfen des Bluts, die an seiner Lanze hinabrannen und sein erblindetes Auge sehend machten, in einem Bleikästchen verschlossen. Longinus hatte die kostbare Reliquie nach Mantua gebracht. Im Jahre 804 fand man sie wieder, verlor sie abermals, bis sie 1080 durch einen Blinden namens Adalbero wieder ans Licht kam. Kaiser und Papst wollten die wundertätige Reliquie besitzen. Die Bürger Mantuas lehnten die Herausgabe ab, gaben aber Kaiser und Papst je einen winzigen Tropfen des Heiligen Bluts. Der Kaiser übergab seinen Anteil sterbend dem Grafen Balduin von Flandern. Dieser wiederum vermachte sie auf dem Totenbett seiner Tochter Judith.

Durch den Besitz dieser kostbaren Reliquie war das Kloster Altdorf zu einem Wallfahrtsort geworden. Nicht nur Grablege, sondern »die schirmende Gralsburg der kostbaren Reliquie«. Der Neubau der Kirche steht unter diesem Bedeutungswandel. 1182 fand die Weihe statt. Für die Reliquie schuf man außerhalb der Kirche eine eigene Kapelle, wohl nach der Art der Heiligen Gräber. Über das Welfische Sepulchrum schrieb Pater Bucelin:

In der Mitte ist ein guelfisches Monumentum in Stein auf kleinen Kolonellen wie ein Altar aufgerichtet. Oben herum in der Kapelle sind die Contifeit und Bildnisse der vornehmsten Guelfen mit neuen Farben schön und künstlich Tafeln abgemalt und darunter ihr Lebenslauf und Taten mit schönen Inskriptionen beschrieben ...

Merkwürdigerweise befand sich das Grab nicht im Chor, sondern zwischen den Fassadentürmen der Kirche. Erst beim Neubau des Barock kam die Welfengruft unter das nördliche Querschiff der neuen Kirche zu liegen.

Weingarten entwickelte sich als Wallfahrtsort einer der begehrtesten Reliquien der Christenheit auch bald zu einem bedeutenden Kloster. Es war ein Ort der Glaubenszucht und der benediktinischen Meditation: vorab unter dem Abt Bertold von Hainburg, der von 1200 bis 1232 regierte. Unter den Äbten Kuno

von Waldburg, Werner von Markdorf und Meingoz von Leuch-
gemünd erblühte hier eine eigene Buchmalerschule. Helmut
Domke schreibt:

*Unter kunstfertigen Händen entstanden hier die großen Miniaturen
des ›Kollektners‹, das Registrum Gregorii, eine Briefsammlung Papst
Gregors, weiterhin das illuminierte Titelblatt zu Flavius Josephus' jüdi-
scher Geschichte oder die Weingartener Welfenchronik mit einem in aller
Welt berühmten Bild: dem thronenden Barbarossa zwischen zweien seiner Söhne. Auch das Missale des Henricus Sacrista mit seiner großen An-
zahl Miniaturen, Figureninitialen und Kalenderbildern gehört hierhin.
Vor allem wäre das Missale jenes Meisters zu nennen, der unter Abt
Berthold arbeitete und daher Berthold-Meister genannt wird.*

*Es gab im Kloster zum guten Ende reiche Stiftungen für die Biblio-
thek, wie die berühmte Bibel von Saint-Omer der Gräfin-Herzogin Judith mit den unerhört kostbaren Einbänden, die sich heute im Besitz der
Pierpont Morgan-Library in New York befinden, oder die Weingartener
Liederhandschrift mit den Gedichten von Reinmar dem Alten bis Walter
von der Vogelweide, in welchen den Menschen eine erste Ahnung der Neu-
zeit überkam: die Melancholie, die Meditation, die Verinnerlichung, das
erste Erlebnis eines neuen Zeitalters und eines neuen Weltzustandes, in
dem noch wir Heutigen leben ... Man hat sie jüngst erst in einer Monographie gewürdigt.*

Weingarten heute! Das festliche Hochamt ist mit einer großen
Paraphrase auf der Gablerorgel ausgeklungen. Aber immer noch
ist die›Basilika‹von einem ständigen Strom der Kirchenbesucher
›in Bewegung‹. Schon sammeln sich einzelne Gruppen zu Führungen um einen Pater. Die Geschichte der Heilig-Blut-Reliquie
wird an den Bildern unter der Empore erklärt. In der hellen Vorhalle drängen sich die Neuankömmlinge vor den Tischen mit
den Kirchenbeschreibungen. Gemischtes Volk, Bauern aus der
näheren und weiteren Umgebung, Pfadfinder mit ihren Ruck-
säcken, Vereine und stille Einzelgänger, viel Jugend darunter.
Weit steht das Tor der Basilika offen!

Wir gehen die Freitreppe hinunter zum Markt, machen ein
kleines Café mit Weinstube ausfindig, wo man gerade zum Früh-
schoppen beisammensitzt. Die Studenten der Pädagogischen

Hochschule, die werktags das Bild bestimmen, fehlen heute. Sie sind über Ostern nach Hause gefahren. Nur die Weingartner und Weingartnerinnen blieben zurück.

Weingarten heute! Das sind aber nicht nur die Fest- und Jubeltage des Kirchenjahres mit ihrem Glockengeläut und ihrem barocken Gewoge, das ist auch die Ergriffenheit des einzelnen, des Pilgers zum Heiligen Blut. Das ist vor allem die immer noch hochgehaltene Überlieferung, die man den Blutritt nennt. Wir haben ihn nicht erlebt, denn er findet alljährlich am Freitag nach Christi Himmelfahrt statt. Aber lassen wir hier Helmut Domke das Wort, der uns in einer Sendung des Bayerischen Rundfunks – Monumenta Europaea – den Blutritt sehr anschaulich schilderte:

Es stand zu lesen, daß um drei in der Frühe die ersten Messen begannen und sich um sechs die Teilnehmer einer weiteren Prozession im Klosterhof aufstellen sollten. Natürlich waren wir da: Reiter und wieder Reiter. Die Sonne stand schon am Himmel, aber selbst hier im geschützten Bereich hinter den Klostermauern war es noch kühl, und von den Pferden stieg der wunderbare Geruch morgenfrischer Kreaturen. Es kam eine Stunde im Schall der Glocken: Blutrittsmorgen. Die Menschen redeten noch wenig und waren doch freudig erregt: der Himmel hing voller Gesumm und Klänge. Dann begann es. Beim Aufdröhnen der 1490 gegossenen Hosanna-Glocke mit dem Sankt-Oswald-Bild, die immer dazugehört, wenn der Blutritt beginnt. Wir eilten davon, um einen guten Platz an den Straßen der Stadt zu erwischen ...

Da reiten sie also! Ziehen hinaus durch den Ort ins Land und die Weite. Wie jedes Jahr. Wie seit fünfhundert oder gar tausend Jahren vielleicht. Mit Gewißheit geht dieser Reiterzug allerdings erst seit dem Barock. Voran ein Benediktinerpater im Chorhemd, das Birett auf dem Kopf, in der einen Hand die Zügel des Rosses, in der andern ein Reliquiar. Hinter ihm – sind es Confratres, die als Leviten fungieren? – sein Gefolge, vier an der Zahl, ebenfalls im Chorhemd und Birett. Allesamt hoch zu Roß. Schon ziehen die Gruppen heran. Zweitausend Reiter, zweitausend Pferde. Eine Heerschau. Dazwischen von Gruppe zu Gruppe Musikkapellen: golden strahlendes Messing von Trompete, Posaune und Bombardon. Vielleicht achtzig solcher Banden oder wie es grad kommt: wir gerieten bald mit dem Zählen durcheinander.

*Aus welchen Ställen sie so viele Gäule überhaupt zusammenholen! Je-
denfalls aus ganz Oberschwaben. Es ist ein Triumphtag der Rösser. Nicht
nur wie bei dem Leonhardiritt in Tölz; Brauchtum tut nichts zur Sache.
Dieser Aufzug ist eine sehr erstaunliche Demonstration. Denn das Reliquiar in der Hand des Spitzenreiters birgt in einer Phiole das Blut des
Herrn, weswegen der ganze Ritt seine Bezeichnung, eben den Namen
›Blutritt‹ trägt.*

*Sehr seltsam: das Blut des Friedensfürsten auf seinem Gnadenzug durch
das Land, um böses Wetter und Frostnächte von den Feldern zu bannen,
begleitet von Militärmärschen, die so laut und dröhnend schmettern, daß
man sein eigenes Wort nicht versteht. Man fände einigen Sinn darin, zöge
der martialische Zug lediglich durch die Stadt; drüben der Hauptstraße
hat schließlich der Feldmarschall Rommel als junger Leutnant gewohnt
und hüben liegt das Gasthaus, an das sich kriegerische Erinnerungen aus
dem Bauernkrieg knüpfen. Da wären also Drommetenschall und Rossege-
wieher am Platz gewesen. Aber draußen im friedvollen Land der blühenden Felderraine, der singenden Lerchen, des duftenden Holunders, der späten Iris?*

*Dennoch, wenn sie hinausreiten auf dicht von Menschen umsäumten
Straßen in den Frühlingsfrieden der Landschaft, wird plötzlich etwas
Großes, längst Versunkenes wieder Gegenwart. Die Musik verhallt in der
Ferne und schließlich verliert sich der ganze Zug im Dunst des Morgens,
während man rings um die Stadt zieht. Immer also im Kreis um das Kloster als magischen Mittelpunkt. So geht es um die ganze Gemarkung von
Weingarten, genauer den Klosterbesitz von ehedem, wobei sogar das einstige Hochgericht nicht ausgespart wird, die alte Richtstätte. Inzwischen
steht die junge Sonne ganz hoch und ihr Licht streichelt gleicherweise die
steigenden Lerchen wie die gestriegelten Kruppen der Gäule, die Beschläge
des Lederzeuges wie die Schärpen der Reiter. Sogar die ehrwürdigen Standarten und Banner scheinen etwas weniger gravitätisch und steif. In diesem Augenblick wird der Umritt zu einer Inkarnation dessen, was die Basilika auf der Schwelle des Martinsberges bedeuten will: Barock eben. Das
heißt, geleisteten, sichtbar gemachten Glauben, wie ihn bereits eine Zeit
gewollt hat, in der Weingarten nicht nur zum Hort der größten Reliquie, die man sich denken konnte, aufstieg, sondern auch zum erlauchten
Mittelpunkt der Kultur im schwäbischen Land.*

An *Ravensburg*, der vieltürmigen Stadt, wollte uns die Umgehungsstraße gar zu schnell vorbeischleusen, während die Türme des Prämonstratenserstifts Weissenau schon im Blickfeld lagen. An Barockarchitektur ist hier nicht viel zu erwarten, sagten wir uns, das haben die Reichsstädte so an sich. Da lebte man meist genüßlich in den stattlichen Häusern, die die Väter errichtet hatten und ruhte sich auf den Lorbeeren aus. Aber an Gasthöfen mit historischem Milieu ist doch sicher kein Mangel. Also sind wir nach Ravensburg hineingefahren.

Zuerst ein Parkplatz zwischen einem Straßencafé und einer Kirche. Dann ein kleiner Aperitif im Freien. Der hat seine anregende Wirkung. Es ist ein lebhaftes Kommen und Gehen um uns, mit dem sich die Kleinstadt und auch Ravensburg zu gewissen Tageszeiten großstädtischen Betrieb vorspielt. Faulenzer von Beruf sitzen hier, Urlauber auf der Reise in den Süden, junge Mütter, die zwischen den Einkäufen schnell einen Espresso trinken ... Die Frauen haben schon ein wenig das lebhafte Reden und auch den dunkleren Teint des Südens, obwohl sie doch ganz Alemannia sind in der schönen Doppelsinnigkeit des Wortes. Sie lachen fast wie die Venezianerinnen. Die Männer lächeln lieber. Einer dieser Lächler hat den Gesichtsschnitt und den Habitus eines Ravensburger Vico Torriani. Ich meine damit jene alemannisch-schweizerische Italianitá, die sich vorzüglich für die Gastronomie, Hotellerie und den Operettengesang eignet. Aus dem Radio kommt jetzt die samtene Stimme eines Schwaben, »des isch der Roy Black«, höre ich ihn nennen, der aus südlichen Breitengraden herüberzusingen scheint.

Wir zahlen und gehen beschwingt –›camparibeschwingt‹ würde man es in der Werbelyrik nennen – die ganz schön ansteigende Marktstraße zum Oberen Tor hinauf, vorbei an den Renaissance-Bogen der›Brotlauben‹, dem ehemaligen Zunfthaus und Theatersaal der Bäcker von Ravensburg. Man blickt in Läden, die sich behend dem Zeitgeschmack angepaßt haben und von solidem Geschäftssinn zeugen. In einem Möbelgeschäft fällt ein violett

gespritzter Korbsessel auf. Da kommt ein altes gepflegtes Patrizierhaus mit geschnitztem Barockportal und Türklopfer aus Messing, frischgeputzt und geölt; ein kleines Schaufenster daneben:
das Domizil eines uns schon von Jugend her vertrauten Verlags
für maltechnische Bücher und Kinderbücher. Alte geschmiedete
Wirtshaus- und Wappenschilde hängen an den erneuerten Fronten einiger Häuser. Man merkt sich die Nummer 21 und 45. Das
wuchtige Obere Tor schließt den Bergstraßenzug ab.

Ob wir den Weg zur *Veitsburg* hinauf noch dranhängen? In un-
serem Stadtführer steht, daß hier Heinrich der Löwe geboren sei
und daß Konradin hier seinen Troß zu seinem verhängnisvollen
Italienzug gesammelt habe. Heute aber erinnere nur noch ein von
Bagnato umgebauter Turmstumpf an die Geschichte der alten
Welfenburg.

Wir entscheiden uns trotzdem für den leichten Rückweg auf
der anderen Seite der Bergstraße hinein ins Zentrum der Reichsstadt Ravensburg. Beim Herabgehen wird das organische und
gewachsene Bild der Stadt nahegebracht. Von der Burg und dem
Straßenzug ins Tal ging die Siedlung aus, und ähnlich wie in
anderen Orten, etwa wie in Landsberg am Lech, kamen die auf
alten Straßenverbindungen beruhenden Erweiterungen zustande, von denen jede ein Zentrum in Gestalt einer Kirche erhielt.
Vielleicht hat man noch Zeit, wenigstens in einige dieser Kirchen hineinzublicken! Zunächst aber der bürgerliche Mittelpunkt: das *Rathaus* mit dem daranhängenden *Blaserturm* und dem
Waaghaus. Es ist ein schöner zweckhafter Bau der Spätgotik.
Dann die Kirchstraße, die nach Vereinigung mit der Herrenstraße zum geistlichen Mittelpunkt führt: der *Pfarrkirche zu
Unserer Lieben Frau* am Frauentor. Es ist ein nüchterner Basilikalbau im Stil der Predigerkirchen. Ein gotisches westliches Hauptportal mit Tympanon (um 1380 geschaffen) ist der einzige
Schmuck. Wir gehen zurück zum Marienplatz, der noch mit ge-
schmückten, ehemals recht farbigen Hausfassaden in reichs-
städtischer Würde aufwartet. Man war also wer in Ravensburg,
dem Sitze der Ravensburger Handelsgesellschaft, saß als Bürger
an einer wichtigen Handelsverbindung in den Süden, war eben

auch Reichsstädter. Ob es wohl auch für die Ravensburger zutraf, was Johann Georg Keyßler 1729 über das lustige Leben in den kleinen Reichsstädten festgestellt hat:

Indessen habe ich wohl doch bey andern Reisen in diese Länder bemerkt, daß je kleiner und geringer die Reichs-Städte sind, deso lustiger lebt man mit Gastereyen, Cränzlein, Schlitten-Fahrten und andern Geldfressenden Ergötzungen darauf los, ohne sich wegen des künftigen und allgemeinen Besten graue Haare wachsen zu lassen. Es ist nicht ohne, daß benachbarte mächtigere Stände sie bisweilen aus der Schlafsucht in etwas erwecken, allein weil sie sich bey ihrer gerechten Sache auf den Beystand ihrer Mitglieder und einen günstigen Richter verlassen können, so ziehen diejenigen, so am Steuer-Ruder sitzen, sich solches nicht sehr zu Gemüthe.

Für das 18. Jahrhundert gilt es jedenfalls auch hier. Man sollte sich zur Illustration vielleicht das Heimatmuseum einmal vornehmen, um über das ältere Ravensburg eines besseren belehrt zu werden. Aber das Heimatmuseum hat um diese Zeit geschlossen. Es ist Essenszeit. Alles ißt jetzt in Ravensburg und wir essen auch. Ein Hotelgasthof wird ausgemacht, dessen Speisekarte anspricht und der sich gemütlich in die Tiefe zieht. Man ist mit Essern überfüllt. Man muß lange warten. Die Speisen warten auch. Der Fisch schmeckt lau und der Salat ist abgestanden. Der Ober überarbeitet. Mit der erwarteten ›lustigen Gasterey‹ in Ravensburg war es also nichts. So scheitert auch der Besuch der zweiten Pfarrkirche Sankt Jodok an unserer Unlust. Aber in die *Spitalskapelle zum Heiligen Geist* blicken wir noch neugierig hinein. Hier wird eine schöne Ravensburgerin ausgemacht, die schon gut fünfhundert Jahre alt ist: eine Madonna auf der Mondsichel. Sie ist dem Meister des Churwaldener Altars zugeschrieben. Um 1477 mag sie entstanden sein. Der Zauber der Spätgotik umfängt uns wieder einmal in einem schlicht-rechteckigen Raum, dessen Netzgewölbe von einer einzigen Säule getragen werden. Verblichene Fresken an den Wänden, ein Jüngstes Gericht. Der Raum ist dämmrig und kühl. Wir gehen durch Straßen, die in der Nachmittagsruhe daliegen, zu unserem Wagen zurück. Ein kleiner ›Schwarzer‹, der schnell noch mitgenommen wird, im

Café von vorhin, versöhnt uns mit der Ravensburger Gastronomie. An der Stiftischen Fassade gegenüber werden Wahlplakate angeschlagen. Zuerst Kiesinger. Er lächelt uns an: monumental und charmant. Wir lächeln auch. Nur so, ohne Absicht, vielleicht um es zu lernen. Aber das schwäbische Lächeln will uns nicht recht gelingen. Es muß lange gelernt werden, oder es ist schon angeboren.

Wir setzen uns in den Wagen und fahren hinaus zu den barocken Stiftsanlagen von *Weissenau*. Man kann es rechterhand gar nicht übersehen, obwohl die Zufahrt nicht leicht zu finden ist. Dann stehen wir vor dem Kloster.

Das ehemalige Prämonstratenserstift empfängt mit einer *Fassade* von lateinischer Serenität: Natursteinsäulen mit korinthischen Kapitälen. Kräftige Pilaster tragen das verkröpfte Gesims und sind hinterlegt. Darauf sitzt ein spröder, zum Dreieck geformter Giebel. Zwei weit auseinanderstehende Flankentürme, die nach oben zu festlicher werden, große Schallöcher und aufgebogene Gesimse. Der Abschluß ein wenig spannungslos mit Pyramidenhauben über geradem Kranzgesims.

Der *Kirchenraum* – hoch, licht, tonnengewölbt: Vorarlberger Schema. Doppelpilaster und breite Gurte. Emporen und Durchgänge. Eine beispielhafte Kirche des oberschwäbischen Barock. Baumeister: Franz Beer von Bleichten.

Bei der näheren Betrachtung des Langhauses wird deutlich, daß das Vorarlberger Schema hier bereichert ist: im dritten Joch durch ausbuchtende Exedren – die allerdings nur im Untergeschoß in Erscheinung treten –, in der Vierung durch ein Querhaus. Die Ecken der Vierungspfeiler sind mit Stuckmarmorsäulen besetzt. Störend wird der zu nieder ansetzende Chor empfunden, doch ist er ein Teil der älteren Kirche von Martino Barbieri. Franz Beer hatte in seinem erhaltenen Riß von 1717 an eine sich organisch fortsetzende Choranlage gedacht: ein geräumiger Mönchschor mit sanften Ausbuchtungen an den Seiten – entsprechend dem konvexen Chorgestühl – und geradem Schluß des Altarraums. Zur Ausführung dieses Teils kam es freilich nicht. Das Langhaus ist also ›moderne‹ Erweiterung nach einem sehr sachlichen und konstruktiven Prinzip. Fast palladianisch-streng ist das Gliederungsprinzip Franz Beers, ein guter Proportionssinn waltet darin, die Lichtführung ist nach Art der Vorarlberger indirekt und das ergibt ein eigenes, nicht kalt im Raum stehendes, sondern fast flutendes Licht vom durchbrochenen Raummantel her. Zartes Bandelwerk des Régence und später, dünn gewordener Akanthusstuck rauhen die weißen Flächen nur ein wenig an. Die auf Leinwand gemalten Deckenbilder von Jakob Karl Stauder sitzen trotz kräftiger Farbgebung wie dunkle Spiegel im weißen Gewölbe.

Diese Kirche also, die etwa gleichzeitig mit Weingarten entstanden ist, wird man als echtes Beer-Werk mit Weingarten zu vergleichen haben, wo Beer ein Gastspiel gab, aber immerhin den vermutlich entscheidenden Entwurf zum Neubau lieferte. Stauder ist indes kein Asam gewesen. Er mag gute Altarblätter geliefert haben, im schwäbischen Eskorial Ottobeuren tätig gewesen sein, hier in Weissenau als Deckenmaler erscheint er uns fast als ein Fehlgriff. Am besten ist noch sein Kolorit. Eine ›wohlgelahrte‹ Art, wie er uns sein Programm aufsagt: Über der Orgel Christus lehrend, dann Mariä Verkündigung, die Darstellung im Tempel – hier kräftige Farben und Goldhöhungen –, die Vier Kirchenväter im dritten Joch zeigen sogar Ausdruck. An der Stirnseite des Chorhauses haben wir hellfarbene echte Freskomalerei mit viel Wolken, fast nach Art des Altomonte. Die Chordecke ebenso völlig freskiert, einschließlich der brokatierten Stichkappen des Gewölbes. Zwei feine Embleme haben wir uns noch notiert: SALUS IN SANGUINE – ein Engel mit totem Tier und Häuser, aus denen Blut fließt; HIS QUOS DILIGO – ein Baum mit dem Vogel Pelikan. Die Fassung des Stucks: weiß, rosa mit champagnerfarbenen Feldern. Die Kanzel hat feine Reliefs und frische Putten an ihrem mächtigen Korpus. Auf dem Schalldeckel kämpft Sankt Michael temperamentvoll gegen den Drachen an. Es ist noch ein Hochaltar zu nennen, der als ein Hauptwerk des schwäbischen Manierismus gelten darf. Entstehungszeit: 1628 ff. Das gute Altarbild darin stammt von dem

Maler Christian Steinmüller aus Augsburg, 1628 in Auftrag gegeben; die Kistlerarbeit 1631 von Jakob Hornung aus Engstetten; die Bildhauerarbeiten von Zacharias Binder aus Ehingen; die Faßmalerei 1686 von Johann C. Weigl aus Ravensburg. Vorbild könnte der Freisinger Hochaltar von Krumper-Rubens-Dürr gewesen sein. Aber uns fesselt auch der kleine Kreuzaltar, der dem frühen Klassizismus entstammt. Eine liebliche Puttengruppe mit den Leidenswerkzeugen in der Art Dirrs aus Salem bildet den Fuß der Anlage. Der Kruzifixus in klassizistischer Schönheitlichkeit aufgefaßt, besitzt doch ein so hohes Maß von Ausdruck, daß man ihn zu den reifsten Werken des Salemer Bildhauerkreises rechnen muß. Noch ist ein prachtvolles Chorgestühl zu bestaunen. Es stammt aus der Erbauungszeit des Chors und weist feingearbeitetes Knorpelwerk und Kassettierungen auf. 1635 haben es zwei Meister mit den Signaturen M. W. und N. B. geschaffen. In der rauschenden Hülle eines Rokokoaltars ist eine spätgotische Madonna von Gregor Erhart zu sehen. Wohl ein frühes Werk des Ulmer Meisters, aber in Haltung, Faltenwurf und Gesichtsausdruck, den ein über den Kopf gelegtes Tuch zu weiblicher Anmut und Natürlichkeit hebt, ein eigentlich unvergeßliches Werk deutscher Bürgerkunst.

Weissenau ist nicht nur Klosterkirche, sondern auch Wallfahrtskirche. Eine vielverehrte Heilig-Blut-Reliquie (Kristall in Goldfassung, 1709) ist seit 1283 als Schenkung Kaiser Rudolfs in Weissenau – das früher Aue hieß – behütet worden. Sie genoß großen Ruf und ihre Echtheit wurde mehrfach bestätigt: heißt es doch schon im Lohengrintext von 1365: »Bi Ravensburc ein closter lit, Ouwe nennt man ez ... in dem closter noch daz bluot wirt tegelichen funden, durch eine cristalle man ez siht.«

Über die Klostergebäude, die heute eine Heil- und Pflegeanstalt beherbergen, wäre noch manches zu sagen: etwa daß sie – nach einer wohl ursprünglich symmetrisch gedachten Planung – die Kirche einseitig flankieren. Man kann sie nicht besichtigen.

Von dem ursprünglich sehr reizvollen Sommerschlößchen *Klein-Nymphenburg* und seinen kunstvollen Garten- und Wasseranlagen ist nicht mehr viel zu erkennen. Doch lassen wir hier

einen Augenzeugen, den reisenden Bibliothekar Johann Nepomuk Hauntinger, erzählen:

*Den Nachmittag brachten wir durch die gnädige Obsorge des Herrn
Reichsprälaten recht vergnügt zu. Wir fuhren nämlich in Gesellschaft
des Herrn Archivars Peter, eines sehr feinen gelehrten Mannes, und
dann des Herrn Bibliothekars an den Ort, der Ralle (Rahlen) heißt und
nur etwa eine halbe Viertelstunde vom Kloster entfernt ist. Ein wahrer
Ort der unschuldigen Ergötzung. Oben auf dem Hügel ist ein schönes,
weitläufiges Gebäude mit ordentlichen Zimmern ländlich ausgeziert, das
den Herren von Weißenau zum Rekreateonsorte dient. Daneben sind
noch verschiedene Ökonomiegebäude, z. B. eine Bierbrauerei, eine Sen-
nerei usw. angehängt, welche sämtlich ein schönes Aussehen machen. Den
großen Garten, der um dieses Gebäude herumgezogen ist und sich auf der
einen Seite bis in die Ebene über den Berg herabzieht, könnte man fast
Nympfenburg im kleinen nennen, so niedlich und geschmackvoll wechselt
hier alles ab. Einst war es eine öde Wiese, und ein Prälat ließ es zur
Zeit einer Teuerung zum Paradiese umschaffen und verschaffte dadurch
seinen daran arbeitenden Untertanen Brot, seinen Mitbrüdern und Mit-
menschen, denn dieser Ort darf von jedermann besucht werden, eine Ergötzung und sich selbst ein rühmliches Andenken.*

Der abschließende Blick auf die Rückfront des Langhauses
zeigt uns eine geradezu elegant in die Breite entwickelte *Orgel*
von Weissenau. Ein schwingungsreicher Rokokoprospekt, etwa
1780, der schon zum Klassizismus tendiert und damit eigentlich der Mozartzeit angehört, möchte sich gar mit der großen
Schwester zu Weingarten messen. Und ihr Schöpfer, oder vielmehr der Orgelbauer des ersten Werks, war einer aus dem schwäbischen Dreigestirn Gabler-Riepp-Holzhay: hier also Johann
Nepomuk Holzhay aus Ottobeuren (1741-1809). Der letzte in
ihrer Reihe. In Ottobeuren hat sich ein Ölbildnis von ihm erhalten, darin er ein wenig dem Vater Mozart gleicht. Hauntinger
ist ihm in Obermarchtal begegnet, rühmt wenigstens die »zwei
Orgeln, die größere besonders, welche Herr Holzhay eben aufsetzt«, als »unvergleichlich schön, und die Zungen und Flötenwerke darin mögen wohl ihresgleichen suchen«. Der Augsburger
Domkapellmeister Franz Bühler (1760-1823), einer jüngeren Ge-

neration mit anderen Klangidealen zugehörig, schreibt allerdings über die Augsburger Holzhayorgeln, die er noch in der originalen Klangwirkung hörte:

Ich war mit den Holzhaischen Orgeln nie ganz zufrieden. Ihr Ton war mir immer zu jung und zu lärmend. Ich wünschte seinen Orgeln mehr Rundung und Dicke des Tones. Auch überhäufte er seine Orgeln mit zu viel Schnarrwerken, die selten gut gestimmt, mit ihrem Gekreische dem Ohre einen widrigen Eindruck verursachten.

Das also schrieb ein Orgelkenner aus der Zeitenwende vom 18. zum 19. Jahrhundert. Vermutlich hatte Bühler aber auch schon das Gespür für die Klangvorstellung der Bach-Zeit und ihrer Orgelbauer. Die beste Augsburger Orgel stand nach seiner Meinung in der Barfüßerkirche und war »vom alten unvergeßlichen Stein errichtet« – sie fiel allerdings dem letzten Krieg zum Opfer, ist uns aber in einem hinreißenden Kupferstich wenigstens überliefert. Bleibt uns noch zu sagen, daß die Orgel von Weissenau 1950-51 im Zuge einer großen Kirchenrestaurierung durch Walter Supper von späteren Verfremdungen gereinigt und in der alten Disposition wiederhergestellt wurde. Es ist also keinesfalls so, daß man hier ein Vorspiel zur großen Weingartner Orgel erlebt, sondern eher das kunstreiche Nachspiel, der vielgliedrige Ausklang – eben die Orgel des Rokoko. Holzhays Meisterwerk aber war die Hauptorgel der Klosterkirche Neresheim von 1796.

Am Bodensee

SCHLOSSKIRCHE FRIEDRICHSHAFEN

Die alte Reichsstadt Buchhorn und das Benediktinerkloster Hofen wurden 1811 auf Geheiß des württembergischen Königs zu einer Stadt zusammengezogen. Man taufte sie freilich nicht Buchhofen, sondern nach dem Neugründer Friedrich in Friedrichshafen um. Hafenstadt war sie ja auch, und noch dazu, nach den sensationellen Erfolgen des Grafen Zeppelin, ein deutscher Luftschiffhafen. Heute ist Friedrichshafen aus den Zerstörungen des letzten Krieges als eine moderne Kur- und Badestadt hervorgegangen, die in regem Wachstum begriffen ist.

An den Rand der Stadt hinausgerückt liegt der Schloßkomplex, umgeben von parkartiger Landschaft, die sich mit einer Uferanlage zum See hin öffnet und mit hellen erneuerten Gebäuden empfängt. Zwei markante Zwiebeltürme, die ein mächtiges Kirchenschiff flankieren, machen schon von weitem auf die *Schloßkirche* aufmerksam. Diese hat eine strenge *Fassade*, in deren Spröde und sicherer Gliederung sogleich die Hand eines Vorarlberger Meisters zu erkennen ist. Hier ist es Christian Thumb aus dem Bregenzer Wald (mit Andreas Schreck und Gabriel Thumb als Bauführern); 1695 bis 1701 wurde an der Kirche gebaut.

Der *Raum* öffnet sich mit einem hohen Tonnengewölbe. Wandpfeiler mit Seitenkapellen und hellen Emporen begleiten ihn, ein Querhaus, das in den Raumblock eingebunden ist, alles von der imponierenden Nüchternheit und Klarheit der Vorarlberger geprägt. Doch ist auch zu bemerken, daß ein Teil dieser Nüchternheit auf die Zerstörung im vergangenen Krieg zurückzuführen ist. Die sich daran schließende Restaurierung hat zum Verlust des größten Teils der Stuckdekoration geführt. Und da diese von den Wessobrunner Meistern Johann, Franz und Joseph Schmuzer ausgeführt war, ist der Verlust besonders zu bedauern. Nur unter den Galerien hat sich ein Teil des ursprünglichen Akanthuswerks erhalten, das übrige hat man in vereinfachter Form nachzubilden versucht. Die 1697-1701 stuckierten Teile sind entwicklungsgeschichtlich interessant, zeigt sich doch, wie sich der Akanthus aus dem plastischen Stil der achtziger Jahre zu einem naturalistischen Stil weiterentwickelt hatte. Die einzelnen Entwicklungsstufen heißen: Vilgertshofen, Tassilosaal in Wessobrunn, Sankt Koloman bei Schwangau, Pfreimd in der Oberpfalz, Obermarchtal. Aus dem fleischigen Akanthuswerk der Italiener schält sich Schritt für Schritt der Wessobrunner Akanthus heraus, bis zur ›fleischlosen‹, distelartigen Form der Jahre um 1710 (Landsberg am Lech, Stadtpfarrkirche). Mit der Zerstörung des Stucks der Schloßkirche Friedrichshafen ist ein wichtiges spätes Glied aus dieser Kette herausgebrochen, und man muß sich mit dem Erhaltenen zufriedengeben oder zu alten Fotografien greifen. Auch die schöne Barockorgel fiel dem Brand der Kirche am 28. April 1944 zum Opfer. Die neue Kirchenorgel, deren Disposition im Stil der Gabler-Orgel getroffen ist (37 Register auf 3 Manualen mit insgesamt 2225 Pfeifen), ist nach dem Entwurf von Walter Supper aus Esslingen erstellt. Auch das Kirchengestühl ist verbrannt.

Die übrige Kirchenausstattung allerdings blieb im wesentlichen erhalten oder ist gut restauriert. Und so haben wir noch den großen Stuckmarmorhochaltar, erbaut von Franz Schmuzer, mit seinem Kreuzigungsbild, das Stauder aus Konstanz zugeschrieben wird und dem Longinusaltarbild in Weingarten nachempfunden ist. Gut sind auch die Altarbilder der Seitenaltäre, darunter vor allem die beiden vorderen am Andreas- und am Josefsaltar, den bildnerischen Teil besorgte Feuchtmayer. Das Chorgestühl von Martin Höfle (1701), wiederhergestellt, hat Charakter und wird von Akanthusranken mit Putten (des älteren Johann Michael Feuchtmayer) belebt. In den südlichen Chorseitenschiffen hat sich ein Teil der alten Deckengemälde von Joseph Hildebrandt, 1705, erhalten, der nördliche Teil wurde restauriert.

Das Kloster ist um 1080 als Frauenkloster von einer Buchhorner Gräfin Bertha gestiftet worden, zu Ehren des heiligen Pantaleon, doch nach dem baldigen Aussterben des Grafengeschlechts ging es um 1090 in welfischen Besitz über und wurde Weingarten unterstellt. Die Propstei Hofen wurde im Dreißigjährigen Krieg zerstört. Zwei Weingartner Äbte, Willibald Kobolt von Tambach und der große Bauprälat Sebastian Hyller von Pfullendorf, haben sich um den Neubau verdient gemacht. Wappentafeln an der Fassade der Kirche und unter der ehemaligen Hofloge im Inneren künden davon. 1802 verfiel auch Hofen der Säkularisation. 1805 kam es an die Krone von Württemberg. König Friedrich ließ das dem Verfall nahe Kloster, dessen Lage am See ihm gefiel, als königliches Schloß und Sommerresidenz einrichten. Residenz der Herzöge von Württemberg ist es noch heute, derzeit Herzog Philipps. Das spürt man schon, wenn man mit dem Wagen auch nur bei der Kirche parkt und einen Blick in den gepflegten Garten wirft.

Doch ist auch zu bemerken, daß die Rettung der alten Klosterkirche, des heutigen evangelischen Gotteshauses, nicht zum wenigsten dem württembergischen Staat und der örtlichen Kirchengemeinde verdankt wird. Auch ist nicht zu vergessen, daß es die evangelischen Kirchengemeinden des Kantons Sankt Gallen gewesen sind, welche die zur Eindeckung des Kirchendaches notwendigen Schieferplatten stifteten. Ohne Zweifel ein Zeichen gutnachbarlicher Verbundenheit. Im Jahr 1950 wurde der zerstörte Kirchenstuck, soweit als möglich, wiederhergestellt. Die Stukkateure kamen diesmal aus Füssen und waren Josef Schnitzer mit seinen Söhnen Sepp und Jakob. Viele also haben mitgeholfen, die Schloßkirche, das Wahrzeichen von Friedrichshafen, wiederherzustellen.

Wer diese Schloßkirche von der Seerundstrecke aus erblickt, dem kommt es vor, als wäre hier ein großes Schiff vor Land gegangen. Markant steht das doppelte Paar der Türme da, pralle

Zwiebeln in den Himmel prägend. In der Form solcher Zwiebeln, oder vielmehr in ihrer technischen Konstruktion, bei der die inneren Verstrebungen noch sichtbar sind, hat ja auch der Graf Zeppelin seine Luftschiffe gebaut.

RECHERCHEN IN LANGENARGEN

Die ›Seerundstrecke‹, sozusagen die klassische Frühlingspartie der Deutschen, sie hat auch im anbrechenden Herbst ihre Reize. Ein milder Nachsommer liegt über dem welligen Land, Fruchtsegen und ein Hauch von Weinlese. Am schönsten aber ist es, die Weite der Seegegend in klarer Luft zu erleben. Etwa auf einem Abschnitt zwischen Friedrichshafen und Lindau, wo sich eine Vedute an die andere reiht und im Ring der Schweizer und Vorarlberger Alpen die harmonisch umschlossene Kulturräumlichkeit der Bodenseelandschaft bildhaft wird.

Die Abstecher von der Hauptstrecke sind hier wichtig, vor allem die kleinen Straßentafeln rechterhand. ›Nach Eriskirch‹ beispielsweise! Man fährt ein Stück in das Mündungsgebiet der Schussen hinein, entdeckt die kleine Wallfahrtskirche von Mariabrunn mit herzhaften Barockaltären und Wallfahrtsbrunnen, wandert dann vielleicht in die Schilfeinsamkeit des Eriskircher Rieds hinein ... Der Name des ›Meisters von Eriskirch‹ reißt uns auf einmal aus den Träumen. Wir stürmen zur Pfarrkirche nach *Eriskirch*. Ihr Turm ist weithin sichtbar. Ihr Portal noch offen. Neogotische Atmosphäre, aber altgotische Wandfresken, feine Glasfenster, Madonnen des Weichen Stiles und ein Vesperbild des frühen Barock, ein gotischer Wandtabernakel ... Die Meisterwerke des Meisters von Eriskirch stehen nicht hier, sondern in Rottweil.

›Nach Langenargen‹ heißt es dann. Freilich Langenargen! Wir kennen es schon von einem kurzen Sommeraufenthalt her. Damals war Hochbetrieb, buntes Treiben an der Uferpromenade, Badezeit. Wir biegen hinein. Da ist es schon, uns gleich so vertraut, aber nun bereits hineingezogen in die Melancholie einer zu

Ende gehenden Saison. Fast leere Straßen, geschlossene Hotels und Pensionen. Aber im ›Engel‹ bekommt man noch ein Zimmer. Man kann sich das schönste aussuchen, mit Blick auf das Schwäbische Meer und das Schloß Montfort.

Wir haben uns Langenargen als ›Hauptquartier‹ gewählt. Etwas zufällig, aber auch nicht ganz ohne Absicht. Es liegt recht günstig für unsere Rundreisen, auf einer Gelenkstelle der Barockstraße. Von hier aus werden wir auch die Rückreise antreten. Es gilt eine kleine Recherche anzustellen, doch davon später. Es hat barockes Fluidum. Die anderen schönen Bodenseeorte werden es mir verzeihen. Am Abend freilich ist Langenargen alles andere als barock. Da ist es romantisch.

Das in den See hinausgebaute *Schloß Montfort* der Windsorgotik spiegelt sich im Wasser und spielt Miramare. Es ist mit Girlanden farbiger Glühbirnen illuminiert. In gewissen Abständen trägt der Seewind Musik herüber, es ist immer wieder die gleiche Melodie: ›In the Summertime ...‹ Man will offenbar im Schloß den Schluß der Saison nicht zur Kenntnis nehmen. Das imponiert uns.

Noch zu einem Abendspaziergang aufgelegt, schlendern wir an der Promenade hinüber. Sie ist mit Blumen garniert. Der Anblick des beleuchteten Schlosses vollends unwirklich. Eine Bühnenarchitektur für Ludwig II., ein maurisch maskiertes Märchenschloß, wie es denn auch an Bahnhofsbauten der Romantik erinnern könnte. Anschläge an den Steinpylonen versprechen jedoch ein Nobelrestaurant, einen Night Club und eine Rokokobar. Man öffnet den hohen Flügel einer Holztür, die verglast ist, und steht im bleiernen Licht der Vorhalle. Ein Zigarettenautomat steht hier, aber die Treppe zum Souterrain ist mit rotem Samtvelour ausgelegt. Die Holzböden ächzen bei jedem Schritt. Noch eine Flügeltür, es ist die richtige! Wir stehen ratlos in einem riesigen Saal, dem Hauptraum des Märchenschlosses. Schwere Kristallüster verbreiten unwirkliches Licht, das von Rokokowandspiegeln widerstrahlt, die ihrerseits mit üppigem Blumenarrangement geschmückt sind. Auf den weißgedeckten Tischen brennen Kerzen. An der holzgetäfelten Wand, zwischen den beiden Flügeltüren in die Nebengelasse, ist ein Musikpodium aufgebaut, hier liegen die Instrumente einer Jazzband, so wahllos wie sie verlassen wurden. Niemand ist zu sehen. Vielleicht macht man gerade Pause. Oder wird hier ein Film gedreht?

Aber jetzt kommen die Männer der Band, einzeln und mit schnellen Schritten, der Leader zuletzt, eine gewichtige Erscheinung mit Backenbart, wie der junge Adalbert Stifter sieht er aus. Er gibt lässig das Zeichen aus der Hüfte heraus. Die Klarinette beginnt, nein diesmal nicht ›In the Summertime‹, sondern ›El Condor pasa ...‹ Der Geschäftsführer begrüßt uns. Wir wählen einen Tisch, von dem man auch in die Nebengemächer blicken kann. Dort sitzen noch zwei Paare. Der Ober bringt uns die Karte. Es gibt eine kleine Flasche Meersburger in handlicher Form und zu handlichem Preis. Die nehmen wir.

Der Condor flog schwebend vorbei und entschwand. Jetzt ist die Sommerzeit wieder dran. Die Gäste tanzen. Auf einer riesigen Tanzfläche bewegt sich ein Maxikleid in Altrosa und ein Minirock in Hellblau. Die Partner sind feierlich angezogen, zum Tanz im Schloß. Oder sind es Ober? Die Musik intoniert mit Lautstärke, der Saal ist überakustisch. Die tabakbraune Holzvertäfelung des leichtgebauten Wasserschlosses ist ein empfindlicher Resonanzboden. Sie vibriert förmlich mit. Darauf vibrieren die Bilder des Biedermeier, die Porträts Ludwigs II. und der Württembergischen Könige mit ihren Backenbärten, ein blasses Kinderbildnis und die Sonntagsansicht von Rottach-Egern – wie kommt sie hierher?

Die Rokokobar, in die wir einen Blick werfen wollten, ist heute geschlossen. Wir sind nicht traurig deswegen, denn schließlich sind wir kein Bestseller-Autor. Wird ja eh nur Zweites Rokoko sein, ein billiger Aufguß, sagen wir uns. Wir zahlen und brechen auf. Der Geschäftsführer verabschiedet uns. Er trägt offenbar ein leichtes Defizit mit sich herum. Und sieht aus wie der Dichter Ernst Wiechert.

Am nächsten Morgen blättern wir zum Frühstück in der schönen Festschrift von Langenargen, zur 1200-Jahr-Feier, redigiert von Eduard Hindelang. Sie ist Anlaß, uns mit der Geschichte des Ortes näher vertraut zu machen. Denn diese Geschichte erscheint uns über den Einzelfall hinaus bezeichnend.

Der Ort auf dem heute *Langenargen* liegt, war wahrscheinlich den Römern schon bekannt. An der Schussen, oberhalb der heutigen Brücke, fand man bei Ausgrabungen die Reste eines Bauwerks, einer Schifflände und einer Brücke, den Münz- und Gerätfunden nach zu schließen aus Claudischer Zeit, Mitte des ersten Jahrhunderts nach Chr. Eine römische Bodenseegürtelstraße kreuzte sich in seiner Nähe mit vorgeschichtlichen Wegen durch das Schussen- und Argental. Die eigentliche Geburtsurkunde Langenargens, eine Schenkung an das Kloster Sankt Gallen, wird auf das Jahr 770 datiert. In dieser alten Urkunde des Klerikers Hadupert und seiner Mutter Teotrata ist von ihrem Landgut Argona die Rede, wo die Dotation auch vorgenommen und vollzogen worden ist.

Im Mittelalter ist Argen Montfortscher Besitz. Es steht damals schon in Verbindung mit der Montfortherrschaft in Tettnang. Als Graf Hugo zwischen 1280 und 1290 in Tettnang eine Stadt angelegt hatte, kaufte er um 1290 Argen und Umgebung vom Stift Sankt Johann in Konstanz. Daß die Montfort damals schon in Geldverlegenheit gewesen waren, zeigt sich darin, daß sie den Kaufpreis von dreihundertsechzig Mark Silber als Darlehen vom Kloster Löwenthal empfingen und dafür die neu erworbene Herrschaft Argen verpfändeten. Auf diesen Grafen Hugo III. folgte 1309 sein Sohn Wilhelm II., vielleicht der bedeutendste politische Kopf des Geschlechts. In dem Streit zwischen Friedrich dem Schönen und Ludwig dem Bayern hielt er zuerst zum Habsburger, ergriff aber dann 1319 die Partei des Wittelsbachers. Als dessen Gefolgsmann zog er 1327 nach Italien und wurde Statthalter in Mailand. Dieser Wilhelm tat viel für Langenargen und erwirkte von König Ludwig die Erlaubnis, den Ort zu befestigen; auf einer kleinen Insel im See erbaute er seine Burg.

Die Montfort zersplitterten ihren Besitz durch ständige Teilungen auf dem Erbwege. Aber der wohl glücklichste Sohn Wilhelms, Hugo XIII. (gerechnet nach Montfort–Tübingen), erhielt Langenargen. Er ist ein Gefolgsmann König Friedrich III., bei

dessen Romzug dabei, und er erhält am 8. Januar 1453 die Stadt-
rechte von Immenstadt.

Graf Hugo XIII., der mit seiner Gemahlin auf einem Tafelbild
von Hans und Ivo Strigel in der Staatsgalerie Stuttgart in Rüstung und mit jugendlich langem Haar zu sehen ist, erwarb auch
das hohe Gericht und befestigte die mittlere Siedlung mit einer
Mauer. Langenargen wuchs in seine Rolle als Handelsplatz hinein. Dieser Graf Haug, wie er volkstümlich genannt wird, ließ
sich auch durch das Mißtrauen der benachbarten Reichsstädte
nicht beirren, »einen Staden« zu bauen, das heißt einen Hafen,
»da man sicher zu Lande kommen und fahren möge«. 1491 starb
er nach einer Regierung von einundfünfzig Jahren.

Der Aufstand der Seebauern, die Sebastian Stoppel zum Schult-
heiß von Langenargen erhoben, ging über das Montfortsche Gebiet ohne Blutvergießen hinweg. Aber der Dreißigjährige Krieg
hinterließ nachdrückliche Spuren. Ein kaiserlicher Kommandant,
der das Schloß ohne angegriffen zu sein geräumt hatte, wurde
in Lindau aufgegriffen und hingerichtet. Zuwanderer aus der
Schweiz, aus Vorarlberg, aus Tirol und Oberitalien brachten der
Stadt wieder Leben zu. Das ausgebrannte Schloß wurde durch
den Grafen Johann (1662–1686 regierte er) wiederaufgebaut.
Eine erneuerte Gedenktafel an der Kirche erinnert heute noch an
seinen tödlichen Sturz vom Pferd.

Mit Graf Anton III. (1686-1733) kam eine echte Barocknatur
zur Regierung, ein Ludwig XIV. en miniature, wie ihn auch Stam-
part porträtiert hat (im Museum Carolino Augusteum in Salzburg). In Tettnang erbaute er das prächtige Schloß, in Langenargen die neue Pfarrkirche mit dem stattlichen Spitalgebäude.
Verschwenderische Feste wurden gefeiert und nach Langenargen
fiel der Abglanz einer absolutistischen Residenz mit gräflichen
Jagden, Schiffspartien, Seefesten mit Illumination. Unter seinem
Sohn Graf Ernst (1733 -1755) wurde beim Schloß ein Rokokogar-
ten angelegt und entfaltete sich das höfische Treiben noch einmal zu sprichwörtlichem Glanz. Der baldige finanzielle Ruin, zu
dem Graf Anton schon den Grund gelegt hatte, war die unver-
meidliche Folge. Er wurde unter dem Grafen Franz Xaver (1755

bis 1780) vollends offenbar. Im Jahre 1780 fand der Verkauf der Herrschaft an Österreich statt. Zerfall an den Gebäuden setzte ein. 1805 ging das Schloß an Bayern über, das es wiederum 1810 an Langenargener Bürger auf Abbruch verkaufte. 1811 Erwerb durch die Krone von Württemberg. Dadurch wurde der Abbruch aufgehalten. Doch bis 1858 stand der weitläufige Bau noch als eindrucksvolle Ruine, wie sie Annette von Droste-Hülshoff gesehen hat. Sie schrieb in einem Brief von 1842 an Levin Schücking, er könne sich »das Malerische des Ganzen nicht denken« und fährt dann fort: »Die Ruine steht seitdem in ihrer verfallenden Pracht und läßt sich nach und nach von den Wellen unterminieren und, wenn man darinnen ist, wie unterirdisch Brausen ...«

1861 schließlich gibt König Wilhelm I. einer romantischen Idee nach und läßt das heutige Schloß als ›Villa Argena‹ im sizilianisch-normannischen, auch etwas maurischen Stil neu errichten. König Karl I. vollendet den prächtigen Bau 1866 und gibt ihm – zur Erinnerung an das mächtige Grafengeschlecht, dem das Schloß seine erste Existenz verdankte – den Namen ›Schloß Montfort‹. 1873 findet jedoch ein Verkauf an die Prinzessin Luise von Preußen (gestorben 1901) statt, die Nichte Kaiser Wilhelms I. Hier fiel nun ein Teil kaiserlichen Glanzes auf Langenargen, es gab einen Hofstaat und Hofdamen, dazu den hohen Besuch Kaiser Wilhelms I. im Schloß, der mit einem Sonderschiff von Mainau herüberkam und im Hafen anlegte. Nach dem Tod der Prinzessin erwarb ein Arzt, der Geheimrat W. von Leube, den schönen Besitz, der ihm dann fast vierzig Jahre als Sommersitz diente. Dann folgte die Reichsbahn als Besitzer des Schlosses (1939), die es als Gästehaus ausbauen wollte. Der Krieg verhinderte den Plan, und kurz darauf kam 1940 Schloß Montfort an die Gemeinde Langenargen. Während der Besatzungszeit Sitz eines hohen französischen Stabes und dann jahrelang als Ecconomat der französischen Truppen beschlagnahmt, wurde es 1951 freigegeben. Heute birgt es dank der Initiative der Langenargener Bürgerschaft ein Schloßcafé und einen Konferenz- und Festsaal, ist ein beliebtes Ausflugsziel und ein Tagungsort für romantisch veranlagte Wirtschaftsmänner.

Heute ist die ›Sonnenstube am Bodensee‹ mit Hotellerie durchsetzt von einem Ende zum anderen. Doch im ›Engel‹ währt die Saison am längsten, hier war einmal ein lustiger Künstlerstammtisch (Hans Purrmann war hier) und treffen sich heute die Einheimischen. Beim Frühstück meinte der Hotelier zu einem Gast: »Man müßte in das Schloß eine Spielbank konzessionieren. Das wäre doch eine echte Konkurrenz für Lindau und Konstanz. Außerdem eine große Attraktion für Langenargen.« Das Schloß ist heute im Besitz der Gemeinde und man fühlt sich verantwortlich. Im Jargon der Hotellerie verliert sich zwar der schwäbische Tonfall, aber nicht der schwäbische Sinn für die Realitäten. Der ist hierzulande fast schweizerisch ausgeprägt. Die Tochter des Hauses hilft beim Bedienen mit, hat aber nicht sehr viel zu tun und kann sich ihrem Baby widmen. Das Baby heißt Dominique. Ein leichter Hang zum Französischen ist hier immer noch zu verspüren.

Wir rufen indes Herrn Hindelang an. Werden sogleich für den Abend eingeladen. Man kennt sich schon vom Korrespondieren, wegen eines Maulpertsch-Artikels. Und vielleicht ist dies der Grund, warum wir in Langenargen hängen geblieben sind.

Es gehört zu jeder Reise, wenn sie nicht konstruiert sein soll: man bleibt eben irgendwo hängen. Natürlich sind es nicht Herr Hindelang allein, sondern auch Maulpertsch und Langenargen. Wir umkreisen, noch ohne daß wir es wissen, seinen Namen, tasten uns auf die Spur eines Genies, ein gewiß langwieriges, fast aussichtsloses Unterfangen. Ein unökonomisches Sichverbohren und Verzetteln in eine einzige Frage. Und diese Frage heißt: Wo ist das Geburtshaus des Malers, was hat er auf seine östliche Reise von Langenargen mitgenommen? Irgendwie ist es doch ein Ort, an dem man hängen könnte, wenn man hier geboren ist und rund sechzehn Jahre seiner Jugend verbracht hat.

Wir schlüpfen zum Straßeneingang des Hotels hinaus und pirschen uns durch Langenargen. Ein gemächlicher Platzraum liegt vor uns, den auf zwei Seiten Giebelhäuser und Walmdächer begleiten, von der Pfarrkirche bis hinauf zum Rathaus, das sich querstellt. Vorgärten liegen auf der einen Seite, in denen man sitzen kann, ein Espresso, von Italienern geleitet. Im Rathaus ist das Büro der Kurverwaltung. Dort fragen wir nach Maulpertschens Geburtshaus. Nach kurzer Ratlosigkeit und weiterer Erkundigung wird uns ein Haus am westlichen Ortsrand in der Nähe der Maulpertschstraße genannt. Wir wandern hinaus, finden aber nur eine Tafel, die uns sagt, daß hier der Maler Andreas Brugger gewohnt habe und gestorben sei. Ein schönes und original erhaltenes Ackerbürgerhaus, dessen oberes Geschoß auffällig große Fenster hat und als Maleratelier gedient haben könnte. Aber Brugger war eben kein Maulpertsch, sondern nur der Schüler des Meisters. Ein barockes Bildstöckl mit einem verwitterten Ölbild steht noch schräg gegenüber.

Langenargen

Jetzt aber in die *Pfarrkirche*. Sie ist ein heller und überraschend geräumiger Saalbau, in den Herrschaftsemporen eingestellt sind. Auch einen gedruckten Kirchenführer gibt es hier. Daraus erfahren wir, daß der Kirchenbau mit den Montfort als Patronatsherren eng verbunden ist. Mit dem Bau wurde am 31. August 1718 begonnen. Unter dem Pfarrer Baron von Hallerstein (1705-1737) und mit der Unterstützung des Grafen Anton (1686-1733) und seiner Gemahlin Maria Anna Leopoldine Gräfin von Thun. Der Architekt ist uns nicht genannt, doch dürfte er in den Kreisen der Vorarlberger zu suchen sein. Örtlicher Maurermeister war Leonhard Gmeinder. Die feierliche Konsekration erfolgte durch den Konstanzer Fürstbischof Johann Franziskus Schenk von Stauffenberg am 21. September 1722. Die südlich an den Bau gefügte Marienkapelle verdankt der Gräfin Thun ihre Stiftung (1726). Die handwerklich tüchtigen Frührokokofresken, noch in Medaillons eingelassen, gehören nach Ausweis des Montfort-Ehewappens am Chorbogen schon der Regierungszeit des Grafen Ernst an, 1733-1755. Die Altäre schmücken Altarbilder der heimischen Meister Franz Anton Bronnenmayer (1723) aus Konstanz oder Langenargen, und Andreas Brugger: Sankt Martin als Fürbitter, 1775 gemalt. Auch Johann Christoph Storer aus Konstanz ist mit einem Rosenkranzbild, um 1670, vertreten. Das interessanteste Werk hängt freilich auf der Orgelempore, ein frisch restauriertes ehemaliges Altarbild, in dem auf den ersten Blick etwas von Maulpertsch lebt, das man visionäre Farbe und exaltierte Komposition nennen möchte. Man hat es auch lange Zeit für ein Werk des Meisters gehalten. Doch bei näherer Untersuchung zeigte sich, daß sein eigentümlicher Stil der Figurenzeichnung und der dramatischen Betonung des Atmosphärischen dem Schaffen Franz Spieglers nähersteht als Maulpertsch. Wir blicken uns noch einmal um: bei der Restaurierung der Kirche von 1964 wurde auch die Marienkapelle umgestaltet, die Wände mit fünfzehn geschnitzten Medaillons der Rosenkranzgeheimnisse aus dem 17. Jahrhundert geschmückt und dem Altarraum eine schöne spätgotische Muttergottes (um 1470) gleichsam freischwebend eingefügt. Die modernen Bronzeportale schuf Hilde Broer, Kreßbronn.

Am Abend bei Herrn Hindelang in der Lindauer Straße. Zunächst in seinem schönen Garten, der beleuchtet werden kann, dann in seinem Haus, das durch die landschaftliche Bauart, Antiquitäten und Bibliothek barockes Flair und den Charakter des Persönlichen hat. Auch Hilde Broer ist hier vertreten und wir bekommen gleich eine ihrer Medaillen zu sehen. Es bietet sich an, von Hans Purrmann zu sprechen, der einige Zeit in Langenargen lebte und hier begraben ist. Mit seinem Sohn laufen aussichtsreiche Gespräche und Verhandlungen über eine Purrmann-Gedenkstätte in Langenargen. Es werden Dias betrachtet: Ein schönes Altarblatt, dem ›Apelles Alemanniae‹, Christoph Storer aus Konstanz, zugeschrieben, fesselt. Es zeigt die Muttergottes ›raffaelisch schön‹ über der Burg Argen schwebend. Ist es das Altarbild der ehemaligen Schloßkapelle? Man sollte es doch aus Privatbesitz für Langenargen erwerben. Es wird in der vorzüglichen Festschrift zur 1200-Jahr-Feier von 1970 geblättert, buchstäblich in letzter Minute sei der Beitrag von Klara Garas aus Budapest eingetroffen, ein Beitrag zu Maulpertsch. Auch der Maulpertschschüler Andreas Brugger, der oft nur beiläufig erwähnt wird, hat hier seine Monographie erhalten, von Dr. Dr. G. Merkle in Schleinsee. Carl Caspar, der Münchner Akademielehrer und Begründer der ›Caspar-Schule‹, wird erwähnt. Sein Vater war würdiger Langenargener Zollinspektor, und der Sohn ist hier zur Schule gegangen. Es ist also ein richtiges Künstlernest, dieses Langenargen, Jean Balet – »er malte Bilderbücher ohne Worte« –, Keller–Stuttgart, Keller–Reutlingen, Spaeht und Purrmann bildeten einen Freundeskreis. Ein ›Meersburger‹ aus der Markgräflichen Kellerei und eine ›Birnauer Kirchleite‹ werden mit Bedacht genossen.

Der Ort steckt auch voller Anekdoten. Schwäbischer Humor ist darin lebendig und die Mundart tut das ihre. Man spricht übrigens in Langenargen den niederalemannischen Dialekt, nicht Oberalemannisch, ›Schweizerisch‹, wie manche Gäste glauben. Wollen Sie eine Probe hören? Da es mir immer nur unzureichend gelingt, in meiner Niederschrift des Gehörten auch nur Annäherungs- und Stimmungswerte zu erreichen, halte ich mich hier, wo es fast wissenschaftlich fixiert ist, an die Aufzeichnungen

von Professor Karlheinz Schaaf in Ravensburg: »Dr sêwi isch nea-
mes gu_ets, abr m_e mu_eß _en gwênt si« (der Seewein ist etwas Gutes, aber man muß ihn gewöhnt sein); »dêscht an alte muk, di_e
hot fernd no gîg_et« (das ist eine alte Mücke, die hat im vorigen
Jahr schon gegeigt – das ist alter Schnee, oder ›altes Bier‹, wie
man in Bayern sagen würde). Aber in Langenargen sagt man da:
»Du kunnsch(t) no mit _em ferndrige schnê«(Du kommst mit alten
Sachen daher); »di_e kâ mê wi_es vattrunser, di_e kâ dr gloub_e ou no«
(die kann mehr als das Vaterunser beten, die kann das Glaubensbekenntnis auch noch, das heißt: die kann noch mehr): »di_e hot a
lenge bis se âgleit isch«(die braucht lange bis sie sich angekleidet
hat).

Hat Maulpertsch, der mit sechzehn Jahren von Langenargen
wegging, aber in Wien mit einem Kreis von Landsleuten verkehrte, diese herrlich ausgeprägte Mundart behalten? Es kommt
auf die Persönlichkeit an, und wir glauben fast, wenn wir die erhaltenen Sentenzen seiner Briefe lesen, noch etwas ›Niederale-
mannisches‹ hindurchzuhören. Maulpertsch! Man kommt immer wieder auf ihn zurück. Wir kreisen ihn allmählich ein. Seine
Jugend in Langenargen: Herr Hindelang gibt mir dazu die ältere
Lokalliteratur mit, die Beiträge des verdienten Heimatforschers
Hermann Eggart und des Ludwig Welti, aus denen sich ein fast
lückenloser Stammbaum herausschält.

Nach den von Pfarrvikar Otto Beck angestellten Stammbaum-
forschungen ist der Vater Anton Maulpertsch am 11. April 1684
in Schramberg im Schwarzwald getauft, und zwar als Sohn des
Michael Maulpertsch (geboren 1647) und der ihm 1670 angetrau-
ten Katharina Zingel. Michael Maulpertschens Vater, Jakob
Maulpertsch (1670 gestorben), war verheiratet mit einer Anna
Stoll. Vermutlich sind die in der Schramberger Gegend nicht
weiter zurückzuverfolgenden Maulpertsch im Dienste des Obersten Johann Friedrich von Bissingen, eines Reiterführers und
Haudegens aus dem Dreißigjährigen Krieg, nach Schramberg gekommen, aus Böhmen oder aus der Gegend von Meißen. Die seit
1583 vorderösterreichische Herrschaft Schramberg wurde allerdings erst 1696 von den Bissingen gekauft, die dann 1747 in den

Grafenstand erhoben wurden und sich auch als österreichische Gouverneure von Tirol und Vorarlberg von 1797 bis 1802 und noch später verdient gemacht haben.

»Antonius Maulpertsch, Pictor de Schramberg« ist 1709 in das Taufbuch der Pfarrkirche Lustenau am Rhein in Vorarlberg als stellvertretender Taufpate eingetragen. Anno 1708 wird er in »Fassung des hohen Altars« dieser Pfarrkirche schon erwähnt. 1721 erhält er dann einen Auftrag für die vielleicht von Michael Kuen erbaute Lustenauer Dorfkirche. Es gab allerdings über die Vergabe eine Auseinandersetzung, da die Gräfin Maria Anna von Hohenems den Maler Michael Walser (!) in Vorschlag brachte. Pfarrer Georg Hämmerle teilte jedoch dem Rentmeister am 8. September 1721 mit, daß die Mehrheit des Kirchenvolkes sich bei einer Abstimmung für Anton Maulpertsch entschieden habe. Er erklärte ziemlich kategorisch, daß es keinen Kreuzer von den bei einer Haussammlung versprochenen 50 Gulden geben würde, wenn nicht der ihm bekannte Maler Antonio den vereinbarten Auftrag bekäme, nämlich mit den besten kölnischen Kreiden, bestem Leim und Öl, auch mit wahrhaften Grünspan-Schmalten (Kobalt-Kaiser-Azurblau, temperaturbeständiges Blau) und anderen Farben in der Art und Weise, wie bereits mit einer vor etlichen Jahren angefertigten Tafel der Anfang gemacht worden sei (vermutlich ein von der Gräfin Franziska von Hohenems, gestorben 1726, gestiftetes Hochaltarblatt, 1708). Spätestens im Jahre 1721 muß also Anton Maulpertsch von Schramberg aus oder von Lustenau aus nach Langenargen umgezogen sein. Vielleicht war er des Streitens müde, ohne Auftrag, ohne Geld. Der Beisatz ›von Schramberg‹ besagt ja eigentlich nur, daß er noch keinen festen Wohnsitz hatte. Am 26. Juli 1721 ist die Geburt einer Tochter auf den Namen Katharina Helena in das Langenarger Taufregister eingetragen. Im Jahre 1728 stirbt ein Kind ohne Namen, 1737 ein weiteres Kind des »honesti viri Antonii Molpertsch pictoris in Langenargen«. Der Vater selbst lebt bis zum 20. Mai 1748.

Der für uns interessante Eintrag in den Taufmatrikeln besagt, daß am 7. Juni 1724 Franz Anton Maulpertsch, Sohn des »Dominus Antonius Maulpertsch, Pictor in Argen und der Anna Strodlerin« getauft wurde. Über das Wohnhaus der Maulpertsch und das Geburtshaus des Franz Anton ist in Langenargen nichts zu finden, weder in den Kaufbüchern noch in den Gerichts- oder Steuerakten. Aktenmäßig existieren also die Maulpertsch in Langenargen nicht, außer in den Kirchenbüchern (und vielleicht in den Montfortschen Akten). Das besagt doch wohl, daß sie kein eigenes Haus und keinen Grund besessen haben. Wo könnten sie also gewohnt haben? Vermutlich waren sie sehr arm, als sie in Langenargen ankamen. Für einen mittellosen Kirchenmaler bot am ehesten die Kirche eine Beschäftigung, und für ein Unterkommen mochte die Herrschaft gesorgt haben. Wir kommen dabei ganz von selber auf das neuerbaute, an die Kirche anstoßende Spitalgebäude, eine Montfortstiftung, verbunden mit einer Kaplanei. Beweise dafür, daß die Familie Maulpertsch hier gewohnt hat, gibt es freilich nicht. Daß der junge Maulpertsch die ersten sechzehn Jahre seines Lebens neben den Armen der Gemeinde, den Alten im Spital verbrachte, wo sein Vater als Maler und seine Mutter vielleicht als Pflegerin Arbeit fanden, scheint jedoch so ausgeschlossen nicht. Vielleicht, daß er sich dort in einem Nebengebäude eine Malerwerkstatt eingerichtet hat, die den handwerklichen Anforderungen von Herrschaft und Kirche nachkam. Auffällig ist nämlich, und wir begeben uns hier schon fast auf das Gebiet der Tiefenpsychologie, daß Maulpertsch in seinen späteren Wiener Jahren, in einer Zeit, die dafür noch wenig Verständnis aufbrachte, die Frage der Altersversorgung bildender Künstler aufwarf. Er ist der Initiator und erste Direktor der ›Pensionsgesellschaft Bildender Künstler Wiens‹, ein Amt, das er »mit größter Treue und Gewissenhaftigkeit bis zu seinem Tode versah«. Er stellte seine Wohnung als Amtslokal zur Verfügung, und hier wurden noch weit über seinen Tod hinaus bis 1838 die Gelder der Genossenschaft verwahrt.

1733 erhielt Vater Maulpertsch einen Auftrag vom Ortspfarrer Baron von Hallerstein auf fünf neue Fastentücher (Decktücher für die Altarblätter während der Fastenzeit) für die neuerbaute Pfarrkirche:

Nemblich die fünf schmerzhafte Gehaimnussen, als den Oelberg und
Bluetschwützung Christi, die Gäißlung, die Crönung, die Creuztragung
und Creuzigung Christi. Vor alle fünf Stuckh zue Mahlen bezalt H.
Antoni Molbartsch Maler in Argen 24 fl.

Im gleichen Jahr übernahm Graf Ernst die Regierung. Der junge Franz Anton war damals neun Jahre alt und wird dem Vater
schon zugeschaut haben beim Malen. Als dann der Vater in den
dreißiger Jahren die Deckenbilder in der Pfarrkirche malte, in solider Freskotechnik, da stand der Lehrling wohl mit auf dem Gerüst. Graf Ernst, ein pracht- und kunstliebender Herr, wird auf
den jungen Kunstadepten bald aufmerksam geworden sein. Er
dürfte Maulpertsch zur Ausbildung nach Wien geschickt haben,
wie er später seinen Schüler Anton Brugger mit einem Stipendium nach Wien und nach Rom ausstattete. Bis zum Tode des
Vaters (1748) dürfte die Verbindung Franz Antons mit Langenargen nicht abgerissen sein. Verkehrte doch auch die »raitende
und fahrende Thurn und Taxissche Ordinaripost« auf der Strecke
Augsburg–Innsbruck–Wien. Nach dem Tode des Vaters hat der
zu eigenem Hausstand und Besitz gelangte Maler seine Mutter
Anna Strodler zu sich nach Wien geholt.

Zum engeren Freundeskreis des Kirchenmalers in Wien gehörten, neben den beiden Künstlerfreunden Felix Ivo Leicher und
Johann Bergl, zwei hochangesehene Männer, deren Verdienste
vor allem auf dem Gebiet der sozialen Fürsorge, wie wir es heute
nennen würden, lagen: der 1703 in Tisis in Vorarlberg geborene
Dr. Franz Xaver Marxer, Domherr und Weihbischof, Gründer
des Waisenhauses am Rennweg und des Alumnates in Heiligenkreuz-Gutenbrunn (vergleiche ›Barockreisen in Österreich, An
der Donau entlang‹, Seite 257) und sein Nachfolger, Leiter des
Waisenhauses und Direktor des Wiener Schulwesens, der einflußreiche Dr. Parhammer SJ. In diesem Kreise muß die so fortschrittlich anmutende Idee der Pensionsgesellschaft realisiert worden
sein. Denn Maulpertsch kannte, wie nur wenige seiner Berufsgenossen, die Unsicherheit des freien Künstlers im Alter und sein
Ausgesetztsein. Er kannte es wohl vor allem durch seine Jugend
in Langenargen. Es ist eine Seite in seinem Wesen, die man noch

nicht entsprechend herausgearbeitet sieht. Denn sie durchgreift in bestimmtem Maße auch sein Werk als Künstler. Er selbst ist durch seine bis ins Alter ungebrochene Schaffenskraft dem üblichen Künstlerschicksal des 18. Jahrhunderts – man denke an seinen Zeitgenossen Mozart! – entgangen. Er brachte es zu bürgerlichem Wohlstand und konnte ein Haus in der Wiener Vorstadt Sankt Ulrich, Neue Schottengasse 111, ›Zur ungarischen Krone‹ genannt, erwerben. Alten Fotografien und Beschreibungen zufolge ist es ein nobles Bürgerhaus gewesen mit gefällig gegliederter Fassade, drei Stockwerke hoch, mit Ziegelböden zu ebener Erde, stuckierten Räumen, wohlausgestatteten Kucheln mit Silber, Zinn und Fayence und einer recht ansehnlichen Sammlung von Gemälden wie Kupferstichen. Ein stimmungsvoller Garten mit Holzpavillon und steinernem Korbbogenportal legte sich daran. Es stand an der Stelle des im Jahre 1909 neuerrichteten Hauses Piaristengasse 11 im VIII. Gemeindebezirk.

Hier hatte ein Kreis seinen Mittelpunkt, hier wurden Kunstfragen debattiert und die allgemeinen Verhältnisse besprochen. Hier wurde nach mancherlei Schwierigkeiten und Vorverhandlung am 12. Mai 1788 die Gründung der schon erwähnten ersten ›Pensionsgesellschaft Bildender Künstler Wiens‹ gefeiert, Maulpertsch zum Direktor gewählt. Hier wurden auch die Geburtstage im Freundeskreis begangen. Das Gelegenheitsgedicht eines unbekannten Verfassers, unter den ›Oefeliana‹ in der Münchner Staatsbibliothek, gibt uns so recht einen Einblick in dieses häusliche Milieu, das von freundschaftlicher Verehrung für den bescheidenen Meister bestimmt war. Es werden darin, in einer Art Rückschau, nicht nur die großen, von Maulpertsch geschätzten Malernamen aufgerufen, sondern auch die Maler, die er in seiner Privatsammlung hatte.

Lobgedicht auf Maulpertsch' Amici

Da bald, berühmter Mann, Du wahrer Musenfreind!
Der Tag Antonius, Dein Namensfest erscheint
So will auch ich die zahl der wüntsche zu vermehren
Dies redlich deütsche Lied zum binband dir ver Ehren

Die allergröste Kunst, in der du meister bist,
Die schon seit grauer zeit der Künste fürstin ist
Die holde Mahlerey soll heut mein Vorbild heissen
Stolz will ich deinen ruhm in ihrer Schildrung preisen.
Sprecht, herscher der Natur, wer ahmet, obgleich schwach
Jedoch am gliklichsten des schöpfers Händen nach?
Wer, als des Mahlers hand kan in wahrhaften bildern
Die schönheit der Natur, dies sichtbar ganze schildern?
von kleinsten wurme an, bis zu den weiten Höhn
wo sonn und wälden sich in blauen Kreisen drehen
und bis an das gestad von gränzenlosem pfuhle
o sohn der Mahlerkunst, ist alles deine Schule!
wer stellet reizender die zeit geschichten vor?
Rührt die Erzählung wohl so kräftig unser ohr
als ein gemäld das aug? der grösten Helden siege,
verebigt nicht so schön, als wie des Pensels Züge
wer Alexandern liest wie er ein reich verheert
empfindet lange nit so sehr des Siegers werth
als wenn uns ein Le Brun in einem bilde zeiget
wie des Darius Stamm sich vor dem Sieger neiget.

Apelles, dessen ruhm zu ewigen zeiten blüth
obgleich die unsre nichts von seinen wercken sieht
erwarb durch seine kunst, als er Campaspen mahlte
den wohlverdienten lohn, der seinen fleis bezahlte;
Sein könig nimmt das bild, und schenket, welch ein Ruhm
Ihme dieses schöne selbst, zum preis und Eigenthum
Hier muß Campaspens bild mehr als Campaspe gelten
so siegst du Mahlerey, auch über lieb und Helden
Ihr, die die Landschaft zeigt, betrachtet Brüls geschickh
werft nur von der Natur auf sein gemähldt den blickh!
sehet wie der Sonnenglanz durchs laub der aeste strahlet
Sagt ob nit seine hand nach Gottes finger mahlet?
seht eine Wüsteney von Feistenberger Geist
wenn sich ein wasser-fall durch hohe Felsen reist!
seht Beich, seht einen Brand, und gebt der Kunst die Ehre;
Dies Thut nebst gott kein Mensch, wen er kein mahler wäre …

Kommt krieges söhne, kommt, und seht die schlachten an
seht was ein Bourgignon was Rugendas gethan
seht wie der Christen heer der Türcken reihen trennet
wie aus so manchem rohr der bliz des adlers brennet!
seht wie des reütters hieb nach jenem Turban zielt!
seht wie der sonen licht auf blancken Harnisch spielt,
wie waffen ros und mann wild in einander stürzen,

und fron und gegend sich in rauch und staub verkürzen.
durchgeht ein dämpfend feld von Querfurts fleuchtiger Hand!
doch stecket der husar ein feindlich dorff in brand,
wie zitternd wirft sich nicht vor dieses Volcks gebietter
den Troz und pelzwerckh ziert, der bange landmann nieder.
wie feurig bildet uns ein Parmesani nicht
wie blutig Krieg und Todt auf weiten Ebenen ficht
wie stolz weis Löwenstern in Dettlingens gefilden
den schwer erfochtnen sieg der Britten abzuschilden.

Die barock-überschwengliche, doch auch bieder-kunstbeflissene
Haltung des Gedichts läßt auf den Wiener Akademiedirektor Jakob Mathias Schmuzer, den Schwiegervater des Maulpertsch,
als Verfasser schließen. In den nächsten Versen wird unter anderen der »unsterbliche Van Dyck« und »Rubens' großer Geist«
aufgerufen. Es folgen Michelangelo, Raffael, die Carracci, Vero-
nese, Tizian, Dürer, Holbein der Jüngere, Breughel, Teniers,
Wouwerman, Roos, Rigaud, Kupetzky, Desmarées. Erst am
Schluß kommt der Gelegenheitsdichter noch einmal auf Maulpertsch zu sprechen:

Da sah ich Maulperz dich, wenn uns dein pensel lehrt
wie gott in seinem Glanz auf lichten Wolken fährt,
bei dir steht Dieppoli, ein Pulco, Soltimene
Roms wirdiger Trevisan der Kunst berühmte söhne.
Genung! ich schweige freind, und hoffe, das mein blat
und mein gedankenspiel dir nicht missfallen hat;
mein Herz verEhret dich, und wünscht mit heißem flehn,
die högste Seegne dich mit allen wohlergehn
bis in die späte Zeit, es ziere deinen Ruhm
dareinst mit Lorbeern noch das graue alterthum
gewis wird einst die welt im buch der mahler lesen
Was je ein Künstler war, ist Maulperz auch gewesen.

Unsere Maulpertsch-Recherche in Langenargen selbst ist beendet. Sie war zeitraubend genug und hat uns von der schönen Gegenwart des Ortes weggeführt, freilich sind wir dem Ort auch
vom Historischen her nähergekommen als anderen Bodensee-
orten. Es war ein halber Erfolg für uns und für Langenargen. So
gehen wir noch einmal zum Spital, dessen Fenster mit Geranien
geschmückt sind und das keinen Kurbetrieb und keine Saison

kennt. Durch eines der hohen Barockportale blicken wir hinein
in die mächtige Einfahrt: hohe Gewölbe und darunter kaum Spi-
talsluft. Hier ist Langenargen zeitlos. Hat nicht Rembrandt in
einem Amsterdamer Spital gelebt und ist nicht Hans Purrmann,
der auch von Langenargen nicht loskam, in einem Zürcher Spital
gestorben. Ein Ort also zum Leben und zum Sterben, so ein Hospital. Warum sollten Spitalsmauern nicht auch einmal Geburts-
stätte sein. Wie es auch sei, hier wäre der rechte Platz für eine
schlichte Gedenktafel. Oder doch besser draußen auf der Straßen-
front, etwa zwischen den beiden Pilastern, die dem mittleren Torbogen am nächsten sind. Eine Kartusche müßte es hier sein, fast
in der Größe der beiden Steinreliefs, die die Portale zieren. Eine
Inschrift hätten wir auch schon. Sie müßte lauten:

ZUR ERINNERUNG AN
FRANZ ANTON MAULPERTSCH

*7. JUNI 1724 IN LANGENARGEN
†8. AUGUST 1796 IN WIEN

DEM GROSSEN MALER
DES DEUTSCHEN BAROCKS
UND BEGRÜNDER DER
›PENSIONSGESELLSCHAFT
BILDENDER KÜNSTLER
WIENS‹

Madame serviert uns am nächsten Morgen das Frühstück. Sie
gleicht einem Typ, der uns bei Maulpertsch oft begegnet ist.
Vom Gesichtsschnitt bis hinein in die Haltung. Sie ist die Dame
auf dem Konzert im Freien in Baltimore. Und jetzt erinnert sie an
den lesenden Genius einer Bibliothek in Niederösterreich, während sie die Morgenzeitung liest. Maulpertsch hat wohl seinen
weiblichen Typ vom Bodensee nach Wien mitgebracht. Er ist
blond, aber nicht mehr rubenshaft, auch nicht tiepolesk, sondern
er enthält schon ein wenig Exaltation im Sinne des alpenländischen
Rokokomanierismus. Mit dieser Beobachtung verabschieden wir
uns von Maulpertsch und von Langenargen. Als wir durch die
schöne Auenlandschaft nach Kreßbronn hinüberfahren, entdek-

ken wir mitten im Uferwald eine verrostete Kettenbrücke stattlichen Ausmaßes. Vier steinerne Pylonen bewachen sie. Ein Fossil
aus den Jugendtagen der Technik. Eine Krone ist auch noch zu
sehen. Vielleicht hat der König von Württemberg sie gebaut
oder König Ludwig ɪɪ., oder gar Kaiser Wilhelm ɪ.

MEERSBURG
DIE GEISTLICHE STADT

Wir parken irgenwo an der Stadtmauer und betreten ein Schtädt-
le von viertausend Seelen mit winkeligen Gassen, die fallen und
ansteigen, Fachwerkhäusern, die sich altersmüd nach vorne nei-
gen und leise vor sich hinächzen, dazwischen dann wieder einmal
ein Platz (und ein herrschaftlicher Bau), den alte Bürgerhäuser
und Gasthöfe umstehen. ›Zum Löwen‹, ›Zum Bären‹ verkünden
ihre schmiedeeisernen Schilde. Plötzlich öffnet sich die Stadt zu
einem geräumigen Freiraum. In hellstem Rosa und Weiß liegt
ein Schloß vor unseren Augen mit einer Fassade, die blitzsauber
erneuert ist, als wäre Serenissimo erst gestern eingezogen. Es ist
die bischöfliche Sommerresidenz der Fürstbischöfe von Konstanz,
einfach das Neue Schloß geheißen.

Als Neben- und Sommerresidenz und als Handels- und Bürgerstadt hat dieses Meersburg einmal eine Rolle gespielt, die ihm
auf den Leib geschnitten war. Es war Reichsstadt und genoß seine kaiserlichen Privilegien. Und trotz aller Händel und Rivalitä-
ten, die mit alemannischem Eigensinn ausgestanden wurden,
lebte es sich gut unter dem Krummstab. Die Konstanzer Bischöfe
liebten Meersburg, und fast hat man den Eindruck, sie hielten
sich lieber in Meersburg auf als in Konstanz drüben am anderen
Ufer des Sees. So hat Meersburg ein erstaunliches Maß an städte-
baulicher Schönheit gewonnen. Und auch durch alle Kriege in
unsere Zeit herüber gerettet. Zur Freude der vielen Besucher, die
alljährlich nach Meersburg kommen und es wie ein Juwel oder
eine Touristenattraktion bewundern.

Wir essen im ›Löwen‹ zu Mittag. Ein behagliches Haus am Eck.

Altes Täfelwerk, altdeutsche Gemütlichkeit und Butzenschei-
ben. Dazu gibt es aus der Staatlichen Domänenverwaltung eine
Meersburger Weinspezialität: den Weißherbst, der sofort nach
der Lese aus roten Trauben gekeltert wird und fast bernsteinfar-
ben im Glas liegt.

Aber schon lockt uns das Schloß der Fürstbischöfe, das *Neue
Schloß*. Drei mit erlauchten Namen haben an ihm gebaut: Johann
Franz Schenk von Stauffenberg, Kardinal Damian Hugo von
Schönborn, Kardinal Franz Konrad von Rodt. Als Baumeister
fungierte dabei ein Benediktinerpater Christoph Gessinger, ein
baukundiger Mann aus der Benediktinerabtei Sankt Georg in
Isny. Wer sich von seinen architektonischen Fähigkeiten ein Bild
machen will, besichtige vielleicht zuerst die kleine Freitreppe
zwischen dem Alten und dem Neuen Schloß. Sie ist gefällig angelegt und disponiert mit ihrem Rokokogitter, doch führt ein Trep-
penlauf direkt ins Leere. Er ist abgemauert und wir nehmen
freundlicherweise an, daß dies nicht Gessingers Idee war. Es wird
auch berichtet, daß der baubeschlagene Pater mit seinem Fürstbischof eine Studienreise unternahm, und zwar in die Kaiserstadt
Wien. Vermutlich, um die neuen Werke der kaiserlichen Hofar-
chitekten kennenzulernen, eines Lukas von Hildebrandt und Fischer von Erlach. 1712 ist dies geschehen. Damals aber wurde der
Hauptbau schon als fast vollendet bezeichnet. Also mehr eine
Ausstattungsreise! Dennoch dürften sich noch große Schwierigkeiten ergeben haben, die dem Baumeisterpater allmählich über
den Kopf gewachsen sein müssen: Gessinger entzog sich seiner
Verantwortung und floh in die Schweiz. Das war am 25. Mai 1730.
Darauf scheint der Bauherr die Lust verloren zu haben, und das
Meersburger Bauwesen stagnierte. 1740 ist dann ein Schönborn
an der Reihe, und die Schönborn haben nicht nur den Bauwurm,
sondern sind auch baukundig. Kardinal Damian Hugo kann zwar
das Schloß nicht abreißen – nicht einmal ein Schönborn geht so
weit –, aber er kann verbessern. Und so wird ein Balthasar Neumann in Würzburg bemüht, den Ausbau voranzutreiben und womöglich noch zu korrigieren. Neumann verlegt die Schloßkapelle
in den Seitenpavillon und entwirft eine neue geräumige Treppe,

die als Anbau in Erscheinung tritt. Treppen sind ja seine Spezialität.

Dies alles erledigt er in Würzburg, auf den Plänen, am Zeichentisch. Nach Meersburg kommt er vermutlich nicht. Es hat deshalb auch seine Haken.

Kardinal Schönborn hatte auch nur im Jahr 1740 bis 1741 einige
Monate im Neuen Schloß Logis genommen. Er stirbt bald, 1743.
Sein Nachfolger Anton von Sikkingen zeigt wenig Interesse, den
Bau zu vollenden. Er bleibt in Konstanz und mag das Sommer-
residieren nicht. Da kommt ein Fürstbischof an die Regierung,
der selbst aus Meersburg stammt, Franz Conrad von Rodt. Er
ist sogar in dem Adelspalais gegenüber der Meersburger Residenz geboren. Wenn das kein Glücksfall für Meersburg ist! Das
Neue Schloß gewinnt nun rasch seine abschließende Gestalt. Die
Meister, die den Bau vollenden und ausstatten, haben zwar
italienisch klingende Namen, sind aber nur zum wenigsten
Italiener. Der Architekt heißt Franz Anton Bagnato, Baumeister
des Deutschordens, aus dem Elsaß gebürtig, der Freskomaler
Joseph Appiani, in München geboren und viel beschäftigt zwischen Ottobeuren und Vierzehnheiligen in Franken. Der Stukkateur dürfte ein geborener Italiener sein: Carlo Pozzi. Der Freskenmaler der Schloßkapelle ist der aus Mähren stammende Augsburger Gottfried Bernhard Göz. Und der Bildhauer, selbstverständlich möchte man sagen, Joseph Anton Feuchtmayer aus
Mimmenhausen. Hinzu kommt noch der in Tirol geborene
Augsburger Johann Wolfgang Baumgartner mit seinem Deckenstück im Gartenpavillon. Eine Mannschaft also, die sich sehen
lassen kann und die eine glückliche Mischung von einheimischen,
bodensee-schwäbischen Kräften und anerkannten Kräften von
außen ist. Von 1759 bis 1762 währt die letzte Bauphase.

Die heutige Fassade mit dem Säulenportal und den aufs Dach
gesetzten Giebeln ist sichtlich Bagnatos Werk. Seine Meister-
leistung aber wird die auf dem Entwurf Neumanns aufbauende,
ihn korrigierende Treppe mit den leicht ansteigenden, flach geführten Läufen, den Säulen, den Sandsteinvasen, den Figuren und
dem zierlichen Rokokogitter.

Die Decke überspannt ein gemaltes Götterstück von Joseph Ignaz Appiani. 1761 wurde es vollendet. Wir erkennen darauf eine Verherrlichung des Fürstbischofs Kardinal von Rodt, gedankenreich ausgelegt und schwungvoll aufgezogen. Doch sind die Farben wohl nicht mehr ganz im alten Schmelz erhalten, wirken streckenweise eigenwillig, fast ein wenig morbid. Ein altes Weinrot, ein gedecktes Blau, ein herbstliches Gelb...Es ist wahrlich ein herbstliches Rokoko mit der Patina der Verwelkung. Dagegen ist die Komposition durchaus schwungvoll, noch vom genialischen Stil der vierziger und fünfziger Jahre befeuert. Das Vorbild Asam wirkt in der Auffassung nach. Und Tiepolos Würzburger Treppenhaus-Decke kann sich nicht ganz verleugnen. Die Rahmenzone besteht aus sicher gezeichneter illusionistischer, zurückweichender Architektur. Vor einem Sockel mit dem Porträtmedaillon des Kardinals – wie in Würzburgs Treppenhaus auf dem Tiepolofresko – schwebt Fama, der Genius des Ruhms, mit der Fanfare. Davor steht Klio, die Muse der Geschichtsschreibung, ziemlich hingerissen von ihrer Aufgabe, die vielen Titel des Kardinals auf das Denkmal zu schreiben und gleichzeitig in den Büchern seiner Taten, die am Fuß des Denkmals verstreut, ja hingeworfen sind, zu lesen. Auch Pallas Athene (links in der Ecke) weist auf das Bildnis des Rokokokardinals hin. Putten, mit großen Zirkeln und Plänen befaßt, vertreten die Architektur, andere die Bildenden Künste. Rechts ist Chronos zu erkennen, der Gott der Zeit, und bei ihm ein Page, der zwei Mitren auf einem Kissen trägt. Die Vergänglichkeit des Ruhms soll hier symbolisiert werden. In diesem Reigen der Panegyriker und des barocken Persönlichkeitskultes erscheint Chronos fast als Alibigott. An der Schmalseite reißt Herkules das Laster an Ketten in die Tiefe. Zählt zum Laster auch die Baulust? Gewiß nicht! Auf der Gegenseite finden wir weitere Positiva, die gemalte Statistik des Bistums etwa und des Schwäbischen Kreises.

Die *Repräsentationsräume* des Schlosses sind in jüngster Zeit vorbildlich restauriert und zu einem der schönsten Museen im Bodenseeraum ausgestaltet worden. Als wir das Schloß besucht haben, war diese Arbeit noch im Gange, und so müssen wir darauf verzichten, den Museumsrundgang zu schildern. Soviel war wenigstens schon zu sehen, daß die Räume ideal für solche Zwecke sind, weil sie südseitig hell beleuchtet werden. Ein paar Vitrinen sahen wir schon mit Fayence und Teile des Mobiliars.

Auch in den Haupt- und Festsaal durften wir blicken. Ein zwei Geschoße durchmessender Raum, der zwar im alten Glanz wiedererstrahlt, aber nicht unbedingt ein räumlich-architektonisches Glanzstück unter den vielen schönen Festsälen des süddeutschen Rokoko ist. Man denke nur an Sünching in Niederbayern, an Alteglofsheim bei Regensburg, an den Schaetzlersaal in Augsburg. Hier scheint sich das Abenteuer mit Pater Gessinger nachwirkend gerächt zu haben in blinden Oberlichtfenstern, etwas zu gedrückten Proportionen und den entsprechenden Türformaten. Der Stukkateur Pozzi tat, was er konnte, um Flüssigkeit hineinzubringen. Und der Freskant Appiani tat noch mehr. Er malte 1762 das Festgelage von Bacchus und Ceres, von dem unser Führer Joachim Hotz sagt:

Es zählt zu den besten Arbeiten dieses begehrten Künstlers. Eine prachtvolle Leistung ist allein das bruchlose und doch so überzeugende Übergehen der sommerlichen Landschaft um Diana in beschneiten, mit Eiszapfen behangenen Winterwald. Jede Szene, die Appiani in diesem Werk dargestellt hat, wirkt wie selbstverständlich, nichts ist schematisch gegeben oder gar aufgereiht. Und wenn draussen im Treppenhaus ein Konstanzer Fürstbischof sein Denkmal fand, so dürfte unter den Freuden von Wein und Jagd das von ihm regierte Land verherrlicht worden sein.

Das Leichte, Leichthingeworfene, die sommerliche, herbstliche, jahreszeitliche Idylle gelang ihm am besten, diesem Appiani, der übrigens auch große Kirchenfresken gemalt hat, und der von Kosmas Damian Asam als Kollege geschätzt wurde.

Die *Schloßkapelle*, von Neumann in den westlichen Eckpavillon ›verlegt‹, aber nicht raumarchitektonisch gestaltet, zeigt sich als hoher Saalraum mit Pilastern und Stichkappengewölbe. Von zwei Geschoßen kommt das Licht herein. Die Dekoration gibt den Ausschlag, zunächst die Stukkatur, die die Wandpilaster akzentuiert, Heiligenmedaillons umrahmt und nicht mehr vorhandene Gemälde umspielt. Sie ist ein wirkliches Meisterwerk des Bildhauers und Altarbauers Joseph Anton Feuchtmayer, 1741 bis 1743 gefertigt, also vor der Birnau. Zu dieser Dekoration und Ausstattung, die durchaus architektonische Funktionen erfüllt, gehören die Rahmungen für den Bischof- und denPresbytersitz wie auch die Pendants von Kanzel und Oratorium, sehr sichere und schwungvolle Pendants übrigens. Feuchtmayer war bei seinen Entwürfen an die Anweisungen des Bauherrn Damian Hugo von Schönborn gebunden, hat aber daraus ein echtes Gesamtkunstwerk gezaubert, das Vorspiel zur Wallfahrtskirche Birnau. Höhepunkt ist hier der Kreuzaltar, ein schönes, ergreifendes, ja in seiner Schlichtheit klassisches Rokokowerk. In einer Flachnische zwischen zwei Pilastern, deren Hinterlegungen sich leicht vorwölben, der männlich schöne ausdrucksvolle Kruzifixus, im Auszug die bewegte Stuckfigur Gottvaters vor einer geflügelten Kartusche, von einem Engelsköpfchen mit Krone bedacht. Die Seitenfiguren Maria und Johannes, träumerisch in sich verschlossen die Maria, bei Johannes die große Geste und das Getroffensein von Oben. Am Tabernakel Feuchtmayerputten, die einmal Leidenswerkzeuge wiesen. Zu den gewiß reizvollsten Einfällen des Bildhauers zählen die geflügelten Engelsköpfchen, die an den Presbyteriumssitzen durch ihre Kopfbedeckungen – Birett und Kardinalshut über den Chorsitzen, Fürstenhut an der Kanzel und die Mitra am Oratorium – die Würden des Kardinals Schönborn symbolisieren. Wie immer bei Feuchtmayer, ein meisterlicher Farbkontrast von weißen Statuen und poliertem farbigem Stuckmarmor.

Für das Deckenfresko steht der Name Gottfried Bernhard Göz und die Jahreszahl 1741. Illusionistische Architekturmalerei, darin er Meister war, faßt das Ganze ein. Im Chorraum die Huldigung des Kardinals und seiner Würdenträger an Maria, die auf einem Altar unter einer Kuppel steht. Engel, die im Sturz erfaßt sind, und Putten, die wiederum Würdezeichen weisen. Die Marienfigur stellt eine Wallfahrtsstatue dar. Die Profilansicht des Kardinals Schönborn, der ein Weihrauchfaß schwingt, ist prächtig, vergeistigter als Baumgartners ›Porträt‹ des Kardinals Franz Conrad von Rodt in Baitenhausen.

Wir gehen in den Park, der sich so herrlich zum See hin öffnet, gewiß einer der schönsten Flecke am Bodensee. Da ist ein *Rokoko-pavillon* zu sehen, gerade noch, daß er über die Böschungsmauer mit seinem Mansarddach lugt. Ein kleines eigenes Parterre ist ihm vorgelagert: man kann ihn betrachten oder auch zeichnen. Sein Portal ist wählig und fein. Unter Kardinal Rodt erhielt er auf älterer Grundlage diese elegante Form. Noch schöner aber ist sein Deckenfresko (man versäume nicht, sich aufsperren zu lassen). Johann Wolfgang Baumgartner aus Augsburg hat es, wie wir neuerdings wissen, etwa gleichzeitig mit seinen Arbeiten für Baitenhausen geschaffen. In seiner Komposition hielt er sich an ein großes zerstörtes Vorbild, nämlich Johann Evangelist Holzers Augsburger Fresko ›Omnia tempus habent…‹, das uns als Stich überliefert ist. Entstehungszeit hier 1760. Der Ablauf des Jahres ist durch die personifizierten Monate wiedergegeben, zugleich der Reigen der Zeit, denn auf Nilsons Stich nach Holzer heißt es: »Die Zwölf Monate tanzen im Reigen nach der Pfeife der Zeit…«

Die Zeit hat alles, alles hat seine Zeit, das wollte Holzer uns sagen, der frühvollendete und jungverstorbene ›teutsche Raffael‹ aus Burgeis in Südtirol. Sein Tiroler Landsmann scheint durch das Vorbild Holzers zu einer seiner reifsten Leistungen angespornt worden zu sein. Uns gefällt vor allem der Sommermonat August (Farbtafel III, gegenüber), eine Schnitterin unter dem breiten Strohhut mit Ähren darauf, die das Tanzbein schwingt. Auch der Oktober ist eindrucksvoll, wie er als ungebärdiger Silen, mit Eselsohren und Ziegenschwanz, sich nur widerstrebend in den sanften Reigen einfügt und die Weinranke dem November weiterreicht. Eine gemalte Kartusche am Rand zeigt als Bekrönung den Kardinals- und Fürstenhut. Ein antikisches Versatzstück, eine Pyramide mit Ovalmedaillon, ragt seitlich in die zarte Himmelsbläue, der hier viel Raum gegeben ist, Apoll fährt mit dem Sonnenwagen im Äther spazieren. Echter Rokokogeist ist in dieser Decke eingefangen.

Über Gessingers einarmige Doppeltreppe, die recht fein gelöst ist, gehen wir hinunter zum *Alten Schloß*. Wir machen den Rundgang mit. Der Dagobertsturm, der im Kern noch ältestes frühmittelalterliches Mauerwerk umschließt, mittelalterliche, freilich auch ein wenig romantisch ausgestattete Gemächer und Gewölbe. Ein Museums- und Burgenfreund wird seine Freude daran haben, zumal wenn er auf der Seeseite die Ausblicke genießt, die sich hier auf das Wasser bieten. Das gewachsene Burgschloß ist in seinen bewohnbaren Räumen die Residenz einer bewundernswerten Frau gewesen, der Dichterin Annette von Droste-Hülshoff. Sie hat hier die letzten Jahre ihres Lebens verbracht, und viele Einrichtungsstücke und Bilder erinnern an diese Gegenwart. Es gibt auch ein Droste-Museum im ›Fürstenhäusle‹.

Anna Elisabeth, Freiin Droste zu Hülshoff (1797-1848), wie sie mit vollem Namen hieß, kam 1841 zu ihrem ersten Aufenthalt nach Meersburg zu Besuch bei ihrer Schwester Jenny, die mit dem Schloßbesitzer Joseph von Laßberg verheiratet war. Auf dem Rüschhof in Westfalen aufgewachsen, einem der Meister-

Johann Wolfgang Baumgartner
(1712-1761)

ALLEGORIE DER MONATE AUGUST
BIS NOVEMBER
Ausschnitt aus dem Deckenfresko
von 1760 mit dem Thema
DIE ZWÖLF MONATE TANZEN IM
REIGEN NACH DER PFEIFE DER ZEIT

Meersburg, Sommerpavillon des
Neuen Schlosses

werke des Architekten Johann Konrad Schlaun, westfälischem adeligem Landleben verbunden, faßt sie bald eine Zuneigung zu Meersburg, wo sie des öfteren mit Levin Schücking zusammentraf. Bis sie nach dem Bruch mit Schücking und einer schweren Erkrankung 1846 vom Rüschhof, dem Witwensitz ihrer Mutter, nach Schloß Hülshoff und endgültig nach Meersburg übersiedelte. Schon am 12. November 1843 hatte sie das sogenannte Fürstenhäuschen mit dem Weinberg ersteigert. Der Tante Sophie von Haxthausen teilte sie am 21. Januar 1844 mit: »...es heißt Fürstenhäuschen, weil einer der letzten Bischöfe (von Konstanz) es gebaut hat, um dort im Sommer die Nachmittage zuzubringen, sowohl der herrlichen Aussicht wegen, als auch weil er kränklich war und die Luft dort so rein ist...«

Bei ihrem ersten Aufenthalt in Meersburg wohnte sie im Nordostturm des Schlosses, wo ihr die Schwester ein bescheidenes Zimmer eingerichtet hatte. Schücking, der von Laßberg mit der Ordnung seiner umfangreichen Bibliothek beauftragt war, wohnte im Südwestturm, der heute ›Schückingturm‹ heißt. Von Oktober 1841 bis April 1842, dem Monat, da Schücking die Meersburg verließ, entstanden nicht weniger als vierundfünfzig Gedichte. Es ist ein dichterischer Ausbruch, dem Ermattung folgen sollte.

Der erste Brief an Schücking umfaßt zwanzig Seiten. Schücking dagegen, der eine Stelle als Erzieher bei den Prinzen Wrede in Schloß Mondsee angenommen hatte, berichtet lakonisch über einen Besuch in Wien, bei dem er Lenau kennengelernt hat, »...in einem Kaffeehause, wo er am Billardspiel war; er war sehr freundlich, sogar so sehr, meine Gedichte zu loben...«

Viele Gedichte der Droste mögen die Zeit nicht überdauert haben, lebte sie doch zu sehr in den Bindungen ihres Standes und war noch dazu in die Rolle einer einsamen Frau gedrängt, in ihrem Liebesverzicht der Marschallin aus dem Rosenkavalier vergleichbar. 1844 während eines Besuches, den Levin Schücking mit seiner jungen Frau Luise geb. von Gall in Meersburg machte, entstand ein Gedicht ›Das Glaserhäuschen‹ überschrieben, später ›Die Schenke am See‹ genannt, das sie in jenem Ausflugslokal binnen einer Stunde, während sie plauderten und auf den See hinaussahen, vollendet hatte:

> *Schon fühl ich an des Herbstes reichen Tisch*
> *Den kargen Winter nahn auf leisen Socken.*

Vorwegnahme oder Nachklang ihres berühmtesten Herbstgedichtes, das ihre ganze Ausdrucksfähigkeit und ihr Sprachmelos erkennen läßt, und das so beginnt: »Nun naht des Jahres gnadenvollste Zeit...«

Am frühen Nachmittag des 24. Mai 1848 starb sie in Meersburg – sie liegt an der Kirchhofmauer des Meersburger Friedhofs begraben. Es war das Sturmjahr der Revolution. Freischärler des badischen Seekreises waren vor dem Schlosse aufgezogen und hatten Waffen verlangt, die ihnen von Laßberg verweigerte. Vor dem Meersburger Rathaus wurde die Republik ausgerufen. Die Dichterin hatte die Märzereignisse von ihrem Krankenbett aus noch registriert.

In Meersburg gingen wir noch zum ehemaligen *Priesterseminar*, einem alten Barockbau, dem heute das neue Realgymnasium gegenüberliegt. Das schloßartige Gebäude, das auf jeder Meersburger Vedute zu sehen ist, erwies sich zum Zeitpunkt unserer Besichtigung ziemlich heruntergekommen. Es hat eine ähnliche Gliederung, wie wir sie beim Priesterhaus der Birnau antreffen, nur viel schlichter: ein gedrungener Flügel mit vortretendem Mittelbau (hier Mansarddach) und Eckrisaliten, die verbindenden Stücke völlig ungegliedert; die betonten Baukörper haben Flachpilaster an den Ecken. Schlichte, flache Portaleinfassung und Fensterverdachungen im Mittelbau. Das Seminar ist 1732 bis 1735 durch den Baumeister Johann Leonhard Frey aus Ludwigsburg nach den Plänen des Paters Christoph Gessinger errichtet worden. In den Jahren 1763-1766 kam durch den Kardinal von Rodt noch eine stattliche Seminarkapelle mit gerundetem Chorhaupt hinzu. Hier ist der Entwurf von Franz Anton Bagnato, der Stuck von Carlo Pozzi, das Deckengemälde von Joseph Appiani, die Architekturmalerei von Johann Baptist

Brenni. Thema der Appianifresken: der heilige Karl Borromäus
als Prediger, Spender der Sakramente und als Führer einer Prozession. Den Hochaltar schuf Konrad Hegenauer (1767), die
Seitenaltäre und Kanzel Franz Ignaz Verhelst, der Sohn des Augsburger Rokokobildhauers. Dies nach Gebhard Spahr O.S.B: Johann Nepomuk Hauntinger, Anmerkung 11.

Unsere Versuche, den Schlüssel zur Seminarkirche zu erhalten
schlugen fehl. Vielleicht ,weil sie in so schlechtem oder baufälli-
gem Zustand ist. So gingen wir in den ehemaligen Seminarhof
und bemerkten, daß ein zweiter gleichgestalteter Flügel auf den
See hinausblickt. Also eigentlich eine Anlage in Form eines
Winkels. Johann Nepomuk Hauntinger hat es 1784 noch in bau-
lich schönster Blüte erlebt, obwohl auch damals schon ein wenig
verwaist. Er schreibt:

*...Wir durchgingen, weil wir auf Postpferde warteten, den Ort, be-
sahen das Äußere der bischöflichen Residenz und machten dem Regens
des dasigen Seminariums, einem gelehrten alten, freundlichen und recht
ehrwürdigen Manne, einen Besuch. Er führte uns in allen Zimmern des
weitläufigen Gebäudes herum und zeigte uns auch eine kleine Hausbiblio-
theck, welche sehr ordentlich eingerichtet wird, und auf antike Art ausgeziert ist. Die Decke dieses Saals ist in Fresko gemalt. Kurz besahen wir
noch den Seminariumsgarten, die Studier- und Wohnzimmer der Semi-
naristen, die Kapelle usw., und ganz vergnügt und voll der Hochachtung
für diesen würdigen Alten fuhren wir...in das Reichsstift Salem.*

WALLFAHRTSKIRCHE BIRNAU

Mit sanfter Gewalt werden wir jetzt angezogen vom ›Schwere-
feld‹ des marianischen Sterns *Neu-Birnau*. Silbern schimmert die
Wasserfläche vom verlandenden Ufer des Überlingersees herauf.
Der Himmel ist wolkenlos blau. Man wird im Näherkommen von
einem leichten Ankunftsfieber ergriffen, die Erwartung wächst,
bis zu jenem Augenblick, da der schon vertraute Umriß der
Wallfahrtskirche im zarten Dunst des Uferstreifens und im Grün
der Wiesen auftaucht. Da ist sie, die späteste und schönste Perle

des Barock am Bodensee, dort bei den alten Bäumen. Wir biegen die Straße zum Ufer hinab. Die Ankunft hat etwas von Landung, von Ankommen an einem andern Ort, von Wiederkehr...Was stört uns gleich? Jawohl, es ist der neu angelegte Landeplatz für Touristen samt seinem banalen Bahnhofskiosk. Alles zu nah, zu sichtbar an dieser empfindlichen Stelle, wo das Bauwerk in die Landschaft übergeht, von ihr gerahmt wird. Auch Baugerüste verstellen das gerundete Chorhaupt der Kirche. Aber die können uns nicht erschrecken. Die freuen uns sogar.

Ein paar Schritte zum Ufer hin. Die heitere Front liegt ungestört vor uns, noch in der Patina ihres Alters. Wie wird sie nach der Außenrestaurierung aussehen? Jedenfalls neu, jedenfalls hell und für Jahre gesichert! Ein fast graziöser, feinfühlig aus dem Terrain entwickelter Zweiklang von Kirchenfassade und Priesterhaus. Der Turm ist von männlicher Eleganz, alle Gliederungen sind fein geschichtet und für helles Licht berechnet, bis hin zu den griffigen Maskerons, die die Fenster schmücken. Ein Portal von äusserst wirkungsvoller Rahmung, darüber in einer hohen Nische die anmutige Marienstatue von Feuchtmayer. Die durchgehende senkrechte Turmachse bis zur Laterne. Das Wissen um die Baugeschichte setzt nun ein: Ob die beiden Pavillons des Priesterhausflügels, der ursprünglich länger gedacht war, dem Turm nicht doch ein wenig zu nahegerückt sind? Zwei Fensterachsen mehr hätten vielleicht nicht geschadet. Es könnte gleichwohl dann auch eine Schloßfassade geworden sein. Der kaum vernehmbare Zug ins Profane, vielleicht gehört er zu dieser Landschaft! Vielleicht gehört er zur Fassade, zum *Innenraum* der Birnau.

Aber kaum, daß man den niederen lichtgedämpften Vorraum durchschritten hat, rauscht ein Jubel auf, vergleichbar einem Händelschen Halleluja, hier komponiert aus Farbe, Licht und Form. Es sind Katarakte des Lichtes, Überfälle der Farbe und Sturzwellen der Form, die hier in genau abgestuftem Rhythmus auf uns eindringen. In drei verebbenden Wellen oder Raumzonen spielt sich das ab: zuerst das Langhaus mit dem hellen Stakkato seiner Wandpfeiler und Fensterachsen, durch das sich als ver-

Birnau

bindende rhythmische Melodie die leichtgefügte Empore hinzieht; dann der schmäler eingezogene Chorraum mit dem Rund seiner Flachkuppel, zuletzt der bühnenhafte Altarraum, von dessen Zentrum die bewegende Kraft aller Raumenergien auszugehen scheint.

Wir müssen es schon hier anmerken, obwohl es noch nicht deutlich wird, daß dieses Zentrum in wesentlichen Teilen, dem Tabernakelaufbau und dem Retabel (Altarbild), in späterer Zeit verändert worden ist. Das Birnauer Gnadenbild, eine sitzende Muttergottes mit Kind, bekrönte ursprünglich den Tabernakel, und ein mächtiges Altarbild, das den Blick in die Tiefe zu leiten vermochte, wurde durch ein alabasternes Engelsrelief ersetzt.

Wir merken es an, sozusagen, um schon jetzt kritische Distanz zu diesem Ereignis der Raumkunst von Birnau zu gewinnen, auch um den Einblick in die Störungen dieses empfindlichen Ganzen zu fördern.

Eines ist sogleich klar. Der Raum von Birnau steht in der Reihe der großen süddeutschen Kirchenschöpfungen des 18. Jahrhunderts und ist doch einzigartig vermöge seiner Konstruktion. Allein das Langhaus mit den großen Durchbrechungen der Fenster in zwei Geschossen, der dem Mauerkörper angeschmiegten Galerie hat etwas Profanes. Man fühlt sich fast an einen der Rokoko-Bibliothekssäle erinnert, wo die Pfeiler mit Bücherschränken umkleidet sind und viel Licht herrscht. Man erinnert sich an Sankt Peter im Schwarzwald, sogar an Admont in der Steiermark, wo einer solchen Bibliothek – man verzeihe das Wort! –›sakrale‹ Züge einverleibt sind durch die Einfügung einer Flachkuppel. Nicht Gewölbe mit Gurtbogen oder ablesbare Joche geben dem Langhaus den Charakter, sondern eine flache Mulde, in die Stichkappen hineingreifen. Eine gewisse Zentralisierung, oder besser gesagt: Rhythmisierung ergibt sich durch die Ausbuchtung eines Kapellenpaares vor der letzten Fensterachse, ein Moment, das auch wesentlich zur Raumerweiterung beiträgt. Man achte darauf, wie hier das Galeriegeländer schmiegsam zurückbuchtet und dann abbricht. Solche Bruchstellen, Abbrüche eine großen Melodie, sind bezeichnend für den Stil von Birnau. Es ist auch nicht mehr der kraftvoll gespannte Rundbogen, der vorherrschend ist, sondern der weichere Korbbogen, es ist die spitze Form der Stichkappen unter der Galerie und auf dem Gewölbe, es ist der spitze Zuschnitt der Gesimse an der Galerie, die vergleichsweise schon geometrische Form des Gitters, was Birnau so›eigensinnig‹ macht. Das heißt die Rokokovolute steht schon im Kampf mit der Vase, dem Medaillon und der Triglyphe. Es ist freilich immer noch die Rocaille, nicht die Triglyphe, die hier ›singt‹. Aber der Bruch steht dicht vor der Zeit.

Es gibt da eine Stelle in Birnau, genau genommen sind es zwei, wo ich Sie gleich zu Eingang hinführe, um etwas deutlich zu machen: die beiden Seitenaltäre vor der Einziehung zum Chor. Betrachten Sie zuerst die linke Hälfte, dann die rechte Hälfte! Sie decken sich nicht; es gibt kein symmetrisches Bild. Wie um das zu betonen, hat der Bildhauer noch ein übriges getan. Er zeigt, im Gebälk beginnend und am unteren Teil des Rahmens endend, eine Bruchstelle an, genauer betrachtet sogar eine leichte räumliche Verschiebung der beiden Teile. Das Verschobene, der Abbruch, das andeutend Ruinöse: es könnte wohl darüber weggegangen werden, wie denn auch viele darüber hinweggehen, die darin bestenfalls eine Laune des Künstlers, eine Laune des Stils erkennen wollen. Der Riß ist aber zu auffällig, zu augenfällig gemacht, um bloße Täuschung, reiner Effekt zu sein. Er ist auch symbolisch zu verstehen als ein Knistern im Gebälk, als angedeutete Erdverschiebung, als Riß im Stilgefüge, ja in der Zeit.

Betrachten wir uns da gleich die berühmteste Figur von Birnau, seit mehr Kunstpilger als echte Pilger hierherkommen, den Putto am selben Seitenaltar, ›der Honigschlecker‹ genannt. Dieser Engelsknabe, der mit exaltierter Haltung dasteht und seinen

Birnau Der Honigschlecker

Finger ganz ungeniert zum Mund führt, soll den heiligen Bernhard als ›honigfließenden Lehrer‹ symbolisieren. Er macht das sehr direkt: das heißt, er macht sich lustig und kostet die Süße seiner Worte aus. Ironie – als die typische Erlebnisform einer Spätzeit – ist hier im Spiele. Noch direkter als bei Ignaz Günther. Gleich daneben aber haben wir das Werk eines Meisters, der dieser ironischen Sprache sich nicht bedient. Es ist das Altarblatt mit der Darstellung der Vision des heiligen Bernhard von Clairvaux. Es ist ein aus tiefem religiösen Erleben, ja aus der Mystik gespeistes Werk von Gottfried Bernhard Göz. Barock und Aufklärung stehen hier dicht beieinander, und durch beide verläuft die Bruchlinie, hier des Glaubens, dort des Geistes. Es ist nun freilich nicht so einfach zu erklären, daß Feuchtmayer, der Schöpfer des süßen Engelsknaben, nun ein weniger gläubiger, ein weltlicherer Künstler gewesen sei, oder gar ein heimlicher Zweifler, der sich insgeheim lustig macht. Entwicklungsgeschichtlich gesehen ist er eben nur der jüngere, auch der größere Künstler, der genau weiß, was die Zeit von ihm erwartet, welche Sprache ihr gemäß ist, und wo er steht: er steht freilich schon ein Stück jenseits des großen Zeitgrabens zwischen Barock und Aufklärung. Sein köstlicher alabasterfarbener Putto steht nur mit einem Fuß auf dem Podest, der andere Fuß stemmt sich ab. Er könnte fast sagen, »nur wer in meiner Zeit gelebt hat, dem 18. Jahrhundert, kennt die Süße des Daseins«.

Fast noch merkwürdiger sind die beiden Altaraufsätze im Mönchschor. In ihrer zerrissenen, abgebrochenen und zerklüfteten Form bilden sie eine Art Rahmung für Ohrmuscheln. Ein Putto von augenfälliger Koketterie reitet auf einer wolkenhaften Volute. Nach oben die strenge Horizontale eines Gesimses mit klassizistischen Pfeifen und Triglyphen. Darauf entwächst aus terrestrischem Gelände, Baum und Wurzelwerk, die Figur Johannes des Täufers und des Evangelisten, assistiert von einem Putto, der zur Seite blickt. Es sind Schöpfungen, noch ganz aus dem Geiste des Rokoko, schwärmerisch und empfindsam, ja schmerzlich in sich verschlossen. Betrachtet man sich die alttestamentarischen Figuren der Elisabeth und des Zacharias von Feuchtmayer am Hochaltar, so ist wieder die Ironie im Spiele, die sich als Exaltiertheit in Bewegung, Gewand und Ausdruck gibt. Eine Schauspielerin ist diese Elisabeth, die ihren Auftritt hat und jede Geste beherrscht. Daß hier – man verzeihe wieder – ein altes Weib, aufgeputzt und in königlicher Pose, mit ihrem Körper nicht geizt, könnte man sogar als Profanierung empfinden. Das ist es aber nicht: sondern es ist Konfrontation mit jener höheren Wahrheit, die sich im Spiele zeigt, es ist geistliches, ein wenig überzüchtetes, jedenfalls hinreißendes Theater. Man muß diese Figur von allen Seiten betrachten, die der Standort zuläßt. Sie ist glänzend ponderiert und entfaltet räumliche Wirkung – Bewegungspsyche möcht man fast sagen, die sich von Blick zu Blick ändert und verschiebt. Auch der Ausdruck ändert sich. Die Skala reicht vom fast Ordinären bis zur Vergeistigung, von greisinnenhafter Verkniffenheit bis zu letzter seherischer Schau. Das Ergreifendste freilich ist, wie der Bildhauer vom Bodensee sich der Elisabeth im Dom zu Bamberg, jenem Werk aus der klassischen deutschen ›Kathedralplastik‹ nähert, jener ebenfalls greisinnenhaften ›Seherin‹, wie Pinder sie nennt. Der auffälligste Gegensatz: die Bamberger Figur steht mit ihrem Faltenkatarakt fest auf dem Boden. Die Seherin von Birnau geht schwankend einher; sie ist anlehnungsbedürftig, ja, es weht sie fast um.

Blicken wir vom Altarraum zurück zur Orgelempore, so ist der profane Zug des Raumes noch verstärkt, vor allem die Abschlußwand wirkt spannungsarm. Jedoch ist zu bedenken, daß der abschließende Akzent und Blickpunkt fehlt: die alte Rokoko-Orgel, ein Meisterwerk von Johann Georg Aichgasser, kam 1824 nach Altnau bei Münsterlingen in der Schweiz. Auch die Beichtstühle wurden durch störende neue ersetzt. Alte Einrichtungsstücke kamen nach Seefelden, Mimmenhausen und Weildorf. Das Betgestühl wanderte nach Salem und Mimmenhausen. So sorglos ging man im 19. Jahrhundert mit den Meisterwerken des Rokoko um. ›Alemannia da Salvare!‹

Die Deckenfresken von Gottfried Bernhard Göz wurden zum Glück nur leicht beschädigt und erfreuen uns heute noch durch ihren satten Farbklang und polychromen Schmelz. Dargestellt wird im Altarraum, wie Esther vor dem König für ihr Volk bittet, also eine alttestamentarische Szene, der auch gleich die biblische Erfüllung im Neuen Testament gegenübergestellt wird: Maria als Fürbitterin vor Christus. Im Deckenspiegel des Mönchschores erscheint in illusionischer Kuppel Maria als das Apokalyptische Weib. So wie Johannes sie in der Apokalypse erschaute: Erdkugel und Schlange zu Füssen, umgeben von den Symbolen der Liebe Gottes: Herz, der Nächstenliebe: Spiegel, des Glaubens: Kreuz und Kelch, der Hoffnung: Anker, und der Furcht: Hase. Die vier Erdteile finden wir in den vier Zwickelbildern, umrauscht von großen gemalten Kartuschen.

Das Langhausfresko entfaltet sich als luftiger illusionistisch aufgezogener Scheinraum in zwei Deckenfeldern, die durch einen Gurt getrennt sind. Hier erleben wir in einer nur angedeuteten lichtdurchflossenen Säulenhalle Maria als Königin, ihre Verehrung durch die Zisterzienser, wobei die Äbte Stephan II. und Anselm II. als Bauherren von Birnau nicht vergessen sind. In der Gruppe der Hilfesuchenden und Notleidenden will man den Maler (mit Krücke und Pinsel) erkennen. In den Deckenfeldern der Seitenkapellen der Tod des heiligen Joseph und der heiligen Luitgard, einer Zisterzienserin. Am freiesten aber zeigt sich der Deckenmaler im letzten Gemäldefeld. Hier fliegt auf einer branstigen Wolke ein Engel, großartig gemalt, als stürze er auf uns herab – von anderem Standpunkt aus gesehen, als flöge er vorbei, mit mächtigem Flügelschlag und herabhängendem Bein. In seiner Hand hält er eine Rolle – Botschaft oder Verkündigung? Jedenfalls gibt er zugleich den Auftakt für ein liebliches Engelskonzert, das bei den musizierenden Gruppen mit Pauken und Trompeten, Flöten und Baßgeigen, Lautenschlag und Gesang anhebt.

Wer nicht viel Zeit hat, der sollte mit diesem Konzert von Birnau fortgehen. Wer aber noch tiefer eindringen will, der betrachte sich jetzt die Stationen des Kreuzweges, die Joseph Anton Feuchtmayer geschnitzt hat. Es sind noch acht von den ehemals vierzehn vorhanden. In ihrer Rocailleumrahmung, der realistischen Fassung und ›Hintergrundsmalerei‹ erinnern sie an Krippenszenen. Man kennt nichts Vergleichbares. In ihnen zeigt sich das szenische Geschick des Schnitzers, seine Liebe zum empfindsam Übertreibenden, zum pointierten Detail. Von solcher Kleinplastik leitet sich das bildnerische Talent des Rokokokünstlers her, in ihr feiert es seine manieristischen Triumphe. Auch hier scheint die Drehung des Körpers und kontrapostische Wendung des Haupts bis in die letzten Feinheiten ausgekostet. Und doch vermögen die kleinen bunt bemalten Figürchen den Schrecken der Passion und das Gezeichnetsein fast im Sinne Grecos auszudrücken.

An anmutig sich schiebenden, sich drängenden Puttengruppen

ist die Kirche reich; wir sahen sie am Hochaltargebälk und am Kanzelaufsatz. Es sind Feuchtmayers Kinder, die hier weisen und sich gerieren. Beachten Sie aber auch die feinen Büsten, die Johann Georg Dirr, sein Meisterschüler, geschaffen hat. Sie krönen die Sockel auf der Galerie. Christus und die Apostelbüsten lassen den neuen Ansatz des Bildhauers im Ernst der Auffassung deutlich erkennen. Der Evangelist Lukas gibt ein packendesKünstlerbildnis, vielleicht das Porträt des Malers Göz, wie er unter dem Kopftuch, das ihn vor herabtropfender Farbe schützen soll, ins Gewölbe hinaufblickt, während unten ein Engel mit Palette und Pinsel vorbeifliegt. Die Christusbüste dagegen bleibt etwas förmlich, verflachte Abwandlung eines Typs der barocken Porträtbüste, wie sie Bernini begründet, Permoser weiterentwickelt hat. Am reifsten in dieser um 1757 entstandenen Galerie die Büste Mariens. Ignaz Günthers Hausmadonnen könnten dabei Pate gestanden haben, doch dürfte das Entstehungsdatum auf das gemeinsame Vorbild im Werk Georg Raphael Donners weisen. Vergleicht man mit ihr den Kopf der Statue des heiligen Wendelin auf einer Altarbekrönung von J. A. Feuchtmayer, so zeigt sich, wie der Wessobrunner noch in der alpenländischen Tradition verwurzelt ist und realistischer aus seiner Umwelt schafft. Die vollständige Goldfassung der Büsten im Sinne des Klassizismus läßt wohl auch die schnitzerischen Feinheiten der Büsten Dirrs nicht ganz zur Geltung kommen. Feuchtmayer faßt seine Statuen noch naturalistisch im Sinne des Rokoko, was ihnen zweifellos – bei der künstlerischen Höhe der Faßmalerei in dieser Zeit – zu feinerer Wirkung verhalf. Feuchtmayer hat übrigens die Faßmalerei bei seinen Figuren und Gruppen selbst vorgenommen, wie aus den Rechnungen hervorgeht.

Diese Werkrechnungen, die noch erhalten sind, können uns noch manchen interessanten Aufschluß geben. Der Maler Gottfried Bernhard Göz erhielt für seine 1749 durchgeführten Arbeiten – Deckenmalereien, zwei Seitenaltarbilder und die Farbtönung von Lisenen und Fensterfüllungen und dergleichen 2806 fl. 130 kr., ist also auch für die Raumpolychromie wesentlich mitbeteiligt. Der Bildhauer Feuchtmayer erhielt für einen

Kapellenaltar 400 fl., für einen Seitenaltar 200 fl. Der Hochaltar wurde 1749 mit 1600 fl. bezahlt. Im gleichen Jahr erhielt er für achtundachtzig Schlußsteine (der Fenster des Priesterhauses) und drei Turmfenster 171 fl. 20 kr. Diese Köpfe sind von einer ganz seltenen bildnerischen Kraft, wie man es am besten an der Ostseite beurteilen kann. 1750 bezahlte man ihm für sechsundneunzig Kirchenstuhldocken 265 fl. Die Vergolderarbeit und Fassung der Galerie trug ihm 1900 fl. ein. Die ›Weißarbeit‹ – worunter man die Weißfassung der Figuren oder auch das Weißen der Kirchenwände verstehen kann – erbrachte 1750 fl. ›Antony und Hans Jörg‹ Dirr unterstützten ihn bei der Arbeit. Für die Bildhauerarbeiten an der Orgel erhielt er (1752) 185 fl., bei den Beichtstühlen, sechs an der Zahl, 25 fl. pro Stück.

Daß die Faßarbeit höher bezahlt wurde als die Schnitzarbeit zeigt sich bei den Kreuzwegstationen. Hier erhielt er für die Schnitzarbeit einer Station laut Verding von 1753 ganze 24 fl. Für das Fassen einer Station jedoch 25 fl. Seine letzten Arbeiten sind die Altarbekrönungsfiguren Sankt Wendelin und Sankt Blasius gewesen, mit denen er sich 1757 von Birnau verabschiedete und das Feld seinen tüchtigen Schülern überließ.

Selbst wenn dieser Abschied unter den Belastungen der Stil- und Geschmackswandlung zum Klassizismus erfolgt wäre, was wir nur vermuten können, so bleibt die Tatsache, daß Feuchtmayer durch sein Bildhauertemperament und sein eminentes Können Birnau seinen künstlerischen Stempel aufgedrückt hat. Man spürt das noch bei Verlassen der Kirche, vor dem kraftvoll kurvierten und ornamentierten Portal, vor allem aber beim Anblick der beschwingten Immaculata-Figur in der Turmnische. In bewegter Wendung des Körpers und in einem leidenschaftlichen Aufrauschen des Gewandes blickt sie mit verschränkten Armen etwas über die Schulter hinab auf das Bodenseeland.

Zitieren wir noch einige Daten zur *Baugeschichte* der Kirche, die Hermann Ginters Forschungen verdankt werden: Am 4. März 1746 wurde die Wallfahrt geschlossen und das Gnadenbild nach Salem überführt. Auf dem Gelände des schon im 12. Jahrhundert dem Kloster Salem gehörenden ›Mauracher Hofes‹ wurde der

Bau begonnen. Abt Stephan II. Enroth, der als geborener Meersburger die Gegend kannte und liebte, hatte schon vorher den
endgültigen Bauplatz festgelegt. Im August 1746 legte man den
Grundstein zum Priesterhaus am Südwesteck. Der Vertrag mit
dem Vorarlberger Architekten Peter Thumb vom 17. Juni 1746
lautete auf 7800 fl. Im August wurde der Grundstein zum Priesterhaus, am 11. Juni 1747 jener zur Kirche gelegt. Von Interesse
ist die Tatsache, daß bei einer Besprechung (am 7. März 1746
in Salem) Thumbs erster Plan mit sechsundzwanzig Fensterachsen als »gar zu weitschichtig und respektive prächtig« angesehen und auf die endgültige Zahl von elf Fensterachsen zur Seeseite hin festgelegt wurde. Da durch diese Reduzierung nun auf
das Verbindungsstück vom Turm zu den Pavillons nur zwei
Fensterachsen zu stehen kamen, erhielt die Fassade einen ge-
drängteren, konzentrierteren Charakter. Fast möchte man sagen,
zwei weitere Achsen hätten der Proportion noch gutgetan.

Es ist uns auch eine Zeichnung erhalten (Landesarchiv Karls-
ruhe), die den geplanten, aber nicht zur Ausführung gelangten
Treppenaufgang vom See zur Kirche zeigt. Eine sehr feine Skizze,
wahrscheinlich von der Hand Joseph Anton Feuchtmayers. Mit
einem schmiedeeisernen Portal vor der Kirche beginnend, strebt

die Treppe zwischen Weingärten zum See hinab. Ihr Lauf wird unterbrochen von einem Rundplateau, in dessen Mitte sich ein Springbrunnen mit einer Marienstatue erhebt. Das Rondeau zeigt ein Rundgitter mit steinernen Pilonen. Der Profilschnitt rechts unten verdeutlicht noch die reizvolle Situation. Es ist zu bedauern, daß diese barocke Freitreppe – wohl aus Ersparnisgründen – nicht mehr zur Ausführung kam. Aber auch in der heutigen Erscheinung gibt die harmonische Baugruppe von Kirche und Priesterhaus auf der sanft abfallenden Anhöhe des Überlinger Sees eine völlig landschaftsverwachsene, in ihrer ruhevollen und doch heiteren Stimmung unvergeßliche Vedute ab.

NACH SALEM UND ANDERSWOHIN

Wir haben einen Tag Zeit, zu einer Fahrt ins Blaue oder Grüne. Zu einer Abweichung von unserer Barockstraße nach Norden. Für die Stuttgarter möchte es sogar eine Anregung sein, wie sie vom Bodensee zurückkreisen könnten, wie gesagt, wenn man sich einen Tag Zeit nimmt ... Man fährt von Meersburg nordostwärts in das wellige Land hinein, freut sich über die schmalen, gewundenen Straßen, die an Berglehnen sich entlangziehen oder hinabtauchen in die Obstbaumfülle eines Tals. An einer dieser Bergflanken hält man an – *Baitenhausen* – und steigt ein paar Stufen hinauf zur Kirche. Hier in dieser Wallfahrtskirche sind Baumgartner-Fresken versprochen. Ein Blick hinein und wir sind aus dem Obstbaumhimmel direkt in den Rokokohimmel des 18. Jahrhunderts versetzt. Das Kirchlein ist eine kreuzförmige Anlage. Auf der Chordecke die köstliche Anbetung der Hirten, wie nur ein Maler sie schildern konnte, der mit dem Volk verbunden ist, ein Tiroler Meister aus der Augsburger Schule eben: Johann Wolfgang Baumgartner, den wir schon von Meersburg her kennen. In der Vierung der Kirche hat Baumgartner die Krönung Mariä dargestellt. Unter einem gerafften Vorhang ein seltenes Genrebild: der Konstanzer Kardinal von Rodt, umgeben von Geistlichkeit und Hofbeamten, sitzt an seinem Tisch und blättert in einem Buch. Aus seinem Mund geht eine Sprechzeile nach oben: »Erhöre das Gebett deines Volcks.« Das Buch ist also das Alte Testament, und die entsprechende Stelle bei Esther wird auf Maria bezogen.

Aber noch reizvoller erscheinen uns die beiden Nebenfresken mit ihrer eleganten Rokokoeinrahmung. Das eine zeigt eine idyllische Berglandschaft, sichtlich die Gegend von Baitenhausen, darin eine Gruppe von Hilfesuchenden: »Maria Heyl der Krancken« lesen wir und an dem harten ›ck‹ ist eben der Tiroler Meister zu erkennen. Das andere Fresko bringt die nächtliche Erscheinung mit der Vedute von Meersburg ziemlich getreu auf die Decke. Eine helle Mondnacht über dem See, zwei Boote, die dem Ufer zustreben, das Marianische Zeichen im Mond: ein großes Votivbild also! Aber auf dem Inschriftband steht: »Schön wie der Mond« und damit eine Allegorie, ein Emblem Mariens. Die frische phantasievolle Auffassung Baumgartners wird in der gemalten Rahmenform vollends deutlich; hier sehen wir Seemuscheln, Schilf und Seegras zu einer Rocaille (was ja Muschel heißt) geformt. Über der Orgel noch eine empfindungsvolle Kreuzabnahme Christi. Auch die Orgelbrüstung ist reizvoll bemalt: David mit der Harfe. Um 1760 sind diese Fresken entstanden, wie uns die Jahreszahl mit der Signatur ›JWB‹ beweist.

Nach der geistlichen Idylle von Baitenhausen nun die ländliche Idylle von *Mimmenhausen*. Ein Ort wie viele andere hier, allerdings ausgezeichnet durch die Spur eines genialen Künstlers. Man will zuerst in die Kirche, deren Turm man erblickt, steht dann überrascht, ja betroffen vor einem Kirchenneubau. Er ist nicht mehr die Kirche Feuchtmayers. Man blickt hinein und bemerkt, daß hier zur Ausstattung noch manches fehlt. Wir befragen den Bürgermeister, fragen nach dem Feuchtmayer-Haus und erhalten die Auskunft: draußen in der Tüffingerstraße. Wir rufen den Pfarrer an und erhalten die Auskunft: Es kommt alles wieder hinein in die Kirche, die monumentale Kreuzigungsgruppe mit Maria und Johannes (um 1650, vielleicht von Hans Schenk), der Rokokotaufstein mit der schönen Aufsatzgruppe von Feucht-

gemäß auch Feichtmayr nannte. Die Großmutter ist eine Schmu-
zer gewesen. Geburtshaus des Joseph Anton aber ist der Krems-
münsterer Hof in Linz, wo der Vater ›einwohnte‹ während er in
Diensten des Klosters Kremsmünster (und nebenher auch noch
in Sankt Florian) als Stukkateur arbeitete. Schon kurze Zeit
nach der Geburt seines Sohnes Joseph Anton schickte der Vater
Feuchtmayer seine Familie nach Bayern zurück, und zwar nach
Schongau, der alten Bildhauerstadt im Pfaffenwinkel, wo Joseph
Anton aufwuchs. Um das Jahr 1706 zog die ganze Familie nach
Salem, wo der Vater sich durch den Brand des Klosters Arbeits-
gelegenheit erhoffte, vielleicht wurde er sogar gerufen. Der
›Feuchtmayerhof‹ – das Haus der Bildhauer – in Mimmenhausen
dürfte ihm als Klosterlehen zum Unterhalt zugewiesen worden
sein. Er hatte es also viel leichter als der Vater des Maulpertsch.
Man darf annehmen, daß er den Hof nebenberuflich als Bauer be-
wirtschaftete. 1718 ist er gestorben. Joseph Anton war damals
zweiundzwanzig Jahre alt und konnte die Bildhauerwerkstatt
übernehmen. Über seine Ausbildung ist nicht viel bekannt. Wir
müssen sie stilkritisch aus seinem Werk erschließen. Hier hat
sich die Überzeugung gefestigt, daß er bei Diego Francesco
Carlone, der 1719 bis 1723 für Weingarten tätig war, gelernt hat.
Feuchtmayers Figurentypus der schlanken Gestalten, der vir-
tuosen Körperdrehung, der kubischen Faltensprache weist
jedenfalls auf den Stuckbildhauer Carlone hin, obwohl dieser
auch Stilmerkmale aufweist, die bei Feuchtmayer anders ausgeprägt sind. So wird die Technik, große Faltenblöcke durch kleine
Knisterfalten seidenstoffartig zu charakterisieren – eine Technik,
die bis zu Ignaz Günther weiterentwickelt wird – bei Feuchtmayer nicht so konsequent weiterverfolgt. Werke aus dem Ende
der Frühphase, die Sibyllenfiguren im Kißlegger Schloß, lassen
das Carlonehafte noch erkennen, sind aber auch schon unver-
kennbare Feuchtmayer-Typen mit dem Mut zur Übertreibung
bis zur Häßlichkeit. Noch vor ihnen entstanden die Stuckarbeiten für den Kaisersaal in Salem (1723) und nach ihnen die Hau-
steinfiguren für Sankt Peter ob Freiburg (1728). Das Kloster
Salem, wo er sich ausbilden konnte, war auch sein Hauptab-

nehmer. Von den vielen für die dortige Kirche geschaffenen Arbeiten wurde leider ein Teil im Klassizismus entfernt. Ohne auf die große Zahl seiner Werke in Stuck, Holz und Sandstein näher einzugehen – sie werden an entsprechender Stelle gewürdigt –, sei angemerkt, daß die Hauptwerke in der Schloßkapelle zu Meersburg und auf der Insel Mainau, wie auch in der Wallfahrtskirche Birnau Stuckplastiken sind. Arbeiten in Marmor oder Alabaster, die seines Schülers Dirr Domäne wurden, lehnte er strikt ab. Er war darin konsequenter als viele Bildhauer seiner Zeit. Bezeichnend, wenn auch nicht archivalisch verbürgt, ist die Äußerung in Salem während der gemeinsamen Arbeit mit Dirr: »Hier Feucht, dort Dürr!«, mit der das Wesen seines Stils charakterisiert ist. Er stellte damit den feuchten, schnellen, genialischen Stil seiner Stuckarbeit dem trockenen, mühsamen Arbeitsvorgang des Marmorbildhauers Dirr gegenüber. Dirr hatte es wohl schwer neben ihm, sich selbständig zu behaupten, wurde aber dann als der modernere Künstler vorgezogen. Schon zu seinen Lebzeiten finden wir die Zeichen der Kritik an Feuchtmayers Werk. So hat sich der Pfarrer der evangelischen Stadtkirche Sankt Laurenzen, Dekan Heinrich Stähelin, 1762 geweigert, Feuchtmayers Engel an der Orgel anzubringen; er fand sie »frech und unanständig«. Von den Altären in Engelberg in der Schweiz, die samt ihren zahlreichen Skulpturen 1734–1738 entstanden sind, wurden 1877 alle Skulpturen als ›Karikaturen‹ entfernt und sind bis auf eine verschollen. Vermutlich steht diese letzte heute nicht mehr vergessen auf dem Dachboden des Klosters, wo sie der Monograph Feuchtmayers, Wilhelm Boek, vor 1948 noch gesehen hat. In die stattliche Liste der künstlerischen Verkennung und des Mißverstehens aus Unwissenheit, Bigotterie und falschem Pietismus gehört auch Kloster Beuron, das die Skulpturen seiner Feuchtmayer-Altäre, darunter eine plastische Himmelfahrt Mariens, entfernt und vernichtet hat. Über den ähnlichen Fall in Altheim bei Riedlingen werden wir noch sprechen. Es ist fast eine Chronique scandaleuse der Kunstgeschichte.

Feuchtmayer arbeitete auch mit Vorliebe in Holz. Seine Genialität als Bildschnitzer wird von den Frühwerken am Weingartner

Chorgestühl über zahlreiche Werke im Stuckstil bis zu den Hochaltarplastiken in der Schloßkirche Zeil belegt. Selbst kunsthandwerkliche Schnitzarbeiten, wie die Gestühle für die Wallfahrtskirche Birnau – heute in Salem – und für Salem selbst, wußte er mit seinem herrlichen Ornamentsinn zu verlebendigen. Höhepunkt in dieser Hinsicht ist zweifellos das Alterswerk, das Chorgestühl von Sankt Gallen mit der Fülle seiner Reliefs und die Beichtstühle dortselbst.

Große Sammlungen der Welt schätzen sich heute glücklich, ein Schnitzwerk von ihm zu besitzen. Denn ein Feuchtmayer bringt mit seiner etwas exaltierten Genialität Farbe und Ausdruck. Als Stukkateur ist er an verschiedenen Orten glänzend belegt, doch wird man eingestehen müssen, daß er auf diesem Feld die erste Rangklasse der Wessobrunner nicht ganz erreicht. Jedoch muß er auf dem Gebiet des Stuckmarmor-Altarbaues als in Süddeutschland führend angesprochen werden. Seine Entwürfe und die ausgeführten Altäre beweisen eine Formenphantasie, die kaum Grenzen kennt. Dabei ist der Aufbau, die Feuchtmayersche Struktur, immer von einer rassigen, klaren Formbestimmtheit, die die Wirkung exakt berechnet. Ein Fülle herrlicher Entwürfe und Zeichnungen hat sich in verschiedenen Sammlungen, vor allem in der Stiftsbibliothek Sankt Gallen, erhalten. Daß er sich auch auf die Technik in Blei zu arbeiten verstand, zeigt uns die Portalplastik der Schloßkapelle Mainau. Ein großartig geplanter Brunnen mit Bleifiguren im äußeren Stiftshof zu Salem kam nur in reduzierter Form zur Ausführung und ist heute verschwunden.

Aus Feuchtmayers Leben ist einiges bekannt, doch beschränkt sich dieses Wissen auf rein biographische Tatsachen von Geburt, Heirat, Kindstaufen und Tod. Am 17. September 1722 heiratet der »kunstbegabte und noble Herr« Joseph Anton Feuchtmayer die »noble und tugendhafte Jungfrau« Maria Theresia Hollstein aus Wolfegg. Aus dieser Ehe gehen sieben Kinder hervor, die er alle überlebte. Der 1723 erstgeborene Knabe Johann Raphael trat später als Pater Gervasius in das Kloster Salem ein und brachte es dort zum Sekretarius des Abtes. Ein anderer Sohn

Johann Baptist starb 1753 dreiundzwanzigjährig als Kandidat der Medizin. Der geniale Bildhauer, in dem sich das Geschlecht offenbar verausgabt hatte, wurde, wie Boeck sagt, »Zeuge eines Zerstörungsprozesses der Natur«. Er starb am 2. Januar 1770.

Wir sehen in ihm heute einen der großen Bildhauer des Spätbarock, Mitbegründer einer Stilströmung, die das Genialische, Expressive bewußt herausstellt und in der Impulsivität des Schaffens oft bis zu der Zerstörung der organischen Form geht. Nach Herkunft, Temperament und Bedeutung mit Permoser zu vergleichen, sind bei ihm die eigentlichen Triebkräfte des Manierismus wirksam, werden aber durch sein Temperament überdeckt. Für seine Zeit und für seine Landschaft bedeutete sein Erscheinen zweifellos Triumph und Herausforderung zugleich. Trotz des oft gerügten ›Boudoirgeruchs‹ seiner Figuren in Birnau, ein Urteil, das auf dem alten Mißverstehen des 19. Jahrhunderts beruht, ist der höfische Zug in seiner Plastik nicht so empfindlich wie bei Ignaz Günther ausgebildet. Feuchtmayer ist mehr urwüchsiges, spätbarockes, als rokokohaftes Temperament. Da mögen das Bodenseeland und Oberschwaben, das dörfliche Mimmenhausen ihren bestimmenden Anteil gehabt haben. Wohl auch sein Schicksal.

Die Tragik seines Lebens ist freilich idyllisch gerahmt. Seit er 1721 vom Kloster Salem einen Gutshof erwerben konnte, gibt er gelegentlich statt dem Dorf Mimmenhausen den Killenberg als Wohnsitz an. Dieser Ort, in einer idyllischen Insel des Killensees gelegen, etwa eine halbe Wegstunde von Mimmenhausen (zu Fuß) an der Straße nach Meersburg und Überlingen, wird jedem unvergeßlich bleiben, der ihn besucht. Boeck schreibt darüber:

Auf der Höhe des Eilands, das sich mit Obstwiesen, kleinen Viehweiden, Garten- und Ackerland wie ein Wunder der Fruchtbarkeit erhebt, steht noch heute neben dem 1792 erbauten Försterhaus die hübsche spätgotische Kapelle Johannes des Täufers, die den Rahmen für die kirchlichen Feste der Familie Feuchtmayer abgab und alljährlich zum Namenstag des Patrons zahlreiche Gläubige empfing. Im Inneren lassen dürftige Reste der stuckierten Voute noch den zierlichen frühen Dekorationstil Joseph Anton Feuchtmayers erkennen ...

Feuchtmayer scheint in »dieser Weiher-Einsamkeit, in der es heute noch wilden Enten und Karpfen behagt«, mehrere Grundstücke besessen zu haben, von denen er sein großes Wohnhaus »gegen der Kapellen« mit Kraut- und Baumgarten dem Kloster Salem vermachte. Dort, wo heute das Försterhaus steht, dürfte es einst gestanden haben. Hier also ist er gestorben. Universalerbin war die Schwägerin des Meisters, Ernestina Hollstein, die Witwe des Stukkators Lucas Gradtwohl aus Meersburg. Aber auch seine Mitarbeiter hat er im Testament bedacht, das sind Johann Georg Dirr, dessen Bruder Franz Antoni Dirr, der als Zeichner einstand, dann der Markdorfer Johann Paul Hops und vielleicht noch Johann Georg Wieland, der Nachfolger Johann Georg Dirrs als Werkstattleiter.

Die Kapelle am Killenberg will man jetzt, wie man uns sagte, restaurieren. Vielleicht wird sie dann das, wozu sie eigentlich nicht bestimmt, aber durch geschichtliche Erinnerung geschaffen ist: eine Feuchtmayer-Gedenkstätte. Denn die Kirche, wo er seine Kinder zur Taufe trug, besteht nicht mehr. Auch das Sterbehaus ist verschwunden. Ein Künstler lebt freilich zuvörderst in seinen Werken weiter. Und da wird bei Feuchtmayer auch das Kloster Salem, das Reichsstift Salem, das wohl bedeutendste Zisterzienserstift des deutschen Südwestens, zu nennen sein.

Es gibt eine lavierte Zeichnung von Joseph Anton Koch, dem alemannischen Lechtiroler und Deutschrömer, Erneuerer der Landschaftsmalerei und Schöpfer der heroischen Berglandschaft, eine aparte Zeichnung also, in der er ein ›Gastmahl‹ im Refektorium des Reichsstifts Salem darstellt. Sie ist in seinem Stuttgarter Reiseskizzenbuch von 1791 enthalten und während seiner Flucht von der Hohen Karlsschule in die Schweiz entstanden. Wir sehen darauf in zwei Räumen des Klosters ein Essen, und es wird offenbar nach dem Rang der Gäste unterschieden, die Laien, mönche und die Angestellten des Klosters in einem Nebenraum wo wohl auch Koch saß, die Musiker in eine Ecke gestellt, die große Gesellschaft im Festsaal, geschäftige Diener mit Speiseplatten, Licht von hohen Lüstern. Wir haben keinen Grund anzunehmen, daß es sich um ein Festmahl handelt, sondern es wird ein gewöhnliches Gastmahl sein. Wer sich diese Zeichnung näher betrachtet, gewinnt den Eindruck, daß die großen Klöster im 18. Jahrhundert über ihre Verhältnisse und ihre Bestimmung hinaus zu repräsentativen Institutionen geworden sind, zu Institutionen, in deren Schutz sich gut leben ließ, wo man gut versorgt war, wo man sich Zeit lassen konnte für die Genüsse des Tages, der Feiern und Feste. Das Bild stimmt aber nur zum Teil. Die Zisterzienserklöster, insbesondere Salem, waren stets auf gute Ordnung und Klosterzucht bedacht. Sie waren sozusagen landwirtschaftliche Musterbetriebe mit ausgezeichneter Verwaltung. Das Schulwesen, die Bibliothek, die Pflege der Künste und Wissenschaften wurden hier entscheidend gefördert. Man lebte also in einer großen geistlich orientierten, wirtschaftlich durchorganisierten Ordnung, deren Menschlichkeit durch die Ordensregel verbürgt war. Besonders in Salem.

Salem – der merkwürdige Name kommt von Friedensstätte – entsproß einer Schenkung des Ritters Guntram von 1134. Zisterzienser haben das Dorf Salmannsweiler – so der ursprüngliche Name – im sumpfigen Tal der Ach in Besitz genommen und kultiviert. Bald wurde daraus ein kleines klösterliches Paradies, das seinem Namen alle Ehre machte, und schließlich durch die Mehrungen an Ansehen, Gut und Geld das weithin berühmte exemte Reichsstift, ein Territorium für sich. Daß Salem schon im Mittelalter, als Salmannsweiler, bedeutend war, zeigt uns die erhaltene *Klosterkirche*. Ein Basilikalbau von stolzer, ja großartiger Nüchternheit, wie sie die Zisterzienser liebten. Verschiedene Baudaten sind uns bekannt: 1299 (Beginn), 1307 (Altarweihen) und 1414 (Schlußweihe). Der über rechteckigem Grundriß kreuzförmig aufgerichtete Bau erreichte solche räumliche Wirkung und Größe, daß man sich im Barock noch damit abfand. Es scheinen die Salemer Zisterzienser auch ein besonderes Gespür für das ihrem Orden und dieser Gegend Gemäße gehabt zu haben. Denn an Geld scheint es hier gewiß nicht gefehlt zu haben. So blieb uns der Bau in seiner eindrucksvollen Zisterziensergotik

erhalten (nur Bagnato änderte 1750 den Chor): mit den schlanken Strebepfeilern, dem geometrischen Maßwerk der Fenster,
der Schönheit seiner Hausteinarchitektur.

Schloß Salem ist heute eine international bekannte Schule, in
der nicht nur Lehrstoff vermittelt, sondern Persönlichkeiten her-
angezogen werden sollen. Eigenständiges Denken und Handeln
wird hier verlangt. Aber das hat eigentlich die Zisterzienser
schon ausgezeichnet, besonders die Salemer. Man sperrte sich
hier beispielsweise gegen den barocken Abbruchseifer, bewies sogar den Mut, ›unmodern‹ zu sein, beschäftigte aber dafür zwei
bedeutende Künstler dieser Jahre auf Lebenszeit. Zuerst Joseph
Anton Feuchtmayer und dann in noch größerem Umfang Johann
Georg Dirr. Was daraus hervorging, ist die *Innenausstattung* der
heutigen Kirche. Es gibt nichts Vergleichbares, ja nicht einmal
Ähnliches! Barockgotik ist uns aus Böhmen, aus den Werken
eines Johann Santin Aichel, bekannt. Rokokogotik möchte man
die im 18. Jahrhundert dekorierten Kirchen von Andechs und
Rottenbuch nennen. Klassizistisch verfremdete Gotik erleben
wir in Ebrach im Steigerwald, übrigens auch einer Zisterzienserkirche. In Salem verzichtete man auf die Verkleidung des Raumes mit Zopf und Klassizismus. Man verfremdete ihn hier allein
mit den denkmalhaften Altären und altarhaften Grabdenkmälern. Die mittelalterliche Kirche wird damit zum Museum
eines neuen Stils. Oder zu dessen Lapidarium! Noch haben wir
zwar die Beichtstühle Joseph Anton Feuchtmayers mit ihren
grotesk realistischen Köpfen, Figuren von ihm sind verschwunden. Aber alles andere, was den mächtigen Raum fast bis zur
Überladenheit füllt, also Chorschranken, Altäre, Kanzel, Denkmäler und Apostel, stammt von der Hand des Klosterbildhauers
Johann Georg Dirr und seines Schwiegersohns Georg Wieland,
der ihn dabei unterstützte. Das Material ist weißer, grau geäder-
ter, manchmal rötlich schimmernder Alabaster. Der Stil ist Früh-
klassizismus, Louis-seize oder Zopf, wie er auch genannt wird.
Er spiegelt schrittweise die Reaktion auf den ›Feuchtmayerstil‹
aus der letzten Phase des Rokoko. Ein Stil also der vermeintlichen
antiken Form, der Zurücknahme der Freiheiten, der wiederzu-

gewinnenden Gesetzmäßigkeit, der inneren und äußeren Größe, Würde und Schönheit. Ein Stil freilich auch der heimlichen Trauer und des Verzichts. So recht nach dem Geschmack der aufgeklärten Reisenden und Klosterbibliothekare: »... Zierliche Altäre, 27 an der Zahl. Alle diese Altäre sind von Alabastersteinen verfertigt. Man kaufte diese Steine aus dem Gebiet der Republick Schaffhausen bei Schleitheim, den Zentner unbearbeitet für einen Gulden 30 Kreuzer. Sie sind weiß mit grauen Adern durchkreuzt. Die Bauart der Altäre ist ganz im antiken Geschmack ...«, so schrieb Hauntinger und fügte noch hinzu: »Die beiden Faldistorien sind das schönste, was man von dieser Arbeit sehen kann.«

Ich erinnere mich, wie ich als Student einmal voll Befremden in Salem gestanden bin, vor lauter Grabdenkmälern ... Heute dagegen glaubt man, das Notwendige, ja das echt Zisterziensisch-Nüchterne dieser eklektischen Neuschöpfung und damit auch dieser Stilverfremdung zu erkennen. Und man möchte dieses Bild in seiner Weise außergewöhnlich nennen.

Wer außerdem noch Barock sucht in Salem, der findet ihn. Die von Franz Beer um 1700 errichteten *Klostergebäude*, heute in Besitz des Markgrafen von Baden, haben weitläufige Trakte mit Prälatenzimmern, Kaisersaal und Bibliothek. Früher Wessobrunner Stuck und verspieltes Muschelwerk schmücken ihre Decken. Eine nach Umfang und Qualität beachtenswerte Gemäldesammlung wird gezeigt. Gegen Eintritt und Führung kann das alles samt der Kirche in einem Rundgang besichtigt werden.

Am großartigsten aber die ruinösen Stifterfiguren des Feuchtmayer, die man in einem Rundraum des Marstalls zusammengestellt hat. Die Genialität, die er besaß und die er zu geben suchte, sie springt uns hier förmlich an, am deutlichsten in der gekrönten Stifterin, die von seltener Freiheit und Extravaganz ist. Die natürliche Maserung des Holzes ist ihm Ausdrucksmittel. Dies alles ist Grund genug, um uns mit diesem Meister noch ein wenig zu beschäftigen: soweit uns Zeit bleibt, und soweit uns das Wetter nicht im Stich läßt.

Wer also von Salem aus dem Werk des großen Bildhauers noch weiter nachspüren will, sollte nördlich auf Meßkirch zufahren, und von dort nach Siessen und Saulgau. Es ist die sogenannte Westroute unserer oberschwäbischen Barockstraße, die in den Übersichtskarten punktiert eingezeichnet ist. Dabei empfehlen wir aber – der württembergische Fremdenverkehrsverband wird uns nicht böse sein – im letzten Abschnitt eine Abweichung von der punktierten Verbindung ab Saulgau. Wir fahren auf der Bundesstraße 32 nordwestlich über Herbertingen nach Ertingen, überqueren die Donau bei Binzwangen, kommen nach Heiligkreuztal und kehren über Altheim bei Riedlingen zur Haupt-Barockstraße zurück. Was uns auf dieser Westroute erwartet, sei wenigstens in den wichtigsten Stationen skizziert.

Die erste Station nach Salem heißt *Heiligenberg*. Es ist ein Höhenluftkurort, der als ›Sonnenterrasse‹ bezeichnet wird und mit einem prächtigen Blick auf den Bodensee und die Alpen aufwartet. Den Barockreisenden erfreut dagegen das Schloß der Fürsten von Fürstenberg – Ende 16. Jahrhundert – mit seinem imposanten Rittersaal, einem der größten Renaissancesäle Deutschlands. Prachtstücke darin sind die üppig dekorierten Kamine, die sich gleich Altären auftürmen, und die prächtige Kassettendecke mit ihren Schnitzereien. In der Fürstenbergischen Hofkapelle von Heiligenberg, einem Bau des Frühbarock, befand sich ein 1879 zerstörter Hochaltar des Feuchtmayer-Schülers Johann Georg Dirr. Ursprünglich wollte Fürst Wenzel Feuchtmayer selbst damit beauftragen, mußte sich aber, wegen dessen Abwesenheit in Sankt Gallen, an seinen Vertreter wenden. Die noch erhaltenen Statuen bestätigen diesen Sachverhalt, wie Wilhelm Boeck uns versichert. Es gibt einen Rekonstruktionsversuch des Dirr-Altars bei E. Berenbach: Die Fürstlich Fürstenbergische Hofkapelle in Heiligenberg, Überlingen 1937.

Auch *Pfullendorf*, das im Zentrum des oberen Linzgaues gelegene 6400 Seelen-Städtchen, ist eine Kaffeepause wert. Die einstige Freie Reichsstadt kam 1803 zum Großherzogtum Baden. Die barockisierte Jakobskirche hat schöne Stuckarbeiten von Johann Jakob Schwarzmann, die spätgotische Spitalkirche zeigt Altartafeln aus der Erbauungszeit, das hübsche Rathaus einen Ratssaal mit Wappenscheiben von Christoph Stimmer d. Ä., das Schoberhaus gilt sogar als ältestes Fachwerkhaus Süddeutschlands. Der Barockreisende allerdings wird – wenn er das schön erhaltene Stadtbild genügend genossen hat – die Straße nach *Kloster Wald* aufsuchen und in das zwischen Pfullendorf und Meßkirch 655 m hoch gelegene Dorf fahren. Denn hier weht ihm barocke Luft um die Nase.

Aus dem 1212 gegründeten Zisterzienserinnenstift Wald, später auch Klosterwald genannt, entstand im 17. und 18. Jahrhundert ein stattliches Barockkloster, an dem die Vorarlberger Jodokus Beer und Franz Beer gebaut haben und dem Christian und Johann Georg Wiedemann aus Elchingen 1721 bis 1728 ein neues Konventsgebäude hinzufügten, samt einer neuen Abtei und einem Gastflügel. Die zeitgemäße Rokokoausstattung der Stiftskirche ist Verdienst der Äbtissin Maria Dioscura von Thurn und Valsassina (1739–1772). Sie berief den kaum zweiundzwanzigjährigen Stukkateur Johann Jakob Schwarzmann von Schnifis bei Feldkirch. 1752 begann Johann Melchior Eggmann mit der Ausmalung des Nonnenchores. Während man mit Schwarzmann einen guten Griff tat, hatte man mit dem Maler seine Sorge. Ein rechter Windbeutel, flüchtete er schon nach einem Jahr vor seinen Gläubigern und überließ seinem Nachfolger, dem Sigmaringer Andreas Meinrad von Ow, das Feld der Deckenmalerei. Für das Oratorium der Äbtissin Maria Dioscura wurde der Bildhauer Franz Schneider von Augsburg 1754 gerufen. Der tüchtige Orgelbauer Johann Georg Aichgasser aus Überlingen besorgte 1751 die neue Orgel. Über die Schöpfer der reichen Rokokoaltäre und der eleganten Kanzel ist uns nichts vermeldet, außer der Faßmaler Johann Martin Schmadel aus Bregenz.

Man tritt ein in dieses Rokokointerieur, dessen Bausubstanz noch auf die Vorarlberger Jodokus Beer und Franz Beer (1696–1698) zurückgeht, und ist sogleich gefangen vom Zauber einer Raumdekoration, die sich so elegant wie quirlig, wie auch hinreißend und schwärmerisch entfaltet. Glaubt gar, man stünde in einer der fabelhaftesten bayerischen Dorfkirchen im Erdinger Hinterland oder am Alpenrand. Dabei ist das schwäbische, auch augsburgische Element bei näherer Betrachtung durchaus spürbar. Der Raum hat die Festigkeit der Vorarlberger, die Wandpfeiler, die breit hereingreifenden Gewölbe-Stichkappen, den etwas hart eingezogenen Chor. Kräftige Säulen mit jonischen Kapitälen tragen die Korbbogenempore, über der sich der tiefe vergitterte Nonnenchor erstreckt. Der Zauber geht zuerst vom Stuckwerk aus, die genial zu nennende Leistung Schwarzmanns, nach dem Vorspiel in Pfullendorf ... Man denkt an Feuchtmayer und an einige der besten Partien im Schloß zu Tettnang bei der Virtuosität dieser Stuckarbeiten, in der Art, wie sich die Rocaille züngelnd von der Fläche löst, wie sie aus der Geraden in die Kurvenformen überschlägt, da und dort durchlöchert ist und

mit Blumengirlanden durchsetzt. Erstaunlich ist auch das büh-
nenhaft aufgestellte plastische Ensemble der drei Altäre, der
rauschhafte, ekstatische und doch schon empfindsame Charakter
der Altarplastik. Wenn sie als Werk des Augsburgers Franz
Schneider anzusprechen ist, was nur aus Stilgründen wahrscheinlich ist, dann hätte man einen Rokokobildhauer von Rang
nachzutragen. Er scheint nach dem ersten flüchtigen Eindruck
in der Nähe des Egid Verhelst anzusetzen zu sein, verfügt aber
auch über bildnerische Ausdruckselemente, die an den Wessobrunner Übelher und an den Weilheimer Schmädl erinnern. Mit
Schmädls Altarschöpfungen sind übrigens auch die Aufbau-
Strukturen der drei Altäre verwandt. Auffallen muß jedenfalls,
daß sich Schwarzmann, der auch als Bildhauer später bekräftigt
ist, die Bildhauerarbeiten in Kloster Wald aus der Hand nehmen
ließ. Das Hauptfresko im Schiff, von Meinrad von Ow gemalt,
stellt den Besuch der Schwester des heiligen Bernhard Humbo-
lina dar, die ihn ins weltliche Leben zu locken sucht. Vorne die
Vision des Heiligen, die ihm bedeutet, daß er den richtigen Weg
genommen, oben die Gruppe der Dreifaltigkeit. Im Chor sehen
wir die Verehrung der Heiligen Dreifaltigkeit durch die vier
Weltteile. Dabei darf vielleicht angemerkt werden, bei der Darstellung Amerikas, daß ein Pater D. Dominikus Mayr (gestorben
1741) aus Klosterwald als Jesuitenmissionar in Amerika »viele
Tausende getauft hat«. Sein Bild hängt in der Sakristei. Das
Hochaltarbild und das Bild des rechten Seitenaltars von dem
Konstanzer Franz Carl Stauder, das Bild des linken Seitenaltars
von Franz Georg Hermann aus Kempten. Formvollendete Äbtis-
sinnensitze. Eine Köstlichkeit der Rokoko-Ornamentschnitzerei
stellt der Wanderker oder das Oratorium der Äbtissin Maria
Dioscura an der Langhauswand dar (1754 von Franz Schneider).
Meisterhaft ist die Schnitzerei der Verkündigung mit ihrer
Rokorahmung zu nennen. Das Prager Jesuskind darf in dieser
Nonnenkirche nicht fehlen.

Beichtstühle und – im Oberlicht des Hochaltars verborgen,
von Rokokoschnitzwerk umrauscht – ein romanischer Kruzifixus
vervollständigen die einheitliche Ausstattung. Noch wäre über

den Nonnenchor zu berichten, der mit seinen zarten Fresken von Johann Melchior Eggmann die Vision des heiligen Bernhard am Vorabend des Weihnachtsfestes beruft und in vier Schildern die Vorbilder der Caritas darstellt. Aber diese Räume sind Klausur. Sagen wir nur, daß die Empore noch die alte, in Form und Disposition weitgehend orginale Rokokoorgel des Johann Georg Aichgasser bewahrt. Wer Gelegenheit hat, das seltene Werk erklingen zu hören, sollte sie nicht versäumen.

Nehmen wir jetzt von der Klosteridylle Wald wieder Abschied, um nach *Meßkirch* zu fahren. Hier gibt es in der Martinskirche das berühmte Dreikönigsgemälde des Meisters von Meßkirch zu bestaunen. Bronzeepitaphe der Grafen von Zimmern, die daranstoßende Johann Nepomukkapelle aus dem Umkreis von Johann Kaspar Bagnato, deren Ausstattung, Altarblatt und Stuckarbeiten, von den Münchner Brüdern Asam stammen. Ein Zeugnis für die weitreichende Kunstbeziehung des Münchner Künstlerpaars, von denen der Maler Kosmas Damian Asam ja auch in Baden – Ettlingen – am Werk war.

Ein Abstecher nach *Sigmaringen* mit seinem großen Hohenzollernschloß und den reichen Sammlungen kann eingelegt werden, auch *Inzighofen* mit seiner liebenswürdigen Rokokokirche des ehemaligen Franziskanerinnen-Klosters – jetzt Volkshochschulheim – wird empfohlen. Wir selber beschränken uns auf die von uns vorgeschlagene Westroute, lassen also Kloster Beuron – aus Protest gegen die barockfeindliche Haltung der Beuroner Kunstmönche des 19. Jahrhunderts – abseits (obwohl die Grundgerüste der Feuchtmayerschen Altäre noch erhalten sind) und fahren nach Sießen und Saulgau hinüber.

Die barocke Klosteranlage des ehemaligen Franziskanerinnenklosters in *Sießen*, umgebaut 1716-1722 von Franz Beer und Christian Thumb, mit einem einzigen Innenhof, die Kirche frei vor das Rechteck gestellt, präsentiert eine stilreine Zimmermann-Kirche (durch Dominikus Zimmermann 1725-1727 erbaut, von seinem Bruder Johann Baptist Zimmermann freskiert). Man erkennt dies schon von außen an den sogenannten Ohrwaschl-Fenstern, die den feingewölbten Raum des Kirchenschiffs mit Rokokogeist durchdringen. Aber sonst ist dieser Raum für Zimmermannsche Verhältnisse überraschend streng gegliedert: Wandpfeiler, mit Pilastern umkleidet, tragen böhmische Kappen, die auf weichen Korb-Gurtbogen aufsitzen. Ein Querschiff vor dem Chor, das sich außen mit Giebeln (Steinhausen!) ausprägt, gibt die Kreuzform der Anlage, von der uns übrigens in der Klausur eine hübsche Gesamtansicht, vielleicht von Zimmermann selbst, erhalten ist. 1725 wurde mit Zimmermann akkordiert; für Maurer- und Steinhauerarbeiten hat er 1728 4000 fl. erhalten. Dominikus Zimmermann dürfte auch zusammen mit seinem weniger bekannten Bruder Kasper den auffallend zurückhaltend aufgetragenen Stuck des Régence – Bandel- und Gitterwerk – geschaffen haben. 1729 signierte Johann Baptist Zimmermann die Fresken, Darstellungen zur Ordensgeschichte, unter denen auch die erst 1726 heiliggesprochene Dominikanerpriorin Agnes von Montepulciano ist, wie ihr ein Engel die Kommunion überreicht. Von dem ehemaligen Hochaltar, der 1762–1763 durch Michael Hegenauer erneuert wurde, befinden sich Statuen in der Sakristei, darunter zwei überlebensgroße Figuren einer trauernden Maria und eines Johannes von Hegenauer selbst. Doch die köstlichste Skulptur haben wir in der *Wendelin-Kapelle* auf dem Friedhof bei der Birkenallee Saulgau-Sießen entdeckt, hingewiesen durch den vortrefflichen Führer von Alfons Kasper (dem wir bei dieser Gelegenheit unseren Dank für die Hinweise auf viele solcher kleinen Kostbarkeiten abstatten möchten): es ist die Sitzstatue eines guten Hirten im grünen Rokokogewand mit Schlapphut, von Rudolf Huber mit Recht dem großen Joseph Christian aus Riedlingen zugeschrieben (um 1730–1740).

Saulgau also! Seit 1288 Stadtrecht, seit 1299 zu den habsburgischen Donaustädten zählend, 1806 königlich Württembergisch. Heute hat es an die 10000 Einwohner. Der Kunstfreund wird die spätgotische Johanneskirche aufsuchen, die Kreuzkapelle, die einen monumentalen Kruzifixus aus dem Übergang von der Romanik zur Frühgotik besitzt, die barockisierte Antonius-Kirche. Aber das Merkwürdigste und Erfreulichste in dieser künstlerisch regsamen Stadt ist doch das Museum ›Die Fähre‹ in der Neustadt. Hier ist der Mittelpunkt eines der Gegenwart aufgeschlossenen Kunstschaffens und Kunstinteresses zu sehen. Wechselausstellungen, mit der Verleihung des oberschwäbischen Kunstpreises verbunden, geben diesem Kulturzentrum, das eine eigene Bibliothek und Zeitschriftensammlung besitzt, erfreuliche Breitenwirkung und internationales Ansehen.

Und natürlich dann die ›Kleber-Post‹, eine Privatsammlung mit Erinnerungen an die Thurn- und Taxis-Post und die alte Saulgauer Posthalterei, die ihrerseits auf internationale Verbindungen hinweisen kann. Das Haus Kleber ist mit einem hübsch eingerichteten Biedermeierstübchen und zahlreichen Bildnissen von Familienmitgliedern sozusagen heimatverbunden und weltweit dokumentiert. Abt Magnus Kleber, der Erbauer des neuen Klosters Schussenried (um 1750) ist hier vertreten; die exotische Perle freilich dieser lebendigen Familienchronik ist der französische General Johann Baptist Kleber, oder Jean Baptiste Kléber, wie er dort populaire ist, der Sieger von Heliopolis, der 1800 in Kairo tragisch durch Mord ums Leben kam. Sein Denkmal steht in Straßburg.

In *Ertingen*, wie der Name auf -ingen sagt, einem der Urdörfer der Donaugegend, finden wir in der Sankt-Georg-Pfarrkirche eine verklärt lächelnde Figur der sitzenden Muttergottes mit Kind, wohl von Franz Joseph Christian (um 1735-1740), einen überlebensgroßen heiligen Wendelin und einen Sebastian aus dessen Werkstatt. Das Ertinger Schwesternheim hat einen späten polierweiß gefaßten Kruzifixus dieses bedeutenden Riedlinger Bildhauers von 1770. Am Südwestrand des Dorfes grüßt die Votiv- und Marienkirche mit einer Zwiebelhaube von der Anhöhe. Das 1754 von den Zwiefaltener Brüdern Joseph und Martin Schneider errichtete Gotteshaus zeigt die einfachste Form der Durchdringung von Längs- und Zentralbau. In seine abgerundeten Ecken schmiegen sich hochorginelle Stuckmarmoraltäre von Joseph Anton Feuchtmayer (um 1758) mit ihren Baldachinaufsätzen, die so leicht sind wie aus Papiermaché; im Chorraum wächst ein Hochaltar von meisterlicher Proportion und Gliede-

rung auf; die Säulen im unteren Teil sind gedreht; ein schwung-
voller Baldachin mit Rosenvase bekrönt ihn. Der Hauptaltar ist,
wie die beiden Nebenaltäre, ein durch Entwurfszeichnungen zu
belegendes Werk des großen Bildhauers und Altarbauers von
Mimmenhausen: Franz Anton Feuchtmayer. »I.J. Wegscheider,
Riedlinganus invent. et pinx. 1758« ist das Deckenfresko signiert.
Im Langhaus Huldigung der Vier Erdteile, im Chor Esther vor
Ahasver. Durch einen Deckeneinsturz hat es ziemlich gelitten.

Die Pfarrkirche in *Neufra* hat schöne Epitaphien. Das unweit
des Friedhofs gelegene Schloß wird man als originelle Mischung
von Fachwerk und Renaissance in Erinnerung behalten, noch
mehr aber den Terrassengarten der Renaissance, den ein weit-
gereister Minister im Dienste der Habsburger, der Graf Georg
von Helfenstein, zu einem kleinen ›Ambras‹ ausgestaltet hat.

Aber wir fahren nicht gleich nach Riedlingen, sondern zurück
nach Ertingen und über Binzwangen nach *Heiligkreuztal*. Dies
ist eine weitläufige Zisterzienserabtei, mit strenger Basilika, der
Barockaltäre ein fast stilfremder Bestandteil sind. Am berühmtesten unter den Kunstschätzen die Christus-Johannes-Gruppe,
eine schwäbische Sonderleistung um 1330 (rechts vom Hochaltar aufgestellt). Vorgänger und Schwesterwerke dieser aus-
drucksvollen Skulptur finden sich heute in den Museen zu Cleve-
land, Ohio, Antwerpen und Berlin. Durch die Freilegung der
Wand- und Deckenmalerei des Meisters von Meßkirch, der sich
an Schongauer und Dürer anlehnt, erhielt die Kirche einen neuen
Kunstwert. Wer Zeit hat, wird sich in die lebendigen und ikonographisch sehr interessanten Szenen vertiefen.

Wir fahren nach *Altheim*, das kurz vor Riedlingen liegt, und
begegnen in der saalhaft weiten und hellen Sankt-Martins-Pfarr-
kirche zwei Großmeistern des oberschwäbischen Barock: Franz
Anton Feuchtmayer und Franz Joseph Spiegler. Altäre und Kanzel sind in Aufbau und Formenfülle ein Wurf des Mimmenhause-
ners, und die Kirche wäre wohl heute ein Wallfahrtsort für alle
Freunde des barocken ›Expressionisten‹, wenn nicht ein nach-
lässiger Pfarrherr und ein geldgieriger Bildhauer die Feuchtmayerschen Originalfiguren ›geschafft‹ hätten. Der Ulmer Bild-

hauer – er hieß Fedelen – entfernte nämlich die Feuchtmayer-figuren des Hochaltars, die beiden Johannes sowie den Florian und Georg der asymmetrischen Nebenaltäre und ersetzte alles durch seine eigenen Neubarockschöpfungen. »Nur der bekrönende Engel und die beiden großen Putten auf den Giebelstücken des Hochaltars sowie ein paar Kinderköpfchen am Rahmen, der den Durchblick auf das an der Chorwand befestigte Bild der Geburt Christi gewährt, lassen noch erkennen, was für ein Figurenbildner hier gewirkt hat«, schreibt Boeck. Die Originalfiguren sind bei Fedelen ›verschollen‹. Spieglers Altarblätter und Fresken von 1747 entschädigen uns wenigstens für diese Missetat durch ihren kongenialischen Schwung: Erweckung eines Toten durch den heiligen Martin sowie eine Mission des heiligen Johannes mit dem apokalyptischen Lamm. Wer die Enttäuschung über den Verlust nicht überwinden kann, sollte sich mit der Form der Altäre näher befassen – bei denen wieder der gesprengte Giebel auftaucht –, oder er sollte schnurstracks nach *Scheer* bei Sigmaringen fahren, wo er in der Pfarrkirche noch ein intaktes Feuchtmayersches Ausstattungswerk erleben kann, allerdings unter starker Mitbeteiligung seiner Werkstatt.

Sie werden spätestens jetzt bemerkt haben, daß ich die Reiseroute ein wenig kreuz und quer der Barockstraße angelegt habe, dies, um auf Kunststätten aufmerksam zu machen, die auf ihre Weise gleich reizvoll sind wie die benannten Stationen. Für die Stuttgarter jedenfalls sei der Hinweis auf die Pfarrkirche Scheer als abschließender Eindruck der oberschwäbischen Rundreise jetzt schon vorgemerkt. Man weiß nicht, was man mehr bewundern soll, die elementare Formenphantasie der Altäre, die temperamentvolle Phantastik des Stucks oder die ausdrucksgeladene, ja besessene Form der Plastik, in der zweifellos schon die manieristische Erstarrung sichtbar wird. Bei Feuchtmayers Sebastian, »im Profil an Schiller erinnernd«, hat man wohl recht, wenn man ihn als halbvollendet bezeichnet. Schülerhände haben den virtuos modellierten Körper ab dem Lendenschurz notdürftig ›bekleidet‹.

Von den drei Straßen, die die Überlinger Terrasse durchziehen, haben wir die obere, die Münsterstraße, gewählt und sind dann gleich vor der *Pfarrkirche Sankt Nikolaus* gestanden, dem Überlinger Münsterbau.

Dieser stattlichen Hallenkirche mit ihren fünf Schiffen, der überreichen Pracht ihrer Ausstattung könnte man Stunden widmen: die großartige Verkündigungsgruppe im Chor um 1310, das Chorgestühl, die spätgotische Steinkanzel, und in der vierten Kapelle südlich eine Maria auf der Mondsichel von Gregor Erhart, dann das Sakramentshaus, der Schutzengelaltar von 1634 in der zweiten nördlichen Kapelle, der Rosenkranzaltar in der ersten Südkapelle! Sogleich und immer wieder stößt man auf den Namen Zürn. Hans Zürn, der Ältere, um 1560, vielleicht, eher um 1555 geboren, ist der Stammvater der Familie. Als »Meister der freien Kunst des Bildhauens in Stein und Holz« und als Bürger der Stadt Waldsee war er mit Barbara Näthin oder Späthin verheiratet und von den Söhnen, die aus der Ehe hervorgegangen sind, haben sechs das Bildhauerhandwerk bei ihm gelernt. Nach Zoege von Manteuffel waren dies (nach dem ersten und letzten Datum urkundlicher Erwähnung): Jörg, nachweisbar 1606 bis 1635, Hans der Jüngere, nachweisbar 1613-1618, Martin, nachweisbar 1615-1658, Michael der Ältere, nachweisbar 1617-1651, David, nachweisbar 1625-1666 (gestorben), Hans Jakob, nachweisbar 1616-1617, eventuell 1635. Jörg war unter ihnen der älteste. Schon 1607 wurde er durch die Eheschließung mit der Witwe des Bildhauers Moll in Überlingen Meister. Er hatte sich nach und neben angesehenen Meistern wie Virgil Moll und Hans Ulrich Glöckler zu behaupten.

Der Altar der Familie Betz, 1607 an Jörg Zürn verdingt, ist sein Erstlingswerk, wohl um 1610 vollendet. Er ist eigenhändig, was die Steinarbeiten betrifft. Die Predella mit dem Relief des Marientodes zeigt die Schule des knapp über Zwanzigjährigen, der bei dem Kärntner Hans Morinck in Konstanz gelernt, dessen niederländisch geschulte Virtuosität ihn beeinflußt hat. Doch am

Hauptrelief der Himmelfahrt zeichnet sich seine persönliche bildnerische Auffassung ab: die Neigung zu stärkerer Plastizität und
temperamentvollerer Auffassung. Ein erster Höhepunkt ist im
Stifterrelief im obersten Teil erreicht. »Ein Bild strahlender
Schönheit und Harmonie«, wie Zoege von Manteuffel feststellte.

Zwei Jahre nach diesem Werk erhielt Jörg Zürn den Auftrag
zu dem monumentalen Hochaltar, die Chance seines Lebens. Zusammen mit seinen Brüdern und seinem Vater hat er ihn in zwei-
einhalbjähriger Arbeit vollendet. Er ist eine Arbeit in Holz.

Der Entwurf, dessen stilistische Anregungen nicht klar auszumachen sind, gehorcht einem bereits variablen, geläufigen
Schema, das wir mehr oder weniger abgewandelt bei Degler in
Augsburg, bei Molls Haigerlocher Altar und bei Rodts Illertisse-
ner Altar finden. Auch der Überlinger Betzaltar und das Sakramentshaus zeigen dieses Prinzip. Der in Überlingen erhaltene
Altarriß zeigt, daß die Architektur von anderer Hand entworfen
wurde als die Plastik. Der Auftrag wurde im Herbst 1613 erteilt.

Man hat festgestellt, daß sich die Predella des Hochaltars künstlerisch unmittelbar an die Marienkrönung des Betzaltars anschließt. Doch vergleicht man das vorausgehende Werk, den
Entwurf und die Ausführung, so zeigt sich erst, wie Jörg Zürn an
der Arbeit künstlerisch gewachsen ist. Seine unumstößliche Leistung und schöpferische Kraft zeigt sich im Hauptstück des Al-
tares, der Predella mit der Anbetung der Hirten. Es ist nicht
reliefmäßig komponiert, sondern räumlich aufgeschlossen. Eine
regelrechte Bühne mit Hintergrund ist aufgebaut, in der die
Figuren hineingestellt sind. Das Szenische bleibt freilich im Sta-
tuarischen befangen, es ist nicht, wie bei Degler, direkt angestrebt. Deshalb ist auch noch nicht der barocke bühnenhaft-
szenische Charakter angestrebt. Es sind Einzelfiguren, die isoliert
agieren, ohne Korrespondenz von Figur zu Figur. Freilich prächtige Figuren, ausgestattet mit höchster Freude am Schnitzwerk,
fast zierhaft und doch wieder männlich und ernst. Jörg Zürns
Manierismus ist nahezu heroisch! Es ist seit den Zeiten der Spätgotik die großartigste Darstellung der Anbetung der Hirten.
Dieser Altar hat eine gotische Seele; er ist noch mittelalterliche

altdeutsche Kunst. In der Vereinigung von Kraft und Innigkeit fühlt man sich an den Blaubeurer Altarschrein des Michel Erhart erinnert, an den Kefermarkter Altar und an Veit Stoß. Die bildnerische Kraft Jörg Zürns, die in der Einzelstatue ihre idealste Gestaltungsgelegenheit findet, zeigt sich in den Seitenfiguren. Der Papst Sylvester auf der linken Seite: eine Figur von fast erschreckender Schwere und Würde. Ihrer naturhaften Daseinsmacht, die die Macht des Auftritts ist, steht auf der rechten Seite ein bildhaft schöner Sankt Michael gegenüber, der mit dem Drachen eine fast innige ornamentale Einheit bildet. Das heißt, das Kampfmotiv ist nicht eigentlich das beherrschende. Man vermeint fast, daß der Erzengel mit dem Drachen Mitleid hat. Die Gruppe Mariä Krönung im Aufbau – nun Martin Zürn zugeteilt, der stärksten Persönlichkeit neben Jörg – zeigt eine andere bildnerische Auffassung, die weniger auf dem Körperlichen als auf dem Gewand baut. Zuoberst thront Sankt Nikolaus, der Patron des Überlinger Münsters, in seiner mehr reliefhaften Auffassung ein Werk Michael Zürns, wie uns Zoege von Manteuffel überzeugend nachgewiesen hat.

Die glänzende Figur des heiligen Rochus auf der linken Altarseite ist demnach ein Meisterwerk Martin Zürns, Sankt Sebastian, sein Gegenstück auf der rechten Seite – flacher in der Auffassung – gehört wohl Michael Zürn zu, wobei auch hier deutlich ist, daß die Brüder unter dem starken Einfluß des Jörg arbeiten.

So ist in diesem Familienwerk der Zürn – an dem auch noch der Vater Hans d. Ä. mit dem bekrönenden Kruzifixus des Altars beteiligt ist – wohl nicht der Ausgangspunkt des süddeutschen Barockaltars markiert – für den man es immer gehalten hat –, aber immerhin der Höhepunkt bildschnitzerischer Tradition des Manierismus in Süddeutschland. Die weiteren Werke der Brüder Martin und Michael, in Wasserburg am Inn (Kanzel in der Pfarrkirche) und des Martin Zürn in Braunau am Inn (Hochaltar) gründen sozusagen auf diesem gemeinsamen Werk in Überlingen, das von keinem der Brüder übertroffen wurde, so reich auch die Saat, die sie in ihrer neuen Heimat hinterlassen haben, im Barock aufgegangen ist.

Altäre, immer wieder Altäre. Aus den Prunkschreinen des Manierismus gehen die Prunkgerüste des Barock hervor. Wir haben hier in Überlingen noch von einem Altarwerk zu sprechen, das Joseph Anton Feuchtmayer geschaffen hat: vom Hochaltar der *Franziskanerkirche*. 1759 übernahm der Mimmenhausener Meister für 550 Gulden die Lieferung und Aufstellung der Schreiner- und Bildhauerarbeiten. Die Kosten, auch der Fassung von 1765 (690 Gulden!), übernahm der Exprovinzial Guardian Johannes Chrisostomus Widmar in Regensburg. Ein Riß von Feuchtmayers Feinzeichner Franz Anton Dirr, dem Verfertiger der übrigen Altarausstattung der Kirche, ist noch vorhanden und 1760 datiert und signiert. Ein zweiter Riß von derselben Hand trägt keine Signatur. Der ausgeführte Altar weist nicht unwesentliche Veränderungen auf, die wohl auf nachträgliche Korrekturen zurückzuführen sind. Das Retabel wurde zu flach an die Wand gepreßt und läßt die kreisende räumliche Bewegung der Feuchtmayerischen Konzeptionen vermissen.

Von den Statuen ist vor allem der Laurentius auf der Epistelseite hervorzuheben, der in der Eleganz der Bewegung und in der Meisterschaft der Gewandbehandlung Feuchtmayers Reifezeit zugehört. Bei der Betrachtung der absolut vergeistigten, in den Raum greifenden Hände wie des großzügig ausschwingenden Gewandes mit den langen ornamentierten Säumen und Fransen glaubt man sich an Ignaz Günther zu erinnern, der diese Altarschöpfung gekannt haben müßte. Der Stephanus gegenüber ist zweifellos schwächer gearbeitet, weniger empfindsam und insgesamt schwerfälliger. Hier hat, wie Boeck vermutet, ein Schüler nach dem Bozzetto des Meisters gearbeitet. Von den Engeln, die den Altar flankieren, ist der auf der linken Seite der Feuchtmayer nähere. Der rechte Engel läßt in seiner trägeren Form und im schläfrigen Ausdruck die Hand von Franz Anton Dirr verspüren. Die beiden Ordensheiligen zunächst dem Altarblatt sind, nach Boeck, nachträglich hinzugefügt.

Das *Reichlin-Meldeggsche Patrizierhaus* ist heute ein Heimatmuseum von besonderem Rang und eigener Stimmung. Dies vor allem durch die in der Hauskapelle versammelten und zusam-

mengetragenen Feuchtmayer-Statuen einer Muttergottes von
1746, des herrlichen Christophorus von 1750 (beide rückwärtig
datiert vom Faßmaler), sowie einer Anna Selbdritt, alles Figuren
von einem hervorragenden Können, interessant durch ihren guten Erhaltungszustand wie auch durch ihre eigentümliche Fassung, die zwischen weißen Gewändern und farbigem Inkarnat
einen Übergang zur späteren reinen Weißfassung bildet.

Wer nun noch nicht genug hat von Feuchtmayer-Figuren, der
fahre von Überlingen hinaus nach *Sipplingen,* wo er die beiden in
der Kirche verwahrten Figuren Sankt Martin und Sankt Georg
bestaunen kann. Es sind zwei absolut phantastische Gestalten,
in ihrem verblasenem Gesichtsausdruck an Maulpertsch erinnernd, gleich großartig in ihrer gespreizten Haltung, durch und
durch feuchtmayerisch und der alpenländischen Schnitztradition
zuinnerst verpflichtet. Der Sankt Georg hat die größte Allsichtig-
keit, wie Boeck mit Recht bemerkt. (Datierung: nicht vor 1753!)
  Wer sich aber nach anderen konträren Eindrücken sehnt, wird
den Besuch der Kirche von *Goldbach* vorziehen. Die kleine, hart
an der Bahn stehende Kirche hat im Inneren seltene Wandge-
mälde der Reichenauer Schule. Im wesentlichen noch 10.Jahr-
hundert.

Am Saum der Schweiz

REICHSSTÄDTISCHES KONSTANZ

Wir sind in Meersburg, warten im Wagen auf das Fährschiff, das uns ans andere Ufer nach Konstanz bringen soll. Eine Schiffsreise also auf dem schwäbischen Meer, wenn auch nur eine sehr kurze. Der Himmel hat sich mit Regenwolken vollgesogen, das Wasser sticht ins Algengrüne, und Meersburg ist eine maritime Miniatur in Grau und Weiß, eine Grisaille... Da kommt schon das Fährschiff, um die Bugplanken glitzert silbriger Schaum. Das Verladen der Wagen geht mit lässiger Präzision vor sich. Wir sitzen auf der Heckseite und haben noch einen Blick auf Meersburg, während es um uns rauscht und glitzert.

Die barocke Vedute der Stadt gewinnt über der schimmernden Seefläche Farbe und schlingert sich in jene verklärte Wirklichkeit hinein, wie sie uns Baumgartner auf einem Deckenbild in Baitenhausen schilf- und muschelgerahmt wiedergegeben hat: das graue Burgschloß und daneben durch eine helle Baumreihe getrennt die Seefassade des Neuen Schlosses – altrosa gefärbelt – davor der niedliche Gartenpavillon wie ein Schwalbennest hängt. Dann der ockerfarbene Würfel der Weinbaudomänen und wieder ein Stück weiter in verblichenem Rosa die behäbige Front des Priesterseminars. Das Ganze auf einer Berglehne aufgebaut mit Ober- und Unterstadt, gekrönt vom Sattelturm der Pfarrkirche. Lange begleitet uns dieses Bild, bis es immer kleiner werdend im Dunst des Binnenmeeres unter dem Heck versinkt. Die Insel Mainau schiebt sich als eine neue Attraktion ins Blickfeld. Aber es beginnt jetzt zu regnen, und wir verlassen unsere Aussichtsbank. Schneller als man vermutet hat, aber doch nach einer regelrechten kleinen Schiffsreise, sind wir am jenseitigen Ufer. Dort wartet schon auf den vorgezeichneten Parkstreifen der Gegenverkehr. Es ist Tag- und Nachtbetrieb auf der Fähre. Und das gibt diesem Bodenseefährbetrieb, der so geschickt dirigiert wird, sogar einen Hauch von maritimer Weite.

Konstanz, das römische Straßenkastell, die alte Bischofsstadt von 590 bis 1821, die Freie Reichsstadt von 1192–1548, die Landstadt im Habsburgerreich und der Sitz der Vorderösterreichischen Regierung 1752–1760, die Universitätsstadt von heute – man sollte es wirklich nicht einfach in seinen Randbezirken durchfahren. Wir haben es – freilich nicht leichten Herzens – getan, nachdem ein längeres Überlegen auf dem Fährschiff stattfand, uns die Insel Mainau, die so verführerisch herübergrüßte, an ihre Gestade zog. Der Tag war recht schwül und nicht für lange Besichtigungsgänge geschaffen. Konstanz schien uns außerdem in bestimmter Weise keine Barockstadt zu sein. Weder das Konstanzer Münster, das bedeutendste Bauwerk der Gotik im Bodenseeraum, noch sein Heiliges Grab konnten uns umstimmen. Auch das ehemalige Jesuitenkloster »mit reichen barocken Altären und Stuckdecken«, wie uns ein Führer verhieß, noch die alte Dompropstei mit ihrem Rokoko-Festsaal hatten wir Lust zu sehen. Das Dominikanerkloster, in dem einst der Dichtermönch Heinrich Suso lebte, ist heute Inselhotel. Das berühmte, noch erhaltene Konzilsgebäude, in dem 1414 die einzige Papstwahl stattfand in Deutschland, entging uns ebenso wie die Dreifaltigkeitskirche mit ihrem Deckenfresko von Franz Joseph Spiegler.

Immerhin hat uns der Name Spiegler etwas zu denken gegeben im nachhinein. War er nicht in Konstanz als fürstbischöflicher Hofmaler ansässig? Hat hier nicht ein Jakob Karl Stauder und ein Johann Christoph Storer gewirkt? War dieses Konstanz nicht doch eine barocke Malerecke oder ein Malerzentrum? So haben wir uns zu Hause den alten Ginter vorgenommen: ›Südwestdeutsche Kirchenmalerei des Barock – Die Konstanzer und Freiburger Meister des 18. Jahrhunderts.‹ Verlegt bei Benno Filser in Augsburg 1930. Zunächst waren wir fast in unserer Nachlässigkeit rehabilitiert, als wir die markige Feststellung lasen:

Das 18. Jahrhundert mag wohl das trostloseste Blatt im Buche ihrer – der stolzen Constantia – Geschichte sein... Drüben über dem See, im kleinen Meersburg, hatte Kardinal Damian Hugo aus dem baulustigen Geschlechte der Schönborn sich eine stattliche neue Residenz errichtet... Dem Schloßbau folgte bald der des Seminars. Hier in Konstanz selbst hat die Baugeschichte des 18. Jahrhunderts nichts nennenswertes zu verzeichnen... Überall rundherum Leben, nur in Konstanz ist es totenstill. Und doch hatte im Jahrhundert zuvor ein Storer eine lange und reichgesegnete Tätigkeit entfaltet, hatten sich ein Franz Beer und ein Peter Thumb, die beiden so begabten und fruchtbaren Vorarlberger Baumeister, hier dauernd (?) niedergelassen. Schuld daran war sicherlich nicht die Bedeutung – Konstanz hatte ja keine mehr –, sondern die günstige Lage der Stadt. In einer ungemein glücklichen Weise schlägt sie die Brücke von Vorarlberg und Oberschwaben nach Südbaden und der Nordschweiz. ... Diese geographisch so günstige Lage zog sicherlich auch die Barockkünstler in erster Linie an. Hier waren sie im Mittelpunkt der Lande, die mit ihren vielen Kirchen und Klosterbauten einem Garten mit üppigstem Blumenflor glichen. Mag sein, daß auch der Titel, den ein Bischof von Konstanz zu vergeben hatte, nicht ohne Anziehungskraft war... Und ein Franz Ludwig Hermann unterließ es selten, das ›Hofmaler Seiner Eminenz des Kardinals und Bischofs von Konstanz‹ möglichst sichtbar seinen Fresken mit ins Leben zu geben.

Als um das Jahr 1700 die kirchliche Großmalerei bei uns einsetzte, hatte sie auch in Konstanz einen Vertreter. Es ist der 1666 zu Wessobrunn gebürtige und am 15. Oktober 1713 in Konstanz als bischöflicher Hofmaler verstorbene Johann Michael Feuchtmayer. Vor Konstanz in Schongau wohnhaft, arbeitete er für das Kloster Einsiedeln, dann für das Kloster Weingarten, für das er 1701-1702 die Fresken an der Chordecke der Prioratskirche Hofen (heute Schloßkirche Friedrichshafen) schuf... 1707 arbeitet er im Stifte Sankt Florian (blaues Zimmer) und 1710 für die Pfarrkirche Gleink in Tirol, 1712 auch für Salem, ohne daß wir näheres über diese Arbeit wissen. Auch für Wessobrunn, für die Pfarrkirche Riedlingen a. D. (ehemaliges Hochaltarblatt) und für Brochenzell wird er genannt. Das Riedlinger Stück – eine Mariä Himmelfahrt – ist mit der Jahreszahl 1713 datiert und ein sehr geschicktes und tüchtiges Werk.

So die Einführung in die barocke Kunstlandkarte von Konstanz durch Hermann Ginter.

Feuchtmayers Nachfolger im Amte des bischöflichen Hofmalers war nun Jakob Karl Stauder. Nach einem Eintrag im Konstanzer Bürgerbuch von 1716 »von Oberweyler gebürthig« – aber welches von den vielen in Württemberg? Als Zeichen seiner geachteten Stellung wird er 1725 Mitglied des großen Rates von Konstanz. Seine Frau ist (nach Ginter) »eine Schönheit, die er gerne auf seinen Gemälden – meist kostbar gekleidet – unterbringt«. Aber offenbar ist er auch eine sehr wein- und sangesfreudige Natur ohne besondere Tiefe, mit Freude an ruhmrediger Selbstdarstellung, wie sein Selbstporträt mit der Laute in Katharinental es beweist. Gestorben dürfte er wohl vor dem Jahre 1750 sein. Übrigens ist von Johann Zick eine dreijährige Lehrzeit bei Stauder nachgewiesen.

Blättern wir weiter im Konstanzer Malerbuch bis zu Franz Joseph Spiegler. Er ist als kirchlicher Großmaler eine durchaus interessante Figur, ja eine festumrissene Größe. Am 5. April 1691 zu Wangen im Allgäu geboren als Sohn des Franz Spiegler und der Anna Bäbstin, kam er nach den Lehr- und Wanderjahren zu dem Münchner Maler Kaspar Sing. 1727 ist Spiegler in Riedlingen wohnhaft und von hier aus für die nähere und weitere Umgebung vielbeschäftigt. Um 1750 läßt er sich in Konstanz nieder, steht aber in den Steuerbüchern unter den ›Beisassen‹, was bedeutet, daß er sich nicht unter die Bürger hat aufnehmen lassen. Auf ihn geht die Stiftung einer Seitenkapelle an der Nordseite der Johanniskirche zurück (was von Wohlstand zeugt), ein eigener stattlicher Anbau, für den er das Altarblatt malte und in dem er schließlich auch begraben wurde, als er am 15. April 1757 in Konstanz starb.

Spiegler also, ein Maler von barockem, fast expressivem Temperament, kraftvollem Farbsinn, wie uns seine Skizzen (Farbtafel auf Seite 49) beweisen. Das Werk des Großmalers beginnt in Ottobeuren, wo er neben dem Italiener Pelandella kleine Gewölbefresken im Kreuzgang des Hof- oder Gastgebäudes malte, den Theatersaal freskierte, das Kuppelbild im nördlichen Stiegenhaus zum Kaisersaal schuf (1725). Im Schwarzwaldkloster Sankt Peter erhielt er dann die Kirchenausmalung übertragen (1727). Im Jahre 1732 entstehen zwei Seitenaltarblätter für das herrlich gelegene schweizerische Kloster Engelberg, ein Rosenkranzbild – das wohl der junge Maulpertsch gesehen haben dürfte – und eine Kreuzabnahme, die auffallend an das Carlo Carlone zugeschriebene Bild vom Kreuzablösungsaltar im Querschiff von Weingarten erinnert.

1734 folgt das Hochaltarbild für Engelberg, eine schwungvolle Himmelfahrt Mariens, die kompositionell an die Skizze des Maulpertsch mit dem gleichen Thema im Kunstmuseum zu Basel gemahnt. Mochental bei Ehingen, eine Propstei von Zwiefalten, erhielt im gleichen Zeitraum seine Deckenfresken und Altarblätter. Um 1734 entstehen alttestamentarische Szenen, die heute in Salemer Privatbesitz sind, 1735 der Freskenzyklus in der Schloßkirche von Wolfegg. Wie sehr diese Deckenbilder ›verrestauriert‹ sind, zeigt uns das Fresko im Lindauer Damenstift, das Spiegler 1736 fertigte. 1740 ist Spiegler mit der Ausmalung der Konstanzer Dreifaltigkeitskirche beschäftigt. Untersulmetingen bei Biberach hat in seiner Schloßkapelle Fresken und ein Hochaltarblatt von 1741, Reinstetten bei Biberach zwei Seitenaltarbilder. Das Altarbild vom Benediktusaltar in Ochsenhausen ist 1743 datiert. Das Dreikönigsbild in Pfullendorf 1745. Die Altarbilder der schweizerischen Klosterkirche Muri (Kanton Aargau) stellen zweifellos einen weiteren Höhepunkt des Altarbildmalers dar, zumal die Kreuzigungsdarstellung (1746) mit ihrem dramatischen Helldunkel. 1747: Altarbilder in Altheim bei Riedlingen und die dortigen schlecht erhaltenen Fresken.

Nicht unvorbereitet, aber doch in einer unerwarteten Steigerung seines Könnens als Freskomaler ins Genialische und Visionäre, entsteht der Zwiefaltener Deckenbildzyklus (vergleiche Seite 47 ff.), der größte Auftrag, den Spiegler jemals bekam, einer der größten wohl der Freskomalerei des Süddeutschen Spätbarock. 1747 die beiden Deckenbilder im Chor, 1748 die der linken und rechten Querhauskapelle, 1749 das Fresko der Vierungskuppel, dazu die Zwickelbilder mit den Darstellungen der Vier Erdteile, und 1751 die mächtige Langhausdecke. Das Hochaltarbild folgt 1753. Während dieser umfassenden Arbeit entsteht 1749 die liebenswürdige Zubuße: er arbeitet mit Johann Michael Fischer, Johann Michael Feichtmayr in der dem heiligen Magnus geweihten Kapelle in Gossenzugen, einer Stiftung der Künstler von Zwiefalten.

Von Konstanz aus, wohin er inzwischen verzogen ist, erhält er seinen letzten großen Auftrag: die Ausmalung des adeligen Damenstiftes zu Säckingen am Rhein. Nach dem Brand von 1751 entstanden, sind seine Deckenfresken mit der Glorie des heiligen Fridolin wie ein Nachhall der Gewölbe von Zwiefalten. Eine empfindsame Mariä Himmelfahrt im Chor und Szenen aus der Mariengeschichte an den Chorwänden haben wohl durch Restaurierung gelitten, besser erhalten sind die Fresken in den Seitenschiffen. Datierung des Säckinger Zyklus: 1751–1754. Ein ehemaliges Altarbild im Pfarrhaus erinnert kompositionell an das sogenannte Schutzengelbild in der Pfarrkirche Langenargen (vergleiche Seite 143), das man ihm erst in jüngster Zeit vorsichtig zugeschrieben hat.

Erwähnen wir noch den fruchtbaren Rokokofreskanten Franz Ludwig Hermann, einen Sohn des Kemptener Hofmalers Franz Georg Hermann, 1723 in Ettal geboren und 1791 in Konstanz verstorben. Er ist der typische Lokalmaler mit volkstümlichem Einschlag, wie seine Fresken in Überlingen (Franziskanerkirche 1753), in Beuggen (Deutschordenskirche, ca. 1755), in Ittingen (Klosterkirche, 1763) und Kreuzlingen (Pfarrkirche, 1765) beweisen. Mit ihm schließt sich der Konstanzer Malerkreis mit einem herzhaften Protest gegen den Klassizismus, unbekümmerter Komposition und phantastischer Scheinarchitektur.

ABSTECHER ZUR
MAINAU UND REICHENAU

Was uns Konstanz etwas verleidet hat – der Regenhimmel –, er erweist sich nun, nachdem es sich wieder etwas aufhellt, fast als ein Glücksfall. Der riesige Parkplatz auf dem Festland ist nur mäßig frequentiert. Er läßt an schönen Sommertagen in der Reisezeit Schlimmes ahnen. Wir finden heute Platz in Überfluß, lösen unser Ticket und schlendern allein über den hölzernen Steg zur *Insel Mainau* hinüber.

Eine künstlich herbeigezauberte Südlichkeit, freilich auch echte Bodenseeschwüle, schlägt uns entgegen. Auf gepflegten Wegen werden wir, von Täfelchen geleitet, zu einem Hügel geschickt, den schöne Baumgruppen umstehen. Es geht an Bambus- und Bananenstauden vorbei. Auch Orangenbäume, die man in der Barockzeit in Orangerien züchtete, wachsen hier im Freien, und an Blumen herrscht ein Überfluß: Dahlien, Rosen, Tulpen. Wer kennt die Namen, wer zählt die Arten? Auf Täfelchen sind sie botanisch genau klassifiziert. Der englische Park hat auch schöne Ausblicke. An einer ufernahen Stelle wechselt er in die Geometrie des französischen Gartens über und bildet ein regelrechtes Parterre: Springbrunnen und weiße Bänke... Am Ende stößt der Besucher ›noch‹ auf eine barocke Überraschung: das *Deutschordensschloß*, ein Dreiflügelbau, anspruchslos mit Feldern gegliedert, aber hübsch an das Ufer hinkomponiert. Johann Kaspar Bagnato hat es 1736–1646 an der Stelle einer mittelalterlichen Ordensburg erbaut. Bis 1803 war es als Sitz der Komture dem Orden verblieben. Dann kam es über verschiedene Besitzer samt der Insel an den badischen Großherzog und von ihm durch Erbgang an eine Nebenlinie des schwedischen Königshauses. Sein jetziger Besitzer, Graf Lennart Bernadotte, machte das ihm vererbte Eiland zu einer Stätte internationaler Begegnungen. Seine pflegerische Arbeit gilt auch dem Gewässer- und Landschaftsschutz der heute so gefährdeten Bodenseeregion.

Aber nicht, um über den Grafen Bernadotte zu sprechen, nicht einmal, um sein Schloß zu besichtigen, sind wir auf die Mainau gekommen, sondern wegen der *Schloßkapelle*. Dort findet aber gerade eine Hochzeit statt. So setzen wir uns zunächst auf eine der weißgestrichenen Bänke und betrachten uns das Äussere. Die Fassade scheint fast auf einen älteren Bestand hinzuweisen: ein strenger Giebel mit Dreiecksädikula und Steinpyramiden, aber der dem Dach aufsitzende, ihm entwachsende Turm erinnert sogleich an die Birnau. Freilich nicht Thumb, sondern Bagnato, der Deutschordensarchitekt, hat hier gebaut. Am interessantesten wohl ist das Portal aus Haustein. Im Aufsatz, zwischen zwei Volutenschenkeln, die anmutige Büste Mariens im Sternenkranz, zwei ausgelassene Cherubim auf Wolken schwebend, und über dem Türsturz noch eine meisterliche Rocaillekartusche mit einer Krone. Dieses dekorative Ensemble stellt eine der ganz seltenen Bleiplastiken des Joseph Anton Feuchtmayer vor, eine Technik, die er auf Anhieb beherrschte und die gewiß zu dem Reizvollsten der Bildnerei des 18. Jahrhunderts zählt.

Wir haben inzwischen Anstalten getroffen, das schöne Portal zu fotografieren. Doch gerade in diesem Augenblick, als die Aufsatzgruppe richtig im Sucher steht, kommen ein paar ›Kranzljungfern‹ aus dem Portal hervor, und gleich dahinter die weiße Braut und der Bräutigam. Sie blicken uns freundlich an, halten uns wohl für die immer gegenwärtige Presse. Der Herr Brautvater blickt allerdings weniger freundlich. Vielleicht gilt die Insel Mainau als exterritorial, vielleicht ist das Fotografieren verboten. Aber was solls, wir fotografieren das Portal. Und dann, als der Hochzeitszug feierlich über den Ehrenhof paradiert, gehen wir in die Schloßkapelle hinein.

Eigentlich ist sie schon eine Schloßkirche! Ein helles Langhaus mit weit herabgezogenen Fenstern, ein schmälerer Chor mit zwei seitlichen Emporen, davon eine Herrschaftsempore, ein apsidenförmiger Altarraum. Die Kirche ist schon vom Räumlichen her ungemein reizvoll gelöst und mit geringen Mitteln rhythmisiert. Die Langhausecken sind abgerundet. Längliche Wandfelder verdecken die gliedernden Pilaster zur Hälfte und erweisen sich so als wirksame Rücklagen für die Seitenaltäre. Diese sind Stuckmarmoraufbauten von kräftiger Plastik und origineller Form, indem sie die Rundung (der Wandvorlagen) fortführen, ja übertreiben, was sich vor allem in ihrer Gebälkbildung zeigt und in den Auszügen, den kräftigen Giebel- und Volutenschenkeln.

Die gesamte Altaraustattung der Schloßkirche ist Joseph Anton Feuchtmayers Werk. Es ist uns überliefert, daß es bei diesen Seitenaltären zur Auseinandersetzung mit dem Architekten Bagnato kam. Denn dieser hatte, vielleicht in Abweichung von seinem ursprünglichen Plan, die Gesimszone oder das Kranzgesims der Kirche nicht wie üblich in die Höhe des Chorbogenansatzes, sondern in die Höhe seiner Scheitellinie verlegt. Feuchtmayers Seitenaltäre erschienen deshalb zu ›kurz‹. Er soll sich zunächst aus verständlichen Gründen geweigert haben, sie zu strecken. Schließlich fand man zu einer Lösung, die als dekorativ bezeichnet werden muß und die Feuchtmayer zwei weitere Statuen eintrug: auf die leeren Felder wurden Baldachine stuckiert; die Altarauszüge erhielten noch zwei große Aufsatzfiguren: Sankt Sebastian und Sankt Johann Nepomuk. Zwei zusätzliche Patrone also und noch dazu auf Ehrenplätzen unter Baldachinen! Man kann sich förmlich die überlieferte Auseinandersetzung, die bei Feuchtmayers Temperament sicher bühnenreif war, rekonstruieren... Auch die Verlegenheit des Schloßkaplans und des Herrn Komturs, die zwei neue Titelheilige aus dem Ärmel schütteln mußten. Das war aber schnell gelöst: Sebastian sollte in einer Kirche der deutschen Ordensritter nicht fehlen. Und Johann Nepomuk war auf alle Fälle gut. Er war ja der Lieblingsheilige des 18. Jahrhunderts. Die beiden Figuren sind sehr wirkungsvoll auf den Fernblick hin gearbeitet und lösen sich fast von der Wand. In den die hohe Predella flankierenden Engeln erkennt man sogleich Feuchtmayers bewegungsintensiven, ausdrucksgeladenen Stil. Diesem Ausdruckstreben werden Schönheit und Harmonie bewußt untergeordnet. Der organische Gliederbau, den er bei Carlone gelernt hatte, die Anatomie, die er beherrschte, werden hier förmlich in den Wind geschlagen, das Stehen wird zu einem halben Schweben. Die Extremitäten sind wie geknetet und gelängt. Nehmen wir nicht an, daß sich die physischen Erregungen des oben geschilderten Arbeitsprozesses in einer gewissen Nachlässigkeit oder Zornigkeit spiegeln. Die Engelsköpfe haben den typisch feuchtmayerischen, fast furcht-erregenden Ausdruck, für den die aufgerissenen Münder und die herabgedrückten Brauen kennzeichnend sind.

Der Hochaltar steht in klassischer Sicherheit da. Er hat die für eine Schloßkirche angemessene Eleganz der Erscheinung. Bewegungsreich aufgebaut und dabei meisterlich ponderiert sind die beiden Statuen Sankt Elisabeth (mit einem unwirsch dreinblik-kenden Putto als Bettler) und Sankt Georg, wie er den Drachen mit den Füßen förmlich knetet! Auf den auswärts gerollten Volutenschenkeln des Altaraufsatzes sitzen herrliche Engel mit erhobenen Armen, ihre Gesichter fast häßlich und verblasen wie bei Maulpertsch. Sie winken uns zu... Darüber nochmals Putten in den Gesten der reinen Verzückung oder des Übermuts.

In diesem Rahmen also ein koloristisch fesselndes Bild von Franz Joseph Spiegler (1737): die Muttergottes mit Kind, Joseph, Joachim und Anna, Zacharias und Elisabeth. Das Oberbild eine Herz-Jesu-Darstellung. Die Seitenaltarblätter wohl nicht von Spiegler. Jedoch ist das Deckenfresko über dem Hochaltar, eine feurig gemalte Anbetung des Lammes, ein Werk des Allgäuers aus seiner Riedlinger Zeit. Auch die Stuckmarmorkanzel sollte man nicht übersehen. Sie gibt sich als ein typisches Werk des Bildhauers Feuchtmayer zu erkennen, dessen Kanzelentwürfe merkwürdig architektonisch konzipiert sind. Die Kanzelstiege wäre – nach Wilhelm Boeck – in der Art der Bachhauptener Kanzelstiege mit geschnitzter Brüstung zu ergänzen.

Wir setzen uns in das alte Gestühl, um das wohlgelungene Ganze dieser Schloßkirche noch einmal zu betrachten. Erfreuen uns an der Farbigkeit der Stuckmarmoraltäre, der Kanzel, die in wohlbedachter Steigerung temperiert ist und mit den Ausdrucks-graden der Figuren zusammenstimmt. Beim Hochaltar elegante kühle Farben, bei den Seitenaltären Glanzweiß, das über warmes Gelb und Rosa die Farbe des Blutes annimmt. Bei der Kanzel noch Grau hineingemischt. In dieser Technik – des Stuckmarmor oder Stuccolustro – ließ sich ja viel besser als mit natürlichem Marmor farbig komponieren. Und Feuchtmayer war darin zweifellos ein

Meister. Jawohl, das Chorbogenwappen der Deutschmeister –
oder vielmehr ihrer Komture – hätten wir beinah übersehen:
zwei köstliche Feuchtmayer-Putti noch dazu. Und darunter das
mit Rokokozartheit geschmiedete Speisegitter. Auf der Bank
neben uns liegt ein frischer Blumenstrauß. Er wurde von den
Hochzeitsgästen vergessen. Und nun tun wir noch einmal etwas,
was eigentlich nicht erlaubt ist. Wir nehmen den Tulpenstrauß,
legen ihn am Nebenaltar zu Füßen eines Engels, der besonders
heftig winkt, nieder. Ein Blumenstrauß für Feuchtmayer.

Es ist nicht leicht, auf der Mainau zu sein und einfach nach Konstanz zurückzufahren, ohne der *Insel Reichenau* den ihr gebührenden Ehrenbesuch abzustatten. Dies wird uns auf dem Rückweg
zum Parkplatz über dem Steg erst so recht bewußt. Aber man
sollte sich auch diesem ›Seraph‹ der mittelalterlichen Kunst mit
der notwendigen Ruhe, adäquaten Gestimmtheit und in der
richtigen Zeit einmal gesondert widmen.

Wir sind auf einer Barockreise, und es ist nicht statthaft, ja es
ist eine Sünde wider den Geist der Zeiten, einfach nur so, weil wir
schon hier sind, auf die Reichenau hinüberzufahren. Das sagen
wir uns, dessen sind wir uns sicher, als wir auf dem Parkplatz
angekommen sind. Mit dem notwendigen räumlichen Abstand
überschlagen wir kurz, was uns bei unserem nächsten Besuch erwartet, oder was wir schon einmal auf einer Bodenseereise erlebt
haben. Hoffen wir, daß wir uns nicht ins Detail verlieren oder den
Maßstab des Barock gebrauchen. Also so sachlich und kurz wie
möglich: Die Insel selbst, das Eiland, ist älteste Terra benedictina,
ein Ort der Stille, früher Sittigung durch den Geist und die Kunst,
ein Ort auch von absoluter Gewaltlosigkeit. Kaiser holten sich
ihre Berater von den Klöstern der Reichenau, und um 1000 ist
hier des Heiligen Römischen Reiches ›Erzschreibstube‹ gewesen,
von der uns die Kostbarkeiten der Reichenauer Malerschule, das
Perikopenbuch Kaiser Heinrichs II. und das Bamberger Evangeliar Ottos III. und anderes erhalten geblieben sind. Ein ergreifendes Zeugnis dieser Blütezeit der Reichenau ist dort noch zu sehen:
die Kirche zu *Oberzell* mit ihrem geschlossen erhaltenen Fresken-

zyklus an den Hochwänden, neben den Resten zu Frauenchiemsee, Goldbach und Burgfelden der älteste Zyklus kirchlicher Großmalerei in den heutigen deutschen Grenzen. Christus wird in
fast erschreckender Größe als wundermächtiger Heiland dargestellt, der als ein neuer Hercules christianus seine Taten voll-
bringt, Taten des Heils und der Wunder. Es finden sich dabei
auch Nebenszenen von kräftigem Weltsinn, etwa die Szene am
linken Choraufgang, wo uns gezeigt ist, wie das Geschwätz der
Frauen in der Kirche vom Teufel auf eine Kuhhaut geschrieben
wird. Als Entstehungszeit der Fresken in dieser Georgskirche zu
Oberzell wird allgemein das Ende des 10. Jahrhunderts angesehen, doch bleibt der Gedanke an eine Datierung um rund hundert
Jahre früher zu erwägen. Hatte sich doch schon zu Ende des
9. Jahrhunderts ein Abt von Sankt Gallen Wandmaler von der
Reichenau kommen lassen. Der nachwirkende Illusionismus der
Fresken erinnert denn auch mehr an die karolingischen Fresken
zu Münster (Müstair) in der Schweiz, denn an die gleichzeitige
Buchmalerei der Reichenau. Die sehr statische Darstellung des
Weltgerichts an der Außenseite der Westapsis, ursprünglich
genau auf die Einteilung der zweigeschossigen Vorhalle aus dem
11. Jahrhundert berechnet, steht in so auffallendem Gegensatz
zur entsprechenden Szene im Perikopenbuch Heinrichs II., wo
alles gedrängt und wie von Windstößen bewegt ist, daß wir sie
ins 12. Jahrhundert datieren müssen. Doch ist uns das Weltge-
richtsthema schon von Abt Walafried Strabo für das 9. Jahrhundert als gewaltiges Mahnbild für die Westwand karolingischer
Kirchen bezeugt.

In *Mittelzell* haben wir dann eine Pfeilerbasilika von 1172, die
auf der Grundlage des Erweiterungsbaues des Abtes Witigowo
aus dem Jahre 990 steht. Dem von Abt Berno errichteten West-
werk (um 1050) in der lapidaren Größe und kubischen Wucht
spätottonischer Architektur tritt ein hoher, feiner, gotischer
Chorbau von 1447 gegenüber. Von der Ausstattung ist unter
anderem ein Flügelaltar der Ulmer Spätgotik (von 1498) und eine
gotische Muttergottes aus der Zeit der ritterlichen Klassik (um
1310) zu erwähnen.

Niederzell, die äußerste der Reichenauer Kirchentrias, am Nordwestende der Insel gelegen, zeigt uns die romanische Anlage einer dreischiffigen Basilika mit Doppeltürmen und drei Apsiden. Zu den eigenwilligen Kapitälen besitzt die Kirche eine vollständig ausgemalte Chorapsis aus der Zeit um 1100: Christus in der Mandorla, flankiert von zwei Heiligen, umgeben von Seraphim. Darunter sitzen und stehen in Rundbogenarkaden zwölf Apostel und zwölf Propheten. Ein kleiner Rokokoaltar mit geschnitztem Tabernakel und zwei anbetenden Engeln vor dem gotischen Apsisfenster stört nicht und macht den Kontrast der Zeiten deutlich. Die Kirche hat ihre Rokokostuckierung von Dominik Wurz (1757) bewahrt. So ist auch auf der Reichenau ein Stücklein 18. Jahrhundert überliefert.

Rund tausend Jahre liegen zwischen der ersten Klostergründung durch den Wanderbischof Pirmin (um 724) und der Auflösung von Mittelzell (1759). In ihrer Blütezeit, dem frühen Mittelalter, war die Reichenau zeitweiliges kulturelles Zentrum des karolingischen und ottonischen Reiches.

Wir schlagen das Buch der Geschichte zu, beenden unseren Exkurs und fahren hinter einer Autokolonne, die schon zur Seeschlange anwächst, nach Konstanz zurück.

Im Sankt-Stefans-Keller, unweit des Münsterplatzes, einer historischen Gaststätte, essen wir zu Abend. Von altdeutschem Holzgetäfel anheimelnd umfangen, schmecken die Bodenseefelchen und Bodenseeweine noch einmal so gut, zumal wir vortrefflich bedient werden. Es ist eine Lokalität nach der Landesart. Wir hatten deshalb keinen Grund, das Lokal zu wechseln, wie es seinerzeit der Herr von Montaigne in Konstanz tat:

In Konstanz waren wir im Adler schlecht untergebracht und bekamen von Seiten unseres Wirts etwas von dem barbarischen Freiheitsstolz der Deutschen zu kosten, aus Anlaß eines Streits eines unserer Diener mit unserem Führer aus Basel. Wir zogen darum in den Hecht um, wo es uns gut gefiel. Der Sohn des Stadthauptmanns, als Page bei Herrn von Méru erzogen, leistete den Herren täglich Gesellschaft bei Tisch und sonst, verstand aber kein Wort französisch mehr.

Die Gänge bei Tisch sind sehr mannigfaltig. Man bekam hier, wie auch später noch oft, nachdem das Tafeltuch abgehoben war, zu den verschiedenen Weinen neue Gänge, zunächst Kuchen in Kranzform – in der Gascogne Canaulos genannt –, darauf Pfefferkuchen, drittens zartes Weißbrot in Stücke geschnitten, das trotzdem zusammenhielt, zwischen den Schnitten ist viel Gewürz und Salz eingestreut, ebenso auf der Kruste.

Ein Gourmet also, der Herr von Montaigne! Freilich, auch die soziale Seite, das menschliche Elend, sieht er in seinem Reisetagebuch von 1583, wenn er in Konstanz vermerkt:

Die Gegend ist voll von Siechenhäusern für Aussätzige, deren man eine Menge auf den Straßen sieht. Ihren Arbeitsleuten geben die Bauern zum Frühstück flaches, unter der Asche gebackenes, mit Fenchel bestreutes Brot, darüber kleine Stücke geschnittenen Specks mit Knoblauch.

Auch die zuweilen übertreibende Art der Höflichkeit fällt dem scharfen Beobachter aus Frankreich in Konstanz auf:

Wollen die Deutschen einen ehren, so halten sie sich immer an seiner linken Seite, wo es auch sei; man müsse nämlich, sagen sie, ihm die rechte Seite für den Gebrauch der Waffe frei lassen.

KREUZLINGEN
MÜNSTERLINGEN, RORSCHACH

Am nächsten Morgen dann unsere erste Begegnung mit der Schweiz, die sich so gutnachbarlich anläßt, daß man geneigt ist, von einer Wiederbegegnung mit dem Barock zu sprechen: Augustinerchorherrenstift *Kreuzlingen* in der gleichnamigen Stadt, die am Grenzübertritt über die Lauben am Schnetztor zu erreichen ist, also buchstäblich vor den Toren von Konstanz liegt. Eine Stiftung des heiligen Konrad, Bischofs von Konstanz, dieses Kreuzlingen. Als es im Dreißigjährigen Krieg niedergebrannt wurde, baute der Vorarlberger Michael Beer 1663-1668 den Stiftsbau neu auf. Der kurz zuvor erfolgte Kirchenneubau des Abtes Jakob Denkinger (durch Stefan Gunetzrhainer, 1650-1653) erhielt unter Abt Prosper Donderer um 1765 ein nobles und reiches Rokokokleid, Deckenfresken, die zum besten gehören, was uns von Franz Ludwig Hermann aus Konstanz bekannt ist. Hermann Ginter schreibt:

Prächtig ist das Hauptbild, eine Glorie des heiligen Augustinus, mit dem flotten Schwung seiner Architektur, dem angenehmen Rhythmus der Gruppen und dem blühenden, frischen Kolorit. Koloristisch besonders beachtenswert ist die Überreichung der Augustinerregel an den Papst, wie das vorige ein Langhausdeckenbild. Ein flottes Stück ist das Chordeckengemälde, etwas schwächer das über der Orgel, ihrem Inhalt nach nicht ganz klar zu umschreiben. Eine Reihe von Lünettenbildern in Chor und Langhaus vervollständigen das malerische Deckengerüste. Die Kreuzkapelle, ein seitlich angebauter Raum, enthält als Deckenmalerei eine Darstellung der ehernen Schlange, unter den Kreuzlinger Werken Hermanns schwächste Leistung.

Eine Seltenheit für sich ist die nach Krippenart geschnitzte, typisch alpenländische Passionsdarstellung mit rund dreihundert Figuren in der Ölbergkapelle. Ihr unbekannter Meister scheint von Joseph Anton Feuchtmayers Kreuzwegdarstellungen in der Wallfahrtskirche Birnau beeinflußt gewesen zu sein. Das schweizerische Kloster und seine Kirche, die heute als Pfarrkirche dient, fiel vor Jahren einem Großfeuer anheim, dessen Spuren, soweit als möglich, wieder getilgt wurden.

Auf der Fahrt nach *Münsterlingen*, die bei strahlendem Sonnenschein die Bodenseelandschaft so recht als ein sommerliches Paradies vor Augen stellt, erinnern wir uns pflichtgemäß, daß hier bei ›Seegfrörne‹, das heißt bei zugefrorenem See, noch heute eine Prozession zu Ehren des heiligen Johannes Nepomuk nach dem gegenüberliegenden deutschen Hagnau unternommen wird. Das Benediktinerinnenstift Münsterlingen überrascht mit einer von Franz Beer von Bleichten 1711 erbauten Kirche, die genauer betrachtet sein will. Stellt sie doch eine frühe und eigenwillige Lösung des Vorarlberger Münsterschemas auf den Plan: eine Wandpfeileranlage mit reduzierten Pfeilern, kurzem Schiff, Querhaus und zentralräumlichem Chor. Das zwischen Querhaus und Altarhaus eingeschaltete Joch wird von einer Kugelkappe auf Hängezwickeln überwölbt. Eine Raumfolge also, die in ihrer

Kombination verschiedener Kompartimente, vor allem in der
Gewölbezone, der Moosbrugger-Schöpfung von Einsiedeln vor-
ausgeht. Um diese Bodensee-Ecke haben die Vorarlberger einen
Kranz von Bauten ausgesteckt, wie Norbert Lieb und Franz
Dieth in ihrer Monographie ›Die Vorarlberger Barockbaumei-
ster‹ eingangs festgestellt haben:

*Kernraum der Vorarlberger Expansion ist das Gebiet um den
Bodensee. Das Schaffensgebiet der Vorarlberger Baumeister ist zum
Hauptteil identisch mit dem alten Bistum Konstanz ... Im 18. Jahrhundert wählten Franz II. Beer und Peter Thumb die am Binnensee des
Alemannentums gelegene Bischofsstadt als den günstigsten Stützpunkt
baumeisterlicher Tätigkeit. In der Reichsstadt Überlingen war schon
1651 der Argenauer Hans Natter bürgerlicher Werkmeister. Eigene
Bedeutung hatten für die Vorarlberger zwei Stiftsbesitzungen am
Nordufer des Bodensees: Stift Einsiedelns Schloß Ittendorf bei Meersburg
(1672-1677 erbaut von Michael und Hans Georg Kuen) und Stift Wein-
gartens Priorat von Hofen-Friedrichshafen.*

Genau gegenüber von Friedrichshafen und Meersburg, die
man über die Seefläche glitzern sieht, fahren wir jetzt auf einer
der schönsten und abwechslungsreichsten Uferstraßen in die
Schweiz hinein. Südwärts laufen die grünen Berge des Appenzeller Landes allmählich gegen die sanfteren Hügelwellen des Thur-
gaues aus. Am Ufer drängt sich die bunte Welt sommerlicher
Touristik mit Rasthäusern und Badeplätzen, Ruderbooten und
Segelschiffen, die uns ein leibhaftiges und sehr gepflegtes Paradies vorgaukeln. Irgendwo bei Uttwil, vor Romanshorn, wo eine
Autofähre nach Friedrichshafen abgeht, macht man eine ländliche Brotzeit und lernt dabei ein paar Spezialitäten der kalten
Küche kennen. Für ein Fondue ist es noch nicht die Zeit.

Da ist dann schon *Arbon*, der alter Römerort, Sterbeort des
heiligen Gallus. Ein fränkischer Königshof soll hier einmal be-
standen haben, doch hat der mit Türmen und Mauern umgebene
Stadtkern seit 1238 den Konstanzern als Grenzfeste gedient, wie
er schon lange vorher den Römern als ›Arbor Felix‹ und den Kel-
ten als ›Arbona‹ nützlich war. Ein mittelalterliches Schloß und
eine Sankt-Martins-Kirche – Chor von 1490 und Langhaus von

1788 – empfehlen sich zur Besichtigung. Aber es drängt uns schon, in die grüne Bergwelt, wo Sankt Gallen liegt, hineinzutauchen. Sollen wir Rorschach auf der Strecke liegen lassen? Die ›Barockstraße‹ empfiehlt es uns. Sie läßt Rorschach abseits.

Dabei ist dieses *Rorschach*, wie sich erweist, die alte Hafenstadt von Sankt Gallen, und in seiner Hauptstraße neben dem Hafen hat sich der bürgerlich-stiftische Reichtum in feinen bemalten Hausfassaden dokumentiert. Am Hafen selbst steht das stattliche Kornhaus, das Johann Kaspar Bagnato 1746 für den Abt Coelestin erbaut hat. Hier in dem neben Steinach wichtigsten Einfuhrort floß der Reichtum Oberschwabens an Korn zusammen und wurde von Rorschacher Kaufleuten, darunter auch Italienern, geschickt dirigiert. Heute ist in das handelsstolze Gebäude ein Heimatmuseum mit vorgeschichtlichen Sammlungen eingezogen. Die Rorschacher Pfarrkirche, 1645-1667 erbaut, zeigt schweizerischen Frühbarock, der bei allen späteren Veränderungen sich doch als alpenländisch behauptet. Und dazu hat Rorschach noch sein barockes Hauskloster droben auf dem Weg zum Rorschacher Berg. Es heißt Maria-Berg, diente den Benediktinern von Sankt Gallen als Ausweichkloster und ist heute Seminar. Man erreicht es über die vom Hafen ausgehende Maria-Berg-Straße, die steil hinaufführt und durch eine barocke Treppenanlage abgeschlossen wird. Der spätgotische Bau birgt in seinem Refektorium und Kapitelsaal sehenswerte spätestgotische Fresken und einen Kreuzgang von 1519, der schon die Renaissance ahnen läßt. Schlösser gibt es hier auch mit schönen Parks (Schloß Wartegg) und weiter Aussicht (Sankt-Anna-Schloß). Doch sind sie Privatbesitz.

Dieses Rorschach ist also eine Abweichung von der Barockstraße wohl wert.

Von welcher Seite her man auch kommen mag, die Türme der Stiftskirche sind das Erste. Man verliert sie nie ganz und orientiert sich nach ihnen, bis man am Stiftsplatz angelangt ist. Hier allerdings nimmt man mit leichter Enttäuschung wahr, daß die erwartete große Fassade – das Ausschwingen in die Breite vor allem – vermieden ist. Die Kirche zeigt uns die Chorseite und ihre mächtige Flanke. Seitwärts wird sie betreten, nicht von vorn. Wir gehen um sie herum auf der Suche nach der Fassade, ein gutes Stück Weg ist es, bis man dann vor ihr steht. Jetzt erst zeigt sich, daß sie an einen älteren, niederen Flügel angelehnt ist und sich einem zwar geräumigen, aber nicht gerade festlichen Hofraum zuwendet: Trakte, die die Nüchternheit einer Kaserne haben.

Die *Kirchenfassade* selbst ist alles andere als nüchtern. Dreigeschossig steigen ihre beiden Türme auf. Die gliedernden Pilaster, die ihre Ecken zu Dreiergruppen gebündelt umfangen, geben mit ihren Gesimsverkröpfungen ein lebhaftes Spiel von Schatten und Licht, das im obersten Geschoß noch lebhafter wird, weil hier Säulen an den Ecken sitzen. Die Abschlüsse bestehen aus knapp sitzenden Hauben von kräftiger, leicht einsinkender Gliederung, darauf die Laternen.

Das Fassadenstück nun, das diese Türme in die Mitte nehmen, wölbt sich aus den zurückschwingenden Ansätzen kräftig vor. Im Untergeschoß wird die Vorwölbung durch zwei Kolossalsäulen mit krönenden Figuren betont, und im Oberen Geschoß, das etwas kurz erscheint und zurückgesetzt ist, haben wir eine Gliederung durch Felder und ein blindes Portal. Meisterhaft ist die Zeichnung des geschwungenen Giebels zu nennen, der ein großes Relieffeld vorweist und den eine durchbrochene Laterne bekrönt. Hildebrandts Giebellösungen haben hier sichtlich Pate gestanden. Blind, oder jedenfalls nur als Schmuck zu denken, sind auch die Fenster der Türme, bis auf die Schallöcher des obersten Stockwerks. Ein feines Reliefempfinden zeichnet die ganze Fassade aus, bei dem sich männliche Strenge und weibliche

St. Gallen

Eleganz die Waage halten. In der Mitte freilich, wo zwischen den beiden Figuren sich eine Balustrade spannt, gibt sich ein Rest von Ungelöstheit zu erkennen, weil hier das Untergeschoß mit dem Obergeschoß proportional nicht völlig harmoniert. Im Blick auf die ganze Zweiturmfront stört es kaum. Die Fassade ist eine feine Leistung, die späte Leistung eines Zeitalters, das nur selten noch die Kraft aufbrachte, große Fassaden zu gestalten.

Betritt man die Kirche von einem der schönen Portale, sagen wir vom rückwärtigen her, so stößt man zuerst auf zwei riesige Paramentenschränke, oder sind es Behälter für Devotionale? An je einen Pfeiler angelehnt wachsen sie bis gut Dreiviertel der Höhe des *Kirchenschiffs* auf. Dieses selbst erscheint uns in seinen Dimensionen gewaltig. Eine klassizistische Orgelempore hält zwar die Dimensionen durch, aber stört doch eigentlich durch ihre strengen Geraden: dorisches Tempel-Gebälk mit Triglyphen. Der Blick geht zunächst in eines der Seitenschiffe, die hell, geräumig und hoch sind. Aber noch mächtiger weitet sich der Raum im Mittelschiff vor unseren Augen. Auf zwei Pfeilerreihen von starkem Querschnitt ruhen breitschäftige Gurten auf und tragen über weit auseinanderstehenden Jochen die kühn gespannten Gewölbekalotten des Mittelschiffs. Bis hierher also eine Hallenkirche oder das abgewandelte Vorarlberger Kirchenschema mit Freipfeilern ohne Emporen. Vorarlbergische Strenge und Würde, die vom Rokoko umspielt wird. Das Rokoko heißt hier vorwiegend Dekoration. Aber davon später.

In der Mitte des Kirchenraumes ereignet sich etwas. Hier ist die rechteckige Jochfolge durch einen gewaltigen Kuppelraum unterbrochen. Das Hauptschiff weitet sich, die Seitenschiffe wölben sich hinaus. Es könnte im Fernblick gesehen eine ovale Einsprengung sein. Geht man ein paar Schritte vor und steht unter der Kuppel, so zeigt sich ein triumphaler Rundraum mit Flachkuppel, der durch die seitlichen indirekten Lichteinbrüche etwas Schwebendes erhält. Gibt es überhaupt eine größere Flachkuppel, als diese hier, die auf stämmigen Pfeilern und hufeisenförmigen Gurtbogen ruht?

Der Chor setzt etwas abgewandelt den Rhythmus des Langhauses fort. Er ist fast so tief wie dieses, auch dreischiffig, und wird durch ein Halbrund mit Nische auf gleicher Höhe geschlossen. Von der Vierung her gesehen erscheint er jedoch kürzer, was er tatsächlich ist, doch kann man dies nur vom Grundriß her konstatieren. Dieser Chorraum wird durch ein breites, reichgeformtes Schmiedeeisengitter abgeschlossen; ein regelrechtes Portal mit dem Abtswappen nimmt die Mitte ein. Doch kann man ihn seitlich ein Stück betreten, wobei man eines Chorgestühls ansichtig wird, das außerordentlich prächtig und geräumig wirkt, sich als ein fast bühnenhaftes Ausstattungsstück der

Kirche erweist. Noch größer als in Ottobeuren ist sein dekorativer Aufwand, noch wirkungsvoller legt es sich und wölbt es sich in die Flanken des Kirchenraumes hinein. Der Abtsitz ist eine wahre Trophäe des Rokokomeublements, in die monumentale Dimension hineingesteigert. Herrlich die Farben des nußbaumbraunen Holzes mit seiner Patina, den goldstrotzenden Reliefs, den Weißhöhungen. Aber wir sind schon beim Detail und haben das Ganze noch nicht genügend deutlich gemacht. Die Seiten-

St. Gallen

schiffe wandeln sich im Kuppelraum zu Kapellen, die mit hohen Durchgängen verbunden sind. Dadurch werden reizvolle Durchblicke und Überschneidungen erreicht. Ein schwer erfaßliches, unregelmäßiges, irrationales Element wird damit mit der leicht durchschaubaren Struktur des Langhauses und des Chors verbunden. Sagen wir noch, daß die Pfeiler hier polygonen Querschnitt haben. Doppelpilaster in den Hauptachsen wechseln mit Einzelpilastern in den Diagonalen. Im übrigen legen sich die Pilaster um die Pfeiler herum. Das Gebälk und die Gesimse sind

mit großer Einfühlung in den Raumrhythmus und sein Linien-
gefüge, seine kaum spürbaren Unregelmäßigkeiten, gezogen.
Die Stukkatur tut ein übriges, sie führt kein zurückhaltendes
Dasein, sie gliedert und akzentuiert mit Geschick und Einfühlung. Sie läßt noch genügend Fläche frei und wird als eine dekorative Glanzleistung empfunden, wenn man die Dimension be-
denkt, die sie zu bewältigen hatte. Es ist reiner Rocaillestuck, in
jener sakral-weltlichen, ja üppigen Sonderform, die von den
Wessobrunnern im Kirchenbau entwickelt wurde. Hier ist in
den Maßstäben der Dekoration nur noch Ottobeuren vergleichbar, vielleicht noch Zwiefalten, obwohl eine spätere Stufe der
Rocaille im Aussparen größerer Flächen und in den Motiven
schon sichtbar ist. Der gefahrenbergende Schritt in das Monumentale ist hier dem Rokokostukkateur mit einer erstaunlichen
Sicherheit gelungen. Am nachdrücklichsten wird dieser Beweis
in den Seitenschiffen und in den Kapellen geliefert.

Auf dem Gebälk sehen wir anmutige Puttengruppen. Sie
tummeln sich nicht, sondern weisen Symbole und tragen auf ihre
Weise geistige Auseinandersetzungen aus. Ihr lichtes Gelb taucht
in den Aufsatzstukkaturen der Kapellen des Kuppelraums wieder
auf, hier von grünem Rocaille- und Pflanzenwerk gerahmt. Es
sind regelrechte Festons von ornamentaler Eleganz und einer
fast tropischen vegetabilischen Fülle. Am schönsten aber, und in
dieser Meisterschaft nur in Sankt Gallen anzutreffen, sind die
gerahmten Reliefs an den Rücklagen der Wandpfeiler um den
Kuppelraum, acht Stück insgesamt. Sie setzen Szenen aus dem
Leben des heiligen Gallus ins Reliefmäßige um, sind eminent
malerisch und plastisch zugleich empfunden und haben insgesamt eine Feinheit des Details, die uns immer wieder überrascht.
Es sind jene Szenen aus dem Leben des Klostergründers ausge-
wählt, die seine Hilfe und Wohltäterschaft vor Augen führen.
Besonders prägt sich dabei die Szene mit der Heilung der Kranken ein, bei der ein Bildhauer von mitempfindender Weichheit
des Gefühls sich kundgibt. Oder die Szene, in der der Heilige
die Messe hält. Man erblickt ein Altarbild im Relief, auf dem
wieder ein Altar mit Altarbild zu erkennen ist. Ein Kunststück

gewiß, aber auch ein Einfall, der bildnerisch absolut gemeistert ist.

Im Hauptschiff sind die Zwickel der Gewölbe mit hellgrünen Kartuschen ausgelegt: virtuose Rocaillen mit Blumengirlanden verflochten. In den Scheiteln der Gurtbogen Inschriftkartuschen. Hier lesen wir in erhabenen goldenen Lettern: APOSTOLUS ALLE- MANIAE. Die Kapitäle sind durchaus grün und von elegantem Zuschnitt, ein Grün, das vortrefflich vom Weiß der Wände absticht. In den Gewölbetrompen des Kuppelraumes sitzen die vier Kardinaltugenden, vorgetragen in flottem Reliefstil, von Wolken umgeben. Allegorische Puttengruppen weisen Symbole. Am Triumphbogen dann ein prächtiger fliegender Engel, dessen einer Flügel eine Inschriftkartusche halb verdeckt. Er weist nach oben zum Deckengemälde.

Schon beim Eintritt in die Kirche fielen uns diese *Gemälde* auf. Verbindet sich doch in ihnen eine dekorative, fast leichte Komposition mit einem sehr eigentümlichen Kolorismus: dunkel, rostbraun bis violett tritt der Hintergrund, der aus Wolken besteht, hervor und beherrscht die Polychromie der Fresken. Irgend etwas ist hier nicht original. Die Kirche ist jüngst mit großem Einsatz durchgreifend restauriert worden. Fast in allen Teilen scheint diese Restaurierung gelungen, wenn auch ein Zuviel an Glanz und Politur – sagen wir an neuer Fassung – spürbar ist. Das bringen eben alle Restaurierungen mit sich. An den Fresken scheint man allen Bemühungen zum Trotz gescheitert zu sein. Ist man ihnen zu sehr auf den Grund gegangen, hat man vielleicht die ›al secco‹ aufgetragene Oberfläche abgehoben, worauf dann der dunkle violette Grund zum Vorschein kam. Wie es auch sei, die Fresken bilden stumpfe, geradezu lastende Flächen, wo sie doch leicht und hell sein sollten, um den Raum nach oben zu öffnen.

Man hätte vielleicht auch schon von der ursprünglichen Konzeption her dem Raum bessere Fresken gewünscht, ein innigeres Verbundensein mit der Architektur. Es fehlt hier das malerische Temperament, das die Augsburger Freskanten, das einen Spiegler in Zwiefalten auszeichnet. Es sind nur Werke der dekorativen

Anpassung, ohne dramatische Erzählergabe und koloristisches Feuer. Immerhin ist im Kuppelraum einiges Geschick in der Komposition zu erkennen. In drei konzentrischen Kreisen wird ein gutes Hundert von Figuren rhythmisch verteilt und dadurch eine harmonische Höhenwirkung erzielt. Wir erkennen, wie im untersten Ring die Gruppen der acht Seligkeiten aus der Bergpredigt zusammengestellt sind. Diese sind thematisch mit den Titeln der jeweiligen Stuckkartuschen auf den Scheiteln der Gewölbearkaden verbunden. So erscheinen über den ›Armen im Geiste‹ Franz von Assisi, Pius v., Nikolaus von der Flüe, Alexius, Sankt Gallus und Kolumban. Über der ›Sanftmut‹ Notker, Katharina, Monika, Moses und David, Franz von Sales und andere. Bei den ›Trauernden‹ der heilige Bruno, Magdalena und der Schächer Dismas. Die ›nach Gerechtigkeit Hungernden‹ sind mit Benedikt, Thomas von Aquin, Bonaventura, Ignatius von Loyola und Antonius vertreten. Als ›Barmherzige‹ sehen wir Karl Borromäus, Tobias, Burkart, Ludwig, den König von Frankreich, Marta und Martin. Gerold, Katharina, Scholastika, Kaiser Heinrich II. und seine Gemahlin Kundigunde sind der Gruppe zugeordnet, die ›reinen Herzens‹ ist. Und als ›Friedfertige‹ werden der Benediktiner Beat, Bernhard, Leo I., Elisabeth von Portugal, Ulrich und Cyrill dargestellt. Und schließlich die, die um der ›Gerechtigkeit willen verfolgt werden‹: Otmar der zweite Gründer von Sankt Gallen, Bonifatius, Johann Nepomuk, der Märtyrerbischof Ignatius, Idda von Toggenburg, Barbara und Eusebius.

Im zweiten Ring werden die Muttergottes, der heilige Josef mit Lilie, der Täufer Johannes, Joachim und Anna und schließlich zu oberst als letzter Figurenring die Dreifaltigkeit, von Engeln umgeben, dargestellt. Eine gewisse gelehrte Breite, die aus dem umfassenden Programm herrührt, wird der Leser aus der Aufzählung (nach Ginter) herausspüren. Beim Anblick der Fresken von Christian Wenzinger (1760 vollendet, bereits 1773 von Antoni Dick überarbeitet) zeigt sich denn auch eine gewisse Gleichförmigkeit der Gestik und Bewegung. Von diesem Maler wurde viel, wurde zuviel verlangt. Vielleicht, daß man ihm sogar noch nachträglich befahl, die Gruppen zu erweitern, damit ja keiner fehle. Das erste auf den Kuppelraum folgende Fresko im Hauptschiff zeigt uns den heiligen Gallus, wie er in Bewunderung vor dem Bild der Kathedrale verharrt. ›In Christo Jesu Evangelio ego vos genui‹ – das ist schließlich seine Stiftung – meint die Inschrift. Maria mit dem Kinde, Petrus und Paulus, Mauritius und Desiderius leisten ihm Gesellschaft. Das nächste Hauptbild ist dem zweiten Gründer des Klosters gewidmet: Sankt Otmar. Der Heilige schwebt inmitten eines freudig bewegten Engelsreigens der Herrlichkeit entgegen. Eine Verklärung also. Eine gemalte Karte zeigt uns die zu Sankt Gallen gehörigen Herrschaften Ebringen und Neu-Ravensburg. Im nächsten Fresko finden wir Maria neben der Erdkugel kniend, Engel halten ihre Symbole. Heraldische Embleme des Fürstabtes Coelestin II. weisen auf den Bauherrn der Kirche hin. Im letzten Fresko über der Orgel haben wir die übliche Cäcilie, dazu Benediktiner und Engel. Ohne nun die Themen der Malereien in den Seitenschiffen einzeln zu zitieren, die den heiligen Gallus mit verschiedenen Heiligen darstellen, kann gesagt werden, daß das Programm malerisch tüchtig bewältigt, auch durchgehalten ist, aber daß der Maler physisch und künstlerisch überfordert wurde. Das zeigte sich vielleicht erst bei der Restaurierung, falls die Nachlässigkeit im Technischen zu beweisen wäre. Dieser Maler, das ist uns durch Rechnungen bewiesen, war Christian Wenzinger aus Freiburg im Breisgau. Seine Entlohnung steht unter dem Vermerk »Mahler und Stokhator«. Wir haben also den an sich seltenen Fall, daß die Malerarbeit und die Arbeit des Stukkateurs von ein und derselben Person stammt. Wenzinger war zwar in erster Linie Bildhauer, aber er übernahm auch, wie in Sankt Blasien, Malerarbeiten. Als Bildhauer leistete er Großes, steht im ganzen Südwesten am Ende seiner Epoche als letzter Rokokomeister von Anmut und künstlerischer Kraft. Als Maler übernahm er sich wohl. Beides war eben nicht ohne künstlerische Ermüdung zu bewältigen.

Wir möchten sogar behaupten, daß der malende Stukkateur, der sich bei den Reliefs meisterlich zeigt, um vieles besser ist als der Stukkateur-Maler Wenzinger. Im Relief, in der anmutigen Puttengruppe, in der Schönheit einer Rocaillekartusche mit ihrem pflanzlichen Beiwerk leistet er mit das Beste seiner Zeit. Als Maler kann er uns jedoch nur Respekt abgewinnen, keine Begeisterung. Und doch muß es als ein Glück für Sankt Gallen betrachtet werden, daß er diesem gewaltigen Auszierungsunternehmen seine ganze Kraft geschenkt hat und es mit echtem Rokokogeist erfüllte. Im Juni 1757 wurde der Vertrag mit ihm geschlossen. Am 15. November 1760 wurde die Kirche geweiht. Der Chor, der damals noch nicht gebaut war, wurde einem anderen Maler übertragen. Es war Joseph Wannenmacher, der 1764 den Auftrag erhielt und ihn mit dem Geschick und der Routine eines typischen Rokokofreskanten erledigte. Der Stuck in diesem Chorraum zeigt seine spätere Entstehungszeit kaum an. Er scheint noch dem reifen Rokoko anzugehören, das man Karl-Albrecht-Stil nennt. Jawohl, wessobrunnisch ist er in der leise vibrierenden Eleganz der Kartuschen, die an Wellengekräusel vor dem Sturm erinnern, und mit seinen zart gespannten Girlanden, die noch einmal die hohe Formkultur des Rokoko berufen. Hans Georg Gigl und sein Bruder Mathias haben ihn geschaffen. Vielleicht, daß der alte Joseph Anton Feuchtmayer dabei ein wenig über die Schulter geblickt hat und die Brüder zum letzten Schliff anspornte.

Tritt man in eine der Diagonalkapellen vor dem Chor ein, dann hat man durch das Gitter einen Blick auf das mächtige *Chorgestühl*, dessen Rückwand leicht konkav nach außen sich wölbt. Es ist ein Werk von großer Formenkultur, wogender Bildhaftigkeit und kaum übertroffenem Reichtum in den Reliefs und geschnitzten Teilen. Es kann sich breit entwickeln, breiter als in Ottobeuren, mit dem es die Verbindung mit den Chororgeln teilt. Nach dem Entwurf des Joseph Anton Feuchtmayer geschaffen und erst kurz vor seinem Tode vollendet, stellt es zugleich die Krönung der Feuchtmayerschen Reliefkunst dar. Er teilte sich darin mit seinem Schüler Johann Georg Dirr in der Arbeit, wobei aber festzuhalten ist, daß Feuchtmayer das ganze Gestühl entwurfsmäßig vorbereitet hat. Die Themen der Re-

liefs lehnen sich an die Beschreibung des Lebens des heiligen Benedikt durch Gregor den Großen an; er ist aber auch anderen Quellen gefolgt und hat den eigenen Einfällen Raum gegeben. Wie
immer bei Feuchtmayer, ist in diesen vergoldeten Großreliefs
eine starke innere Teilnahme spürbar und eine leidenschaftliche,
dichterische, fast hymnische Sprache herauszuspüren. Am schönsten etwa in den Reliefs der beiden mächtigen Pendants, des Abt-
sitzes und des Dekansitzes mit dem Tod des heiligen Benedikt
und seiner Schwester Scholastika. Wer sich das Chorgestühl im
Detail betrachten kann, wird auch bei den geschnitzten Stuhlwangen und Klappsitzen feststellen, daß Feuchtmayer hier in
seinen Motiv- und Formeinfällen der Rocaille ein Äußerstes an
Belebung abgewonnen hat. Es ist eine Belebung des Stoffes aus
dem Prinzip der Schönheit, aus inniger Verbundenheit mit der
Aufgabe und mit dem herrlichen Material: Nußholz und Lindenholz.

Das gleiche ließe sich über die von Feuchtmayer geschaffenen
Beichtstühle im Langhaus sagen, deren Typen einen großen
Variantenreichtum zeigen, was aber nicht heißt, daß sie von verschiedenen Händen stammten. Die Mitarbeit Dirrs und einiger
Gesellen ist uns bezeugt. Schon ihre Form, von meisterlicher
Sicherheit und Eleganz bestimmt, zeigt die Handschrift des Des-
sinateurs Feuchtmayer, der sehr geschickt mit Konvexe und
Konkave spielt und aus ihrem Bewegungsrhythmus die Bekrönung und die Einzelform der Rocaille entwickelt. Am schönsten
vielleicht die bekrönenden Reliefs aus Lindenholz in ihren auf-
gelösten Vierpaßrahmen, die von bewegungsreichen Putten flankiert sind. In einigen dieser Krönungskartuschen finden wir vergoldete Büsten, ähnlich den Beichtstuhlbüsten in Salem und den
Büsten auf der Galerie der Birnau. Die des Petrus und der heiligen
Katharina von Cortona (im Nonnengewand) stammen sichtlich
von Feuchtmayers leidenschaftlicher Hand, während die weichere, um nicht zu sagen sentimentalere Empfindung bei den übrigen für Dirr spricht.

Ein verwirrend reiches Schmiedeeisengitter schließt den Chor
ab. Grün und Gold ist es gefaßt. Vier Stuckmarmoraltäre stehen

in den Nischen und an den Pfeilern. Im Chor hängt eine riesige Silberampel, vielleicht die größte Rokokoampel der Welt.

Noch ein Blick auf das Raumganze. Es steigt mit unglaublicher Leichtigkeit auf, läßt die Schwere des Mauerwerks, die Dicke der Pfeiler, völlig vergessen, die Gesimse sind von Meisterhand gezogen. Dieser Raum ist monumental und intim zugleich. Monumental ist er in den Ausmaßen, in seinen Haupt- und Nebenschiffen, intim ist er in den Kapellen. Das Aufsitzen der Flachkuppel kommt einem Schweben gleich. Wie kam dieser Raum zustande, wer hat ihn an der Schwelle des Stilwandels in dieser vollendeten Form erdacht? Es ist die Frage nach der Planungsgeschichte und der Raumstruktur von Sankt Gallen, die uns in Verbindung mit der Baugeschichte gleich anschließend beschäftigen wird. Man nimmt sie sich am besten gesondert vor, und wer die entsprechenden Pläne betrachten will, sei auf die Monographie von Paul Henry Boerlin und das Werk von Lieb-Dieth über die Vorarlberger Barockbaumeister hingewiesen, wo sich auch die Abbildungen finden.

Barocke Planungsgeschichte

Von den großen sakralen Raumschöpfungen des 18. Jahrhunderts unterscheidet sich die Stiftskirche zu Sankt Gallen dadurch, daß hier das Querhaus in die Mitte der Gesamtanlage zu stehen kommt; ferner, daß es als Rotunde mit Flachkuppel ausgebildet ist und über die Breite und Höhe der Langhausschiffe so deutlich hinaustritt, daß man von einem zweischaligen Zentralraum sprechen könnte, den ein dreischiffiger Langbau durchdringt. Wir treffen vergleichbare Anlagen sehr selten, eigentlich erst in der Spätstufe. Doch scheint es sehr bezeichnend, daß diese Idee gerade die großen Baumeister dieser Zeit fasziniert und ihre großartigsten Raumschöpfungen bestimmt. So liegt sie in Neresheim einem Vorprojekt und dem ausgeführten Bau des Balthasar Neumann zugrunde; bei Johann Michael Fischer klingt sie in Ottobeuren auf und erfährt in Rott am Inn eine ähnliche ausgereifte Lösung (mit tellerartiger Flachkuppel über einem Zentralraum, der in drei Altarnischen ausbuchtet); später, und wohl nicht ohne den Einfluß der Sankt Gallener Lösung, finden wir das System in der Klosterkirche Wiblingen bei Ulm. Auch die Vorarlberger Meister stellen Versuche an, das Querhaus in die Mitte der Langhausanlage zu rücken, wofür die Kaspar Moosbrugger zugeschriebene, 1690 geweihte und 1711 abgebrochene Pfarrkirche in Sankt Urban und einige Projekte des sogenannten Auer Lehrgangs Zeugnis ablegen. In Sankt Urban war – nach Norbert Lieb – in die Mitte ein großer kreisrunder Raum gesetzt, den acht kräftig eingezogene Wandpfeiler gliederten, so daß die innere Zentralwandung in Nischen ausbuchtete. Gerade bei Moosbrugger finden wir also schon früh die Tendenz, den Langraum durch die Einschaltung eines Runds oder eines Ovals zu erweitern. In Einsiedeln liegt der aus einem Oktogon entwickelte Zentralraum beim Eingang über dem Gnadenaltar. Schwierigkeiten in der Technik des Wölbens lassen jedoch eine allzugroße, über die Schiffsbreite hinausgreifende Rotunde noch nicht zu. In Einsiedeln entschied man sich bezeichnenderweise für das gotisch anmutende Motiv des Mittelpfeilers.

Langhaus und Chor sind in Sankt Gallen in der typischen Weise der Vorarlberger strukturiert, wobei zu bemerken ist, daß die Joche breitrechteckig sind, also die Pfeiler mit großen Abständen gliedern. Das ist ein System, das Franz Beer von Bleichten entwickelt hat. In der Klosterkirche zu Pielenhofen in der Oberpfalz finden wir den weiten Schritt der Joche. Im Mitteljoch, das nach Art eines Querschiffes vortritt, kommen zwei Rundbogenfenster nebeneinander zu stehen. Weite Jochfolge mit zwei Fenstern treffen wir auch in Weingarten bei der Langhausanlage und noch ausgeprägter im Chorraum. Peter Thumbs Pfarrkirche zu Tiengen im Schwarzwald stellt – obwohl sie über das System Franz Beers nicht wesentlich hinausgeht – die nächste Analogie zur Langhausgliederung in Sankt Gallen her. Sie vereinigt bereits die breitenräumliche Proportionierung der Joche, die starken Pfeilerblöcke mit Durchgängen, die kräftigen, hinterlegten Pilaster, die meisterliche und harmonische Wölbung der Joche mittels böhmischer Kappen. Auch die überlangen, über das Gesims hinaustretenden Rundbogenfenster erinnern deutlich an Sankt Gallen. An der vorarlbergischen Abstammung der Langhausstruktur, genauer gesagt an der Herkunft aus der Linie Beer-Thumb, wird also nicht zu zweifeln sein. Peter Thumb hat für das Langhaus nicht nur als der ausführende Meister, sondern auch als der Entwerfer des Ausführungsplans zu gelten.

Komplizierter stellt sich dagen die Ableitung und baugeschichtliche Einordnung der Mittelrotunde dar. Sie ist der eigentlich überraschende Teil des Bauplans von Sankt Gallen, der geniale Einfall, die forensische Attraktion und das räumliche Gelenk zugleich, unvergleichlich und an Spannweite von keinem Bauwerk der Zeit übertroffen. Es gibt kaum einen Kuppelraum von dieser Dimension und räumlichen Macht innerhalb des Spätbarock. Geben die Jochgewölbe von Langhaus und Chor beschnittene Kugeln, so gibt diese Flachkuppel eine riesige Kugelkalotte, die beinahe, wenigstens im Eindruck, einer Halbkugel gleicht. Die Pendentifzone unter dem Kuppelring wirkt wie eine sphärische Weiterführung der Kugel, obwohl sie tatsächlich so verschnitten ist, daß sie als Tambour zu gelten hat, in den die acht Arkaden hineingreifen. Die Gurtbogen sind nicht sphärisch in sich gekrümmt; sie sind gerade von Pfeiler zu Pfeiler gespannt. Dies ist fürs erste überraschend, doch zeigt sich gerade hier die großartige stereometrische Vorstellungskraft und die Überlegenheit der Lösung. Sie wurde möglich, da der Kuppelring nicht genau über den Pfeilern liegt, sondern ein Stück davor, also kleiner als das Pfeilerrund eingezogen wurde. Die Vermittlung und Verschleifung vollzieht sich in der Pendentifzone, die den planerischen und baumeisterlich genialen Abschnitt der ganzen Raumlösung darstellt. Nur einem Meister von großer Vorstellungskraft und ebenso großer Meisterschaft der Wölbekunst konnte sie so gelingen. Und es wird deutlich, daß solche komplizierte Raumorganismen nicht nur auf dem Papier genauestens vorbereitet sein mußten, bis ins Detail hinein, sondern daß man sie auch in einem maßstäblich genauen, nicht zu kleinen Modell, zunächst im Miniaturformat (aus Holz), erstellen mußte. In Sankt Gallen ist dieses Modell noch vorhanden. Und wir besitzen außer-

dem die wesentlichen Vorstufen der ganzen Planung des Kirchenraums. Es sind die Entwürfe im Stiftsarchiv, zu denen in
jüngster Zeit noch ein Fund in Luzern und Au im Bregenzerwald kam.

Hier ist ein allgemeines Wort zur barocken Planungsgeschichte zu sagen, die in Sankt Gallen seltsam kompliziert und
umstritten erscheint. Auffallend ist der lange Zeitraum, den das
Planen in Anspruch nimmt, ferner die Vielzahl der Beteiligten,
darunter ein Klosterarchitekt und ein bauverständiger Pater
agieren. Doch ist dies in dieser Zeit nichts Ungewöhnliches, bei
bedeutenden Bauleistungen sogar oft die Regel. Abt Coelestin II.,
der von 1740 bis 1767 regierte, hat im Kloster einen baukundigen
Vertrauensmann, der alle Vorverhandlungen mit den Architekten leitet und bestimmte Vorstellungen von der Erscheinung des
Kirchenbaues hat oder sie doch wenigstens im Verlaufe des
Planungsvorganges gewinnt. In Sankt Gallen ist es Pater Gabriel
Loser. Ein Urheberrecht, wie wir es heute bezeichnen würden,
gibt es für Planungen nicht. Der Planungsbeitrag ist mit der
Honorierung der Entwürfe abgegolten. Wenn man sich schließlich aus der Fülle der vorliegenden Baugedanken zu einem Ausführungsentwurf durchgerungen hat, wird ein erfahrener Baumeister und Praktiker zur ›Adjustierung‹ verpflichtet. Es ist anzunehmen, daß dieser beim Planungsvorgang maßgeblich beteiligt war, vielleicht sogar das Ausführungsprojekt gezeichnet
hat, aber es sind nicht mehr seine Gestaltungsideen allein, die er
verwirklicht, es ist nicht sein ureigenstes Projekt. Die Beiträge
anderer, oft weit zurückliegender Planungsphasen und ihrer
Akteure sind in dieses Ausführungsprojekt hineinverschmolzen.
Die Aufgabe des Baumeisters ist es, alle diese Gedanken, die sich
als Bereicherung des Gesamtwerks erwiesen haben, in seinen
Schlußplan und in der Ausführung so einzubringen und zu ver-
arbeiten, daß das Ganze wie aus einem Guß hervorgeht. Eine
barocke Planungsgeschichte ist oft wie ein großartiges Schau-
spiel, gelegentlich auch wie ein Drama, das von den Beteiligten
miterlebt, genossen und ausgekostet wird. Es gibt Auftritte und
Auseinandersetzungen, Kämpfe hinter den Kulissen, Hinaus-

schmisse und Zusammenbrüche. Zwielichtige Figuren, die durch nichts legitimiert sind, suchen ihre persönlichen Verbindungen zum Abt in Geld umzusetzen; dieser hält oft mit unerklärlicher Treue an Dilletanten fest, muß vom bischöflichen Ordinariat ermahnt und förmlich gezwungen werden, sich einen ›capablen Architekten‹ zu nehmen. Große Baumeister scheiden oft mit Verbitterung von ihrem Werk, müssen erleben, daß ihre Gedanken und Pläne von einer zweitrangigen Kraft ausgeführt werden, die nun das große Baugeschäft macht. In Sankt Gallen ist etwas davon spürbar, aber doch nur sehr wenig, obwohl die Planungsund Baugeschichte einen Zeitraum von nicht weniger als achtundvierzig Jahren in Anspruch nimmt. Es wird mit oberalemannischer Gründlichkeit und Schläue vorgegangen. Und dieses Vorgehen hat zugleich den Charakter des Exemplarischen für die ganze Zeit.

Da ist zunächst die Vorgeschichte. Unter dem Vorgänger Abt Coelestins war der Entschluß zum Neubau der Kirche gefaßt worden. Man fordert wenigstens die ersten Entwürfe an, wendet sich an den Benediktinerbruder Kaspar Moosbrugger, den Hauptschöpfer der Wallfahrtskirche Einsiedeln, dem wohl bedeutendsten Bauwerk dieser Zeit. 1720-1721 sind diese Entwürfe zu datieren. 1721 weilt Moosbrugger nachweislich in Sankt Gallen. Man hat aber inzwischen auch einen Planungsbeitrag von einem Pater Gabriel Hecht vorliegen (1725-1726), entscheidet sich noch nicht, läßt dann 1730 die alte mittelalterliche Gallusund Othmarskirche durch den Vorarlberger Johann Michael Beer II. bautechnisch untersuchen. Sicher ist – das geht auch aus Moosbruggers Plänen hervor –, daß man die beiden Chöre dieser Vorgängerkirche zunächst erhalten wollte. Moosbrugger stellt zwei Entwürfe zur Wahl, in denen der Mittelteil der dreischiffigen Anlage herausgebrochen und durch zwei Querschiffe erweitert wird. Der eine Plan bringt hohe Tambourkuppeln über massigen quadratischen Pfeilern in einer Weise, die an Einsiedeln erinnert: Addition von Zentralräumen in der Längsachse oder Durchdringung des Längsraumes mit zentralräumlichen Abschnitten.

Der zweite Plan sieht dagegen weitgespannte Kreuzgewölbe mit Gurtbogen auf leichteren Pfeilern vor. Zwei Gewölbejoche und ein schmäleres Zwischenjoch, dazu sehr schmale Seitenschiffe soll dieser Neubau oder Erweiterungsbau, wie wir ihn besser nennen sollten, umfassen. Es handelt sich zweifellos um die modernere praktikablere Fassung. Das Beste freilich, an Einsiedeln gemessen, das Mossbrugger als Architekt zu geben hat, sind die beiden Entwürfe nicht. Sie bleiben in den Schubladen liegen, fast zwanzig Jahre. Wahrscheinlich ist, jedoch nicht sicher, daß Moosbrugger noch ein drittes Projekt gezeichnet hat, das von einem vollständigen Neubau ausgeht, drei etwa quadratische Hauptjoche umfaßt mit zwei schmäleren Zwischenjochen, wobei das Mitteljoch größer als die übrigen sich aus einem Achteck entwickelt – Quadrat mit abgeschrägten Ecken – und mit den Begrenzungen über die Jochbreite, mit den Nebenschiffen über die Langhausmauern hinaustritt. Es dürfte die Grundlage für das sogenannte Projekt XII abgegeben haben, von dem noch zu sprechen ist. Als 1749 unter dem Abt Coelestin das Bauvorhaben wieder aufgegriffen wird, werden zunächst neue Entwürfe von Peter Thumb angefordert, sie liegen am 27. Februar vor. Gleichzeitig wird durch einen Bauverständigenrat, bestehend aus Johann Kaspar Bagnato, Johann Michael I. Beer und Peter Thumb, ein Gutachten über den Zustand der alten Kirche eingeholt. Es kommt zu einer Kapitelberatung am 14. April. Eine neue Begutachtung wird durch Johann Michael II. Beer im September vorgenommen. Neubauentwürfe von Johann Rüf werden dann im Oktober 1750 honoriert. Noch im gleichen Jahre (datiert im Jahre 1750, honoriert im Dezember 1757) werden neue Entwürfe von Johann Kaspar Bagnato angefordert. Und schließlich ein Jahr darauf legt auch noch Peter Thumb neue Entwürfe vor.

Die Entwürfe Bagnatos sehen eine fünfteilige, symmetrische, von Flachkuppeln begleitete Mittelkuppel vor; seine Gewölbekomposition dürfte – nach Liebs Vermutung – von Ottobeurens Gewölbefolge angeregt sein. Es fehlt hier jedoch das Ausladende, das Raumgrenzen Erweiternde der Mittelrotunde, das dem anonymen und nicht datierten Projekt XII und dem ausgeführten

Bau charakteristisch ist. Ein von Bruder Gabriel Loser 1751-1752 geschaffenes Holzmodell – vermutlich unter Beteiligung Peter Thumbs – vereinigt Gedanken Bagnatos, die hier geschmeidige und einheitliche Formung gewinnen, mit der raummächtigen Zentralidee des Projektes XII.

Wer ist nun der Zeichner dieses ominösen Projektes XII, das in seinem Kernstück bereits den fruchtbaren Gedanken der Raumschöpfung von Sankt Gallen enthält, die eigentlich schöpferische Idee eingliedert in die Vorarlberger Gedankenreihe und sie gleichsam wieder sprengt? Moosbrugger – wie Paul Henry Boerlin in seiner umfassenden Untersuchung meint – kann es wohl nicht mehr sein. Die Zeichnung ist gelenkiger, feiner, weist somit auf eine andere, jüngere Hand. Aber es sind im Grunde moosbruggerische Baugedanken, die hier in geschmeidigerer Handschrift vorgetragen werden. Die raumschaffende Mittelrotunde, das Achteck, aus dem die Dominantkuppel entwickelt wird, der Wechsel der begleitenden Joche, die eigentümlichen Ecklösungen, das alles ist im Werk des Klosterarchitekten von Einsiedeln vorbereitet. Nennen wir nur die Entwürfe für den Kuppelraum über der Einsiedler Gnadenkapelle, die Entwürfe für Sankt Ulrich in Sankt Urban, für Solothurn (um 1711), ja selbst die Fassadengestaltung dieses Projektes XII scheint der des ausgeführten Baues von Einsiedeln (Turmgliederung) auffallend ähnlich. Mit großer Wahrscheinlichkeit stellt das erhaltene Projekt XII nicht so sehr die selbständige Leistung eines Architekten dar, der uns noch nicht bekannt ist, sondern mehr die Redaktion und zeitgemäße Überarbeitung eines Moosbrugger-Planes. Vielleicht war es Johann Michael II. Beer, der Moosbruggers Projekt ›modernisiert‹ hat: ovale Flachkuppeln an Stelle der Kreuzgewölbe in den Nebenjochen, eine kreisrunde Flachkuppel über dem Hauptraum, einem Quadrat mit abgeschrägten Ecken. Was seinem Idealplan fehlt, ist die Beziehung zum praktischen Teil des Bauens, zur Statik und Wölbung. Die vorgesehenen Pfeiler haben viel zu geringen Querschnitt, um das Gurtbogen-Pendentif-Gewölbe zu tragen – sie sind eher für Kreuzgewölbe bestimmt.

Im Ausführungsprojekt, das uns in zwei Fassungen in Luzern

und in Au – hier noch mit gotischem Chor – erhalten ist, haben wir die durchgreifende Neufassung eines typischen Baupraktikers (Peter Thumbs) unter der Verwendung des Ideengutes von Projekt XII zu sehen. Die rhythmisierte Jochfolge (kurz-lang-kurz) wird preisgegeben zugunsten einer gleichmäßigen, drei Joche umfassenden Folge im Vorarlberger Schema. Der Zentralraum mit Flachkuppel bleibt, wird jedoch entscheidend verändert durch die Einfügung von Ovalkapellen etwa gleicher Größe und die entsprechende Abrundung der Außenmauern; die ›Vierungspfeiler‹ werden wesentlich (gut um das Fünffache) verstärkt. Ebenso erfahren die Außenmauern und die übrigen Pfeiler eine Verstärkung. Eine flache, tellerartige Apside im Ostchor und eine Segmentbogenapside im Westchor bilden den räumlichen Abschluß des Mittelschiffes, das zufolge der Pfeilerverstärkung etwas schmäler erscheint als auf Projekt XII. Es ist mit Boerlin anzunehmen, daß der Luzerner Plan die Funktion eines späteren Ausstattungsplanes hat, während der Auer Plan den Stand von 1755 wiedergibt, also den Ausführungsentwurf darstellt. Noch im April haben Thumb und Loser zwei neue Modelle vorgelegt, Thumb wurde zur ›Adjustierung‹ des Entwurfs beauftragt, der Abt legte noch im gleichen Monat dem Kapitel den Ausführungsentwurf vor; dabei ist laut Beschluß des Kapitels von 1752 immer noch daran festgehalten, daß der gotische Chor bestehen bleibt. Im Mai wird mit Abbrucharbeiten begonnen. Die Ausführung des Lang- und Kuppelraumes wird Thumb übertragen. Er beginnt noch im Sommer mit der Fundamentierung. Am 29. August 1756 findet die Grundsteinlegung statt. Im Winter 1756-1757 ist der Neubau von Langhaus und Kuppelraum unter Dach. Drei Jahre, 1757-1760, nimmt die Ausstattung mit Stukkaturen und Fresken in Anspruch. Aber schon 1758, am 26. Oktober, zieht sich Thumb vom Sankt Gallener Baugeschehen nach Konstanz zurück. Johann Michael I. Beer wird »wegen viel gemachter Rissen zur neuen Kirche« honoriert. Im November 1760 wird der bisher fertige Neubau geweiht. Einen Monat später schon hat man einen Entwurf Johann Michael I. Beer für den Neubau des Ostchores mit zwei Fassadentürmen vorliegen.

1761 im Februar hat derselbe seinen Entwurf nach dem Modell
Gabriel Losers geändert. Nach dem Abbruch des alten Ostchores
wird 1761-1768 – also erheblich länger als an dem durch Thumb
ausgefürtenTeil–an der Fertigstellung des Ostchores gearbeitet.
Die Ausführung hat nun Johann Michael 1. Beer in der Hand,
Palier ist Johann Ferdinand Beer. Seit 1764 wird an der Stuckie-
rung dieses Teils gearbeitet. 1772 sind die Chorgitter vollendet.
(Die wesentlichen Daten der Planungsgeschichte verdanken wir
Norbert Lieb in seinem grundlegenden Werk über ›Die Vorarl-
berger Barockbaumeister‹, zweite Auflage, München 1967.)

Was als scheinbare Kollektivlösung, auf Moosbruggers Grund-
idee, durch die Redaktion Johann Michael II. Beer, durch anregende, neue Ideen fördernde Planungszusammenarbeit Gabriel
Losers und Peter Thumbs in der Schluß-Entwurfsarbeit und nicht
zuletzt in der Ausführung Peter Thumbs zustande kam, war die
letzte der großen Rokokokirchen Mitteleuropas, der Johann
Michael 1. Beer noch den Chorbau in Anschluß an Thumbs Projekt und die großartige Fassade nach Losers Korrekturen gegeben hat. Das glanzvolle Produkt dieser phänomenalen Planungs-
und Baugeschichte ist kein Bau im reinen Vorarlberger System,
obwohl er von ihm seinen Charakter erhalten hat, sondern eine
Schöpfung, die in die Reihe der großen süddeutschen Kirchenbauten des Rokoko gehört und im Verhältnis zu ihnen zu beurteilen ist. Letztlich haben sich wohl die stärksten Ideen und Persönlichkeiten des Vorarlberger Baumeistertums – Moosbruggers
und Thumbs Beiträge – durchgesetzt und als die tragfähigsten
erwiesen. Dabei ist festzuhalten, daß die zur Ausführung ge-
kommene Rotunde mit seitlichen Ovalnischen, obwohl sie in
Moosbruggers Planungen und in den ihm nahestehenden Entwürfen des Auer Lehrganges vorkommt, letztlich kein vorarl-
bergisches Architekturgut darstellt, sondern dem bayerisch-böhmischen Architekturkreis Leuthner-Dientzenhofer, der allerdings auch Italien verpflichtet ist, zugehört. Moosbrugger ist in
seiner Mischung von Klosterarchitekt und Praktiker eine der
anregendsten Figuren unter den Vorarlberger Meistern gewesen. Er erfüllte die Funktion eines Ideensammlers und stand

sicher mit dem bayerisch-böhmischen wie auch mit dem all-
gäuisch-tirolischen Kreis in Kontakt und Austausch. Gabriel
Loser mag nach Moosbruggers Tod (1723) seine anregende Kraft
zu ersetzen bemüht gewesen sein. Er wird durch Reisen oder
Planvergleiche von den bedeutenden Bauten Süddeutschlands
Anregungen empfangen haben, die er weitergab und in seine
Modelle unter Mitwirkung Thumbs einzubringen trachtete.
Nur so sind bestimmte nachweisbare Analogien, Gedanken und
Verwandtschaften mit bayerischer und österreichischer Architektur gerade in der Endredaktion der Rotunde mit ihren begleitenden Ovalen nicht von der Hand zu weisen. Man denkt dabei
an die Fischerbauten zu Osterhofen (mit Asam-Dekoration), in
Ottobeuren und Zwiefalten (Feichtmayr-Dekoration), an Rott
am Inn (Flachkuppelrotunde, allerdings erst 1760) bis hin zu dem
1752 vollendeten Frauenzell mit seiner meisterlichen Verschmelzung von Ovalkuppelraum und sich anschmiegenden Seitenkapellen (Entwurf von Egid Quirin Asam). Gabriel Loser hatte
durch seine Regsamkeit und Vermittlertätigkeit das unmöglich
Erscheinende fertiggebracht: Die Verbindung des strengen, hier
neu, ja fast schon klassisch interpretierten Vorarlberger Bau-
systems mit dem spannungsdurchgriffenen, hier auch klassisch
überarbeiteten Motiv der Mittelrotunde, ist, wie schon gesagt,
das Charakteristische an der Raumlösung der Sankt Gallener
Stiftskirche. Hier wurde aus vergleichsweise frühen und bescheidenen Anfängen, trotz des lange sich hinschleppenden Planungsvorganges, in überzeugender Konsequenz und mit hohem Stil-
gefühl die letzte der großen Rokokokathedralen Wirklichkeit,
und dies nicht nur im rein architektonischen Sinn, sondern auch
in einer vom Rokoko noch bestimmten, großartig durchgehal-
tenen Ausstattung. Richard Zürcher, einer der besten Interpre-
ten des schweizerisch-süddeutschen Barock, erinnert in seiner
Besprechung der Monographie von Paul Henry Boerlin an die
Kirchen von Ottobeuren, Rott am Inn und Neresheim. Er
schreibt:

*In allen diesen Räumen, und nicht zuletzt auch in Sankt Gallen , kann,
über die Interpretation Boerlins hinaus, von einer eigenen ›Rokoko-Klas-*

*sik‹ gesprochen werden: Die noch aus der Rocaille erblühende Raumzier
tritt in gewisse Grenzen zurück und läßt die Architektur als solche wieder mehr zur Wirkung kommen. Aus der lichten Gelöstheit und der zarten
Beschwingtheit, die dem Rokoko als solchem eigen sind, entwickelt sich ein
Raumgefüge im Sinne einer neuen Klassik. Denn die Verfestigung verfällt
noch nicht dem starren Maß des Klassizismus, sondern es kommt zu einer
Sammlung aller Werte in einem schwebenden Gleichgewicht. Es ist die
Ruhe, die nicht von Anfang an herrscht, sondern erst aus der Bewegung
heraus gewonnen wird.*

Die ›Seelenapotheke‹

›Seelen-Apotheke‹ lautet die griechische Inschrift über dem Ein-
gangsportal. Und wenn man eintritt, weiß man sogleich warum.
Dieser Raum ist von einer solchen Feinheit und Intimität und
von so anziehender Noblesse, daß man glaubt, der ägyptische
König Ramses II. habe zwölfhundert Jahre vor Christus, als er
diese Inschrift über seine Tempelbibliothek setzen ließ, schon die
Vision einer Barockbibliothek gehabt. Dabei wollte er doch sicher
nur andeuten, daß das Seelenheil aus den Schriften kommt. Auch
dem Baumeister Peter Thumb dürfte das Motto bekannt gewesen sein. Sonst wäre ihm dieser Raum von drei Gewölbejochen
nicht so fein gelungen. Ein Fürstabt, der vordem selber Bibliothekar gewesen war, Coelestin Gugger von Staudach, faßte 1757
den Entschluß zum Neubau. Die von Peter Thumb zu Sankt Peter
im Schwarzwald errichtete Stiftsbibliothek mag dabei anregend
gewirkt haben. 1762 wurde der Saal durch das Wessobrunner

St. Gallen Bibliothek-Fussboden

Brüderpaar Gigl mit Stukkaturen geschmückt, die zum Feinsten
in der späten Phase des Rokoko gehören. Im gleichen Jahre begann Joseph Wannenmacher seine auf wohlabgewogene Felder
verteilten Deckenbilder. Sie sind keine reinen Fresken, sondern
auf Bolusgrundierung in Emulsionstechnik gemalt, wodurch die
Farben zu öltonartiger leuchtender Sättigung getrieben werden.
1764-1766 erhielt der Raum sein edles Mobiliar, das hölzerne
Bücherschrankwerk, das sich um die Pfeiler legt, und die anmutige Galerie, deren Bodenplatte wie ein Geigenkörper kurviert
ist aus Konkaven und Konvexen. Dieses Holzwerk, das nun wirklich an die Schränke einer Apotheke gemahnt, ist nach den Intentionen des Sankt Galler Klosterbruders Gabriel Loser (1701-1785)
gearbeitet, wobei ihn die Laienbrüder Thaddäus Kuster und Paul
Wuecherer unterstützten. Der warme Tabakton von Nußbaum-
holz herrscht dabei vor, die Säulen sind nach Art von Wurzeln
maseriert. Vergoldeter Zierat setzt an den Säulenkapitälen und
an der Brüstung den polierten Holzflächen köstliche Lichter auf.
Aber am schönsten vielleicht die Holzintarsien des Fußbodens,
in dunklem Nußbaum und Kirschbaum für die Ornamente und
hellem Tannenholz für die Füllungen. Die Rahmenformen ant-
worten dabei vereinfacht der Deckenstukkatur; große kunstvoll
ausgelegte Sterne bezeichnen die Mitte der Joche. Eine wohlbe-
dachte Einrichtung weist neben dem Praktischen auch das Spielerische jeder großen Ebenistenarbeit des 18. Jahrhunderts auf.
Hier sind es die fast versteckten Schubfächer für den Katalog, die
in die Pilaster einer jeden Abteilung eingelassen sind. Doch die
Kärtchen, von eifrigen Bibliothekaren beschrieben und sorgfältig
numeriert, haben längst ihre Bedeutung über das Historische
hinaus verloren. Denn die heutige Bibliothek mit ihren mehr als
hunderttausend Büchern ist von einem modernen Zentralkata-
log erfaßt. Und der anmutige Raum dient als Schaubibliothek,
als Attraktion sozusagen für Reisende und Kunstfreunde. Freilich, als etwas störend werden in diesem Zusammenhang die
›Lehrerzimmertische‹ und die altmodischen Schaukästen empfunden. Wünschte man sich doch in eine so stilrein erhaltene
Rokokobibliothek das entsprechende bewegliche Mobiliar, zu

dem ein Globus gehört. Aber das Originale ist heute wohl in den Antiquitätenhandlungen zu finden und in den Wohnungen der reichen Leute. Auch mit Schaukästen in Stilräumen ist es immer so eine Sache. Am erträglichsten sind sie noch, wenn sie aus kaum sichtbarem Rahmenwerk und viel Glas bestehen.

Aber wir maßen uns an, zu kritisieren, bevor wir noch das künstlerische und bibliothekarische Fest von Sankt Gallen genügend gerühmt haben. Freilich, hier sind Schätze von europäischem Rang, die gebührend geschützt und gepflegt werden müssen! Die räumlich vielleicht kleinste der großen Rokokobibliotheken hat die wertvollsten Bücherschätze, und diese sind wohl am sorgfältigsten geordnet und katalogisiert. Sie hat überdies sechzigtausend zahlende Besucher im Jahr, und wer von ihnen sich über die Geschichte der Bibliothek und ihre Bedeutung näher informieren will, der erhält einen sachkundigen Führer von Johannes Duft.

In einer Vitrine liegt der berühmte Sankt Gallener Klosterplan, der unter anderem den ersten Grundriß eines mittelalterlichen Bücherzimmers enthält. Im Winkel zwischen Chorraum und Querschiff der Basilika gegenüber der Sakristei, dem Raum der heiligen Gefäße und Gewänder, liegt der Raum der heiligen Bücher. Zweigeschossig mit sieben Fensterachsen, unten der Lesesaal und die Schreibstube, oben der Bücherspeicher. Eine eingeschobene Treppe stellte die Verbindung her. Ein großer Tisch in der Mitte und sieben kleinere zwischen den Fenstern. Das ist alles. Aber immerhin das grundlegende System aller späteren Bibliotheken. Um 820 mag dieser erste Idealplan auf der Insel Reichenau für Sankt Gallen gezeichnet worden sein. Die ältesten Kataloge führen in den Jahren 850-880 bereits vierhundert Bücher auf, hinzu kommen schon früh die Privatkataloge und die Zuwachslisten der bücherkundigen Äbte. Das meiste davon hat sich bis heute erhalten. 2000 Handschriften! Später dann 1635 Wiegendrucke und Frühdrucke.

Die vorkarolingische und karolingische Überlieferung ist hier am stärksten. Es sind grundlegende Texte, Fundamenta Europaea sozusagen. Allein hundertacht vorkarolingische, vor 800

geschriebene Handschriften bilden den ältesten Bestand, darunter sind die Vulgata-Evangelien (um 420) und die Vergil-Fragmente des 5. Jahrhunderts aus Italien. Aus dem westfränkischen Tours kam die früheste bekannte Alkuin-Vollbibel in karolingischer Minuskel (um 800), das Vorbild für die achtbändige Hartmut-Bibel (um 850), die schon in Sankt Gallen geschrieben ist. Aber am schönsten für uns Heutige, und vielleicht auch am seltensten, die fünfzehn irischen Evangelien-Manuskripte des 7. bis 12. Jahrhunderts mit ihren zum Teil ganzseitigen Miniaturen. Was für Farben! Welche Kultur des Ornamentes! Diese Evangelisten und Engel zeigen einen noch völlig abstrakten, flächenhaften Stil, der von Bandwerk und Tierverschlingungen in typisch irischer Geistigkeit durchgriffen ist. Auf einer Seite des ›Abrogans‹ aber lesen wir geradezu ergriffen: »Fater unser, tu pist inhimile...« Es ist das älteste Gebetbuch in deutscher Sprache.

Im ›Gallus-Vokabular‹ haben wir ein Wörterbüchlein in angelsächsischer Majuskel des 8. Jahrhunderts vor uns, das wohl von Fulda nach Sankt Gallen gelangt ist. Import ist auch eine Epensammlung mit dem Nibelungenlied, vielleicht um 1260 in der Salzburger Gegend entstanden.

Einen eigenen Sankt Gallischen Korpus von Handschriften haben wir aus der Karolingerzeit. Er weist uns die Blüte der Schreib- und Malschulen, die von hier auf ganz Süddeutschland ausstrahlte. Wolfcoz hieß einer unter Hunderten von Schreibern, den wir zufällig namentlich kennen. Folchart schrieb den Folchart-Psalter mit seinen sechzehn Miniaturen und hundertfünfzig kunstvollen Initialen. Zu ihm tritt der Schreiber des Goldenen Psalters, beides Glanzstücke der Sankt Gallischen Malschule des 9. Jahrhunderts. Der Mönch Tuotilo schnitzte die elfenbeinerne Tafel zu dem von Sintram geschaffenen Evangeliar. Um die Jahrtausendwende sind Notker II. und Hrtker, der eine mit deutschsprachigen Schulbüchern, der andere mit festlichen illuminierten Liturgiebüchern, tätig.

Spätmittelalterliche Erbauungsbücher mystisch-asketischen Inhalts werden den fleißigen Sankt Gallischen Klosterfrauen verdankt. Als dann die bewegliche Letter eines Gutenberg und Johannes Fust die Revolution im Buchwesen einleitete, erlebte Sankt Gallen, wie in einer Rückwirkung, noch einmal eine Blüte der Schreib- und Miniaturenkunst, die, wie Duft sagt »quantitativ und qualitativ nochmals den reichsten Bestand liturgischer Manuskripte im Gebiet der heutigen Schweiz hervorbrachte«. Und selbst als man im Kloster längst eine namhafte Druckerei betrieb, erteilte der Augsburger Kalligraph P. Leonhard Wagner Schönschreibeunterricht und illuminierte Nikolaus Bertschi aus Rorschach Handschriften und Frühdrucke. Buchmaler und Miniaturisten wie Kaspar Härtli aus Lindau und Fridolin Sicher – er ist als Münsterorganist auch Verfasser einer Orgeltabulatur – beschließen im 16. Jahrhundert diese großartige Tradition des Schreibens und Zeichnens.

Einen imponierenden Zuwachs an barocken Editionen erfuhr die Stiftsbibliothek im 17. und 18. Jahrhundert. Für diese Bücher vor allem wurde die Rokokobibliothek gebaut. Die wertvollen Manuskripte wurden neu und kostbar gebunden, damit sich ihre Lederrücken der Gesamtwirkung anpaßten. Heute ist die erweiterte und restaurierte Stiftsbibliothek mit ihrem Lesesaal und Büchermagazin eine weltweit bekannte und auch benützte Studienbibliothek und Leihbibliothek, während der Rokokosaal, das schöne Gefäß der Bücher, als Schaubibliothek und für Wechselausstellungen dient.

Noch ein Wort zu Hauntinger. Er ist ein aufgeklärter Klostermann des späten 18. Jahrhunderts gewesen, der über die altbakkenen Barockbibliotheken bereits die Nase rümpfte und die damals moderne philosophische und theologische Literatur vertreten sehen wollte. Auch das älteste Handschriften- und Urkundenmaterial, die Quellenschriften, hatten es ihm angetan. Heute sehen wir seine Urteile zwar als zeitgebunden, aber finden sie eben auch bezeichnend für seine Zeit. Sicher hat er selbst für frischen Luftzug in seiner Sankt Gallischen Seelenapotheke gesorgt. Die Aufhebung der alten Fürstabtei anno 1805 wurde von der Bibliothek, vor allem durch den Einsatz Hauntingers, fast ohne Verlust überstanden. Als ›Katholische Kantonsbibliothek‹ überlebte sie eine Zeit, die viele Bestände des Kloster- und

Kirchenbarock verschleuderte. Aus dem Aufklärer von einst, der das Neue zunächst begrüßte, ist schließlich der Retter des Alten geworden – und zwar aus sittlicher, religiöser und ökonomischer Verantwortung für die Gemeinschaft, der er angehörte.

RAST IN TROGEN

Die richtige Ausfahrt vom Stiftsplatz nach Trogen wird man sich am besten erfragen. Es geht in die Höhe hinauf. Und fragen Sie nicht nach Trogen, wie es sich spricht, sondern nach ›Trocka‹. Die Auskunft: »Zuerscht kommt Spiacha (Speicher), dann Trocka!« Achten Sie auch ein wenig auf das kleine weißblaue Bergstraßenbähnle, das mit Ihnen die Straße teilt. Es wechselt gelegentlich die Spur oder fährt über die Straße. *Trogen* also. Es liegt schön droben im Appenzeller Land, lustig liegt es da, obwohl der Ort selbst gar kein so lustiges Gesicht macht. Der Kirchplatz ist von maßvoll strengem Barock bestimmt. Eigentlich Bauten des 18. Jahrhunderts in einer Art von Behördenstil. Das Rathaus und das Gemeindehaus verbergen hinter gravitätischer Fassade sehenswerte Stuckdecken von Peter Anton Moosbrugger.

Am originellsten jedoch von den Häusern am Kirchplatz das Hotel Krone, ein Schweizer Giebelhaus, dessen Holzverkleidung mit Fresken ornamentaler Art – Rokokokartuschen – bemalt ist. Ein schönes Hausteinportal mit der Jahreszahl 1727 macht eine liebenswürdige Aufwartung. An der Ostseite steht die *Kirche* mit einer wieder recht regelmäßigen und strengen Giebelfront. Um 1780 wurde sie ausgestattet. Ein Saalraum, den auf der Seite Holzemporen begleiten, darangesetzt der halbrunde Chor. Bäuerlich buntfarbene Fresken, Szenen aus dem Leben Christi, Abendmahl und Himmelfahrt, Bergpredigt. Am reizvollsten in der Unbefangenheit eines Lokalmalers die Darstellung der Vier Erdteile im Chor mit zeitgenössischer Tracht oder eidgenössischer Tracht. Auch ein kleiner Potentat mit diversen Kronen vor sich ist in der Versammlung. Die Renovierung von 1878 hat die

farbige Erscheinung zum Frommen hin umgebrochen: farbige
Glasfenster in einer Rokokokirche! Anstelle des Hochaltars hier
protestantischem Gebrauch entsprechend eine breite Orgelwand,
deren Türme zweifach aufsteigen. Davor das teilweise noch originale Organistenpult, durch eine schön geschnitzte Schauwand
verdeckt. In der Schnitzerei liegt Ausdruckskraft. Dies gilt auch
vom Deckenstuck, der uns moosbruggerisch vorkommt, vermutlich: Peter Anton Moosbrugger. Der ist einer Familie zugehörig, die aus Vorarlberg stammt und nicht nur den Einsiedler
Kirchenbaumeister gleichen Namens hervorbrachte, sondern
auch Rokokostukkateure von Rang. Da Peter Anton Moosbrugger oft mit Johann Ferdinand Beer aus Au (1731-1789), einen viel-
beschäftigten Architekten im Kanton Sankt Gallen und im
Appenzeller Land, zusammenarbeitet, könnte dieser den Neubau der Kirche geleitet haben.

Bei einem Rundgang durch den Ort haben wir neben der Hin-
weistafel auf das nahe gelegene Pestalozzidorf noch ein original
erhaltenes *Rokokocafé* entdeckt. Es ist im Erdgeschoß eines stattlichen Patrizierhauses untergebracht, das die Jahreszahl 1761
trägt. Der dreigeschossige Bau, an der Straße und am Hange liegend, weist zwei Hausteinportale und eine seltene Dachlösung
auf, bei der das Mansarddach von einem Obergeschoß mit Giebel
durchbrochen wird, an den beiden Seiten wird der Aufsatz von
Steinvoluten gehalten. Wir können seiner Verlockung, die sich
auch schon in Düften ankündigt, nicht widerstehen und gehen
hinein. Zwei, drei Gäste, die ihren Kaffee trinken. Wir wählen
uns den Eckplatz aus. Da sitzen wir also unter barocken Erdge-
schoßgewölben zwischen Fernsehapparat und geschnitzter Ei-
chentür. An der Wand hängt eine hübsche, doch wohl alte Zeichnung des Hauses, die uns alles im ursprünglichen Zustand zeigt,
auch den rückwärtigen Garten. Draußen vor den Fenstern aber
winkt die bucklige grüne Welt des Appenzeller Landes. Sied-
lungen und Gehöfte sind wie Perlen hineingestreut. Lustig ist
sie im wahrsten Sinn des Wortes. Und aufgeräumt... Aber da
kommen schon die zum Kaffee bestellten frischen ›Biber‹, eine
Appenzeller Spezialität, die Spezialität auch des Hauses.

Der Fernseher ist hier schon am Vormittag in Betrieb, ohne daß ihn irgend jemand beachtet. Außer uns, die wir ihm direkt gegenübersitzen. So nützen wir die Gelegenheit, das Schulfernsehen der SRG (Schweizerischen Rundspruchgesellschaft), wie sie sich immer noch nennt, zu begutachten. Es wird hier sogar noch gesprochen. Denn es geht um ein interessantes schulisches Experiment. In einer Kantons-Elementarschule hat man ein neues Unterrichtsfach eingeführt, das nichts weniger vorhat als die Erziehung zur Selbsterkenntnis. Die Schüler werden in Situationen versetzt, die in ihnen die eigenen egoistischen, selbst- und eifersüchtigen ›Verhaltensweisen‹ auslösen. Dann kommt der Herr Lehrer mit seinem Zeigefinger…

Was für ein Vorhaben! Sich selbst zu durchschauen! Ist es nicht gerade für die Schweiz, Pestalozzis Heimat, das Land der Schulen und Internate, recht bezeichnend? Interessant ist übrigens auch die abschließende Feststellung, daß die Eltern diesem Experiment ablehnend gegenüberstehen, besonders die sogenannten guten Familien.

Übrigens haben wir vergessen zu erwähnen, daß der Kirchplatz von Trogen eine besondere demokratische Funktion hat. Er ist sozusagen ein Parlamentssaal unter offenem Himmel. Hier finden nämlich in den geraden Jahren am letzten Sonntag im April die Versammlungen zur ›Landsgemeinde‹ der Bürger von Appenzell-Außerrhoden statt. In den ungeraden Jahren ist Hundwil der Versammlungsort. Vor kurzem erst hat man hier unter starkem Schneegestöber über das Frauenwahlrecht abgestimmt. Das scheint so recht ein Beispiel praktisch gehandhabter Bauerndemokratie, wie sie dem Bergland seit Jahrhunderten eigen ist. Und südwestlich von Trogen findet sich das 1946 gegründete Kinderdorf Pestalozzi, wo Waisenkinder aller Nationen »nach ihrer Nationalität« in kleinen Häusern leben und zu gegenseitigem Verstehen erzogen werden.

Altstätten hat ein etwas merkwürdig gewachsenes Stadtgesicht. Man erkennt einen Kranz alter Laubenhäuser um die dem Ansehen nach barocke Stadtkirche, hält an und wird ein wenig enttäuscht: zementfarbener Neubarock aus der Jahrhundertwende hat den originalen Barock großenteils verdrängt. Etwas Grobes haftet diesem Neorokoko an, die Fresken vielleicht ausgenommen. 1793 wurde die Kirche gebaut.

Es geht nun bergab in das Rheintal, hinüber nach Hohenems. Man kann sich freilich leicht verfahren und befragt am besten einen Landeskundigen oder eine neue Straßenkarte. Man ist auf einmal wieder in Österreich auf unserer barocken Dreiländerfahrt.

HOHENEMS IM OBEREN RHEINTAL

Hohenems, im Kranz der Berglandschaft des oberen Rhein-Tales, erinnert von ferne an eine Tafelmalerei der Donauschule. Kommt man in das Elftausend-Seelen-Städtchen hinein, so ist die Tafel ein wenig verstaubt. Es fehlt das Weiß frischgefärbelter Fassaden, das uns in Schwaben und in der Schweiz immer begleitet hat. So sind wir gleich bis zum Hauptplatz durchgefahren. Hier stand ein wuchtiges finsteres Geviert von einem Schloß, fast drohende Ecktürme mit winzigen Fenstern. In der Schloßeinfahrt lag ein dicker Mercedes wie ein Schloßhund in einem mittelalterlichen Verlies.

Dieses *Schloß Hohenems* ist ein Bauwerk alpenländischen Schlags, noch mehr dem Mittelalter als der heiteren Renaissance verhaftet. Ein Konstanzer Bischof mit dem Namen Markus Sittikus, Graf von Hohenems, hat es um 1560 errichten lassen. Als Baumeister ist uns ein Mailänder genannt: Martino Longo. Das verwundert eigentlich, denn man hätte sich eher einen deutschen Baumeisternamen erwartet, einen Mann vom Schlage Wilhelm Eckls, der die Renaissance nur vom Hörensagen kannte. Ein Nachfolger des Bauherrn mit gleichem Namen, Markus Sittikus von Hohenems, der gewalttätige Salzburger Fürstbischof mag noch manche zeitgemäße Zubuße geleistet haben, auch Mühe, um die Räume wohnlicher zu gestalten. Noch heute haben die Besitzer – es sind die Fürsten Waldburg-Zeil – ihre liebe Mühe, das ungefüge Bauwerk zu bewohnen und zu nutzen und

vor allem zu restaurieren. Ein Teilstück der Hoffassade ist mit
originalem Fensterdekor wenigstens schon wiederhergestellt.
Von Besichtigung ist nirgends die Rede. Lohnt es sich überhaupt,
in die Fluchten einzudringen? Während wir wieder hinausstre-
ben, fällt uns ein, daß im Hohenemser Schloßarchiv, einem der
bedeutendsten historischen Archive des Landes, um die Mitte
des 18. Jahrhunderts ein Teilstück des Nibelungenliedes gefunden wurde. Johann Jakob Bodmer hat es zuerst publiziert.

Über dem breit vor dem Berghang gelagerten Vierflügelbau
mit seinen ragenden Ecktürmen hängt drohend die *Burg Altems*,
die ältere Wohnung der Grafen und kaiserlichen Vögte. Ich sage
›hängt‹, denn man wird wieder an die Landschaftszeichnungen
der Donauschule erinnert, an Wolf Huber von Feldkirch vor
allem. Diese Burg freilich ist nicht nur eine Schutzburg und
Trutzburg gewesen, sondern auch ein finsteres Verlies. In ihrer
reizenden Landschaftsvedute ist sie der Ort eines ziemlich fin-
steren kaiserlichen Verbrechens gewesen, das in den Geschichts-
büchern nicht so breit dargelegt wird wie etwa das Ende des
letzten Staufers Konradin. Kaiser Heinrich VI. – Vater des Staufers Friedrich II. – ließ hier Wilhelm III., den natürlichen Sohn
Tancreds von Lecce und Erben der Krone Siziliens – gegen sein
Wort gefangennehmen, blenden und entmannen, um einen Kon-
kurrenten los zu sein. Der junge Prinz hat nach einigen Jahren im
Kerker zu Altems ein trauriges Ende genommen.

Das ist nun freilich auch eine Geschichte, wie sie nicht einmal
im Nibelungenlied vorkommt. Der Sohn Tancreds, er hat hier
kein Denkmal. Auf dem Stadtplatz wird nur der Nibelungen gedacht. Wie leicht vergißt man doch die dunklen Seiten in seinem
Geschichtsbuch, damit die anderen um so heller strahlen.

Wir blicken in die *Pfarrkirche* hinein, die einen manieristischen,
doch etwas schwerfälligen Hochaltar hat. Die farbigen Scheiben
des 19. Jahrhunderts machen sie düster. Rokokofresken, dünn-
klassizistisch gerahmt, geistliche Krieger und ein Doppeladler.
Im Chor, der ein achtbares Gestühl hat, ein Spätrenaissance-
Epitaph mit einer Liegefigur, dick wie ein Sack: »Casparus comes
in Altaembs«.

Wir fahren weiter Richtung Bregenz. Kurz vor der vorarlbergischen Metropole wird uns ein Abstecher zur Wallfahrtskirche *Maria-Bildstein* durch den Wegweiser empfohlen. Wir lesen nach: 1663-1692 von dem Vorarlberger Michael Kuen erbaut. Wir fahren über die Bergstraße hinauf, einem mächtigen Felskegel. Eine breitgelagerte Doppelturmfassade im herben Stil des Vorarlberger Landbaumeistertums grüßt uns mit zwei weit voneinander abstehenden Türmen, Türmen die einfach an den Baukörper angesetzt sind. Der Giebel ist wohl im 19. Jahrhundert regularisiert worden! Aber als wir durch das schlichte Vorzeichen in das Kirchenschiff treten, ist die Enttäuschung doch größer als die Freude über ein ursprünglich freundliches Raumbild. Neuromanische Altäre! Wir kehren um. Noch ein Blick auf die schöne wildromantische Vorarlberger Berglandschaft, die Bauernhäuser mit den hohen hölzernen Giebeln, die als Einzelhöfe verstreut sind. Ein Rückblick auf die weiße Kirchenfassade schenkt als letztes die originelle Form der Turmhauben.

Wir fahren zurück, fahren nicht weiter ins grüne Vorarlberg hinein, in den Bregenzerwald, nach Au und Schoppernau, wo die Kirchenmeister und Stukkateure daheim gewesen sind als eine Zunft der Maurer. Das ist so recht eine Landschaft nach dem Geschmack des Malers Johann Baptist Pflug, der das Leben in den Bergen, »des Volkes Fröhlichkeit« und Brauchtum dargestellt und dabei ein wenig idealisiert hat, damit es den adeligen Gönnern und dem Erzherzog Johann gefiel. Als Erzähler freilich bleibt er Realist:

Nach dem Frühstück (auf der Post in Bregenz) stiegen wir auf den Gebhardsberg, wo wir die herrlichste Aussicht hatten. Abwärts besuchten wir die Pfarrkirche... Neben dem Eingang befindet sich das Grabmal des Feldmarschalls Hotze, der in der Schlacht bei Zürich schwer verwundet wurde. Ebendort ist das Grab des Doktor Schneider, der die Insurrektion in Vorarlberg (1809) leitete und daher seine Berühmtheit in Österreich hat. Von da kehrten wir auf die Post zurück, wo sich eine Masse Tiroler Jäger bei der Hauptwache neben der Post versammelte... am liebsten wäre ich eine Zeitlang unter den berühmten grauen Schützen geblieben, und hätte mit raschem Bleistift mir einen und den anderen Kopf unter dem

Hut mit schwarzer Feder hervorgeholt. Als wir auf der Post uns er-
frischt hatten, fuhren wir in unserer flotten Equipage ab und gelangten,
nachdem wir die mächtige lange Brücke passiert hatten, die über die Bre-
genzer Aach führt, zum Ort Wolfurt, von wo es sodann in den Bre-
genzerwald einmündet. Aber von hier aus geht es steil an; viel besser wärs
gewesen, wir hätten unser Fuhrwerk daheimgelassen und wären gelaufen.
Wolfurt hat auf einer Höhe ein ziemlich großes Schloß; hier fangen
schon die interessanten Partien des äußeren Waldes an. Links am Eingange
in das Gebirge steht auf einer mächtigen Felsenmasse die Wallfahrtskirche
Bildstein mit ihren beiden Kuppeltürmen. Dann ging es durch die Schluch-
ten der Schwarzach. Der wilde Bergstrom durchrauscht sie, über den
eine steinerne Brücke sich als Joch legt ... Ein paar emsige Fischer angel-
ten nach Forellen – sonst war es still und leblos um uns. Aus den Schluch-
ten heraus kamen wir ins Dorf Schwarzach; von da nach dem freundlichen
Alberschwende; dann auf eine Hochebene, wo wir den größeren Teil des
äußeren Bregenzerwaldes übersehen konnten ... Dahinter ab lagen – bis
in die Tiroler Alpen hinein – die Gebirgskolosse, von denen wir nur einen
einzigen Berg kannten: die Mittagspitze.

BREGENZ UND MEHRERAU

Bregenz macht Festspiele. Das ist bekannt und das verkündet
gleich ein Straßentransparent rotweiß gerahmt. Eigentlich
könnte ja jede Stadt am Bodensee Festspiele machen, beispielsweise Lindau, Konstanz, Überlingen, Langenargen... Seefest-
spiele heißt es ja. Aber nur Bregenz macht sie. Die anderen Städte
machen Jahrhundertfeiern, Festtage, Ausstellungen, oder sie
laden die Nobelpreisträger ein. Bregenz macht allerdings auch
Ausstellungen. Es ist Landeshauptstadt von Vorarlberg und liegt
eben in Österreich, wo man für Festspiele aller Art und auch für
Ausstellungen etwas mehr übrig hat, zum Beispiel über Angelika
Kauffmann, und dies nicht von ungefähr, denn sie ist, aus Chur
stammend, eine Bregenzerwälderin.

Wir sind gleich bis zum *Landesmuseum* durchgefahren, haben
das Seestift Mehrerau links liegen gelassen oder besser gesagt

noch aufgespart. Ein staatliches Bauwerk, dieses Vorarlberger Landesmuseum, auch stattlich und mit Parkgelegenheit. Daß wir nur eine Dreiviertelstunde Zeit haben, tut einem leid, besonders wegen der Sonderausstellung der Angelika Kauffmann. So passieren wir sträflich schnell die reichen Sammlungen aus der Vor- und Frühgeschichte, die Abteilungen Volkskultur, Landeskunde, Handwerk und Zünfte, die feinen Goldschmiedearbeiten und Münzen und Medaillen, die hier übersichtlich und modern präsentiert werden. Was gäbe allein die Sammlung zur Vorarlberger Volkskunde her, die zierlichen Wallfahrtsbilder, die Trachten, die Rosenkränze, die Votivbilder! Eine runde Kulturgeschichte des Vorarlberg ist hier in den Rahmen des Alpenlands hineingeschrieben, leuchtend und voll Farben!

Angelika Kauffmann hat zu all dem fürs erste keine rechte Beziehung. Oder wir haben keine rechte zu ihr. Es braucht einige Zeit, um zu begreifen, wie sich hier eine empfindsame Seele mit letztem Rokoko und früher Romantik verbindet. Deutsche Klassik und klassisches Deutschrömertum werden von ihren Ölgemälden heraufgerufen und einfühlsam überliefert. Eine begabte Künstlerin, diese Angelika Kauffmann, ein Genie der Einfühlung und der Verbindlichkeit, die sie im Künstlerischen und Gesellschaftlichen zu pflegen wußte. Wem ist sie nicht alles begegnet, wen hat sie nicht gemalt! Bei dem Biberacher Maler und Chronisten der Räuber- und Franzosenzeit Johann Baptist Pflug ist einmal von einer Angelika-Kauffmann-Galerie in einem Wirtshaus zu Schwarzenberg die Rede:

Von Wangen, wo sich die Reisegesellschaft zusammengefunden hatte, fuhren wir nach Bregenz, und zwar unter dem heitersten Himmel... Unter den Herren war ein Dekan, der seine Studien in Tübingen und Heidelberg gemacht hatte und mit großer Vorliebe von unserem König sprach... Als wir sagten, daß wir gesonnen seien, in Schwarzenberg zu übernachten, so freute er sich darüber und versprach, nachmittags auch dahin zukommen, um uns Gesellschaft zu leisten. Wir sollten dort im ›Lamm‹ einkehren, der Wirt sei ein Verwandter der Angelika Kauffmann und besitze noch eine kleine Galerie ihrer Bilder. In diesem Gasthof erquickten wir uns zuvörderst in den Unterräumen, wo uns die überaus große Reinlichkeit der Weißwasch sowohl bei Dienstboten als auf Tischen und in Schränken sehr wohltuend auffiel... Nachher stiegen wir zu Angelikas Bildern in den ersten Stock. ›Der Prophet Nathan vor dem König David‹, ein Gemälde mit lebensgroßen Figuren, ist das bedeutendere unter den historischen Darstellungen. Sehr schön fand ich das Portrait ihres Vaters, der gleichfalls ein Portraitmaler war. Ein noch lebhafteres Interesse nahm ich an Angelikas Selbstportrait aus jüngeren Jahren, während mich die Bilder ihrer Gönner, meist vornehmer Engländer, sehr kalt ließen. Noch befindet sich in der Pfarrkirche zu Schwarzenberg ein ansprechendes Altarblatt von ihr: ›Die Jungfrau Maria von Engeln umgeben‹.

In der modernen Abteilung sprach uns vor allem ein ›magischer Realist‹ an oder sagen wir: ein Maler der neuen Sachlichkeit, der von den meisten vergessen ist: der in Bregenz geborene Rudolf Wacker (1893-1939). In Erinnerung blieb ein Frauenporträt in der Mode der zwanziger Jahre mit Topfhut (?) und ein wenig ordinär, aber auf dem Tisch ein gelbes Buch, tatsächlich Wilhelm Hausensteins Erstling über Paul Klee: ›Der Maler von Kairuan‹.

Da das Museum pünktlich geschlossen wurde, blieb noch Zeit, uns bis zum Abendessen in der Bregenzerstadt umzusehen, vor allem in der etwas abseits auf einem südöstlichen Hügel gelegenen *Stadtpfarrkirche St. Gallus*. Ein Raum von saalartiger Breite mit kurz geratenen Seitenschiffen, flachen Gewölben und Stichkappen, zart stuckiert und auf der vorherrschenden Fläche des Plafonds außerdem noch medaillonartige Fresken. Franz Anton Beer hat ihn bei einem Umbau 1737/38 geschaffen, und man spürt etwas von vorarlbergisch-schweizerischem Raumbehagen in dieser Kirche. Der Chor eingezogen und etwas reicher dekoriert, Rokokoaltäre ... Von weitem erkennt man die Kirche durch ihren charakteristischen viereckigen Turm.

Altösterreichische Stimmung geht von der alten Oberstadt aus. In der Unterstadt war ein dickköpfiger Zwiebelturm zu sehen. Er gehörte zur Seekapelle. Durch ein Gitter haben wir einen Blick erhascht, der einen Renaissancealtar, nachgedunkelte Tafelbilder, die barocken Statuen des Fischer-Heiligen Sankt Nikolaus, Sankt Leonhards und Sankt Georgs umfaßte. Unser Plan, in ›Haslers Weinstube‹ an der Kornmarktstraße 5, das einmal dem Baumeister Franz Beer (1688-1749) als Wohnhaus (1720 errichtet) gedient hat, den Abend zu beschließen, wurde zurückgestellt, schließlich ganz aufgegeben, als wir uns noch entschlossen, nach Mehrerau hinauszufahren, das heißt zurückzufahren, die Abzweigung zu erfragen, ein Stück verbaute Seefläche zu passieren, durch vorstädtisches Gelände in eine nicht gerade gepflegte See-Ecke sich hineinzufinden.

Kein Barock mehr in *Stift Mehrerau*! Gerade noch ein stehengebliebener Flügel der alten Bodensee-Abtei. Auf der Karte der oberschwäbischen Barockstraße ist Mehrerau deshalb auch nicht verzeichnet. Kasernenartig triste und heruntergekommene Bauten des frühen 19. Jahrhunderts erstrecken sich an der Stelle der barocken Abteitrakte. Die moderne Kirche hat es da schwer, einen ›Akzent zu setzen‹, wie die Architekten von heute sagen. Ihre Fassade (von Herbert Albrecht) ist eine starke Willensbekundung, die uns den Kontrast der Zeiten deutlich macht. Eine abstrakt skulptierte Front mit innerer Beziehung zum Symbolischen der Geheimen Offenbarung, moderne Übersetzung des Schottenportals. Oder ist es doch wieder Fassade? Wir treten in einen Kirchenraum ein, der sehr groß erscheint, nicht symbolisch im Räumlichen, eher zisterziensisch-streng und sachlich, aber entschlossen mit den künstlerischen Mitteln von heute ausgestattet: Glatte Wände, offener Dachstuhl, Ambo, zentraler Altar, Orgel... Die Altarapsis freilich blieb mit der während der Vollendung eingeführten neuen Liturgie einfach leer. Das hat auch etwas Symbolisches. So schnell ändern sich die Bedingungen. Sie wurde in den Jahren nach 1962 von dem Bregenzer Architekten Hans Purin umgebaut; er entwarf auch Altäre und Beichtstühle. Den Tabernakel aus Marmor entwarf Hans Arp.

An der Stelle dieser Kirche erhob sich einst ein großer Barockkirchenbau, der den rechteckigen Abteibau nach Norden zur Gänze abschloß und der als eine Leistung der Vorarlberger erwähnt werden muß. Franz Anton und Johann Michael Beer sind die Verfertiger des Plans und die Baumeister gewesen. Bauzeit etwa 1740. Ein Grundrißplan in Luzern zeigt uns die Anlage, die

an die Wallfahrtskirche Birnau erinnert: kreisrunde Vorhalle,
Saalraum des Langhauses, leicht vortretendes Querhaus, Über-
leitung zum Mönchschor, der im Kircheninneren durch ein Gitter
abgetrennt wird, geräumiger Altarraum mit halbrundem Schluß.
Die Vogelschauansicht ist uns in einem ›Prospect des Stift und
Benedictiner Klosters Merrerau nächst Bregenz‹ überliefert. Darin zeigt sich die Kirche im Äußeren mit geschwungener Rokoko-
fassade, Pilastergliederung und bewegtem Giebel. Große Fenster
gaben diesem sicher sehr hellen Gotteshaus das freundliche Gepräge. Ein Turm mit etwas gedrückter Pyramidenhaube gab
den Abschluß. 1808, als Mehrerau bayerisch war, wurde die
Kirche abgebrochen, angeblich, um Steine für den Bau des
Lindauer Hafens zu gewinnen. Ein paar Tonnen Quadersteine
vom Turm und der Fassade mochte der Bau ja hergeben, das
übrige war bestenfalls Füllmaterial. Wahrscheinlich wollte man
sich den Baulasten entziehen. Dann kamen 1856 die aus der
Schweiz (Wettingen) vertriebenen Zisterzienser und bauten
eine neue Kirche. Der königlich bayerische Baurat Adrian von
Riedel – eben jener, von dem wir den köstlichen Straßenatlas
Bayerns besitzen – hat sie entworfen. Diese Kirche im Stil der
Neoromanik ist nun in unseren Tagen, wie schon erwähnt, sehr
entschlossen modernisiert worden, um nicht zu sagen: die Neoromanik wurde (durch Hans Purin) ›purinifiziert‹.

ANSICHTEN VON LINDAU

Das nächtliche Ankommen in Lindau war etwas sonderbar. ›Zur
Insel‹ hieß es auf einem Straßenschild. Und der Reisende, der diesem Schilde folgte, war nicht mehr ganz Herr seiner Entschlüsse.
Er wurde durch eine endlos erscheinende Autokolonne über
einen Damm geschoben, passierte ein nichtssagendes Gebäude,
auf dem ›Spielbank‹ stand, sah eine Kinoreklame für Kolles ›Wun-
derland der Liebe‹, natürlich auch altes Mauerwerk und reno-
vierte Bürgerhäuser, zuletzt auch Banken und Hotels aus der
Jahrhundertwende. In irgendeinem dieser Hotels wollte er ein

Zimmer haben, aber er konnte nicht einmal anhalten, geschweige denn parken. Und so fand er sich unversehens auf dem äußersten Punkt der Insel, in der Kurzparkzone vor dem Bahnhof. ›Vis-à-vis‹ ließ eine moderne Pension das magische Schild ›Zimmer frei‹ aufleuchten. Man konnte noch neben einem roten Porsche parken. Ein Hotelier-Cafetier, der aussah wie Robert Walser, rief ein Zimmermädchen, das so aussah wie ein Filmstar, der ein Zimmermädchen spielt. Sie zeigt uns ein Appartement, das noch nicht aufgeräumt war, ein Appartement für Filmleute, zu fast bürgerlichem Preis. Der Herr ›Walser‹ mit der goldenen Brille verlangte mit alemannischer Höflichkeit unsere Pässe und fügte hinzu, daß die Rechnung mit Frühstück im Café nebenan gleich beglichen werden möchte. Das sei hier so üblich. Wegen der Spielbank! »Ich hab' da eben schon die seltsamsten Erfahrungen gemacht«, meinte er lächelnd, auch mit sehr bekannten Leuten. Und im übrigen sei es doch eine Erleichterung für die Gäste, wenn sie wüßten, wie sie dran seien. Wir zahlten also gleich und legten uns dann bald schlafen. Denn erst jetzt, nachdem wir alles beglichen hatten, waren wir wieder Herr unserer Entschlüsse. Wir schliefen gut. Nur einmal heulte ein Porsche auf.

Beim Frühstück in der Cafeteria bediente uns der Hotelier selbst. Es war ein opulentes Frühstück in drei Gängen. Wie zur Entschuldigung erzählte uns der freundliche Herr, daß ihm das Zimmermädchen gestern nacht noch, nachdem sie unser Zimmer recht und schlecht gemacht hatte, davongelaufen oder vielmehr mit ihrem Porsche ›abgezischt‹ sei. Diese Dame wollte offenbar nur umsonst übernachten bei ihrer Suche nach einem entsprechenden Job. Sie sei eine reisende Bardame, nur eben etwas zu spät dran. Die Saisonschlußpanik hätte sie erfaßt. Und da sei eben kein Halten mehr …

Am nächsten Morgen holten wir uns zum Frühstück die Zeitung: im Bahnhof gleich gegenüber. Dieser Lindauer Kopfbahnhof ist ein Stück herrlicher, vergessener Jugendstil, münchnerisch durch und durch, mit Messingtüren, Mosaiken und entsprechender Bauplastik (Widmann oder Ruemann haben wir auf einer Plastik entziffert!). Das Fremdenverkehrsamt versorgt uns

mit dem Stadtplan und einem kleinen Führer des verstorbenen
Walter Ricklinger. Ihm wollen wir uns nach dem Frühstück an-
vertrauen. Er ist ein Kenner der Inselstadt. Über das *Alte Rathaus*, das uns von einem früheren Besuch bei der Kulturreferentin
Dr. Isolde Rieger schon etwas vertraut war, schreibt er:

*Dieser Bau ist einer der schönsten seiner Gattung in Deutschland.
Schon die Lage zeigt die unnachahmliche Städteplanung, die dem Mittelalter zu eigen gewesen ist. Während die rückwärtige Front nach dem
See blickt, schaut die Vorderseite auf einen saalartigen, als Versamm-
lungsraum der Bürger bei Kundmachungen gedachten Platz. Eine über-
dachte Treppe, 1578 errichtet, führt zu einem geräumigen Erker, von
dem aus die Ankündigungen, Verordnungen und Gesetze bekannt gegeben wurden. Von diesem Erker kommt man in das Innere des Baues, zu
dem großen und kleinen Ratssaal mit seiner typischen größtenteils spätgotischen Balkendecke und Wandvertäfelung ... Dieses Gebäude entstand zwischen 1422 und 1436 noch im gotischen Stil und wurde 1536
und 1576 dem Geschmack der Renaissance angepaßt ... Die Halle im
Erdgeschoß erfuhr natürlich eine mehrfache Erneuerung, zuletzt 1931 ...
Die Halle im Erdgeschoß birgt die jahrhundertealte Stadtbibliothek und
das Archiv, sie wird durch einen mächtigen Mittelpfeiler gestützt, der
die Jahreszahl 1484 trägt und zeigt eine ebenso alte prachtvolle Balkendecke ... 1496 fand in diesem Gebäude einmal der deutsche Reichstag
statt; heute werden die beiden oberen Säle als Sitzungszimmer benützt
und das oberste Stockwerk, der sogenannte ›Rungesaal‹, für kulturelle
Ausstellungen.*

Wir machen uns auf. Schon ein wenig abseits der Ludwigs-
straße stoßen wir auf ein Lindauer Kuriosum: das *Stadttheater*. Es
ist im Baukörper der ehemaligen Barfüßerkirche untergebracht.
Frühe Bettelordensstrenge im Äußeren, die der schlanke gotische
Chor kaum mildert. Um 1270 wurden Kloster und Kirche erbaut.
Die Reformation machte dem Kloster ein Ende. 1747-1749 trennte man den Chor vom Schiff, zog ein Zwischengewölbe ein und
brachte im unteren Teil die Bibliothek unter, während der obere
Raum Kirchensaal wurde. 1798 fand hier der letzte Gottesdienst
statt. 1799-1812 diente der Bau als Kaserne, Gefängnis, Zeug-
haus, Turnhalle. 1868 entstand aus dem Kirchensaal ein Konzert-

saal und 1887 aus dem Kirchenschiff ein Theaterraum, der 1951 zu einem »modernsten Theater im Bodenseeraum« umgestaltet wurde. Nun, wir hätten uns dieses Theater am Abend gerne angeschaut, aber man hatte gerade keine Spielzeit.

Der Lindauer *Marktplatz* zeigt uns das wählige Bild des Barock. Seit er 1728 nach einem Brand neu errichtet wurde. Neben den Kirchen sind es drei stattliche Gebäude, die unsere Aufmerksamkeit auf sich ziehen: Das Haus ›zum Cavazzen‹, das Haus ›zum Baumgarten‹ und die ehemalige Hauptwache. In das Haus ›zum Baumgarten‹, das eine zum Klassizismus tendierende Fassade hat, können wir einen Blick werfen. Eine breite Einfahrt und ein weites, dreifach überwölbtes Treppenhaus, das eine handwerklich-technische Leistung darstellt, weil es ohne Mittelstütze auskommt. In das *Haus ›Zum Cavazzen‹* müssen wir aber hineingehen. Denn es ist die große Schatzkammer der Lindauer Ge-

Lindau, Zum Cavazzen

schichte und Kunst, mehr als ein Heimatmuseum, ein lebendiges Geschichtsbuch, das die Gegenwart nicht ausschließt, sondern immer wieder Brücken herzustellen versucht zwischen dem Gestern und Heute.

Erwähnen wir unter den Kostbarkeiten der Sammlungen das große, älteste Stadtbild der Reichsstadt, das topographisch genau gearbeitet ist, 1579 von Anthoni Remm. Eine Madonna aus der Werkstatt Hans Multschers, die Darstellung eines Schmerzensmanns um 1400, eines der seltenen Kümmernis-Andachtsbilder aus dem frühen 16. Jahrhundert, eine in Silber getriebene Standuhr des 18. Jahrhunderts. Von den Bildnissen beansprucht das Verlöbnisbild der Anna Regina von Trappensee (geb. 1659), geborener Rader und späterer Gräfin von Merode, unser Interesse. Noch seltener freilich, das gut gemalte Halbfigurenbild der Friederike Karolina von Bretzenheim, der letzten Äbtissin des reichsfürstlich-freiweltlichen Damenstifts in Lindau. Als eine natürliche Tochter des Kurfürsten Karl Theodor von Bayern wurde sie kaum dreizehnjährig 1782 Äbtissin. 1796 legte sie ihre Würde nieder, heiratete den pfälzischen Grafen von Westerhold. Das Bild, wohl kurz vor ihrer Heirat gemalt, zeigt sie noch als Äbtissin: doch freilich als freiweltliche, im eleganten schwarzen Kleid, großem Dekolleté, das mit feinen Spitzen gesäumt ist, die rote Ordensschärpe mit dem silbernen Stiftswappen um die Brust gelegt; ein seltsamer Kopfputz aus Perlen und großer Feder gibt dem Kopf dieser Dame etwas Raubvogelartiges, das sie wohl gar nicht hatte. Hinter ihr liegt der mit Hermelin besetzte Fürstenhut auf einem Kissen, das Zeichen ihrer reichsfürstlichen Würde. Und auch der zeitgenössische Rahmen zeigt die fürstlichen Insignien jener Dame, die der Romancier Horst Wolfram Geissler in seinem ›Lieben Augustin‹ populär gemacht hat.

Von den beiden Kirchen, die den Platzraum säumen, hat die eine, die evangelische Stadtkirche oder *Stephanskirche*, eine Fassade, dahinter eine spätgotische ›Pseudohalle‹, bei der das fensterlose Hochschiff die Seitenschiffe überragt. Dem ausklingenden Rokoko gehört die Dekoration und Ausstattung an. Die andere

Kirche, die *Stiftskirche* und heutige katholische Pfarrkirche, hat keine Westfassade, wie die eben genannte. Hier steigt ein ungefüger Turm auf, dessen Oberteil an einen ländlichen Gartenpavillon erinnert. Die Außenmauern des Langhauses zeigen Hausteingliederung, zwei Risalite mit Dreieckgiebeln, von denen einer als Querschiff vortritt. Der Architekt: Johann Kaspar Bagnato, seit 1720 nach einem Brand. Georg Dehio hat allerdings auch die Mitwirkung des Füsseners Johann Georg Fischer für möglich gehalten. Mit gewissem Recht, wie wir meinen. Denn dieser Innenraum zeigt das abgewandelte Vorarlberger Schema mit Wandpfeilern, Durchgängen und Emporen. Allerdings wird die Spätstufe durch Eckabrundungen und Deckenverschleifungen, den isolierten Chorraum mit einer Rundkuppel deutlich gemacht. Man vergleiche dazu Maria-Steinbach an der Iller, wo das System noch flüssiger und reifer durchgeführt ist. Die Stuckarbeiten von Hans Georg Gigl, Josef Wagner und Andreas Bentele leiden unter einer gewissen Strenge und Abstinenz der Linienführung. Die Altarausstattung von der Hand dieser Meister hat Charakter. Das gleiche möchte man von den Altarbildern Franz Georg Hermanns sagen. Am schönsten dürften die Fresken des Joseph Appiani gewesen sein. Durch einen Deckeneinsturz wurden sie jedoch bis auf geringe Reste vernichtet. Kolmsberger hat sie mit Einfühlung nachempfunden, im späten 19. Jahrhundert. Nur im Chor und in den Quertonnen ist noch die Malerei des Appiani zu erkennen. Thema ein marianischer Zyklus, Verherrlichung Mariens. Uns hätte freilich noch der erste Meister des Lindauer Orgelwerkes interessiert, das einen schönen Prospekt hat; aber der Orgelbauer ist nicht bekannt.

Die Bauten des ehemaligen *Damenstiftes*, eine maßvolle Spätbarockarchitektur, 1730-1736 aufgeführt, sind heute Landratsamt. Hier haben wir ein wohlerhaltenes, aber nicht zugängliches Deckenbild des Franz Joseph Spiegler. Von hier aus ist der silberne Buchdeckel von Sankt Gallen, der sogenannte Lindauer Codex aureus, nach Aufhebung des Stifts in Privatbesitz gelangt und später in die Sammlung Pierpont Morgan in New York. Von der letzten Äbtissin haben wir ja schon genug gehört.

Durch die Cramergasse kommen wir auf die Hauptstraße. Obwohl heute Geschäftsstraße und Corso des Lindauer Alltags, bietet sie noch, wie Georg Dehio sagte, »ein Muster feiner Belebung der Häuserfluchten und richtig abgewogener Verhältnisse der Häuserhöhe zur Straßenbreite«. Eigentlich ist es eine Platzstraße, da auf der Insel keine Durchgangsstraße notwendig war, und bezeichnenderweise hat man sie in alter Zeit in die ›Metz‹, die ›Brodlaube‹ und den ›Alten Markt‹ (nur dem Namen nach) in verschiedene Abschnitte unterteilt. Adolph Menzel hat uns die mittelalterliche, ganz vorarlbergisch anmutende Partie bei den Brodlauben in einer meisterlichen Skizze festgehalten. Von den alten Häusern sei das Haus ›zum Sünfzen‹ mit seinen breiten Lauben erwähnt, war es doch die ehemalige Trinkstube der Sünfzengesellschaft, einer Vereinigung patrizischer Junker, die bis 1815 bestand. In der Weinstube Frey kann man in etwas nachgeholfenem Original-Patriziermilieu heute seinen Wein trinken. Dazu in einem gemütlichen Erker mit der für Lindau charakteristischen Fenstersäule (hier von 1516). Wen es mehr nach modernem Barock-Milieu gelüstet, wird freilich das ›Stift‹ vorziehen oder in einer kleinen Boutique am brunnengeschmückten Rücksprung der Ludwigstraße nach einem Mitbringsel suchen.

Von der Hauptstraße kommen wir jetzt in die Schafsgasse und stoßen im reizvollen Inselrundgang auf zwei altrenommierte Gasthöfe: ›Zum Lamm‹ und ›Zum Engel‹. Der ehemals berühmteste Hof Lindauer Gastlichkeit freilich ist leider schon lange dem großen Gasthofsterben zum Opfer gefallen. Es ist die ›Krone‹ mit ihrem Rokokowirtshausschild, nicht weit von hier in der Ludwigstraße, die die Hauptstraße zum Hafen hin begleitet. Michel de Montaigne hat hier 1583 gewohnt und reizvolle Aufzeichnungen über die Gastlichkeit der Deutschen in seinem Tagebuch hinterlassen. Es muß ihm in Lindau richtig gefallen haben, so daß er sogar den Versuch mit einem Federbett unternahm und seinen Wein nach Art der Deutschen »ohne Wasser« trank.

Auf dem Schrannenplatz im ältesten Lindau endet unser Rundgang. Hier steht die Kirche des Fischerheiligen Sankt Peter und gleich hinter ihr der Diebs- oder Malefizturm, der mit seinen drolligen Dachtürmchen selten auf einer Lindauer Ansicht fehlt; ist er doch ein Zeugnis der alten Stadtbefestigung und zugleich Beobachtungsturm auf dem höchsten Punkt der Insel. Die *Peterskirche*, als älteste erhaltene Kirche Lindaus – Chor und Ostteile entstammen wohl dem 11. Jahrhundert –, beansprucht uns längere Zeit. Bewahrt sie doch an ihrer Nordwand einen großartigen zwölfteiligen Passionszyklus in Fresko, der erst in jüngster Zeit als ein Werk Hans Holbeins des Älteren bekannt geworden ist. Jüngere Teile der Ausmalung, vor allem in der Apsis, sind von 1521. Die Kirche ist heute Kriegergedächtnisstätte.

Eigentlich haben wir jetzt bei unserem Inselspaziergang einen Gang durch die Jahrhunderte der Kunstgeschichte erlebt, beim 19. Jahrhundert beginnend bis zum ältesten Kirchenbau der Stadt. Am Schluß meldet sich noch einmal das Interesse am Jugendstil. In einer modernen Buchhandlung, die auch österreichische Kunstbücher führt, entdecken wir ein soeben erschienenes Prachtwerk über die dekorativen Plakate der Wiener Schule: Egon Schiele und Gustav Klimt, Kokoschka und Kolo Moser. Wir hätten es gerne erworben, doch hätte sein Format unsere Koffer und sein Preis unseren Geldbeutel zu sehr belastet.

Aber vergessen wir nicht, zum Schluß noch einmal Walther Ricklinger zu zitieren, der uns die anmutige Umgebung Lindaus in kleinen Spaziergängen anpreist: »Nach dem weltberühmten *Bad Schachen*, dessen heilende Quellen schon 1474 erwähnt werden, und das seit 1752 im Besitz derselben Familie ist«, so heißt es hier, sei nur eine Gehzeit von zwei Stunden. Und weiter:

Das Hotel Bad Schachen steht fast unmittelbar am Ufer und die Aussicht über das Wasser ist wohl die schönste, die Lindau Ihnen zu schenken vermag: halblinks sehen sie die Insel liegen; über den See hinweg, auf dem die Segelboote ihre hellen Schwingen breiten, das Schweizer Ufer, überragt vom Massiv des Säntis, an dem sich die Berge Vorarlbergs nach links anreihen. Wenn Sie wollen, können Sie auch noch zum Schlößchen Alwind mit seinen Rosengärten, oder noch weiter bis nach Wasserburg wandern ... oder am See entlang zum Wein- und Fischerdorf Nonnenhorn. Rückkehr mit Schiff oder Bahn.

Unmöglich ist es, die vielen anderen Wege aufzuzählen, die in ihrer Art stets Neues, wie in einem Bilderbuch aufblättern. Ob es die Gegend von Reutin ist, wo wir einen kleinen, burgartigen, mit Graben umzogenen Landsitz, die ›Senftenau‹ finden, oder die kraftvolle, sehr alte romanische Kirche in Rickenbach, oder das bescheidene Gartenhäuschen, die ›Spitzburg‹ an der Steig aus der Zeit der Romantik, wenn wir beispielsweise zur Bäuerlinshalde pilgern. Man könnte auch das ›Lola-Schlößchen‹ in Aeschach nennen, das im Verborgenen liegend, aus dem 18. Jahrhundert stammt und in dem die berühmte spanische Tänzerin Lola Montez auf ihrer Flucht nach der Schweiz gewohnt haben soll; weiterhin die ›Villa Lotzbeck‹ mit ihrer klassizistischen Fassade, die ›Villa Engel‹, die alte Klostermühle in Aeschach – des Aufzählens wäre kein Ende.

Das meinen wir auch! Und deshalb sagen wir nur ›Glückseliges Lindau!‹

Sterbendes Rokoko

SCHLOSS MONTFORT IN TETTNANG

Tettnang ist für den Barockreisenden eine echte Trouvaille. Eine
behagliche oberschwäbische Landstadt, in deren Weichbild man
einige Kirchen erblickt – bei der Einfahrt die gotische Kirche
Sankt Anna, dann Sankt Johann, ein Barockbau mit querschiff-
artigen Kapellen. Dann entpuppt es sich als regelrechte Barock-
residenz. Reizvoll ist das Nebeneinander von Bürgerstadt und
residenzhaftem Bereich; es ist kein Übergang, aber auch keine
strenge Zäsur zu spüren; nur daß sich eben ein gemächlicher
Straßenzug zur Platzanlage weitet und den Blick auf ein überraschend stattliches, breithingelagertes Schloßgeviert freigibt.
Die Schauseite mit den wirkungssicher schräggestellten Eckpavillons – man müßte sie Türme nennen – und dem Dreieckgiebel auf der kräftig durchgegliederten Pilasterfront ist Teil
eines mächtigen Vierflügelbaues, der einen geräumigen Hof einschließt.

Auch die Ostflanke und die südliche Fassade haben ihre architektonischen und proportionalen Meriten, zumal hier mittlere
Risalite über das Dachgesims treten und mit Walmdächern körperlich wirken, während die schräggestellten Flankentürme – so
sehr sie aus dem Schloßbau der Renaissance herübergeholt scheinen – das barocke Moment des Unregelmäßigen haben. Der Bau
hat seine Größe und er hat Charakter; fast daß man sich an die
schlichte Kraft mährischer Schloßbauten von Johann Santin Aichel erinnert fühlt. Die Fassaden sind frisch verputzt und im Hof
wird noch gearbeitet. Italienische Bauarbeiter versetzen uns in
ihrer fröhlichen ungezwungenen Art in südliche Breiten. Einen

von ihnen fragen wir nach dem Hausmeister – il Castellano –,
worauf ein lustiger Pfiff ertönt. Und aus dem Fenster des obersten
Stockwerks schaut die Hausmeisterstocher, die gerade keine
Zeit hat, uns das Schloß zu zeigen. Wir könnten ruhig hineingehen, meint sie, den Schlüssel zum Saal erhielten wir auf Zimmer Nr. 10.

Dieses Schloß, auch hier das *Neue Schloß* genannt, ist 1712-1720
von Christoph Gessinger an der Stelle eines älteren, 1488 errichteten und 1633 durch Brand zerstörten Schlosses gebaut worden.
Auftraggeber war der prunkliebende Graf Anton III. von Montfort. Nach einem Brand hat es der Architekt Jakob Emele nach

Tettnang

1753 in den heutigen repräsentativen Stand gebracht. Emele sind wohl die Dachaufbauten mit ihren modernen Mansarddächern und die pavillonartigen Aufbauten auf den Türmen zu danken. Auch die gesamte Innenausstattung gehört nach den Stilformen dieser letzten Rokokobauphase an, die von Graf Ernst von Montfort (gestorben 1755) eingeleitet und von seinem Nachfolger Graf Franz Xaver (gestorben 1780) vollendet worden ist. Das Überraschende ist der Raumstuck und der Stuck in den Treppenhäusern. Ursprünglich sehr reiche und elegante, in späterer Zeit ziemlich zerstörte und übertünchte, neuerdings aber zum Teil wieder freigelegte und ergänzte Rocaille. Als Stukkatoren sind uns namhafte Meister genannt, der geniale Joseph Anton Feuchtmayer 1760-1761, sein Schüler J. G. Dirr und Andreas Moosbrugger seit 1758. Zwischen 1760 und 1770 war Andreas Brugger, sozusagen der Montfortsche Hofmaler (nachdem Maulpertsch in Wien geblieben war), mit den Deckenbildern im Schloß beschäftigt. Frühwerke Bruggers sind dabei die Deckenbilder in den beiden vorderen Treppenhäusern.

So wir hineingehen, stoßen wir also gleich auf einen Brugger im linken Treppenhaus. Er stellt uns eine Laudatio auf die Landwirtschaft vor Augen, im Laufe der vier Jahreszeiten. In drei anmutigen Gruppen werden Getreide-, Wein- und Gartenbau geschildert, zwischen den letzteren eine Holzfällergruppe, die sich am Feuer wärmt: der Winter eben. Es sind frisch erfundene und volkstümlich wirkende Szenen mit einem Einschlag ins Bukolische, kennzeichnend für die ländliche Rokokomalerei. Unter der Gruppe der Winzer über dem Faß erscheint der joviale Landesherr mitten im Volk, das im übrigen in seiner Zusammensetzung recht gemischt ist: prächtige und sicher auch porträtnahe Typen von Hofbeamten, Bauern, Winzern und Landschönheiten, die Brugger freilich ein wenig derb geraten. Auch sonst herrscht ein Drang zu lebhafter Bewegung und Gebärde, das typische Kennzeichen eines Frühwerks. Die Allegorie der Abundantia, der Göttin des Überflusses, erscheint uns nicht überflüssig, sondern zur Raumfüllung herbeigezaubert. Bei der Perspektive der Bauten verfährt der Maler ein wenig hart. Er hat seinen Pozzo noch

nicht richtig studiert, benützt auch die Architektur nur als Versatzstück.

Malerisch sehr frisch mutet uns das Deckenfresko im rechten
Treppenhaus an. Es sind Jagdszenen in das Deckenoval gebracht,
gut beobachtet, bewegt und so virtuos aufgezogen, wie auf den
Stichen des Ridinger in Augsburg, der allerdings später publi-
zierte. Die Hirschjagd erinnert an ihn. Aber noch köstlicher ist
die Sauhatz. Hier sprengt ein Jagdhornbläser auf einem Schimmel herbei, der meisterlich durchgezeichnet ist und an Maul-
pertsch-Rosse und -Reiter erinnert. An den Schmalseiten wird
die Hühner- und Hasenjagd als unter ›ferner liefen …‹ nur noch
angezeigt. Im Scheitel des Bildes thront in Wolkenkleidern die
Jagdgöttin Diana. In der Darstellung eines jungen Mannes im
Hirschfresko (am Stamm der Eiche) wird übrigens ein Selbstbildnis des Malers vermutet. Es wäre nicht ausgeschlossen, denn der
Kopf wächst ein wenig unorganisch aus der Eiche heraus, ist hier
einfach hergesetzt: es ist das Bildnis eines feinen, treuherzigen,
auch nach Innen gekehrten Künstlers, mit staunenden Augen,
jedoch fester Hand. Hände konnte er jedenfalls sehr natürlich
malen.

Wir erhalten den Schlüssel zum Saal in einem Amtszimmer des
Landratsamts, das im Schloß residiert, und sperren die Tür zum
Bacchussaal auf. Trotz etwas gedrückter Verhältnisse wirkt er
durch flott aufgetragene Stuckcornichen und Wandgliederung
mittels Pilastern. Das Deckenfresko zeigt Herakles vor Zeus.
1770 von Brugger gemalt, kann es nicht im gleichen Maße überzeugen wie die Treppenhausfresken. Manches wirkt ausgesprochen derb, die geringe Untersicht läßt Flauheiten der Komposition erkennen. Wir blicken uns um: Da thront doch der ungött-
liche Bacchus leibhaftig auf einem riesigen Faß in einer Nischen-
plastik an der Breitwand. Rittlings sitzt er drauf und prostet uns
zu, ein breites Grinsen im Gesicht. Barocker Humor und derbe
Sinnenfreude springt uns aus dieser Stuckplastik an, der noch
zwei Knäblein mit Bocksfüßen als Faßträger zugesellt sind.
Johann Jakob Schwarzmann ist der Meister.

Bemerkenswert ist die Wanddekoration in diesem Saal, weil

sich spätes Rokoko und früher Klassizismus darin durchdringen. Während die Hohlkehle noch fein aufgetragenen Rocaillenstuck zeigt, Eckkartuschen mit Gitterwerk, allegorische Reliefs mit Putten, setzt das Gesims bereits mit antikischem Zahnschnitt ein. Die Türumrahmungen und die Supraporten sind vollends schon Zopfstil. Die Wandfelder in den Hauptachsen bilden mit ihren Rahmen und Aufsätzen Rokokorisalite. Bei den Bilderrahmen schwankt die Stilhaltung zwischen Rokoko und Zopf. Da deutliche Nahtstellen nicht auszumachen sind, müssen wir wohl annehmen, daß die Dekoration in einem Zug entstanden ist, vielleicht durch Joseph Anton Feuchtmayer und Dirr.

Die stolze Reihe der Familienporträts der Montforts, ihrer Frauen und Töchter gibt dem Saal das Gepräge einer Art Ahnengalerie. Wir betrachten sie mit sonderbarem Interesse. Sie sind recht tüchtig gemalt, ohne daß man gleich einen Meister zu nennen vermöchte. Ihre Schönheit und ihr Wert liegen außer im Dokumentarischen im Typischen. Besonders haben es uns zwei Spätlinge des Geschlechts zwischen den Fenstern der Hofseite angetan. Sie haben weißrot bestickte Galakostüme und durchaus individuell geprägte und gemalte Köpfe. Weil einer von ihnen (neben dem Eingang rechts) einen Bauplan in der Hand hält, müßte es wohl der Bauherr des Schlosses sein; aber welcher? Vielleicht Graf Franz Xaver (1755-1780). Der andere Herr erweist sich durch sein kriegerisches Attribut – die Trommel – und durch Haltung als Kriegsmann oder Offizier. Sicher Graf Anton IV., der als Generalleutnant des Schwäbischen Kreises 1787 in Tettnang starb. Mit ihm erlosch das ruhmreiche Geschlecht. Der ältere Herr mit großer Allongeperücke des Louis-quatorze und die Dame mit Perlenkollier an der Seite des Eingangs werden wohl die Eltern der beiden sein, Graf Ernst von Montfort (er regierte 1733-1755) und seine Gemahlin, die wir nicht näher kennen. Zwei reizende Rokokodamen machen noch ihre Aufwartung. Die eine in blauweißem Spitzenkostüm mit einem Notenblatt und einem Hündchen, die andere in Weiß-Rosée gekleidet mit einem Rosenstock als Attribut. Es können doch wohl nur die Töchter sein (aber von wem?), deren Namen wir gleichfalls nicht kennen. Wir bedauern, vorläufig nicht alle mit Namen benennen zu können und sind überhaupt unsicher über unsere Determinierungen.

Freilich, in diesem Raum der Galaporträts – aus denen sowohl die Kultur, die höfische Verfeinerung, die Lebenslust als auch die Dekadenz spricht – erhält die Geschichte des Hauses Montfort, ihre letzte Phase zumal, eine eigentümliche Faszination und wird fast in den Bildern greifbar. Unter dem Grafen Ernst wurden hier noch luxuriöse Feste gefeiert und bot man – obwohl schon tief in den Schulden – den Glanz einer höfischen Haltung und Repräsentation seines Standes. Es lebte sich gut unter den Grafen, herrschte doch Leichtsinn, Großmut und Verschwendung, man war beliebt. Doch der Herr Graf hatte auch seine Sorgen. Die konnte ihm niemand abnehmen. Seit dem 17. Jahrhundert hatte man nämlich in einer gräflichen und privilegierten Münzstätte schlechte Legierungen geprägt, um der ständigen Geldmisere abzuhelfen; fast schon eine Art Falschmünzerei war die Montfortsche Münze. Um 1760 hatte Graf Franz Xaver vom Kaiser den gestrengen Befehl erhalten, alle noch in Umlauf befindlichen inflationären Münzen umzutauschen gegen gutes Geld, wozu er allerdings nicht in der Lage war. Das wußte der Kaiser. Da tat der Graf einen geheimen Schritt, verhandelte mit dem Kurfürsten von Bayern, der die Montfortherrschaft gerne gehabt hätte, um die Umklammerung durch Habsburg zu verhindern. Das kleine Komplott flog auf. Und Habsburg drohte nun vollends den Hahn zuzudrehen. So blieb dem Grafen nichts anderes übrig, als 1780 wegen totaler Verschuldung die ehemals so stattliche Herrschaft an den Hauptgläubiger in Wien abzutreten. Das Ende der Montforts war sehr lakonisch. Auf das österreichische Gnadenbrot gekommen, starb der letzte regierende Graf Franz Xaver in dem Benefiziatenhaus von Mariabrunn bei Langenargen: am 24. Juli 1780 (noch kurz vor der offiziellen Übergabe), während sein Bruder Graf Anton in Tettnang in ein Bürgerhaus einzog, dem jetzigen Gasthof zur Krone vor den Toren, und dort als Hausbesitzer oder Pensionsgast am 3. Dezember 1787 starb.

Aber bevor sie noch von der Bühne der Geschichte abtraten,

haben sich die letzten Montforts ihre eigene Ahnengalerie errichtet: im Bacchussaal des Tettnanger Schlosses.

Wir, mit unseren eigenen Recherchen über die Bilder noch nicht zufrieden, wandten uns dessenthalben an Herrn Hindelang, der mit dem Leiter des Montfortmuseums in der Sache weiterzukommen hoffte. Regelrechte genealogische Forschungen hoben nun an. Und nach einiger Zeit erreichte mich ein freundlicher Brief von Herrn Hindelang, den ich hier hersetzen möchte, mitsamt einer numerierten Liste oder Aufstellung der Bildnisse im Bacchussaal:

Langenargen, 27. November 1970

Sehr geehrter Herr Dr. Schindler,
ich hätte nicht gedacht, daß die alten Montforter im Bacchussaal das Geheimnis ihrer Identität so sorgfältig gewahrt haben. Alle Nachforschungen waren vergebens, bis auf den Leiter des Montfort-Museums, der leider einen längeren Urlaub gerade zu der Zeit genoß, als ich seine Information brauchte. Nun kann ich Ihnen die einzelnen Ahnen namhaft machen, ohne allerdings Einzelaufnahmen der Porträts zu haben. Sie sind offensichtlich nirgends vorhanden und ich war mir nicht sicher, ob sie für Sie so wertvoll sind, daß sich neue Aufnahmen lohnen. Sollte ich mich hier täuschen, hole ich das selbstverständlich gerne nach, denn Sie wissen ja, daß es mir hier nicht auf die Kosten ankommt, wenn ich Ihnen helfen kann.

Über das idyllische Schleinsee ist nicht allzuviel zu berichten. Sie finden einige Fotos und eine Beschreibung aus dem Reclam-Kunstführer anbei.

Ihr Besuch ist meiner Frau und mir noch immer in lieber Erinnerung. Wir verbinden damit die Hoffnung, daß Sie wieder an den Bodensee kommen und dürfen unsere Einladung, diesmal bei uns zu wohnen, wiederholen. Als kleines Angebinde darf ich Ihnen einen ›Orpheus‹ der Bildhauerin Hilde Broer beilegen. Ihre Medaillen haben Ihnen bei mir so gut gefallen und das Bronce-Portal, das sie für unsere Kirche in Langenargen geschaffen hat, kennen Sie ja.

Soeben habe ich noch eine Serie von Detailaufnahmen aus dem Tettnan-

ger Schloß erhalten, die im Besitz des Montfort-Museums sind. Diese Fotos erbitte ich wieder zurück; sie gehören in das Museums-Archiv.

Übrigens, je länger ich über den Titel Ihres neuen Werkes nachgedacht habe, um so besser gefiel er mir. Ich glaube, Sie haben doch das Richtige getroffen. Wenn Sie ›unserem‹ Maulpertsch mit der Übernahme Ihrer Würdigung ›Seine Engel verbrannten sich die Flügel‹ in diesem Buche den ihm eigentlich gebührenden Platz einräumen, würde ich mich ganz besonders freuen. Daß er in unserer Festschrift war, kann diese nur aufwerten!

Mit herzlichen Grüßen bin ich Ihr

Eduard Hindelang

Im Bacchussaal des neuen Schlosses zu Tettnang befinden sich folgende Bildnisse von Familienangehörigen des Hauses Montfort:

1.
Graf Ernst
★20.1.1700, †17.3.1755

2.
⚭ Antonia Gräfin von Waldburg-Scheer-Dürmentingen

3.
Graf Franz Xaver
★4.11.1722, †24.3.1780
⚭ 27.8.1752 Josefa von Königsegg-Aulendorf
★16.7.1730, †11.9.1753
(Tochter des Karl Siegfried Eusebius von Königsegg-Aulendorf
und
Friederike Rosalia Gräfin von Öttingen-Wallerstein)
⚭ 1.12.1759 Sofie Theresia Gräfin von Limburg-Styrum
★5.4.1740, †15.11.1769
(Tochter des Christian Otto Graf von Limburg-Styrum
und
Carolina Juliana Sophie
Prinzessin von Hohenlohe-Waldenburg-Schillingsfürst)

4.
⚭ 12.10.1772 Elisabeth Augusta Gräfin von Schall zu Bell
(Tochter des Grafen Ferdinand von Schall zu Bell
und
Gräfin Anna Maria von Stadion)

5.
Graf Anton IV.
★ *16.11.1723*, †*3.12.1787*
als Letzter des Geschlechts
Generalleutnant des Schwäbischen Kreises

6.
Unbekannte Gräfin
entweder
Maria Anna Theresia Josefa Sofie
★ *25.5.1729*, †*19.4.1773*
Stiftsdame zu Dorn (Holland)
oder
Maria Amadea Adelheid
★ *18.6.1730*, †*20.5.1753*
(beides Töchter von Graf Ernst)

Für die Liebhaber des Rokokostucks ist Schloß Tettnang eine wahre Fundgrube, denn es besitzt die vielleicht qualitätvollsten Stuckarbeiten Oberschwabens. Dem Kenner allerdings gibt die Zuteilung der Stukkatur, das heißt ihre Verbindung mit bestimmten Meisternamen, wieder einige Fragen auf, die nicht leicht zu lösen sind. Es sind uns, wie schon erwähnt, drei Namen genannt, die einen bestimmten Anhalt geben: Andreas Moosbrugger 1758 ff., Johann Georg Dirr 1758 ff., und Joseph Anton Feuchtmayer 1760 ff. Wir dürfen also annehmen, daß Moosbrugger und Dirr zunächst nebeneinander arbeiten und dann ab 1760 Feuchtmayer ins Spiel kommt, Moosbrugger möglicherweise ausscheidet.

Andreas Moosbrugger aus Schoppernau dürfte mit dem Dekkenstuck der Küche im Westbau begonnen haben: kleine Ruinen mit zierlichen Bäumchen sind in die Kartuschenspiegel hineingesetzt. Sein jüngerer Bruder Peter Anton Moosbrugger, obwohl nicht genannt, könnte ihn in den Zimmern unterstützt haben. Er verwendet ähnliche Füllmotive (Ruinen und Bäume usw.), ist aber in der Formung der Kartusche fortgeschrittener und feiner. Ob der Treppenhausstuck der Moosbrugger-Gruppe allein zugehört, oder ob hier Johann Georg Dirr, bei den vorzüglichen Eckvasen etwa Feuchtmayer mitgewirkt haben, muß offenblei-

ben. Möglicherweise ist Dirr mit dem Korridorstuck des stadt-
seitigen Flügels befaßt gewesen. Die vorzügliche Stuckierung
der Raumflucht zur Stadtseite ist bereits nachdrücklich durch
das Eingreifen Feuchtmayers bestimmt, wobei wir bei den beiden
Eckpavillons weitgehend eigenhändige Arbeiten des Mimmenhausener Meisters anzunehmen haben, bei der Zimmerflucht, die
sich zwischen den Ecktürmen spannt, die Mitarbeit Dirrs, beziehungsweise die selbständige Arbeit Dirrs, zum Teil nach Entwürfen Feuchtmayers. Im einzelnen: Der Deckenstuck des Mu-
sikzimmers wohl von Dirr nach Entwurf Feuchtmayers. Reizvoll
ist hier besonders die Mittelrosette mit den fliegenden Putti, die
ein Waldhorn tragen, und der kleine Orgelspieler, zweifellos
Dirrsche Arbeiten. Das gleiche gilt wohl für das Zimmer der
›Vier Elemente‹, die hier in Eckkartuschen durch zierliche Putten
personifiziert werden. Von Feuchtmayers Geist zeugt die kleine
Kartusche mit der Hasenjagd an der Seite zum Musikzimmer
hin. Das Tafelzimmer, der Mittelraum in diesem Trakt, zeigt
Deckenstuck von Dirr allein. In die Eckkartuschen hat der Weißenhorner Maler Franz Martin Kuen reizvolle, leider sehr nachgedunkelte emblematische Puttenszenen gemalt. Vielleicht war
der Mitarbeiter Dirrs in Baindt (vergleiche Seite 100) noch für
größere Arbeiten vorgesehen. Die Wanddekoration der Spiegel-
und Schrankaufsätze mit ihren Drachenmotiven kündigt die
temperamentvolle Art Feuchtmayers an. Das nächste Zimmer,
das wir ›Jahreszeitenzimmer‹ nennen, zeigt entsprechende Puttenszenen in den Eckkartuschen, die in Dirrs Repertoire gehören. Der Deckenstuck im letzten Raum dieser Enfilade, der an
das Grüne Eckkabinett anstößt, das ›Vasenzimmer‹, gehört wohl
Dirr allein zu. Ein tapeziertes Zimmer zeigt dagegen ausgezeich-
neten Feuchtmayer-Stuck, herrliche Kartuschen, an den Schmalseiten ein Hahn, der einen im Deckenspiegel hängenden Drachen
ankräht, gegenüber schnäbelnde Tauben; an den Langseiten
Amorinen mit knospendem Zweig, beziehungsweise mit einem
vom Pfeil durchbohrten Herzen. Hier steht auch ein Rokoko-
ofen mit seltener Bekrönung: ein von einem Hunde angefallener
Hirsch. Eine Umzeichnung des vorhin erwähnten Drachens – es

sei hier erwähnt – schmückt als Vignette die hervorragende Monographie des Bildhauers Joseph Anton Feuchtmayer von Wilhelm Boeck (1948), erschienen bei Ernst Wasmuth, Tübingen. Ihr verdanken wir die wesentlichen Hinweise auf das kaum auszuschöpfende Oeuvre des Bildhauers von Mimmenhausen, zum Teil auch was die Stukkaturen in Tettnang betrifft. Wir haben hier noch zwei Räume zu nennen, die zwar die kleinsten in diesem Trakt, aber hinsichtlich ihres Formenreichtums und ihrer Qualität die schönsten sind: die beiden Eckkabinette in den Türmen. Beim Musikzimmer das Bilderkabinett zuerst. Reiches Stuckwerk mit Frauenbüsten schmückt die Rahmen der Bilder. Wir entdecken hier Amor als Jäger mit einer Löwenfellmütze, dann die Büsten der jungfräulichen Diana und des gehörnten Aktäon, Minervas und Merkurs. Unter der Minervabüste ein Vogelkopf, der sich in die Rahmenleiste verbissen hat. Wilhelm Boeck schreibt über dieses Kabinett:

Die verwirrende Wirkung des prickelnden Formenreichtums wird durch die Verwendung der Spiegel auf die Spitze getrieben, die in turbinenförmiger Anordnung über den Rahmen des Mittelfeldes hinweg die Decke in eine kreisende Bewegung zu setzen scheinen.

Boeck spricht diese seltene Stuckausstattung mit Recht Joseph Anton Feuchtmayer zu und sieht hier und im Grünen Kabinett einen Höhepunkt der Arbeiten in Tettnang. Der Puttentyp ist allerdings von rundlicher, weicher, gefälliger Form, könnte also auf Dirr hinweisen. Es ergeben sich Analogien zu den reizvollen fliegenden Putten bei einigen der Emporenbüsten in Birnau. Zwei der schönsten Büsten in Birnau, Lukas und Barnabas, kommen allerdings, was wir jetzt erst erkennen, auch dem Stilempfinden des Riedlinger Bildhauers Joseph Christian sehr nahe. Der Stuck hat wirklich die Rangklasse der besten Rokoko-Stukkatoren.

Das Eckkabinett auf der anderen Seite des Trakts, nach seinen meergrünen Spiegeleinlagen ›Grünes Kabinett‹ geheißen, entspricht durchaus der Qualität des Bilderkabinetts, ja es übertrifft dieses an Reichtum noch. Geradezu verschwenderisch sind die Stuckaufsätze auf dem Kamin und dem Spiegelrahmen. Die

Supraporte zeigt ein drolliges Kinderpaar, das einen Adler fest-hält. Ein Hermenpaar, an der Schrägseite der mittleren Fenster, ein die Syrinx blasender Faun und eine Nymphe, die die Schlange bändigt, zeigen subtile Meisterschaft im Figürlichen und aufge-lockerte Draperie.

Hier ist, wie uns die ›Adlersupraporte‹ am schönsten zeigt, das Figürliche und Ornamentale aus einer Gesamtauffassung begrif-fen: Feuchtmayer allein, ein spätes Meisterwerk als Stukkator, genial der Einfall, das Kabinett als Raum der in Netze Gefangenen auszudeuten! Der Raum wird nach Art einer Laube zur Gänze von weißem Netzwerk überzogen, das grün hinterlegt ist. Auf dem Deckenspiegel finden wir ein herrliches Ornament aus zwei gegenläufigen Strahlenkreiseln gebildet; an den Kreuzungsstel-len der Strahlen sind Spiegelstücke eingelegt.

Man sollte vielleicht das Tettnanger Schloß nicht verlassen, ohne einen Blick in das Turmkabinett des linken hinteren Eck-turms geworfen zu haben. Es zeigt guten Stuck, aber die Über-raschung sind doch eigentlich die stuckgerahmten Wandbilder. Wir erkennen drei männliche und drei weibliche Vagantengestal-ten: Quacksalber, Hechelmacher, Kesselflicker; Pastetenbäcke-rin, Leierkastenspielerin und Zitronenverkäuferin. Über der Tür ein Guckkastenmann mit Zuschauern. Links davon ein höfischer Lautenspieler, rechts eine gezierte Marketenderin. Es sind die lebensfrischesten und reizvollsten Menschendarstellungen An-dreas Bruggers, gerade als Zeit- und Gesellschaftsdokumente interessant.

Wir haben noch von der Schloßkapelle zu sprechen, einem Rokokoraum, der mit einer halbrunden Apside aus der äußeren Mauerflucht vortritt, den Emporen erweitern und den mit Stuckmarmorfeldern belegte Pilaster gliedern. Sie ist die letzte Überraschung des Schlosses zu Tettnang, auch das zuletzt ent-standene Werk. Ein Deckenfresko, das sich an Maulpertsch an-lehnt, von Andreas Brugger 1770 gemalt und signiert, schildert den seligen Johannes von Montfort, wie er an der Spitze seines Heeres gegen die Ungläubigen reitet. Es ist aber nicht dieses Fresko, das die Kapelle sehenswert macht: es ist vielmehr der ausgezeichnete Raumstuck, der einen Höhepunkt der Rocaille markiert. Eckkartuschen mit zartem Gitterwerk, leichteste Akzente an den Scheiteln der Bogen, das schöne Montfortwappen in einer Doppelkartusche. Und schließlich entdecken wir noch großartige Stuckplastiken an den Wänden.

Da ist König David, wie er ergriffen die Harfe schlägt. Eine aufrauschende Figur, ganz aus der Imagination geholt, wie angeflogen an der Wand. Ein Prophet in der Ecke zur Chorwand will uns fast noch bewegter erscheinen. Wie geblendet blickt er hervor, hingerissen vor lauter Staunen führt er die Hand zum Kopf, als wolle er sich vergewissern, daß es keine Täuschung sei. Es sind wahrhaft meisterliche Stuckplastiken. Da Feuchtmayer 1770 gestorben ist und auch die Stilhaltung, vor allem der Faltenstil, nicht mit seinem in anderer Weise begeisterungswürdigen Werk übereinstimmt, möchten wir diese Figuren dem großen schwäbischen Plastiker Franz Joseph Christian zuteilen (vielleicht nach von Feuchtmayer hinterlassenen Modellen). Sie haben ihre nächsten und einzigen Parallelen in den beiden Evangelistenfiguren auf dem Schalldeckel der Kanzel zu Ottobeuren, die um 1764 entstanden sind. Der brillante Kapellenstuck freilich kann nur dem Gefährten Christians in Ottobeuren und Zwiefalten zugehören: Johann Michael Feichtmayr, dem genialsten Stukkator unter den Wessobrunnern.

Wir haben zum Abschied noch einen Blick in die gefällige *Barockpfarrkirche Sankt Georg* vor dem Schloß getan (1682 von Heinrich Bader erbaut). Sie hat einen würdigen Kreuzaltar mit Stuckmarmorfiguren von Schwarzmann. Packend sind diese gelblichen, polierten und leise zerbröckelnden Bildwerke freilich nicht.

Wangen im Allgäu, die zweitkleinste der allgäuischen Reichsstädte, die 1810 ›beim großen Länderschacher‹ zum Königreich Württemberg kam, es ist eine sehenswerte und freundlich behauste Stadt. Da ist gleich ein stolzer, trotz seiner Dicke geradezu eleganter Torbau mit Fresken und Adlerwappen. Und ein nobler frühklassizistischer Palazzo, mit ritterlichen Emblemen geschmückt. Es ist das Kameralamt, ehemals Kanzleigebäude des Ritterkantons Allgäu, kurz Ritterhaus geheißen. Franz Anton Bagnato hat es 1789 gebaut, jawohl 1789, als in Paris die Bastille gestürmt wurde und eine tausendjährige Ordnung zusammenbrach. Hier wurde diese Ordnung nun verwaltet. Und vis-à-vis plätscherte ein Rokokobrunnen mit dem Adler des

Wangen

Reiches ... Herrenstraße nennt sich die Herzader der Reichsstadt, und an ihrem Ende steht ein prächtiges *Rathaus*, an das
sich der Pfaffenturm anlehnt. Das beste ist da wohl die Fassade!
Nach einem Entwurf des Vorarlbergers Franz Anton Kuen ab 1719
errichtet. Ihre kräftige und klare Gliederung in die Senkrechte
einer aufstrebenden Portalachse und die Waagrechte der Giebel-
attika weiß sofort zu gewinnen. Zwei schöne Steinfiguren flankieren den fast klassizistisch strengen Portalaufsatz, auf dessen
Giebelschenkeln noch einmal zwei Allegorien lagern. Sankta
Justitia streckt ihr Schwert aus der Nische darüber. Ein Wappen
sitzt gut zwischen den gebrochenen Giebelschenkeln und zuoberst haben wir den Doppeladler als die Trophäe der alten
Reichsherrlichkeit von Habsburgs Gnaden. Die Voluten des
Giebels sind spannungsvoll gezeichnet und von Girlanden bedeckt. Ein Schmuckstück ist dieses Rathaus, das auch im Inneren
sehenswerte Räumlichkeit mit Stuckdecken und Öfen aus der
Erbauungszeit aufweist. Dies können wir aber heute nicht in
Ruhe betrachten. In Wangen herrscht nämlich ein reges Treiben,
das auf das Rathaus übergreift. Es ist Markttag heute, und da ist
der Einwohner wie auch der Bauer aus den umliegenden Gemeinden gern zugegen.

So waren wir froh, daß wir unseren kurzen Besuch wenigstens
noch mit einem Blick in die Pfarrkirche abschließen konnten. Sie
stellt eine flachgedeckte Pfeilerbasilika von 1468 ziemlich nüchtern, jedoch auch beispielhaft vor. Nichts Besonderes ist von ihr
zu vermelden. Ein spätgotischer Bau, wie er hier überall im Allgäu stehen könnte. Regotisiert: Gebhard Fugel-Fresken.

Noch einmal ein Rückblick auf die schöne Herrenstraße, über
die Rokokobrunnen, auf das so malerische Ravensburger Tor.
Wie sich doch der frühklassizistische Bau von Bagnato rechterhand und die Allgäuer Bürgerhäuser linkerhand in das gewachsene Stadtbild einfügen, wie wieder das Rathaus in der Straßen-
zeile einen festlichen Akzent bringt. Sie verstanden ihr Handwerk, die Barockbaumeister ... Wir suchen uns aus Wangen hinaus; da ist noch eine Kirche beim anderen Stadtturm. Wir haben
sie übersehen, es ist die barocke Spitalkirche. Dann das Erkerhaus

gegenüber dem Marienbrunnen, das Oberamt mit seinem malerischen Arkadenhof...

Wir mochten jetzt nicht mehr anhalten, könnten auch nicht
mehr. Parkplatz gibt es ja keinen. Und da fällt uns zu allem Überfluß noch ein letztes Versäumnis ein: der ›Fidelisbäck‹, das ist
doch eine Gastwirtschaft mit Bäckerei, die uns Kollege Springorum als den Inbegriff Allgäuer Gemütlichkeit, seltener Ge-
räusche und Genüsse sozusagen mit drei Sternen angepriesen
hat. Den haben wir auch übersehen. Springorum wird es uns verzeihen!

Isny liegt schön. Eine Anhänglichkeit der Bürgerschaft an das
historische Bild ist auch hier nicht zu verkennen. Die kleinste
der an der italienischen Handelsstraße gelegenen Reichsstädte,
die kleinste Perle sozusagen, hat ihre Fassung, die Stadtmauer,
noch relativ gut erhalten. Man kann sie in einem einzigen Rundgang besichtigen. Romantische Turm- und Mauerpartien fehlen
dabei für den Foto-Motivjäger nicht. Das Wahrzeichen von Isny
ist der Blaserturm, dem sich der Espantorturm – so heißt er tatsächlich und hat mit dem Esperanto rein gar nichts zu tun – bescheiden unterordnet. Ein schönes altes Patrizierhaus dient heute
als Rathaus. Es dient nicht nur, sondern es repräsentiert mit
leicht zurückweichender Fassade, wappengeschmücktem Erker,
kunstvoll geschnitzten Türen. Im Inneren finden wir alpenländische Täfelung, frühbarocke Stuckdecken, sogar einen ›Winter-
thurer Kachelofen‹ mit seiner bürgerlich-repräsentativen und
gemütlichen Ausstrahlung. Der Ofen ist 1685 datiert. Die geistliche Seite des barocken Isny wird von der katholischen *Pfarrkirche Sankt Jakob und Georg* bestens dokumentiert. Als Benediktiner-Klosterkirche ist sie von 1652-1666 nach den Plänen des
Michael Beer (der 1659 immerhin 5600 Gulden erhielt) begonnen
worden. Dem tüchtigen Meister erging es hier freilich nicht anders als in Kempten: er mußte 1660 einem Graubündner weichen.
Hier war es der Giulio Barbieri von Rovereto, der mit seinen
Brüdern ans Werk ging und die Kirche baute. Und als das Rokoko
seine Blütezeit eigentlich schon überschritten hatte – 1757 – er-

hielt die Sankt Georgskirche ein modernes Stuckkleid von dem vortrefflichen Wessobrunner Hans Georg Gigl. Ein Holzhey malte die Rokokofresken. Das schön geschnitzte Chorgestühl kam noch hinzu. So haben diese Meister aus dem dreischiffigen Kirchenraum des Frühbarock – mit flachem Chorschluß – eine Rokokokirche hervorgezaubert, die sich neben ihren rokoko-isierten Schwestern sehen lassen kann. Am reichsten geriet dabei der Hochaltar mit seiner temperamentvollen Plastik (Sankt Georg mit dem Drachen und Sankt Jakobus) und seinem wirkungsbe-dachten Aufbau, bei dem das allgäuische Formtemperament gar nicht zu übersehen ist. Man betrachte sich nur die ausladende Spannkraft seiner bekrönenden Voluten. Als eine breite barocke Retabel steht er da und hat noch ein dramatisch wogendes Altar-bild mit der Darstellung der Kreuzigung. Freilich, es sei bei sol-chen landschaftlichen Formbestimmungen nicht ganz vergessen, daß auch der in Weilheim schaffende Allgäuer Franz Xaver Schmädl aus Oberstdorf im Hintergrund dieser Altarbaukunst stehen dürfte. Vom ehemaligen Kloster hat sich noch ein Rokoko-refektorium erhalten.

Eigentlich wollten wir jetzt direkt nach Kißlegg. Aber eine Um-leitung, die diesmal als freundlich empfunden wurde, schickte uns durch den Ort *Neutrauchburg*. So haben die Straßenbauer in diesem Falle die Fachleute des Fremdenverkehrs und die Initia-toren der Barockstraße ohne Absicht korrigiert. Für uns und vielleicht auch für manchen Leser ein rundum erfreulicher Ab-stecher, dieses Neutrauchburg. Wer Kuraufenthalt, Wald- und Landluft ›nach Gutsherrenart‹ liebt, der sollte es sich vormerken. Die kleine Landdomäne hat wirklich Beträchtliches in Neubau-ten investiert und darf sich heute mit Recht Kurort nennen. Zu dieser parkartigen Umgebung paßt das Barockschloß der Für-sten Waldburg-Zeil, auch wenn es nicht auf Besichtigung einge-stellt ist. Dafür aber hat man ein Schloßrestaurant in die land-klassizistische Reithalle hineingebaut, und für Spaziergänge in der waldreichen Umgebung ist ohnehin schon von der Natur gesorgt.

Abseits unserer Route, jedoch von Wangen, von Kißlegg und Wolfegg aus zu erreichen, ist die *Stammburg der Truchsessen zu Waldburg*. Auf der Straße nach Ravensburg gelegen, die durch einen der schönsten Landschaftsabschnitte Oberschwabens führt, schenkt sie uns von dem 770 Meter hoch gelegenen Bergkegel (einer der höchsten Erhebungen nach dem Bussen) einen herrlichen Fernblick. Die ursprünglich erhaltene Burg des späten Mittelalters (ursprünglich aber zugleich die Siedlung zu ihren Füßen!) erhielt erst im 16. Jahrhundert ihr endgültiges Gepräge (Rittersaal, vertäfelte Gemächer und altes Mobiliar). Sie vermittelt große geschichtliche Erinnerungen – die Reichsinsignien wurden hier von 1220 bis 1224, von Weißenauer Mönchen bewacht, aufbewahrt. Schon 1147 ist dieses Stammschloß erwähnt. Das bedeutende Truchsessenamt der Herren von Waldburg vererbte sich 1240 auf die staufischen Ministerialen von Tanne, die auch den Besitz übernahmen und den Namen Waldburg weiterführten und somit aus einer Schlüsselstellung der alten Reichsministerialität zu bedeutendem Einfluß und großem Besitz gelangten. Die zahlreichen Linien dieser heute noch bestehenden oberschwäbischen Hochadelsfamilie der Truchsessen, der späteren Fürsten von Waldburg, vereinigten das Gebiet um Waldburg, Waldsee, Kißlegg, Wolfegg, Wurzach zu einer Art ›Waldburgischem Territorium‹, dessen regierende Familien-Mitglieder in ihren verschiedenen Residenzen vor allem durch ihre Baulust – darin unter sich selber rivalisierend – einen großen Beitrag zum oberschwäbischen Barock geleistet haben. Das ursprünglich erbliche Truchsessenamt, eines der vier Erzämter des deutschen Königtums (die drei anderen: Erzkanzler, Erzkämmerer, Erzschenk), war im Laufe der Zeit von einem Amt zu einer symbolischen und repräsentativen Würde geworden, die es nach außen hin durch prächtige Bauten und durch den entsprechenden Lebensstil zu dokumentieren galt. Ursprünglich war der Truchseß nichts anderes als der Leiter des kaiserlichen Troßes. Dies sozusagen als Vorerinnerung, da wir in das ehemalige ›Territorium‹ der Waldburg kommen.

Daß *Kißlegg* eine kleine Fundgrube für das Allgäuer Rokoko ist, haben wir in den Büchern gelesen. Und wir wurden auch nicht enttäuscht. Zuerst also in die *Pfarrkirche Sankt Gallus und Ulrich*, die schön plaziert ist, von einem Turm mit geschweifter Haube barockes Gepräge erhält. Auch der Chor läßt den Neubau des 18. Jahrhunderts sogleich erkennen. Das Langhaus indes ist mittelalterlicher Bestand, der 1734-1738 durch Johann Georg Fischer beherzt umgestaltet wurde, ohne den basilikalen Charakter der Kirche zu verändern. Unterstützt haben ihn dabei der Freskomaler Franz Anton Erler aus Ottobeuren und sein Gehilfe Gambs, die das tonnengewölbte Mittelschiff, die Seitenschiffe und den Chor mit illusionistischer Architekturmalerei und umfassendem Programm erweitert haben. Der Triumph der Kirche ist im Langhaus dargestellt, in der Chorkuppel das Abendmahl und die Vier Kardinaltugenden, alles in tüchtiger, faustfertiger und flotter Rokokofreskomalerei. Die Stukkaturen dürften doch wohl Johann Georg Fischer gehören? Aber nein, der Wessobrunner Johann Schütz hat sie 1738 samt den Stuckmarmoraltären in den ausbuchtenden Seitenkapellen geschaffen. Die Kirche besitzt auch noch schöne Grabdenkmäler aus verschiedenen Epochen, von denen die letzten in den Seitenschiffskapellen Schütz'sche Arbeiten sind. Die dekorative Kanzel gehört allerdings der Werkstatt des Johann Wilhelm Hegenauer in Türkheim zu, wie auch das Chorbogenkreuz. Eigenhändige Arbeit Hegenauers sind die Statuen Sankt Petrus und Magdalena in den Chornischen wie auch die Rokokogruppe der Taufe Christi (heute in der Sakristei). Der Hochaltar erscheint auf den ersten Blick recht wirkungsvoll, jedoch ist er nicht ganz original. Erst 1936 hat man ihn neugestaltet und dabei das ursprüngliche Altarblatt von Thaddäus Sichelbein aus Memmingen wiederbenützt. Seine Statuen Sankt Gallus und Ulrich sind nach Kasper von Ignaz Hildebrand. Zwei lebensgroße Anbetungsengel am Tabernakel müssen aber doch wohl Kopien nach Raffael Donner sein? An einem Chorpfeiler fanden wir schließlich noch ein ma-

nieristisches Meisterwerk, eine lebensgroße Muttergottes, geschnitzt von Martin und Michael Zürn aus Waldsee (1623). Die
Kißlegger Kirche hat überdies noch einen reichen Schatz an
Paramenten, silbergetriebenen Büsten und kirchlichem Gerät
aufzuweisen, so daß es tunlich ist, sich beim Pfarrer für die Besichtigung anzumelden. Vorher werfe man noch einen Blick auf
den alten vierteiligen Orgelprospekt, der räumlich gestaffelt ist.
Die Disposition und der Spieltisch freilich nicht mehr original.
Wer die alte Westorgel geschaffen hat, war nicht in Erfahrung zu
bringen, auch nicht bei Kasper.

Ein kleiner Spaziergang über die Achbrücke zum *Schloß der
Grafen Waldburg-Wolfegg* schenkte uns das Bild einer burgartig
gewachsenen Anlage mit hohem Staffelgiebel, Erker und Trep-
penturm, erbaut im dritten Viertel des 16. Jahrhunderts. Dann
zurück – es ist Essenszeit, und der Gasthof ›Zum goldenen Adler‹,
ein Fachwerkbau mit schönem schmiedeeisernem Schild, kommt
uns gerade recht. Gutbürgerlich ist dort die Speisekarte, gutbürgerlich auch das Publikum, darunter nicht wenige junge
Leute. Und wenn die Bedienung nicht gleich durchkommt, bedient uns die Wirtin persönlich.

Direkt in die Straße schiebt sich die mächtige Flanke des
Barockschloßes von Kißlegg. Und parken kann man hier auch: gegenüber auf einem kleinen Platz, vor den Fenstern der Polizei.
Das Schloß mit seinem langgestreckten Ostwesttrakt empfängt
uns für eine hochadelige Residenz ein wenig unoffiziös. Eine
Schule hat sich in den Räumen eingerichtet und man hört das
auch. Eine Schloßschule also! Zwei Risalite bilden einen kurzen
Ehrenhof. Verwitterte Sandsteinstatuen – Jason und Herakles –
empfangen uns. Und vom ersten Blick in das Innere mit seinen
hellen Wandelgängen und dem blanken Kehlheimer Plattenbe-
lag sind wir von dieser Schule angetan. Die Leitung hat Sinn für
das Historische bewiesen, als sie das Schloß erwarb. Das ist noch
gar nicht lange her. 1961 hat Fürst Georg von Waldburg das für
ihn schwer bewohnbare Schloß an die Gemeinde verkauft. Mehr
als zweihundertfünfzig Jahre zuvor ist es von einem seiner Vorfahren gebaut worden. Dieser hieß Johann Ernst von Waldburg

zu Trauchburg. Sein Baumeister hieß Johann Georg Fischer aus Füssen. Bauzeit 1721-1727. Ein Rokokoschloß also, von allgäuisch-italienischem Einschlag; solide, großräumig, ja repräsentativ, aber nicht eben nach modernstem französischem Goût: den kannte oder mochte nämlich Fischer nicht. Und der gräfliche Bauherr ließ ihn nach seinem Geschmack schalten und walten; seit 1704 schon – nach dem Brand des alten Schloßes – mag man sich mit Baukonzepten herumgeschlagen haben. Es kam nichts zustande. Und so war man endlich froh, den Schloßbau in den zwanziger Jahren realisieren zu können.

Die Proportionen der Gänge, des Treppenhauses wirken schlank. Man könnte natürlich auch steif sagen, wenn man an die wählerisch und gelassen lagernden Rokokoschlösser eines Cuvilliés denkt. Aber in dieser Gegend, die dem Bergallgäu naheliegt, baut man eben anders: landschaftsgebunden.

Der Bau muß dem Grafen preiswert erschienen sein, denn er konnte für die Innenausstattung noch einmal etwas dazulegen. Es kam den Holztüren, den Kaminumrahmungen, den Stukkaturen und Fresken zugute, daß man hier nicht sparte. Am großartigsten aber ist uns der Mäzenas-Graf im Schloßtreppenhaus bezeugt: durch die Sibyllenstatuen des Joseph Anton Feuchtmayer. Die schachtartige Treppenhaushalle wirkt fast überladen. Unter dem Fresko des Phaetonsturzes von Gabriel Roth waren hier acht Figuren in Nischen unterzubringen. Ein Feuchtmayer – noch am Anfang seiner Laufbahn – schaffte das spielend. 1726-1727 entstanden diese überschlanken Frauenfiguren in einem Zug, eine nach der anderen: die Persica, die Libica, die Delphica, die Erytrea, die Tiburtina, die Phrigia, die Cumana und schließlich die Samia. Michelangelo hatte sich da als Freskomaler noch mehr Zeit genommen als ein Feuchtmayer mit seinen Stuckfiguren. Virtous sind sie alle, wenngleich die Bewegungsaktion von Figur zu Figur nicht eben vielfältig variiert ist. Überschlank sind sie auch noch unter ihren künstlich gebauschten und geknitterten Gewandmassen, aus denen sich die Körper förmlich herausringen. Für Feuchtmayers Figurenprinzip sehr bezeichnend ist die voll ausgeprägte Haltung des Oberkörpers, das Ausweichen im Kontrapost. Am besten gelingen ihm nicht die Jungen und Schönen, sondern die ganz Alten und Häßlichen. Auf der großartigen Sibyllentreppe hinaufsteigend wird uns auf einmal deutlich, wie viel dieser Stuckplastiker mit dem Freskomaler Franz Anton Maulpertsch gemein hat, der damals, als diese Figuren entstanden sind, noch ein Kind war. Diese Figuren jedenfalls dürfte der junge Maulpertsch gesehen haben, und sie müssen ihn sehr beeindruckt haben in ihrer genialischen Manier, die vor der Übertreibung zum Karikaturhaften nicht zurückschreckt, und in der Lässigkeit ihrer Körperhaltung, die vielleicht am schönsten bei den Händen zum Ausdruck kommt.

Das Schloß hat noch ansehnliche Prunkräume. Im ersten Stock das sogenannte Cäsarzimmer, benannt nach dem Hauptfresko ›Gastmahl bei Julius Cäsar‹. Hier schließen sich stuckierte und freskierte Nobelzimmer an. Das heutige Lehrerzimmer im zweiten Stock schmückt Athene, die Göttin der Kunst und Tochter des Zeus. Im Lehrmittelzimmer verbirgt sich Danae, die von Zeus Begehrte. Aurora und Ceres, ursprünglich zwei Deckenfresken, sind heute in den Räumen der Mittelschule durch Herausbrechen der Trennwände vereinigt. Auch die folgenden Jagdzimmer bilden heute einen Schulraum. Reizvoll ist es, den ehemaligen Schlafraum (Zimmer 27) mit einem Fresko ›Leda mit dem Schwan‹ und Schäferszenen zu erblicken. Aber der Höhepunkt ist der zwei Geschoße durchmessende Fest- und Bankettsaal, ausgestattet mit fülligem Stuckwerk, Kaminen mit Stuckmarmorrahmung. Im Fresko triumphiert die Göttin des Sieges über den Gott der Zeit. Die Erdteile sind zum Ruhm des gräflichen Hauses aufgerufen. Es ist die Apotheose des Hauses Waldburg, gemalt von Gabriel Roth. Wer nicht die Zeit hat, diese Räume zu besichtigen, oder nicht die Gelegenheit findet, der sollte doch wenigstens noch einen Blick in die Schloßkapelle der Waldburg werfen. Sie ist ein Unikum, denn sie durchmißt zwei Geschoße und ist vom Gang her wie ein Oratorium einzusehen. Beginnen wir mit dem Antependium aus Scagliola, einer Technik, die Johann Georg Fischer wie Dominikus Zimmermann beherrschte. Zwei Heiligenfiguren und die Aufsatzgruppe gehören in die

Richtung Feuchtmayers, während der Johann Nepomuk von Johann Ruez aus Wurzach stammt. Gabriel Roth, der Waldburgische Freskenmaler, hat auch hier das Deckenfresko geschaffen (1727). In einer Flachkuppel sehen wir vom Obergeschoß sehr nah und direkt die Verherrlichung des Lehramtes, des kirchlichen natürlich, weil Roth ja nicht wissen konnte, daß die Fürstlich-Waldburgsche Schloßkapelle einmal Schulkapelle werden würde.

Beim Verlassen des noblen Schulhauses wirft man noch einen Blick auf den ehemaligen Schloßgarten. Er ist noch als solcher benützt und dient der Jugend als Spielplatz, den Kißlegger Gästen als Kurpark mit Minigolf- und Bocciaanlage. Als wir kamen, war er allerdings ziemlich verwaist. Denn es regnete gerade, und die Kurgäste waren schon fort. Die Ortspolizei hat unseren Wagen dafür vom Fenster aus bewacht und beiläufig festgestellt, daß er nicht abgesperrt war. Wir waren ja zu Gast bei der hohen residierenden Schulbehörde im Schloß von Kißlegg.

Wolfegg empfängt uns bäuerlich mit Fachwerkhäusern, dann wirds auf einmal wieder fürstlich. Ein geräumiger Viereckplatz mit Lindenbäumen, gesäumt von den Beamtenhäusern, zum Schloß hin ein kleiner Musentempel mit klassischen Säulen und einer Lyra auf dem Portal. Der Weg zum Schloß ist nicht weit und steigt bergan, vorbei an der alten Fürstlichen Schloßapotheke. Die *Schloßkirche* schiebt sich ins Blickfeld mit ihrem vorgewölbten Hausteinchor, daran Epitaphien verwittern, mit ihren beiden Türmen, von denen einer kleiner, der andere größer ist. Ein freundliches Bild. Wir treten ein. Es ist wahrlich ein funkelndes Rokokokleinod in Weiß und Grün, Rosa und Gold. Drei Joche nur, die Ecken abgerundet, Wandpfeiler mit seitlichen Durchgängen, dünne Pilastergliederung, Zartheit des räumlichen Empfindens, eine Zartheit, die vor allem von den Ornamenten der Fenster unterstrichen wird: oben sind es Segmentbogenfenster, darunter Ovale. Eine zweistöckige Herrschaftsempore schließt den Raum nach Westen. Im Osten schließt sich der Vorchor an, der querschiffartige Kapellen bildet und wieder

Oratorien trägt. Der Altarraum halbkreisförmig abgeschlossen. Ein Grundriß von wohltuender Klarheit, ein leichter geschmeidiger Aufriß. Das ist das Werk des Architekten Johann Georg Fischer aus Füssen, eines Herkomer-Schülers, dem das Allgäu viele schöne Kirchenräume verdankt. 1733 wurde begonnen, 1736 der Rohbau fertiggestellt, 1742 die Kirche konsekriert.

Jetzt ein Blick zur Decke! Geschmeidiger Frührokokostuck umspielt ein großes Fresko, auf dem ein Zweikampf zu sehen ist und aufgeregtes Gewoge von Engeln und Heiligen: der Zweikampf des Grafen Johannes mit dem Cavaliere Antonio Maria d'Aragona. Wie große antike Tragöden ringen die beiden miteinander. Rückwärts findet ein Roßduell statt, ja ein förmliches Roßballett mit Pauken und Trompeten. Franz Joseph Spiegler ist der Maler dieses temperamentvollen Bildes. Die Farben wirken rostig, ein intensives Blau und ein giftiges Grün lassen eine vergröbernde Hand erkennen, Spuren einer mißglückten Restaurierung des 19. Jahrhunderts. Feiner sind die Szenen in der Gewölbevolute, Szenen aus der Geschichte der Kirchenpatronin Sankt Katharina, die auch im Deckenbild dargestellt ist. Vollends eine Täuschung bei den ›Grisaillen‹, die in Reliefs übergehen, neben und über der Wappenkartusche.

Der Hochaltar, der noch in Teilen auf einen Altar von 1736 zurückgeht, hat ein meisterhaft gemaltes Bild, signiert und datiert AO 1660 CD CRAYER FECIT. Es ist der Rubensschüler Caspar de Crayer, der Mariae Krönung so farbenprächtig in einer förmlichen Figurenspirale dargestellt hat. Die Altarstatuen der Apostelfürsten hat ein Petrus Hohl geschaffen. Schöne Epitaphien runden das festliche Bild dieses Chores ab. Petrus Hohl schnitzte auch die Figuren der Nebenaltäre. Sie haben Altarbilder von Franz Georg Hermann (1737) und Caspar de Crayer (Anna-Altar, 1660). Die Kanzel indes ist ein Werk der Hegenauer-Werkstatt, ein schwungvolles Werk, das von einer großen Paulusfigur bekrönt wird. Demselben Werkkreis gehört die Kreuzgruppe an der Wand an, beide um 1748-1749. Das Chorgestühl erinnert daran, daß wir hier die Kirche eines Kollegiatsstiftes vor uns haben, eines Stiftes, das immerhin von 1519 bis 1806 bestand.

Das Fürstlich-Waldburg-Wolfeggsche *Schloß* ist nur mit einer Führung zu bestimmten Zeiten zu besichtigen. Sagen wir aber wenigstens das wichtigste: daß es eine stattliche Vierflügelanlage darstellt, mit vorgesetzten gleichhohen Eckpavillons, sieht man gleich. Nach dem Brand von 1578 wurde es von Truchseß Jakob von Waldburg in dieser regelmäßigen Form errichtet, 1646 brannte es schon wieder aus und wurde nun unter Weglassung der Laubengänge an den Breitseiten 1649-1653 unter Max Willibald Graf von Waldburg, dem Reichserbtruchseß, neugestaltet. Aber noch lebt eine manieristische Seele in diesem Bauwerk und seinen teilweise übernommenen Portalen. Von der Führung wird als räumlicher Höhepunkt ein großer Rittersaal versprochen mit vierundzwanzig überlebensgroßen Ahnenfiguren von Crinner und Hegenauer, ein Bildersaal mit flämischen Wandteppichen, altdeutsche Plastik und Malerei, Waffen und kunstvolle Schränke, die gräflichen Wohnräume des 18. Jahrhunderts mit Deckengemälden und Stuckdecken, ein Roter Salon und ein Blumenzimmer. Das wertvollste Kunstwerk, das bekannte ›Hausbuch‹ mit seinen herrlichen Zeichnungen des Hausbuchmeisters von 1480, kann allerdings nur fachlich Interessierten nach gebührender Anmeldung gezeigt werden. Es ist das Hauptstück der von Graf Max Willibald begründeten Graphischen Sammlung des Hauses.

Wir haben dann zum Abschluß unseres Besuchs in Wolfegg noch einmal in die Kirche geblickt, denn man vergaß wieder einmal die Orgel. Und wirklich, ein feines Werk mit Rokokoprospekt, geschaffen von Jakob Hör aus Ochsenhausen. Ein Fachmann müßte prüfen, ob dieser Hör nicht auch die schöne Rokokoorgel von Kißlegg geschaffen hat.

Bei diesem Besuch ging es recht lebhaft zu, denn die Mesnerin oder eine Kirchenreinigerin schimpfte lautstark auf ihren Buben. Der hielt sich vor der Kirchentür auf. Der Mann kam hinzu und so stritt man dreistimmig. In Allgäuer Mundart. Soviel konnte man wenigstens verstehen, daß es um das liebe Geld ging.

Die ›Leutkircher Heide‹ nennt sich seit alters her das ebene Land südlich und westlich von Leutkirch, wo die alten Dörfer Gebrazhofen, Herlazhofen und Wuchzenhofen liegen. Auch Reichenhofen, wo der große Ulmer Bildhauer und Maler Hans Multscher geboren ist, gehört zu diesen Gemeinden. Die Streusiedlung mit Weilern und Huben herrscht gegenüber der Dorfsiedlung vor, und es sind oft recht stattliche Bauernhöfe, die hier das Wohnhaus und die Scheuer unter einem einzigen mächtigen Dach bergen. Dazwischen immer wieder das typische Allgäuer Bauernhaus, ein Riegelbau mit steinbeschwertem Holz- oder Legschindeldach, gelegentlich verputzt oder mit Schindeln benagelt.

Als Angehöriger der ›Freien Leut auf der Leutkircher Heide‹ wurde Hans Multscher um 1400 auf der Waiblhub zu Reichenhofen geboren. Diese ›Freien Leut‹ werden urkundlich 1330 erstmals erwähnt und entweder sind sie freie Bauern der Landnahmezeit oder Siedlungs- und Rodungsfreie der Hohenstaufenzeit gewesen. Sie hatten tatsächlich die drei großen Freiheiten inne: nämlich die politische Freiheit vom Landesherrn, die persönliche Freiheit von Leibeigenschaft, und die sachliche Freiheit vom Grundherrn. Reichsunmittelbare Bauern könnte man sie also nennen, und das will für mittelalterliche Verhältnisse, Jahrhunderte vor der Bauernbefreiung, immerhin etwas heißen. Die Reichenhofener Waiblhub war allerdings Eigentum des Getigens, das heißt der Gemeinde der Freien Leut. In einer Urkunde Kaiser Ludwigs des Bayern von 1337 wird bestätigt:

... daß die freyen Leuth auf Leutkircher Hayd, sie seyen Frauen oder Mann, Pfaffen oder Layen, das Recht von Alters herbracht habent, wo sie hinfahrend, es seye in dess Reichs Stätte oder ander Stätte, dess in ir Gut dennoch dienen soll, sie soll auch nach ir Tod niemand vallen noch erben, denn ir recht erben, und soll sy niemand pfänden noch nöthen, noch für keinen Herrn geen, dem itzo versetzt sein, auch für sy fürbass versetzt werdent.

Die freien Leut und Angehörigen des Getigens hatten also die freie Wahl ihres Wohnsitzes, sie konnten sich in Reichsstädten und landesherrlichen Städten niederlassen. Dieser Umstand wurde, wie Alfred Schädler feststellte, gerade für Multscher wichtig. Er kam nicht als freigelassener Untertan, sondern als ein von Geburt freier und gleichberechtigter Mann nach Ulm. Der sichtbare Stolz, der sich in dem Namenszusatz ›von Richenhoven‹ kundtut, ist wohl in dieser Herkunft begründet. Manfred Tripps hat außerdem nachgewiesen, daß aus dem Umstand, daß auf der Waiblhub der Getigen die Hohe Gerichtsbarkeit ausübte, ursprünglich ein Königshof auf der Leutkircher Heide vermutet werden muß. Die Freien Leute wären demnach Sonderfreie gewesen, das heißt ihre Freiheit müßte sich auf die von einem König verliehenen Rechte nach der Landnahme zurückleiten und älter sein als die Reichsunmittelbarkeit der Reichsstädte. Das Getigen wäre sogar berechtigt gewesen, an den Reichstagen teilzunehmen. Und der Sonderfreie mußte von allen Städten sogleich als Vollbürger aufgenommen werden. Das ist bei Multscher in Ulm tatsächlich der Fall: am Samstag den 31. Mai 1427 wurde er kostenlos und ohne einen Bürgen als Ulmer Vollbürger aufgenommen. Er brauchte außerdem zeitlebens keine Steuern zu zahlen. Dies alles dank seines Rechtstitels eines Sonderfreien. Er erfüllte freilich ohnehin die wichtigsten Bedingungen für eine Einbürgerung, wie Heirat mit einer Ulmer Meisterstochter oder Meisterswitwe und überdurchschnittliche handwerklich-künstlerische und merkantile Fähigkeiten, von denen sich die Stadt Gewinn versprach.

Warum wir auf diese Freien Leut soviel Bedacht legen? Es ist ein seltener Fall der süddeutschen Gesellschaftsgeschichte, der uns an die schweizerisch-eidgenössischen Freiheiten erinnert, obwohl diese von anderer Art sind, und der sich, wieder auf andere Art, noch in der großen Bauernbewegung der Allgäuer mit ihrem selbstbewußten Freiheits- und Rechtsdenken spiegelt. Man sollte es bedenken, wenn man auf Leutkirch, das Zentrum der Freien Leut, zufährt.

Beim Anblick von Schloß Zeil, das drohend wie eine Festung droben liegt und das umliegende Land beherrscht, wird ein Thema noch einmal angerührt, das uns schon vor Leutkirch be-

schäftigt hat: Bauernfreiheit und Bauernkrieg, Bauer und Grundherr.

Für das alte Recht waren die Bauern hier im Allgäu wie in
Franken aufgestanden. Die Zeiten der formulierten und unfor-
mulierten Freiheiten, die das Mittelalter gewährt hatte, waren
längst vorbei. Man sah sich eingeengt, durch Forstrecht und
Wassernutzung, Steuer und Fronarbeit in die neue absolutisti-
sche Ordnung hineingezwängt. Vergebens suchte man durch
alte Weistümer und Dorfordnungen die Landsgemeinde und die
Herrschaft in ihren Rechten festzulegen. Man erreichte nichts.
Und die Gegensätze wurden immer schärfer.

Im Januar 1525 zerschlagen sich die Verhandlungen zwischen
dem Kemptner Fürstabt und den Stiftsbauern. Es kommt zu
ersten Zusammenrottungen. Am 7. März schließen sich die verschiedenen Haufen in Memmingen zur ›christlichen Vereinigung‹ zusammen. Man verfaßt als erstes Manifest der Revolution
die ›Zwölf Artikel‹, die wie ein Flugwind sich im Druck verbreiten. Es ist das ganze Oberschwaben zwischen Donau und Bodensee und das Allgäu, die hinter dieser Vereinigung stehen.

Ist bisher der Brauch gewesen, daß man uns für leibeigene gehalten hat,
welches zum Erbarmen ist, weil Christus alle mit seinem kostbaren Blut-
vergießen erlöset hat, den Hirten gleich wie den Höchsten, keinen ausge-
nommen. Darum ergibt sich aus der Heiligen Schrift, daß wir frei sind.
Und daher wollen wir es auch sein.

Immer noch will man verhandeln, aber die Fürsten, die adeligen Herren und die Stände verschließen sich hartnäckig den For-
derungen der Bauern. Ihre Antwort ist der ›Schwäbische Bund‹,
ist der Kanzler Leonhart von Eck, ist der Georg Truchseß von
Waldburg, Herr auf Waldsee. Die Bauern morden zwar nicht,
aber sie sengen und brennen, Adelssitze und Klöster fallen diesem entfesselten Sozialsturm zum Opfer. Im Frühjahr 1525 hatte
der Truchseß 1500 Reiter und 8000 Landsknechte beisammen.
Ein streng organisiertes, straff geführtes Heer, in dem auch
Italiener dienen. Ihnen gegenüber ein Haufen ohne rechte Be-
waffnung und ohne rechte Führung, selbst wenn man den einen
oder anderen verarmten Gutsherrn und überzeugten Protestan-

ten und so manchen Ritter und Heißsporn auf ihrer Seite findet. Am 14. April 1525 schlägt der Truchseß von Waldburg den oberschwäbischen Haufen bei Leipheim. Am 14. April darauf wirft er die Allgäuer bei Wurzach. Am 17. April schließt er mit dem gewaltigen ›Seehaufen‹ den berühmten ›Weingartner Vertrag‹, der den Bauernkrieg im südlichen Oberschwaben beendet. Am 12. Mai siegt er über den schwäbischen Haufen bei Böblingen. Und dann ist der ›Bauernjörg‹, wie man ihn gallig nennt, schon auf dem Weg nach Mainfranken, um die fränkische Flamme auszutreten. Was zurückblieb aus diesem heißen Frühling war Enttäuschung und große Verbitterung. Und das allmähliche, wenn auch widerstrebende Sichfügen in die Verhältnisse der herrschenden Macht.

Vielleicht, daß jetzt der Grundherr, der Stiftsprälat, die Grafen und Fürsten den Bauern mit etwas mehr Vorsicht behandelten. Doch wurden im ganzen der Zugriff und die Unterdrückungen noch härter. Dem Thema Bauernnot und Bauernkrieg steht jedenfalls im Barock das Thema Bauer und Grundherr gegenüber. Ein unerschöpfliches Thema gewiß, aber der große Zusammenstoß wurde aus den Erfahrungen des Bauernkriegs künftig gemieden.

Man weiß ja, daß im 18. und 17. Jahrhundert nur ganz wenige Bauern über freien Besitz und Eigentum verfügen konnten. Die meisten Höfe haben einen Grundherrn gehabt, einen weltlichen oder geistlichen. Der Hof war den Bauern zur Pacht übergeben. Vom Erbrecht bis zum Freistift gab es beträchtliche Unterschiede, im letzteren Fall konnte der Bauer praktisch in jedem Jahr abgemeiert beziehungsweise vom Hof vertrieben werden. Aber das kam nur noch selten vor. Im allgemeinen haben die Grundherren darauf gesehen, daß auf den Höfen die Familienkontinuität gewahrt blieb und auch die alte herkömmliche Ordnung. Sie waren darin Polizeimeister, Amtsrichter, Bankier und Großkaufmann in einem. Es gab einen Risikoausgleich, wenn den Bauern ein Unglück traf, gab Steuernachlässe, Bauholz- und Saatguthilfe. Als Gegenleistungen wurden freilich auch Dienste für die Herrschaft, das Handscharwerk oder ein nach der herrschaftlichen Willkür paktiertes Geld verlangt. Diese Handscharwerke haben vor allem den bäuerlichen Unwillen erregt. Sah man sich doch verpflichtet, neben der eigenen Feldarbeit, zu jeder Zeit auf das Schloß gerufen zu werden zur Bestellung der herrschaftlichen Landwirtschaft. Oft blieb die eigene Ernte auf den Feldern liegen, weil der Schloßherr rief. So kam es letzten Endes auch auf den Charakter und die Persönlichkeit des Hofmarksherrn und seiner zahlreichen Beamten, der Verwalter, Richter und Kastner an, wie man als Hofmarkbauer lebte. Bis zum Jahr 1848 währt diese grundherrschaftliche Ordnung und das personengebundene Herrschaftsverhältnis, bis die Bauernbefreiung die neue moderne Ordnungsidee des persönlichen Eigentums und der persönlichen Freiheit brachte.

In *Leutkirch* selbst war einst die Haupt- und Mutterkirche des Nibelgaues. Sein Stadtname rührt von der Leutkirche zu Sankt Martin her. 848 wird es zum erstenmal in einer Sankt Gallener

Leutkirch

Urkunde erwähnt. Gegründet wurde der Marktort, der an der Römerstraße von Lindau über Wangen liegt, zwischen den Weilern Oberhofen und Mittelhofen, von den Grafen von Montfort-Bregenz. Um 1240 ging er durch Kauf an Kaiser Friedrich II. über und wird Burgum genannt, was bedeutet, daß er befestigt und bereits Stadt im Rechtssinn war. 1293 erhielt die Stadt von König

Rudolf von Habsburg dieselben Rechte und Freiheiten wie die Reichsstadt Lindau. Richard Schmidt schreibt:

Leutkirch war keine bedeutende Reichsstadt und hat den Umfang, der durch ihre Stadtmauer in der ersten Hälfte des 14. Jahrhunderts bestimmt war, später nicht überschritten. Ihre Entstehung durch Einbeziehung der durch Bauern bewohnten Weiler und weiterer Zuzug aus der nahen Umgebung brachte einen stark bäuerlichen Einschlag der Bevölkerung mit sich, so daß es nach Einführung der Zunftverfassung sogar eine Bauernzunft gab, zu der auch die Bauern von Mittelhofen zählten, die zwar Bürger von Leutkirch waren, aber hinsichtlich ihres Grundbesitzes eine Sondergemeinschaft innerhalb der Bürgergemeinde bildeten.

In solchen Verhältnissen wird man natürlich keine monumentalen Architektureindrücke erwarten dürfen, insbesondere aus den Zeiten des Barock. Immerhin hat Leutkirch ein Rokoko-*Rathaus* von 1740; sicher proportioniert steht es am Platz und will mit seinen schönen Lauben im Erdgeschoß entfernt an die Innstädte erinnern. Auch ein schmiedeeiserner Balkon ist da an der Seite zu sehen, und die Hauptfassade ist mit Pilastern, die Fenster sind mit Stukkaturen von Johann Schütz dekoriert. (Auch im Sitzungssaal erfreut noch eine barocke Stuckdecke.) Dabei steht der hohe Bockturm. Auf der Höhe, etwas abgerückt dann die *Pfarrkirche Sankt Martin*, ein Hallenbau mit schönen Stern- und Netzgewölben, Rundpfeilern, die ohne Kapitäle ins Gewölbe übergehen. 1519 wurde die Kirche geweiht. Hinter ihr die Anlage des aufgelassenen Franziskanerinnenklosters. Die evangelische Kirche, ursprünglich ein dreischiffiger Bau von 1613 bis 1615, ohne Chor, aber mit stattlichem Turm, wurde im 19. Jahrhundert neugotisch ausgestattet. Und wenn von Alt-Leutkirch die Rede ist, so sollte man nicht nur durch die evangelische Pfarrgasse schlendern, sondern die sogenannte Sankt Annapflege besuchen. Hier haben wir ein ehemaliges Patrizierschlößchen vor uns, um 1636 gebaut, und dabei ein reizvolles Gartenhaus, das von Alt-Leutkirch erzählen könnte. Im heute so malerischen Pulverturm aber hatten die Uralt-Leutkircher ihr Pulver verwahrt.

Schloß Zeil, eines der großen Schlösser in einer Reihe mit Waldburg, Wolfegg, Kißlegg, Waldsee und Neutrauchburg zu nennen, liegt abseits. Es lohnt sich jedoch ein Abstecher, um den
nachhaltigen Eindruck der Residenz der Truchsessen von Waldburg zu gewinnen. Der hoch auf einem Berg gelegene Vierflügelbau wurde um 1600 von dem Truchseß Froben aufgeführt. Sein
lagerhafter Charakter ist noch von dem Monumentalitätsgefühl
der Renaissance bestimmt. Friedrich Springorum schreibt:

*Alles ist groß hier oben, der Klotz des Hügels und der Klotz des Schlos-
ses mit dem gewaltigen Kenotaph des Erbauers im Durchgang; ihre Wucht
wird nur von der Gewalt der stürmisch hereinbrechenden Landschaft übertroffen. Der Blick geht vom Schloßgarten aus weit über die Leutkircher
Heide hin, über Moore, Seen und Wälder, über Moränen, die sich auf-
werfen und den Teppich für die im Föhnglanz nahgerückten Schneeriesen
der Tiroler, Allgäuer und Schweizer Alpen zu bilden scheinen. Im Schloß
sind die Kunstsammlungen der fürstlichen Familie untergebracht: Waffen,
erlesene Möbel, wertvolle Handschriften aus früher Zeit und seltene
Drucke. Die langen Korridore, die Prunkräume, Festsäle und die Bibliothek zeichnen sich durch Kunstwerke wie durch kostbare Stuckzier aus
ihren von der Renaissance bis zum Rokoko reichenden Entstehungszeiten
aus.*

Eine für das Rokokomilieu von Schloß Zeil bezeichnende
Reiseimpression finden wir bei Pater Konstantin Stampfer, der
das Schloß im Jahre 1784 besuchte (zit. nach H. Dussler OSB):

*... Um 11 Uhr kamen wir in dem reichsgräflichen Schloße an. Dieses
liegt auf einer ziemlich großen Anhöhe und hat von allen Seiten die herrlichsten Aussichten. Beim Schloße verbreitet sich eine weitschichtige
Ebene, wo viele Gärten und Häuser stehen. Se. Excellenz der Herr Reichs-
graf Franz Anton von Zeil empfingen uns mit einer Leutseligkeit, die nur
diesem Reichsgräflichen Hause eigen ist und gleichsam angeboren zu
sein scheint. Er hatte die hohe Gnade für uns, zeigt uns selbst die Zimmer
des Schloßes, die insgesamt mit vielen Seltenheiten ausgeziert sind.*

*In die schöne Bibliothek führte uns der Majoratsherr, Se. Excellenz
der Herr Graf Maximilian (Wunibald) von Zeil. Die Portraits der
Truchsessen, welche in einem langen Saale hängen, zeigte uns dessen
Sohn, der junge Herr Graf Franz, der auch auf Befehl des gnädigen*

Herrn Vaters die merkwürdigsten Taten dieser Ahnen auserklärte, welches dieser mit solcher Geschicklichkeit und Fertigkeit tat, daß wir diesen jungen (er wird erst acht bis neun Jahre alt sein) und hoffnungsvollen Kavalier nicht genug bewundern konnten.

Bei der Tafel war auch nebst dem angeführten und dem Grafen Ferdinand und Gräfin Josefa eine gewisse Gräfin von Fugger, die sich eben dort aufhielt. Der Herr Hofmeister, ein Weltpriester, und der Herr Hofkaplan, ein Franziskaner, saßen auch dabei. Der alte Herr Graf Franz trank mit seiner hohen Familie die Gesundheit unseres Gnädigen Herrn Prälaten und erinnerte sich dessen oft mit den gnädigsten Ausdrücken, denen ich, wie's meine Pflicht war, den untertänigsten Dank im Namen des gnädigen Herrn abstattete. Am Ende der Tafel und beim Kaffee erschienen auch der junge Graf Franz und seine kleine Schwester, die Gräfin Theresia, welche beide eine kurze Prüfung, meistens aus der evangelischen Geschichte, mit größter Geschicklichkeit machten. Nach der Tafel zeigte man uns noch einige Gebäude und Zimmer, bei welcher Gelegenheit ich das erfuhr, was mir am liebsten war, nämlich die ausgezeichnete Frömmigkeit dieser hochgräflichen Familie und die beste Ordnung, die von früh morgens bis auf den Abend pünktlich eingehalten wird.

Der alte Herr Graf erscheint selbst bei allen Andachten mit seiner Familie. Er betet täglich in der Hauskapelle den Rosenkranz, Litanei ... vor. Und weh demjenigen, der sich den geringsten Unfug beim Gottesdienst erlauben würde.

Um drei Uhr beurlaubten wir uns und fuhren den Berg herab. Der Gegenstand unserer Unterredung ist leicht zu erraten ... Tugend, Gelehrsamkeit, Herablassung dieser Reichsgräflichen und berühmten Familie war es, durch mehrere Stunden ganz allein. So wenig verliert der Adel von seiner Größe, wenn er sich herabläßt ... Im Gegenteil, mit welchem hämischen Blick sieht man zu ihm hinauf, wenn man an ihm nichts als Sterne und Ordenskreuze glänzen sieht. ...

Erst um halb sieben Abends kamen wir bei der Hauptstadt Memmingen an und auch da mußten wir eine halbe Stunde bei finsterer Nacht um die Stadt herumfahren, bis wir zum Einlaßtor kamen. Nach vielem Schreien und Pfeifen ließ sich endlich ein abgenutzter Torsteher mit einer großen Nachtwächterlaterne sehen, der uns das Tor öffnete und zum verlangten Wirtshaus zu der ›Krone‹ hinführte.

Der Barockreisende wird Schloß Zeil aber vor allem wegen eines seltenen Altarwerkes aufsuchen. Es steht in der *Schloß-kapelle*, die vormals Kirche eines hier bestehenden Kollegiatstifts gewesen ist. Der Schöpfer des Werkes ist Joseph Anton Feucht-mayer aus Mimmenhausen. Es handelt sich um ein Spätwerk aus den Jahren 1763-1764. Initiator scheint der Zeiler Stiftspropst Constantin Müller gewesen zu sein. Er legte den Riß vor und er-wirkte dessen Genehmigung bei den Herrschaften in Zeil und Wurzach.

Im Zeiler Schloßarchiv haben sich Eintragungen und Proto-kolle erhalten. So heißt es unter anderem in der Stiftsrechnung vom Jahr 1762-1763 : »Einem Stockentorgesell wegen genomme-nen Maas zum Hochaltar 45 Kr(euzer).«

Zeiler Stiftsrechnung 1763-1764 : »Diss Jahr hat man vor noth-wendig gefunden einen neuen Hochaltar herstellen zulassen, westwegen man auch solchen mit H(errn) Feichtmayer, Bild-hauer und Stockentor von Mim(m)enhausen, pr(o) 1350 f(lore-nos) accordiert ... Denen Stockentor bey Aufrichtung des Altars vor einen Trunck 45 Kr.«

1764-65 : »Vor heuer ist d(er) vorm Jahr angefangene Hoch-altar vollends hergestellt. Denen Bildhauer Gesellen bey über-brachten Statuen zum Hochaltar Discretion 2 f(lorenos) 45 Kr (euzer). Item einem Bildhauer verehrt 1 f(lorenos).« (Nach Ru-dolf Rauh.)

Auf Schloß Zeil findet sich auch noch ein Altarentwurf, der einen halben Aufriß und den Schnitt und Grundriß einer Säule zeigt. Er stellt wohl die Ausarbeitung einer Werkskizze Feucht-mayers dar und dürfte Franz Anton Dirr, den Zeichner Feucht-mayers, zum Urheber haben. Bemerkenswert ist, daß zunächst auf die vier die Säulen flankierenden Altarstatuen verzichtet wurde und an Stelle der Himmelfahrt Mariens eine Immakulatta-figur geplant war. Der Stuckmarmoraltar von Zeil ist die letzte der meisterlichen Altarschöpfungen Feuchtmayers, im wesent-lichen von seinem persönlichen Stil geprägt, wie der Vergleich mit dem gleichzeitig entstandenen Altar der Zisterzienserkirche Baindt (vergleiche Seite 99 f.) von Johann Georg Dirr beweist.

Von den Statuen Sankt Joseph, Anna, Elisabeth und Johann Nepomuk wird man der heiligen Anna den Preis der Eigenhändigkeit zuerkennen. Sie ist das ausdrucksmächtigste Werk aus
Feuchtmayers Spätzeit. Johann Nepomuk, der »mit den feinen
Händen eines Geigers« das Kreuz trägt, zeigt die Verinnerlichung
des Spätstils. Bei den übrigen Figuren dürfen wir annehmen, daß
sie von Mitarbeitern nach den Bozzetti des Meisters gearbeitet
sind. Schade, daß man sich nicht zu der geplanten Immakulata
als Hauptfigur entschließen konnte, sie wäre, wie Skizzen ähnlicher Art erkennen lassen, ein Werk von tiepoleskem Schwung
geworden, während die vorhandene himmelauffahrende Maria
eine gewisse Formelhaftigkeit der Haltung nicht verleugnen
kann.

BAD WURZACH UND ROT AN DER ROT

Die oberschwäbische Landstadt, der Ludwig der Bayer das
Marktrecht verliehen hatte und die seit 1333 politisch dem
Hause Waldburg zugehörte, erhielt im 18. Jahrhundert das Ge-
präge einer kleinen Residenz.

Feinstes Zeugnis dieser Rangerhöhung ist das *Neue Schloß*, das
heutige Salvatorianer-Kolleg. Man kann es eigentlich nicht übersehen, wenn man durch Wurzach fährt, obwohl es sich hinter
zwei putzigen Torhäusern versteckt und auch sonst den absolutistischen Drang in die Landschaft vermissen läßt. Hufeisenför-
mig umschließen die dreistöckigen Flügel einen kleinen Cour
d'honneur. Der Mittelbau ist durch ein überhöhtes Risalit ausgezeichnet, das in der Trauflinie der anstoßenden Flanken
schwungvoll gezeichnete Fensterverdachungen zeigt. Man darf
ohne weiteres durch das Hauptportal eintreten, um das Treppenhaus zu besichtigen.

Dieses erweist sich auf den ersten Blick als eine barocke Trouvaille. Man kann es kaum beschreiben, so verwirrend und kompliziert sind der räumliche Organismus, die Überschneidung der
Perspektive. Ich will es trotzdem versuchen: der Grundriß bildet
zweifellos ein Oval. In dieses Manteloval ist ein kleineres Oval,

ein ›Kernoval‹, einbeschrieben, das eine halbrunde Ausbuchtung (Apside) an der Vorderseite zeigt. Der dreipaßförmigen inneren und ovalen äußeren Wandung folgen die Treppenläufe von zwei Seiten und treffen sich auf einem mittleren Podest. Wir sind im ersten Stockwerk, blicken durch eine verschlossene Glastüre in einen heiter stuckierten Gang. Das genügt, um von diesem Podest einen Überblick zu haben!

Marmorierte Doppelsäulen und Balustergeländer stützen und begleiten die Treppenläufe. Klassizistische Urnen und Rokoko-Kandelaberputten, großfigurige Wandfresken berufen die Antike (Herkules als Sieger über den Acheloos und Nessus). Am schönsten aber ist der Blick zum Deckenfresko mit seiner Apotheose der antiken Götterwelt. Als Maler dieser Wurzacher Wand- und Deckenfreskos kommt wohl in erster Linie der Venezianer Jacobo Amigoni in Betracht, vielleicht (beim Deckenbild) unterstützt von Jakob Karl Stauder aus Konstanz. Im Zenith thront Jupiter, umgeben von Minerva, Venus, Hebe, Juno, Diana, Hermes, Neptun, Chronos, Vulkan, Apoll auf dem Sonnenwagen. Wir sehen den Sturz der Giganten, von gemalten Balustraden schauen Genien aus einem himmlischen Arkadien zu uns herab.

Erst wenn sich der Blick an den originellen Malereien gesättigt hat, bemerkt er die kräftige Farbgebung des Freskos, die mit den zarteren, weiß abgestimmten Tönungen der Architektur, den marmorierten Säulen und Pilastern, dem Grün eines stuckierten Vorhangs, dem Gold des Bandgesimses kontrastiert. Vom obersten Podest aus führen zwei schön gerahmte Türen, deren Aufsatzstukkatur lateinische Inschriften weist, in die anschließenden Gemächer. Darüber entdecken wir noch zwei Scheinfenster mit köstlicher Illusionsmalerei. Ein Mann und eine Frau im Zeitkostüm blicken da heraus. In der Nordwestecke des Mitteltraktes hing von 1780-1796 eine der größten und wohl auch wertvollsten Sammlungen altdeutscher Malerei, die sogenannte ›Truchsessen-Galerie‹, mit dem Wurzacher Altar von Hans Multscher von 1437 (heute, als ehemaliger Flügelaltar der Landsberger Pfarrkirche identifiziert, in den Staatlichen Gemäldesammlungen, Berlin), der Verkündigung Mariä (Flügel in der Stuttgarter Gemäldegalerie) von dem älteren Holbein, Werken Baldung Griens, aber auch von Barockmeistern wie Schönfeld, Elsheimer, Stauder, Tintoretto, Tischbein usw. 1796 wurde die seltene Sammlung nach Wien exportiert und auf der Flucht vor Napoleons Kunstkommissaren schließlich nach London, wo sie versteigert wurde. Ihr vorausschauender, aber ständig von finanziellen Nöten geplagter Sammler war der Graf Joseph Truchsess von Waldburg.

Der Bauherr des Schlosses hier ist einer seiner Vorfahren gewesen: der Graf Ernst Jakob von Waldburg-Zeil. 1723-1728 wurde nach Plänen von Johann Kaspar Bagnato gebaut. Er dürfte demnach auch Schöpfer des originellen Treppenhauses sein. Ein vorzüglicher Landschloßbaumeister, ein schwäbischer Palladio sozusagen, dieser Bagnato. Es haben sich auch im fürstlichen Archiv zu Zeil Pläne der späteren Bauherren und Architekten zur weiteren Ausgestaltung des Schlosses im Sinne eines absolutistischen Herrschersitzes erhalten. Darunter ist ein Plan, der Schloßpark und Stadt zu einer geschlossenen Anlage zusammenfaßt. Noch unter dem Grafen Eberhard Waldburg-Zeil hat ein Sebastian Rubelofsky einen Grundriß gefertigt, der die Schloßanlage durch Einfügung eines Korridors samt Entrée, Garderobe und Bediensteten-Zimmer komplettiert. Er trägt die Beschriftung: »Plan du Rez de chaussée du Château de Wourzach en Souabe.«

Der letzte Fürst überließ seine Residenz Salvatorianern und übersiedelte nach Kißlegg. Heute ist das Neue Schloß ein Gymnasium mit Internat.

Die Wurzacher *Stadtpfarrkiche Sankt Verena* liegt auf einem Hügel. Sie ist vollständig eingerüstet. Und der Palier steht auch grad davor, den Plan in der Hand. Wir erwarten Schlimmes. Denn Paliere mit Plänen sind meist unfreundlich. Aber wir dürfen einen Blick hineinwerfen. Parken dürfen wir auch, auf dem Privatparkplatz der Bauleute.

Von der Außenerscheinung der Kirche haben wir so rein gar nichts behalten. Ihr Innenraum ist reinster oberschwäbischer

Barockklassizismus, ein langgestreckter Saalraum mit eingestellten Pfeilern und Emporen. Wie eine ins Monumentale gesteigerte Bibliothek oder eine Reithalle sieht dieses Langhaus aus. Daran schließt sich ein heller eingezogener Chor von ein paar Achsen. Tiefe, Halbkreisschluß. Das Kranzgesims ist sehr kräftig ausgebildet, mit dünnen Tuchhängen und Konsolen geschmückt. Eine breite Hohlkehle aus Stuck – darin man eine ganze Beleuchtergruppe unterbringen könnte – vermittelt zum Deckenspiegel, der flach gespannt ist. Ein mächtiges Deckenpanorama tut sich auf. Wir erleben den Bau der nach dem Vorbild des Salomonischen Tempels errichteten Kirche. Doch erscheint auch uns diese Thematik nicht ganz eindeutig. G. Merkle meint dazu:

In der Mitte sehen wir die Allegorie der Kirche, die Evangelisten, Kirchenlehrer Ordensstifter, Märtyrer und heiligen Jungfrauen um das Zeichen des Heils, das von Engeln getragene Kreuz, versammelt. Gemeint ist also die durch das Kreuz Christi geschaffene und in der Kirche verwirklichte Heilstatsache. Andererseits weist das Fresko auf den feierlichen Einzug in die neu erbaute Kirche, deren Vorbild der Salomonische Tempel ist, hin. Ist die Thematik der Triumph der Kirche oder die Verherrlichung des Erlösungswerkes oder der Einzug ins neue Gotteshaus oder alles zugleich?

An der vorderen Schmalseite weist ein Engel einen großen Bauplan mit Ansicht der Kirche. Links und rechts drängt eine Prozession heran, der Stadtpfarrer und die Bürger, die gräfliche Familie und Stifter, alles in realistischen Porträts und zeitgenössischen Kostümen. Auf der anderen rückwärtigen Schmalseite schon wieder ein Bauplan, der so groß ist, daß er eine ganze Treppe bedeckt. Darauf der Grundriß des Salomonischen Tempels. König Salomo auf seinem Baldachinthron betrachtet ihn. Seine Hunde bilden ein regelrechtes Treppenspalier vor den Kriegern. 1775 hat der Maler Andreas Brugger dieses Riesenbild von zweiundzwanzig Meter Länge und zehn Meter Breite in einem Zug gemalt. Wenn es richtig ist, daß er dazu nur drei Monate gebraucht hat, und wir zweifeln nicht daran, dann haben wir in ihm einen letzten barocken Schnellmaler zu sehen. Es zeigt sich wohl auch, daß manche Partie sich unkomplizierter und

freier anläßt als in Buchau, vielleicht auch volkstümlicher, roko-
kohafter. Dafür scheint die Komposition in Buchau überlegter
und die Zeichnung genauer und gewählter. Dort stand wohl die
in Kunstfragen interessierte Äbtissin von Stadion kritisch hinter
seinem Werk. Und der Maler, der einen guten Trunk nicht ver-
achtete, mußte wohl gar zu einer List greifen, um sie von seinem
Arbeitseifer zu überzeugen. Er ließ die Stiefel vom Gerüst bau-
meln, dieweil er im Wirtshaus saß. Hier in Wurzach hatte er das
nicht nötig.

Freilich, der Romaufenthalt und die Begegnung mit Raffael
Mengs, dem klassizistischen Kunstpapst, hatte das malerische
Empfinden zugunsten einer ausgeklügelten Komposition mit
tableauartigem Charakter zusehends abgetötet. Zwanzig Jahre
liegt der Aufenthalt bei seinem Lehrer Maulpertsch in Wien zurück. Dahin ist die Frische der Jagdbilder von Schloß Tettnang.
Man mußte sich anpassen, um vor der neuen, von dem Architekten d'Ixnard immer wieder geforderten Simplizität bestehen zu
können.

Es ist jedoch nicht sicher, ob d'Ixnard auch die Pläne für das
etwa gleichzeitige oder etwas frühere Wurzach geliefert hat. Sein
Bauinspektor in Buchau, Johann Jakob Wilhelm Ruez, der zugleich herrschaftlicher Wurzachischer Architekt war, hat zusammen mit Christian Jäger den Bau geleitet. Für den Baldachin-
hochaltar ist Franz Xaver Feichtmayr der Jüngere bezeugt. Die
Plastik daran, die Johann Friedrich Vollmar aus Riedlingen ausgeführt hat, ist bezeichnend für diese Zeit, kann aber nicht mehr
begeistern: Christus und die ›hungernde Seele‹ in einer Nische
stehend, als kniende Figur mit Herz und Anker, oder ist es die
Weltkirche? Als Seitenfiguren die Heiligen Verena und Konrad.
Das Chorfresko darüber, 1776 gemalt, will nichts weniger als uns
das Regnum Romanum als Abbild des Himmels darstellen.

Merkwürdig ist es gewiß, dieses sterbende Rokoko von *Rot an
der Rot*. Dabei hatte es so frisch begonnen vor Rot, schon auf
dem Hügelrücken über dem Tal der Haslach. Mit zwei Zwiebel-
türmen, die ein wenig an Roggenburg erinnern, mit niederen

Amtshäusern aus der Klosterzeit und dem mit Rokokofresken über und über bemalten Oberen Tor. Ein behäbiger Wirtschaftshof mit Neubauten, ordentlichen Parkplätzen und der blitzblank erneuerten Fassade des Abteiflügels. Ein übereck gestellter Turm bietet uns seine Stirn, beherrscht das dreistöckige Refektorium und das Gästehaus. Seit die Prämonstratenser-Patres, die ›weißen Mönche‹, um 1960 nach Duisburg-Hamborn umgezogen sind, wurden die Klostergebäude von der Rottenburger Diözese erworben und dienen nun als Jugendhaus der Bildung und Erholung junger Menschen. Beinahe alles ist inzwischen restauriert.

Wir schauen uns noch ein wenig um, gehen ein Stück die Straße hinunter, wo ein Mühlbach rauscht. Auch die Stirnseite des alten Dormitoriums ist mit drolligen Zwiebeln besetzt, fast russisch schaut das aus. Diese *Klosterbauten* gehören noch der Regierungszeit des Abtes Martin Ertle (1670-1711) an, ein Trakt davon, der dem Kirchenchor vorgelegt war, ist abgebrochen. Jetzt aber wieder zurück zur *Kirche!*

Eine auf Fernsicht gebaute, streng geometrische, weiße Fassade, Dreieckgiebel und Nischenstatuen, die leer sind. Man hat wohl die Figuren zur Restaurierung entfernt?! Bis auf eine! Oben winkt uns die Giebelstatue Sankt Verena, bunt gefaßt, mit üppigen Falten, die rokokohaft gebrochen sind, und kleinem Ignaz-Günther Köpfchen! Ein Werk des Münchner Hofbildhauers Franz Xaver Feichtmayr des Jüngeren. Das *Kirchenschiff* macht einen großzügigen klassizistisch-barocken Eindruck. Wandpfeilersystem, aber jetzt mit antikischem Gesimsschnitt, jonischen Pilastern, keine Spur mehr von einem Rokokoschnörkel bei den Stuckarbeiten, sondern schon die klassizistische Konsole. Zopfstil könnte man sagen. Freilich, die Fresken sind alles andere als verzopft. Sie wollen mit römischem Maßstab gemessen werden, sind klar und monumental angelegt. Christus im klassizistischen Tempel, das Abendmahl frei nach Leonardo da Vinci, der herrliche Rundtondo der Himmelfahrt Mariens ...

Merkwürdige Nebenaltäre, die wie Grabmäler aussehen, Stuckgruppen darauf, die noch Rokoko sind, aber auch schon die rundliche Form Zickscher Intentionen mitmachen: naturalisti-

sche Fassung, pausbackige Engel mit roten Wangen. Ein merkwürdiger Zusammenstand von Zopfbeichtstühlen und barockem
Schnitzwerk, Aufsatz-Figuren und Putten von barocker Kraft.
Angewandter Eklektizismus und erste Versuche, ein Environ-
ment zu schaffen. Die Kanzel ist bedauernswert klein, hängt einfach oben. Der Hochaltar aber kann uns besonders jetzt, da ihn
die Sonne trifft, durch manche Qualitäten – majestätischen Aufbau, extensive Räumlichkeit und Farbigkeit – zuletzt doch wieder begeistern. Wie hat man das in der Zeitenwende noch so entschlossen, so großzügig, so sinnenfroh geschafft? Wer ist der Baumeister dieses gewaltigen Kirchenschiffes, das noch ein Querhaus hat und einen tiefen, mit Chorbogen abgesetzten Chor?
Wir müssen der Baugeschichte, die recht eigenwillig verläuft,
dieser Roter Bauhistorie einmal näher nachgehen.

Zum Neubau der Kirche hatte man offenbar unter dem Abt
Ertle, als die Klosterbauten entstanden, noch keine Lust oder
Veranlassung. Sie muß ein geräumiges Bauwerk gewesen sein,
diese alte romanische Kirche, der man im 14. Jahrhundert noch
einen gotischen Chor anfügte. Erst als der baufreudige Abt Mauritius zur Regierung kam, wurde die Kirchenbaufrage akut. Er
regierte von 1760 bis 1782. Schon als Pfarrvikar in der Wall-
fahrtskustodie Maria-Steinbach an der Iller (vergleiche ›Barockreisen in Schwaben und Altbayern‹, Seite 75) hatte er den Bau
der großen Rokokowallfahrtskirche entscheidend bewerk-
stelligt, so daß sich die Meinung gebildet hat, er sei der Verfertiger des Entwurfs. Als neugewählter Abt von Rot ließ er dann
ziemlich gegen den Willen seines Kapitels mit dem Abbrechen der
alten Klosterkirche beginnen. Er dürfte demnach auch hier schon
seine festumrissenen Pläne für den Neubau gehabt haben, denn
das Planen geht dem Abreißen im Barock konsequent voraus.
Mit dem Neubau der Kirche kam er freilich nicht zum Zug. Lag
es an seinem widerstrebenden Kapitel oder an den Finanzen?
Erst Abt Willebold Held aus Erolzheim, der von 1782 bis 1789
regierte, ließ in den sieben Jahren, die ihm blieben, den neuen
Kirchenbau errichten. Auch er ist uns als Baudilettant überliefert. Durch das Beispiel seines Vorgängers angeeifert und als

leuchtendes Beispiel der Sparsamkeit glaubte er auch auf einen Architekten verzichten zu können. Er ließ durch den Pater Küchenmeister das jetzt noch vorhandene Modell anfertigen und der Klosterschreiner Johann Martin Barthen zeichnete die Risse; gebaut hat schließlich der »erfahrenste Maurermeister« Joseph Jäck. »Auf diese Weise«, so schreibt der Chronist, »hatten wir uns große Ausgaben erspart; es pflegen nämlich die Architekten oft blauen Dunst vorzumachen und in der Kunst, zu der sie sich bekennen ist wenig zu wissen, wie wir das an Johann Baptist Laub, dem Architekten des Chores (!) zu unserem größten Schaden erfahren mußten. Aber gesetzt auch den Fall, sie seien in Wirklichkeit, was sie sich nennen, so fordern sie Tag für Tag großes Gehalt und, auf ihren Vorteil bedacht, verschleppen sie unter gesuchten Vorwänden den Bau durch viele Jahre hin. Überdies versteifen sie sich hartnäckig auf ihre Ansicht und lassen sich keine Einrede gefallen ...« (zitiert nach dem Führer von Walter Stemmer). Stadelhofer, so hieß der Chronist, und sein Abt, waren also erklärte Architektenfeinde. Nur daß sie dann doch die Erfahrung machen mußten, daß man besser mit einem Fachmann beraten gewesen wäre, eine bittere Erfahrung: Am 9. Juni 1784 stürzte nämlich das Gewölbe über dem Langhaus ein und erschlug sechs Bauarbeiter, darunter den Klosterschreiner Johann Martin Barthen, den Bauzeichner des Abtes. Da wurde, wie Stadelhofer etwas kleinlaut zugibt, denn doch Herr Heinrich Knoll, Architekt aus Memmingen, zugezogen. Nach sechs Wochen schon war der Schaden behoben. Am 24. September 1784 begann Januarius Zick mit seinen Fresken. Der Altarbauer Franz Xaver Feichtmayr der Jüngere war mit seinen Stuckarbeiten im Oktober fertig. Am 16. Juli 1786 dann die feierliche Einweihung durch den Konstanzer Weihbischof. Die prächtige Holzhay-Orgel wurde erst 1789 aufgestellt.

Pater Stadelhofer hatte sich übrigens auch mit Zick nicht anfreunden können. Er schrieb: »... er hätte ein größeres Lob bei uns gefunden, wenn er sich nicht angemaßt hätte, ein Architekt zu sein.« Wie alle neueren Äbte, fühlte sich Stadelhofer offenbar selbst zum Architekten berufen. Er wurde auch einmal zum Abt des Klosters Rot gewählt und regierte als Abt Benedikt zwei Jahre, von 1758 bis 1760. Nach der Säkularisation von 1803 wanderte er in die Steiermark aus und starb 1811 mitten unter den Büchern der Bibliothek zu Admont. Als Vorgänger von Abt Mauritius Moritz aus Biberach (1760-1782) müßte er also noch ziemlich jung gewesen sein und dürfte ein hohes Alter erreicht haben. Unter dem baukundigen Willebold Held (1782-1789) fungierte als Bauinspektor ein Pater Siardus Binder. Vielleicht lagen auch schon Pläne des Abtes Mauritius auf dem Zeichentisch, an denen noch verbessert wurde. Max Hauttmann hat jedoch in der statistischen Übersicht seiner ›Kirchlichen Baukunst in Bayern, Schwaben und Franken‹ bei Rot an der Rot einfach Abt Willebold Held als Architekten eingetragen. Vorbild der Kirche soll nach der Überlieferung die Kirche von Obermarchtal gewesen sein. Mit Obermarchtal hat der Grundriß und Aufbau freilich nicht mehr gemeinsam als daß es sich auch hier um eine Wandpfeileranlage mit Emporen handelt, vielleicht noch die Situation der Türme, den Vorraum und die tiefe Choranlage, die Schlichtheit der Fassade? Es liegen ja immerhin einhundert Jahre Entwicklung zwischen den beiden Bauten. Und in dieser Zeit hat die Kirchenbaukunst in Süddeutschland in einer selten konsequenten Entwicklung den Wandpfeilerraum bereichert, variiert und die Härten des Systems längst abgetan. Doch mag die Spätzeit des 18. Jahrhunderts wieder mehr die schlichte Schönheit und heimliche Geometrie gesucht haben, mit der die Vorarlberger Schule anhob.

Wer sich den Grundriß betrachtet, der erkennt sogleich, daß sich ein Kirchenbauwerk des bayerischen Rokoko dazwischen schiebt: die Augustinerchorherren-Stiftskirche zu Diessen am Ammersee. Diese mächtige Wandpfeileranlage von Johann Michael Fischer, allerdings auf der Grundlage eines bereits begonnenen Baues errichtet, ist das uns nicht genannte Vorbild für die Kirche in Rot an der Rot. Haben wir doch auch hier in Rot den oblongen Hauptraum mit den kurzen Zungenmauern der Wandpfeiler (sie sind noch kürzer als in Diessen), das durch Wandpfeiler und Gewölbegurte abgesonderte fünfte Joch und vor allem

den darauf folgenden zentralisierten Vorchor mit seiner Flachkuppel und den Anräumen hinter dem Chorgestühl. Die räumliche Rhythmisierung ist demzufolge noch ganz im Sinne des
Rokoko gelöst, ein Anschwellen und Abklingen der Raumenergien, das perspektivisch berechnet und schaubildhaft ist, sogar
noch tiefer gerichtet als Diessen. Die ähnlich steilen Proportionen werden freilich durch Emporen und Korbbogen gedrückt. In
Diessen haben wir hier überhöhte Hufeisenbogen und keine
Emporen. Auch die Gemäldefelder der Deckenfresken sondern
sich nun klarer, geometrischer von den Architekturlinien ab.
Stuck im Gewölbe wird nur noch sparsam gestattet. Die Ver-
wischung der Randzonen ist nicht mehr erlaubt. Die barocke
Synthese der Künste findet nicht mehr statt, obwohl sie jeder
einzelne der Beteiligten noch heimlich haben möchte. Man spürt
den großen Zwiespalt, der durch Johann Joachim Winckelmanns
Traktate über die griechische Plastik und Malerei in die Entwicklung hineingetragen wurde. Wer aber glaubt, daß der Römer aus
Stendal dem süddeutschen Rokoko den Todesstoß versetzt habe,
der irrt. Gerade hier zwischen Donau, Lech und Schwarzwald
wird Winckelmann widerlegt, ›umfunktioniert‹ würde man
heute sagen. Man holt sich aus seinen Schriften das Nützliche
für ein neues Stilempfinden, das die Freude am Dekorativen in
neuen Einzelformen ausspielt. Der griechische Gebälkschnitt,
die klassizistischen Konsolen, die Tuchgehänge, das sind ja alles
nur Zitate, mit denen man sich modisch schmückt. Es ist ja auch
keine Überraschung.

Der letzte Sproß eines berühmten Stukkatoren und Bildhauer-
geschlechts aus Wessobrunn wurde geholt: Johann Michael
Feichtmayr der Jüngere. Der arbeitete gerne mit den beiden
Cuvilliés zusammen und mit Karl Albert Lespiliez in Augsburg.
Feichtmayr kann eigentlich alles. Er kann auch auf klassizi-
stisch, wenn es verlangt wird. Er stellt den sehr wirkungsvollen
Hochaltar hin, mit prunkendem Stuckbaldachin und acht röt-
lichen Säulen, ein aufsehenerregendes neues Werk, Zitat eines
Tempels in der Kirche. Würdige Statuen des Ordensgründers
Norbert und des Augustinus flankieren die Säulen. Für das Altar-

bild wählt man ein älteres Werk des Augsburgers Johann Heiß.
Die Logen im Vorchor zieren Stuckreliefs des Neuen und Alten
Bundes. Das Chorgestühl dagegen ist ein barockes Zitat, ein
Ausstattungsstück der alten Kirche, dem man ziemlich unbe-
denklich Orgelkästen im Zopfstil aufsetzt. Merkwürdig sind die
Seitenaltäre. Einige haben Unterbauten, die wie Grabmäler auf
den Antiken-Stichen aussehen. Darauf sind große, naturalistisch
gefaßte Stuckreliefs, zum Beispiel die Eherne Schlange am Kreuz
und gegenüber die Kreuzigung selbst, nach Art von riesigen
Krippen gestaltet. Beim Aurelius- und Domitia-Altar haben wir
an der Stelle der Altarblätter große, aufrechtstehende Reliquien-
schreine. Am besten sind noch die Stuckmarmoraltäre an der
Chorwand, links der Adamaltar mit einem originellen Altarblatt
von Christian Wink, rechts der Johannesaltar mit einem Bild von
Januarius Zick. Von ihm, dem Maler des umfassenden Freskenzyklus, werden wir gleich zu reden haben. Zunächst aber die
Rokokoputten, die die Vorhänge raffen, Symbole weisen oder
einfach mit uns kokettieren. Hinter ihren anmutigen Wendun-
gen, den Köpfchen mit den schräg geschnittenen Augen, steht
nicht Johann Joachim Winckelmann, sondern steht der große
Ignaz Günther. Wenn die Wirkung dieses Bildhauers irgendwo
deutlich und sichtbar gemacht werden kann, dann hier in Rot an
der Rot, wo er dauernd zitiert wird. Freilich sind es Zitate, die
nicht mehr ganz rein sind. Etwas Dickliches, Abgeschliffenes,
Bronzeartiges scheint Feichtmayr der Jüngere unter Klassizismus verstanden zu haben. Seine Kreuzgruppen erinnern tatsächlich an die Kreuze, die man bis 1850 in ländlichen Gegenden und
auf Kalvarienbergen aufgerichtet hat. Sie sind meist aus Eisen.

Jetzt zu den *Fresken!* Im Chor haben sie noch Rokokocharakter und ovale Einrahmung: Szenen aus dem Leben des heiligen
Norbert. Da hat man es noch mit Meinrad von Ow versucht und
dann wohl erkannt, daß er seinen Winckelmann nicht gelesen
hatte. 1782 wurde die Ausstattung des Chors vollendet. 1783
folgte die bauliche Vollendung des Langhauses, und da mußte
eine neue Kraft nach Rot her. Januarius Zick hieß sie. Der Voll-
ender von Wiblingen, als Maler wie als Dekorateur im neuen rö-

mischen Goût erfahren, schien er dem Abt der geeignete Mann zu sein. Freilich sein Selbstbewußtsein und sein Künstlerstolz waren nicht zu übersehen. So klagt uns der Chronist wieder als Sprachrohr seines Herrn: »... hatte größeren Erfolg mit dem Pinsel als mit dem Mund«.

Zick redete aber nicht nur, sondern steigt aufs Gerüst und malt. Seine Leistung ist imponierend, manchmal sogar begeisternd, etwa bei dem Fresko in der Rundkuppel mit der Himmelfahrt Mariens. Die ganze Feinheit und malerische Kultur des Rokoko ist hier in die neue Stilperiode hinübergerettet. Im Gewölbejoch davor ist das Heilige Abendmahl geschildert. Hier zitiert Zick Leonardo da Vinci und sich selbst. Man merke sich die Szene und vergleiche sie mit der entsprechenden Darstellung in Oberelchingen.

Im Langhaus nun wird Christus lehrend im Tempel gezeigt. Es ist ein meisterlich komponiertes Werk, große Flächenkunst, große Perspektive, gesammelte Würde des Ausdrucks und ein Kolorit, das die süßen Rokokotöne meidet und ganz persönlich ausgeprägt ist. Erdhaft sind die Farben Zicks. Grün und Rot sind seine Lieblingstöne. Rundlich sind auch hier die Gestalten. Freilich in dem Bemühen, im Deckenfresko heimlich zu holländisieren, liegt ein Stück Vergeblichkeit. Daran scheiterte sogar der späte Maulpertsch. Der malte nur noch zauberhafte Skizzen und ließ die Schüler an die Decke heran. Bei Zick, der nicht eben von starker körperlicher Konstitution war, wie sein feines Würzburger Selbstbildnis es uns zeigt, ist Eigenhändigkeit in weitem Maße anzunehmen. Eine große physische Leistung liegt hier vor. Die monumentale Gestaltung war als Aufgabe noch vorhanden, war hier zu bewältigen. Und darin eben unterscheiden sich die Künstler von den Literaten, daß sie malen müssen und gestalten, was die anderen in ihre Traktate schreiben. Über der Orgel ist die Vertreibung der Händler aus dem Tempel vorgestellt. Hier geht es bewegt zu. In den Zwickeln der Gewölbe keine Stukkatur mehr, sondern gemalte Hermen und Grisaillen. Die Gurtbogen durchgehend kassettiert. Die hart eingezogenen Emporenbrüstungen mit antikisierender Dekoration: hartes Flecht-

bandmuster! Die Wandpfeiler haben kannelierte Pilaster, darauf
jonische Schnecken-Kapitäle mit Lorbeergewinde. In einer Fen-
sternische entdecken wir noch das Porträt des Bauherrn Abt
Willebold Held, 1783 von G. Kirchmann gemalt. Ein Blick in die
Sakristei. Ein älterer Raum, der nun tatsächlich wie ein Stück
von Obermarchtal aussieht: Kreuztonnengewölbe mit schwe-
rem Akanthusstuck, vielleicht von M. Schmuzer. Darin eingelassen Medaillons mit Prämonstratenserheiligen, männlichen
und weiblichen, vortrefflich gemalt. Sind sie von Johann Heiß
oder seinem Lehrer Schönfeld? Bläulich schimmern sie wie alte
Spiegel im Gegenlicht. Es ist ein Blau, das uns an Vermeer, wie er
es in seinen Gemälden über Bilder hinstreifen läßt, erinnert.

Von der Fassade, die erneuert ist und klassizistisch streng und
nüchtern dasteht, grüßt uns zum Abschied Sankt Verena mit
dem kleinen geneigten Köpfchen. Wie ein Zitat von Ignaz Günther sieht sie aus.

MEMMINGEN UND BUXHEIM

Auf der Hinreise nach Ottobeuren haben wir das betriebsame
Memmingen meist umfahren. Auf der Durchreise in die Bodenseegegend haben wir draußen an der Peripherie der Stadt ein
paarmal Station gemacht, bei einem Straßencafé angesichts der
mächtigen Breitseite der Josefskirche von Thomas Wechs. Und
weil uns dieser Pionier des modernen schwäbischen Kirchenbauens bekannt war, ja uns einmal zu einem Vortrag nach Augsburg eingeladen hatte, haben wir auch seine Kirche angeschaut.
Wechs hat in ihr als einer der ersten die sachliche Schönheit des
Backsteins, der uns von spätgotischen Kirchen vertraut ist,
wiederentdeckt. Er erschien uns als ein moderner Stethaimer.
Man spürt auch, daß man Schwaben kennen muß, vielleicht auch
Schwabe sein muß, um diese Kirche für die Kleinstadt ins Zeit-
lose hineinzubauen.

Auf der Rückreise von Lindau kamen wir bei Nacht hier an,
frequentierten die wundersame Rokokoapotheke ›Zum Ein-
horn‹, gingen durch Gassen, die so seltsam verlaufen, erblickten

die mächtige Baumasse von Sankt Martin, auf den Hügel hinge-
stellt wie eine Burg, und fanden uns unversehens vor einem
Mondscheinidyll des Hermannsbaues, wo Sandsteinportale leise
verwittern, Fenster wie blinde Augen sind und Pavillons wie
vergessene Kulissen des Rokoko dahinsterben.

Diesesmal aber haben wir vor, uns mit *Memmingen* näher zu
befassen. Die Zeit ist günstig, ein früher Vormittag. Und es ist
noch dazu Samstag, der Markttag in Memmingen. Am Marktplatz vor den Arkaden des schmalbrüstigen Steuerhauses, das
mit Rokokofresken gefärbelt ist, haben die Marktfrauen und
fliegenden Händler ihre Zelte aufgeschlagen. Es ist ein Fest der
Farben auf dem kleinen Platz und eine Orgie der Gerüche. Man
läßt sich hindurchtreiben durch die fast tropische Pracht und
wird zuletzt noch durch eine Gewürzmühle ›getrieben‹, die alle
Gerüche des Orients umfaßt. Das rote Haus der Großzunft bildet
die Stauung im Platzraum. Man erblickt den drolligen Turm der
Kreuzherrenkirche. Dann springt der Straßenplatz zurück.

In unserem Blickfeld liegt jetzt die von Stuckwerk überrieselte
hohe Front des *Rathauses*, deren Giebel fast teigig gezeichnet ist.
Im Kern ist dieses Rathaus, das wird bei näherer Betrachtung
gleich deutlich, kein Bau des Rokoko. Das Stuckkleid ist ihm nur
übergeworfen und läßt die Figur des Ursprungs, eines Spätre-
naissancegiebelhauses mit drei schlanken Erkern, noch erkennen.
1765 wurde die Fassade von einem unbekannten Meister dekoriert.

Wer nun glaubt, daß das Rokoko in Memmingen mit diesem
oft abgebildeten Rathaus erschöpft sei, der irrt. Memmingen hat
nämlich noch einige Adelspalais aufzuweisen, die auch in Augsburg oder München stehen könnten, nur daß sie noch original
sind. Den *Hermannsbau* etwa, nicht weit von der Pfarrkirche. Er
wartet mit einer repräsentativen Hauptfassade auf, zieht sich in
die Tiefe und umfaßt eigentlich – wie es bei einem ›Hôtel de
Ville‹ üblich ist – vier Flügel um einen Innenhof. Nichts fehlt an
dieser Fassade zu einem adeligen Stadtpalais, weder die vornehme Pilastergliederung noch der Balkon, noch der Dreieckgiebel mit der Wappenkartusche. Die Türflügel in Eichenholz

sind mit Rocaillen verziert, die alten Türdrücker aus Messing. Im schmiedeeisernen Oberlichtgitter haben wir sogar noch das Monogramm des Bauherrn und Besitzers: BVH. Jawohl, Benedikt Freiherr von Herman auf Wain hat es 1766 erbaut.

Im Hof, den auf drei Seiten Arkaden umgeben, haben wir dann noch eine Neptunsfigur aus Sandstein entdeckt. Und Reste von gemalten Fensterumrahmungen. Gleich drei Treppenhäuser mit

Stuckdecken führen in den Flügel hoch. Im Westflügel-Treppenhaus Fresken des späten Rokoko, die Olympischen Götter, bezeichnet mit A.D.pin. (hier fehlt das x) 1771. In die Ecken sind Puttenpaare als die Vier Winde gesetzt. Natürlich eine Enfilade der Zimmer! Im Obergeschoß des Südflügels sind drei Zimmer mit Deckenspiegeln aus Stuck versehen, Türflügel mit kostbaren Intarsien und ein seltener Ofen in Form eines Säulenstumpfes, den eine Urne bekrönt. Im Westflügel gar noch ein Chinazimmer, Rokokostuck und Tapeten mit Chinoiserien, Supraporten. Hier ist die Köstlichkeit eine kleine Sammlung von Künersberger Fayence. Man wußte zu leben in Memmingen, wenn man Freiherr von Herman war …

Freilich, die *Städtischen Sammlungen*, sie haben hier einen vortrefflichen Rahmen, wie man ihn schöner nicht denken kann. Die gewiß interessanten ›Artefakten‹ aus der Vor- und Frühgeschichte übergehend, werfen wir wenigstens einen Blick auf die Stadtmodelle, den Dreikönigsaltar von Ivo und Bernhard Strigel (um 1500), von dessen Schreinplastik nur die sitzende Muttergottes erhalten ist. Wie köstlich sind diese Flügel gemalt, die uns mit schwäbischer Innigkeit und schwäbischem Naturbehagen die Weihnachtsgeschichte schildern! Auch der Memminger Barockmaler Johann Heiß, sicher der beste Schüler Schönfelds, wird mit einigen Werken in Erinnerung gebracht. Und die Sichelbein, die alte Memminger Malerdynastie, sie dürfen nicht fehlen. Ein Stammbuch des Stammvaters Johann Sichelbein (um 1610), einige Zeichnungen des Johann Friedrich Sichelbein – der Dritte wird er genannt – weisen uns auf die Werkstätte hin, die bis ins 18. Jahrhundert blühte und in der einmal Schönfeld seine Lehrzeit hinter sich brachte. Die frühen Memminger Buchdrucker sind nicht vergessen, wohl auch zu schätzen.

Ein Rokokogartensalettl, westlich des Hermannsbaues gelegen, hat es uns dann noch angetan. Es blickt mit seiner Südseite auf die Straße hinaus und trägt ein gemütliches Mansardendach. Im Inneren finden wir gemalte Landschaften in Grisaillemanier, über den Fenstern Rocaillen und Putten. Ein Marmorkamin träumt hier noch von besseren Zeiten, und an der Decke wird einer Frau oder Göttin samt Kugel und Zepter gehuldigt, vielleicht Pomona, vielleicht Ceres, vielleicht einer Memminger Rokokoschönheit. Apoll und Diana sind diesem olympischen Götterstück beigesellt. So eben hat sich das adelige Großbürgertum von Memmingen – der Reichsstadt zumal – die Tage vergoldet und selber gehuldigt.

Jetzt aber zur *Martinskirche*, der evangelischen Stadtkirche. Sie ist ein wirksam plazierter Bau mit einem sehr sicher gezeichneten Turm: dem schwäbischen Achteckabschluß, darauf die Kuppel wie ein Käppchen sitzt. Um das machtvolle Langhaus der Basilika legt sich ein Kranz von Kapellen des städtischen Patriziats, die Funk-Kapelle, die Vöhlin-Kapelle, die Zwicker-Kapelle, die Stebenhaber-Kapelle, die Zangmeister-Kapelle … Den stolzen Chorbau hat Matthäus Böblinger aus Ulm aufgeführt: 1496 bis 1501. Das Innere weist ein seltenes Zeugnis protestantischer Kirchenausstattung in seinen Wandmalereien mit der ihnen eigenen Programmatik. Hans Strigel der Jüngere und Bernhard Strigel der Ältere sind daran beteiligt gewesen, haben wohl diese Fresken gemalt, darunter den ›Grünen Teufel‹, eines der Wahrzeichen Memmingens.

Die Kanzel des frühen Barock ist ein kerniges Schnitzwerk des Akanthusstiles, geschnitzt von Johann Christoph Dittmar in den Jahren 1699-1700. Den Entwurf lieferte Johann Friedrich Sichelbein. Freilich, die alte Gabler-Orgel von 1760, sie muß ein wohlklingendes Werk gewesen sein, jetzt ist sie durch ein modernes Werk ersetzt, nur der Prospekt ist noch wirksam. Dafür ist uns aber noch ein herrliches Chorgestühl aus der Zeit von 1501-1508 erhalten. Gesamtentwurf und Bildschnitzerei sind ein Werk jenes Hans Dapratzhauser, der mit Hans Herlin identisch sein soll. Michel Zeynsler werden hingegen die beiden Reliefs der phrygischen Sibylle und des Jeremias zugeteilt. Insgesamt eine Fülle feingearbeiteter Reliefs, Halbfiguren und Porträtbüsten, die diese Meister nach den Vorbildern von Konstanz, Weingarten (Reste des Yselin-Chorgestühls heute im Schloß Berchtesgaden) und Ulm geschaffen haben. Und hat man in Ulm noch die Philosophen der Antike berufen, so sind in Memmingen schon die selbstbewußten Bürger dran, die sich hier porträtieren lassen, der Kirchenpfleger Hans Holzschuher beispielsweise. Er ›vertritt‹ hier das Selbstbildnis des Schnitzers Jörg Syrlin, während Meister Dapratzhauser nur an einem Relief bei der Arbeit an einer Stuhlwange zu sehen ist. In der Büste darüber will man wieder das Bildnis der resoluten Bürgermeisterin Stebenhaber erkennen. Ein imposantes und vollständig erhaltens Laiengestühl mit geschnitzten Lehnen und Wandungen vervollständigt die Ausstattung. Man sieht noch einige Bilder der Sichelbein (Johann Friedrichs III.), aber auch Memminger Rokokomeister wie Elias Grimmel, Leonhard Ruepprecht und Christian Mayer kommen zum Zug. Freilich, was sollen die modernen Glasportale bei dieser so geschlossen erhaltenen Kirche?

Neben der Stadtkirche dann, in ihren Schatten geduckt, die eigenwillig verbaute Kinderlehrkirche, ehemalige Klosterkirche

Sankt Antonius. Ein breitgelagerter gotischer Basilikalbau mit daran gesetztem Chörlein, von einem Zeltdach überdeckt. Auch hier sollen spätgotische Malereien von Bernhard Strigel sein.

In der Herrenstraße, nicht der stattlichsten zwar, noch manches Barockhaus, Haus Nr. 14 etwa. Hier wird gerade neugebaut. Auch in der Kramergasse, wo die sehenswerte Einhornapotheke mit ihren Stuckplafonds liegt. Am rassigsten aber doch – wir sind schon in der Gegenrichtung, der Ulmer Gasse, Nr. 9 – das ehemals von Paris'sche Haus, ein hochgeschossener Palast mit flächig behandelter Fassade, Rokokomaskerons und originalen Fensterteilungen (1736 steht in einer Kartusche). Ein wenig vernachlässigt sieht das aus. Was könnte sein Erdgeschoß an baulicher Noblesse für ein schönes Geschäft oder Restaurant bieten!

Direkt daneben essen wir, nicht in einem Rokokohaus, sondern in den Bierstuben des Bürger-Engelbräus aus der Jahrhundertwende. Dort ist gerade ein Hochzeitsessen im Gange, bayerisch-still und schwäbisch-gelassen. Auch die Speisekarte ist bayerisch-schwäbisch. Das Essen auch. Am seltsamsten aber ist eine Gußeisensäule in der Mitte des Raumes, die eine dünn geratene Balkendecke trägt: in Gold gefaßt und mit bayerischen Wecken bemalt, bringt sie uns direkt zum Lachen.

Nach dem Essen noch ein Blick zur *Kreuzherrenkirche.* Mit ihrem Barockturm und der sogenannten Dürftigenstube dient sie heute als Konzertraum und Ausstellungshalle. Wand- und Deckengemälde, Stuck von Matthäus Stiller, um 1709. Wer noch eine Memminger Kirche sehen will, der suche sich zur evangelischen *Frauenkirche*, die an der ehemaligen Stadtmauer gelegen ist, ein beachtlicher Basilikalbau mit Fresken von Hans Strigel und Thomas Bocksdorfer (nach Alfred Stange). Es ist vor allem der Bocksdorfer zugeschriebene Apostelzyklus, der hier beeindruckt, wie er die Architektur illusionistisch fortsetzt – von Halbfiguren in den Bogenleibungen ergänzt –, zur monumentalen Wirkung gelangt. Dazu das gewichtige biblische Wort auf Spruchbändern, die Erklärung und Belehrung im Sinne der Bildpredigt: das ist so typisch für den protestantischen Bildsinn und Wortsinn, daß wir den Besuch nicht bereuen.

Auch Tore sind noch als Reste der Stadtbefestigung zu sehen:
das Kemptner Tor, das Wester Tor, das Ulmer Tor. Durch das
Ulmer Tor, durch welches einst der Durchgangsverkehr über
die Italienstraße vom Fernpaß nach Ulm rumpelte, verlassen wir
jetzt im Wagen Memmingen. – Vom Markt vor dem Steuerhaus
ist nichts mehr zu sehen gewesen. Nur ein städtischer Straßen-
kehrer, der letzte Überbleibsel der Pracht zusammenkehrte.
Sauber und geschäftig sind die Memminger schon immer gewesen und sind es noch heute.

Die ehemalige Reichskartause *Buxheim* grüßt uns schon von weitem mit langhingezogenen Trakten, dem zierlichen Dachreiter
der Klosterkirche, dem Helm seiner Pfarrkirche. Man fährt in den
Ort hinein und hält an bei einem Torbau, der sich klassizistisch
gebärdet wie ein Wachhaus aus den Tagen Napoleons. Zur Besichtigung der Kartause ist Anmeldung erforderlich, sagt uns ein
Hinweis. Rechts bei der Pforte. Weil aber gerade niemand da ist,
kein Führer und kein Schlüsselbewahrer, dürfen wir doch hinein.
Sehr gepflegt sieht das alles aus. Eine Niederlassung der Salesia-
ner mit angeschlossenem Knabenpensionat zum Zwecke der För-
derung des Priesternachwuchses. Wo also einst die Kartäuser-
mönche gewandelt sind, tummeln sich heute die Schüler unter
geistlicher Obhut. Einen jungen Führer haben wir auch gleich
gefunden. Allein findet man sich hier kaum zurecht, denn das
Nebeneinander der Gänge, Kirchen und Kapellen mutet fast
orientalisch an. Unser Führer, ein aufgeweckter Bursche irgendwo aus der Gegend zwischen Kempten und Memmingen, zeigt
uns die *Kirche Maria-Saal* genannt. Mitten durch den hohen und
hellen Raum, der noch gotische Proportionen hat, führt ein Lettner, eigentlich eine Empore mit Arkaden. Was hat es mit diesem
Gang durch die Kirche auf sich, fragen wir uns. »Das ischt eben
ein Kartäuserkloschter gewese«, meint unser Begleiter. »Die habe
jeder einzeln sei Häusle gehabt und sind durch den Gang in die
Kirch gelangt. Oins vonde Häusle ischt noch vorhanden. Wolles
Sie's sehe?« Aber wir schauen uns zunächst einmal die Kirche
genauer an. Ein selten reiches Stuckkleid aus frühem Rokoko-

rankenwerk um 1710 bedeckt ihre Mauern und Gewölbe. Dazu helle, pastellfarbene, ikonographisch interessante Fresken. Ihre Meister waren die Brüder Zimmermann aus Wessobrunn, das nach den Brüdern Asam wohl bedeutendste Künstlerbrüdergespann des süddeutschen Spätbarock. Aus ihrer geschickten Hand gingen auch die Altäre der Kirche hervor, zwei der bemerkenswertesten hält uns die Kirche Maria-Saal auf der Lettnerempore entgegen. Ein zierliches Rokokoaltärchen wird in einer rückwärtigen Seitenkapelle gleich ausgemacht. Unser geduldiger Führer weist uns darin eine seltene Relief-Stuckarbeit, die wir wohl übersehen hätten, weil sie an der Rückseite der Kapelle angebracht ist, über dem Eingang. Es ist eine Rokokoansicht der Kartause Buxheim, vermutlich von Dominikus Zimmermann geschnitten, jedenfalls dessen großen Klosteransichten in Relief im Kloster Neresheim nächstverwandt. Darauf sieht man unter anderem, wie sich die Zellen der Kartäuser einst wie Rosenkranzperlen um den Kreuzgang gelegt haben, in einer Art Laubenkolonie oder Eremitendorf. Im ehemaligen Mönchschor hinter dem Lettnergang prunkt ein seltener Hochaltar im sogenannten Knorpelwerkstil. Der Meister ist uns durch eine inzwischen wieder verloren gegangene Inschrift überliefert: »1631 ist dieser Altar gemacht und aufgericht worden von mir Sigmund Schalk, Bildhauer in Memmingen.« Die monumentale Bildhauerarbeit daran – ein Johannes der Täufer, ein heiliger Hieronymus – steht auf der Höhe der Zeit. Das Altarbild Mariae Himmelfahrt ist erst später eingesetzt worden. Bergmüller aus Augsburg hat es 1718 gemalt. Vom ehemaligen, mit Recht berühmten Chorgestühl der Kirche ist uns nur der Priorenstuhl erhalten geblieben (von dem Tiroler Ignaz Waibel 1688-1700 geschnitzt) und man erkennt sogleich, welch prächtiges Werk hier 1883 nach England verkauft wurde (heute im St. Saviour's Hospital in London). Auffällig freilich für den Bildschnitzer aus Tirol die fast akademische idealisierende Haltung in der Faltendrapierung und im Gesichtstyp seiner Figuren. Die Statuen des Hochaltars wirken hier viel kerniger, urwüchsiger, wenn man so sagen will.

Den Kreuzgang hat man im 18. Jahrhundert mit Stukkaturen geschmückt. Die Zugänge zu den einstigen Eremitenhäuschen sind heute meist vermauert bis auf eines, das sich noch erhalten hat. Es besteht aus Studier- und Schlafraum, Werkstatt und Gemüsegarten. Das Essen wurde durch ein kleines Fenster zum Kreuzgang gereicht. Dieser verband auch mit dem Gotteshaus, und zwar so, daß er die Kirche lettnerartig durchschneidet. Heute ist dieser Kreuzgang in der Kirche mit drei Arkaden durchbrochen. Ursprünglich war der westliche Teil den Laienbrüdern, der östliche den Kartäusermönchen vorbehalten. Denn diese hielten auf eine strenge Klausur, lebten fast ganz von der Welt abgeschlossen und vereinten sich nur zum Gottesdienst und zum Gebet. Der Orden, vom heiligen Bruno von Köln um 1085 gegründet, glaubte sein Ideal in der Verbindung von Eremitendasein und loser klösterlicher Gemeinschaft zu finden, und er schuf sich auch eine neue, von den bisherigen Klosteranlagen abweichende bauliche Konzeption. In Buxheim aber hat diese Konzeption etwas von heiterem Eremitendasein gewonnen, denn es liegt der Abglanz des 18. Jahrhunderts über den Häusern, den Gängen, der Kirche selbst. Die Fassaden, das zeigt uns ein Blick in den freundlichen Innenhof, sind farbig und ornamental behandelt gewesen. Nichts mehr also von der schrecklichen Einsamkeit im wilden Felsmassiv der Grande Chartreuse nördlich von Grenobel, wo das Mutterkloster der Kartäuser lag.

Am bezeichnendsten für diese Wandlung ins Rokoko-Eremitentum erscheint uns die kleine *Sankt Annakapelle* an der Nordwestecke des Kreuzgangs. Diese Hauskapelle des Priors ist ein wahres Kabinettstück des Rokoko, ausgestattet mit einer Pracht, die einem Bischofsoratorium zustünde. Aus einem Vierpaß ist der Grundriß entwickelt. Eine zierliche Säulenordnung aus Stuckmarmor entwickelt sich aus den abgeschrägten Ecken, wo in Nischen die Stuckstatuen der beiden Johannes agieren. Ein prächtiger Vorhang wird von Engeln über der Altarbühne aufgezogen. Darin, von indirektem Licht gestreift, ein origineller Altar. Er besteht nur aus einem kartuschenartigen Rahmen, der nach Art eines kunstvoll gelegten Bandes geformt ist. Das Altarbild des

Johann Baptist Zimmermann zeigt uns die heilige Anna, wie sie
Maria das Gebet lehrt. In einer idyllischen Rokokolandschaft
geschieht dies. Freilich, beim Blick in die Laternenkuppel zeigt
sich, daß Dominik Zimmermann als Figuralplastiker mit seinem
Bruder in München nicht mithalten konnte. Seine allegorischen
Figuren wirken etwas schwerfällig. Er dürfte der Architekt und
Dekorateur dieser Kapelle gewesen sein, die an die Landsberger
Johanniskapelle erinnert und sicher sein kleinstes und preziöse-
stes Werk ist.

Wer schon in Buxheim ist, sollte es nicht versäumen, durch
eine Nebentür des Klosters, oder vom Dorf her, die *Pfarrkirche
Unserer lieben Frau* zu besuchen. Auch sie ein Zimmermann-Werk,
jedoch auffallend rationell im Raum und mit wenigen Mitteln
wirkungsvoll gegliedert. Es ist ein Frühwerk aus der Zeit von
1727, wie auch der Régencestuck mit dem feinen Gitterwerk
zeigt. Aber selbst da schon die typischen Zimmermannfenster
mit ihren seitlichen ›Ohrwascheln‹. Doppelpilaster gliedern den
Raum in klar abgesetzte Joche. Das Deckenfresko über der Orgel
– Anna und Joachim Maria lehrend – zeigt die Signatur ›Georg
Hermann 1727‹. Der Münchner Hofmaler hatte wohl ander-
weitig zu tun.

Inzwischen hat sich auch unser junger Cicerone von uns verabschiedet, haben wir ihn doch mit unserer genauen Betrachtung
ziemlich auf die Folter gespannt. Aber er war geduldig und erhält
einen Obulus, den er erst nach der Rückfrage, ob er für den Opfer-
stock oder den Herrn Präfekten bestimmt sei, annimmt. Ein älterer Herr hat sich inzwischen zu uns gesellt. Er betrachtet mit
einem Fernglas die große Madonna des Weichen Stils – eine
›Schöne Madonna‹ um 1420 –, die am linken Seitenaltar steht.
Schwäbisch ist sie vermutlich in ihrer mütterlichen Erscheinung,
die den Ursprung der Schönen Madonna im höfischen Kreis schon
vergessen läßt. Das Haar des Kindes ist wie das ›Fell‹ eines Igels,
oder wie die Schale einer Annanasfrucht ornamentiert. Dem
sucht der Herr nun auf den Grund zu kommen. Er übersieht das
Rokoko einfach. Er bemerkt auch nicht, daß da vorne im Chorraum noch ein zweites Werk des Weichen Stils, eine sogenannte

Schöne Pietá, zu sehen ist. Und droben auf der Empore eine Rokokoorgel mit musizierenden Putten. Wir wünschen ihm Glück bei seiner Recherche gotique und freuen uns noch einmal beim Weiterfahren über die Rokokovedute der Kirche und des Klosters. Fast hätten wir selbst ein gotisches Kunstwerk übersehen: auf der abfallenden Straße in einer großen ummauerten Wegkapelle hängt ein gewaltiges Kruzifixus. Er ist sicher ein Werk des Meisters der Schönen Madonna von Buxheim.

Klaſſiſcher Abgeſang

KLOSTER OCHSENHAUSEN

Ochsenhausen ist weithin sichtbar auf der Uferhöhe über der Rottum gebaut. Hat man das letzte steilansteigende Stück der Fahrstraße genommen, so empfängt uns, ja überrascht uns eine architektonisch sehr feine Situation. Es ist der langgestreckte, sich verengende Platzraum, der sich hinter dem Torbau hinstreckt, gehalten vom dreigeschoßigen Gästehaus und der gegenüberliegenden Mauer. Wirksamer Blickpunkt ist die elegante Kirchenfassade, die wie eine Bühnenkulisse präsentiert wird, und der ins Bild ragende Kirchturm, kein Meisterwerk zwar, aber doch ein Akzent.

Das eigentliche barocke Fluidum aber geht – außer der Kirchenfassade – von einer marmornen *Mariensäule* aus, die genau an der richtigen Stelle, im goldenen Schnitt sozusagen, plaziert ist. Ein schmiedeisernes Gitter schützt sie. Der Säulensockel, zweifach gestuft, beginnt mit kräftigen Bauchungen und Profilen. Auf kräftiger Marmorsäule eine vergoldete Immakulatafigur voll Schwung und Grazie. Wenn es richtig ist, daß diese Statue 1717 in Augsburg feuervergoldet wurde, müßte sie wohl auch ein Augsburger Werk sein, ein Meisterwerk sogar. Man denkt gleich an Egid Verhelst, den bedeutendsten Augsburger Metallplastiker des beginnenden Rokoko, wird aber durch die frühe Entstehungszeit irritiert. Ehrgott Bernhard Bendl, der auch Modelle für Goldschmiede geschaffen hat, weist nicht diese Eleganz auf. Diese Figur hat zweifellos hohe Qualitäten. Wie sie mit zügigen Faltenbahnen, die schräg und spiralig um den Körper herumdrapiert sind, auf der Weltkugel steht und zur Kirchenfassade hinüberblickt, das kann an die besten Beispiele dieser Art im Österreichischen erinnern. Auch im steirischen Seckau haben wir einmal eine ähnlich schwungvolle Maria auf der Säule gesehen, die aus Augsburg stammte. Also doch Verhelst! Es kommt vorläufig kein anderer in Frage.

Die *Kirchenfassade* besticht durch ihre schlanke feinschichtige Gliederung und proportionale Sicherheit, auch durch ihre weiche Eleganz. Aus der Geraden der beiden Anschlußstücke, die die Seitenschiffe kaschieren, wölbt sie sich sanft vor. Je zwei Flachpilaster, deren inneres Paar hinterlegt ist, tragen den hohen feinprofilierten Gebälkteil, auf dem ein geschwungener Giebel sitzt, der mit Voluten griffig ansetzt und von einer Christusstatue bekrönt wird. Das Portal, das Haupt- und Oberfenster stehen in gutem Verhältnis zueinander. Diese vortreffliche, aus Bregenzer Werkstein gearbeitete Kirchenfassade ist wohl ein Werk des Architekten Christian Wiedemann aus Elchingen, wenn nicht noch ein größerer Meister planend dahintersteckt. Johann Michael Fischer, der für den Klosterbau einmal Pläne geliefert hat,

Ochsenhausen

ist es jedoch nicht. Das Bildhauerwerk hat die gleiche Qualität. Da ist zunächst die Marmorbüste des Papstes Cölestin, 1738 von dem Füssener Anton Sturm gearbeitet. Auf den seitlichen Eckpilonen stehen zwei seltene Bleifiguren aus der Erbauungszeit. Es sind wieder zwei Meisterwerke der Augsburger Metallplastik, monumental und in sich geschlossen, bis in die Einzelheiten durchdacht und von feinstem Ausdruck, auch fein in der Oberflächenbehandlung. Es gibt kaum Zweifel, dies sind Meisterwerke von Egid Verhelst. Die Salvatorfigur auf dem Giebel stammt indes von 1780. Sie ist ein gutes Werk aus der Übergangszeit zum Klassizismus. Noch schöner allerdings dürfte die Bleifigur des heiligen Georg gewesen sein, die Verhelst auf den Giebel gesetzt hatte und die verloren gegangen ist.

Das *Kirchenschiff* nun, das diese Fassade so anmutig verdeckt, erweist sich als barockisierte Basilika von zehn Achsen Länge und ohne Querhaus. 1494 ist uns als Baudatum an der Decke des Chors, die ohne Absatz in das Langhaus übergeht, genannt. 1729 ist hier barockisiert worden. Unter dem geschickten Direktorium des in Rom ausgebildeten Gasparo Mola – geboren um 1686 in Colderio im Tessin – arbeiteten Thomas Schaidhauf und Mathias Schmuzer, zwei Wessobrunner. Für die Fresken wurde Johann Georg Bergmüller aus Augsburg gerufen. Jedoch hatte er hier keine großen Gewölbeflächen zu füllen. Denn Mola schränkte ihn bei der Decke auf genau abgezirkelte Medaillons ein. Alles übrige, auch die Hochwände, sind das Feld der Stukkatur. Die Kirche in Ochsenhausen darf tatsächlich als eine vorzügliche Dekorationsleistung des römisch inspirierten Tessiners gelten, als eine der besten Barockisierungen überhaupt. Schon die Gliederung der Hochschiffswände durch feine flache Pilaster und ein reich profiliertes, über den Arkaden leicht aufgebogenes Gebälk kann gewinnen. Apostelmedaillons über den Arkaden mit Tuchgehängen muten fast klassizistisch an. Figürliches Geschick zeigt sich bei den allegorischen Stuckfiguren der Tugenden auf dem Gesims, die von Engeln flankiert sind. Ein aus Rom stammendes und hier seltenes Attribut scheint das Flachrelief der Glorie des Kreuzes zu sein, das den Gewölbespiegel vor dem Chor akzentuiert. Während dieser selbst mit Gitterwerkfeldern, verschlungenem Bandwerk und früher Rocaille stuckiert ist, wie eine Spitze, weiß über rosafarbenen und lindgrünen Grund gespannt.

Die Thematik der Bergmüllerfresken, durch die Aufteilung in Medaillons ein wenig zersplittert: im Chor Sankt Michael als Triumphator über die gefallenen Engel, die Anbetung des Lammes, Mariae Himmelfahrt, Sankt Georg, Benedikt und Maurus, Placidus, Scholastika und Gertrud und die Vertreter der Vier Erdteile. Im Langhaus, beginnend mit dem ersten Feld: das Altarsakrament (Monstranz) im Widerstreit der Gläubigen und der Gegner, Kaiser Konstantin und Kaiserin Helena, in der Mitte das Kreuz mit den Wappen der Äbte. Im zweiten Feld haben wir den seligen Prior Heinrich dargestellt, neben den Ordensstiftern. Im dritten Feld die Grundsteinlegung die Kirche. Im nächsten die Verehrung des heiligen Blasius. Über der Orgel musizierende Engel mit David und Cäcilia. Und unter der Orgel endlich die Austreibung der Händler. Dieser Hauptzyklus der Deckenmalereien wird von kleineren Fresken begleitet, durch Stuckreliefs und Embleme thematisch ergänzt.

Die Embleme als vergoldete Reliefbilder in den Gewölbezwickeln haben ihre erklärenden lateinischen Inschriften in kleinen Gesimskartuschen. Der Mahnung zum Gehorsam entspricht zum Beispiel das Relief mit Isaaks Opferung; den Appell zur Keuschheit Josephs Flucht. Dem Psalmwort ›Den Demütigen und Armen rechtfertigt Gott‹ aber wird ein Relief gegenübergestellt, das Moses vor dem brennenden Dornbusch zeigt, sowie Booz und Ruth, die Töchter Israels. Auf der nächsten Gruppe links wieder ein Psalmwort: ›Meine Stärke und mein Lob ist der Herr‹. Dazu in den Reliefs Esther und Judith. Rechts folgt die Mahnung ›Laßt uns nüchtern, gerecht und fromm leben‹. Im dazugehörigen Relief sehen wir den betenden Propheten Josua und König David, wie er Nachsicht gegen Saul übt. Bergmüller stellte demzufolge über dem Portal das Priestertum des Alten und des Neuen Bundes mit der Eucharistie dar. Nicht gerade eine Bilderbibel des Volkes ist hier aufgeschlagen, sondern geistliche Wissenschaft wird zelebriert. Erfreulich ist die künstlerische

Qualität und Frische der Fresken in den Nebenschiffen. Im Langhaus sind es Szenen zum Apostolischen Glaubensbekenntnis, im Chor die Evangelisten und Kirchenlehrer. Josef Anton Huber, der letzte der Augsburger Rokokofreskanten, hat sie mit durchaus eigenem Stilempfinden in leuchtenden Farben des Rokoko gemalt. Das war 1787, zwei Jahre also vor der Französischen Revolution.

Die Kirchenausstattung wurde in Ochsenhausen noch mit besonderer Sorgfalt getroffen. Offenbar hatte man genügend Zeit und genügend Geld. Das Hochaltarbild ein großartiger Schönfeld, 1668 gemalt, Krönung Mariä, typisch der Reigen der verschwimmenden Hintergrundfiguren! Es ist eines der wenigen noch erhaltenen Hochaltarbilder des geborenen Biberachers (vergleiche Seite 83 ff.), die uns in Oberschwaben bekannt sind. Die seitlichen Monumentalfiguren Sankt Georg und Michael, wie auch das Wappen des Abtes Cölestin und der Altarrahmen werden Dominikus Hermengild Herberger zugeschrieben, dem Schüler des Egid Verhelst. Die Entstehungszeit 1741-1742, während der Aufbau des Hochaltars schon 1728 erfolgt ist.

Zwei große Seitenschiff-Abschlußaltäre im Stil des Rokoko. Der Rosenkranzaltar mit einem Bild von Gabriel Weiß und Figuren von Herberger. Im rechten Seitenschiff ein vorzügliches Bild: Sankt Michael, wie er den Drachen niedertritt. Wir schauen es uns genauer an, helle leuchtende Farben, eine meisterliche Koloristik, auch im Gesicht der Dargestellten, Feuer und Licht. Es muß ein unbekannter Schönfeld sein, der hier in einem billigen schwarzen Lackrahmen an der Wand hängt.

Auch der vortreffliche Franz Joseph Spiegler ist mit einem Wandaltarbild vertreten (eine eigentümliche Maltechnik, der er sich da bedient): Sankt Benedikt übergibt Maria die Ordensregel, ein großes und figurenreiches Bild, das 1743 gemalt ist und besondere Sorgfalt in der Komposition und Ausführung erkennen läßt; schöne Engelstypen fallen uns auf. Ist's nun in Fresko oder in Ölfarben auf den Putz gemalt? Die Oberfläche scheint zu glänzend für ein Fresko! Absolut kongenial der geschnitzte Rocaillerahmen, geschaffen von Herberger nach dem Entwurf des Egid

Verhelst. Von Herberger stammen wohl auch die geschnitzten Figuren des Maurus und Placidus nebst den Putten. Der Altar schmückt die Ostwand der Benediktus-Kapelle. Für die Antonius-Kapelle steuerte Dominikus Zimmermann einen Stuckaltar bei (1719 anzusetzen) mit einem Bild von Bergmüller. Zwei kleinere Rokokoaltäre am Choreingang, den Heiligen Joseph und Johannes Nepomuk geweiht, haben weißgefaßte Figuren von dem Riedlinger Joseph Christian. Nach Kaspers vortrefflichem ›Inventar‹ um 1730-1740 anzusetzen. Von Christians Hand ist auch die Sebastiansfigur an der Ostwand des südlichen Seitenschiffs, um 1740. Das Chorgestühl stammt von Ferdinand Zech aus Thannhausen (1686).

Das dekorativste Prachtstück freilich hat nicht Mola, nicht Christian und auch nicht Herberger geliefert, sondern Egid Verhelst aus Augsburg. Es ist die *Kanzel*, die Ochsenhausener Kanzel, die Rokokokanzel schlechthin. Leicht und frei an einen Pfeiler geheftet, wie andrapiert, weist sie uns ihren feingeschwungenen Stuckmarmorkorpus, der von einem Engel getragen wird, und einen Putto mit der Abtsmitra. Der Schalldeckel, unsymmetrisch aus einem Stuckvorhang mit herabhängenden Quasten äußerst dekorativ herausgeformt, darauf die schwelgerisch emporschwebende, von Engeln getragene Gruppe des heiligen Benedikt mit der krönenden Strahlenglorie. 1741 ist diese Kanzel entstanden, entstammt also dem letzten Lebensjahrzehnt des großen, immer noch in seiner wahren Bedeutung verkannten Augsburger Bildhauers Egid Verhelst. Der in Antwerpen geborene Künstler, der in München gereift ist und von Augsburg aus die schwäbischen Stifte beliefert hat - er war auch fürstäbtlicher Hofbildhauer in Kempten – ist nach unserer Vermutung, die hier bekräftigt wird, auch der Schnitzer der berühmten Kirchenväter in der Kollegiatskirche zu Diessen am Ammersee. Er war in figürlichen Schnitzarbeiten, in Metallguß-Plastiken und – wie sich hier in Ochsenhausen zeigt – auch in Stuckmarmorarbeiten führend; sein Einfluß ist nicht entsprechend erkannt (zum Beispiel auf den Stuckbildhauer Johann Georg Übelher), stand er doch zu sehr im Schatten der Münchner Johann Baptist Straub und Ignaz Günther. Kennzeichnend für seinen Stil ist das malerische weiche Verschatten der Gewänder, der verklärte, verschwimmende Gesichtsausdruck – etwa bei seinen Statuen im Kemptener Thronsaal – und überhaupt die Qualität und Feinheit der Ausführung, die ihn zu einem wegweisenden Meister der Rokokoplastik macht.

Ochsenhausen war ein ausgesprochen musisches Kloster, die rechte Heimat der Maler, der Bildhauer, der Goldschmiede und Musiker. Seine Konventualen waren Schriftsteller, Baumeister wie Benno Waidtmann (1603-1680) und Bruno Grimmar (1644-1690), Maler wie Pater Odo (Otto) Müller (1773-1841), später Hofmaler in Stuttgart. Auch Theater wurde natürlich gespielt. Einmal hatte es einen Abt, der das Kloster mit einem Komödienstadel verwechselte, bis der tiefere Grund seiner Späße, seine Geisteskrankheit, ans Licht kam. Der hieß Kolbolt und regierte von 1686-1689, also nicht allzulange, aber immerhin gelang es ihm 1688 Schloß Horn in der Schweiz für das Reichsstift zu erwerben. Der alte Pflug erzählt uns zunächst über den Abt Bartholomäus Ehinger:

Das war ein frommer und gelehrter Herr, der ›Sacrarum linguarum peritia excelluit‹ sagte Nikolaus, der Poet. Aber ein sonderbarer Kauz war später der Abt Placidus Kolbolt, der anfangs mit aller Strenge auf Studium und Disziplin hielt, dann ein Theater erbaute und eine Brauerei einrichtete. Mitten in der Nacht vernahmen die entsetzten Konventualen im Zimmer des Abtes ein heftiges Gepolter, und auf geheimer Wanderung begegnete der Wächter ihm nicht selten zu solchen Stunden... Er glaubte sich von Hexen verfolgt, und einst, um Mitternacht, versammelte er die Konventualen und legte ihnen die Frage vor, ob er ein Narr sei. Das einfache Nein der Befragten genügte ihm nicht, ein jeder von ihnen mußte seine Aussage beschwören. Wer sich dem widersetzte, den mißhandelte er. Mit blankem Schwert eilte er den Flüchtenden nach...

Die so schöne Ochsenhausener Kirche besitzt als abschließendes Prunkstück eine Orgel von Josef Gabler. Prunkvoll ist aber nur der Prospekt. Dahinter sitzt ein Spieltisch mit drei Klavieren und fünfzig Registern. 1730 wurde sie durch den Abt Cölestin – Frener hieß er mit Zunamen – aufgestellt. Diesem kunstsinnigen

Mann, der von 1725 bis 1737 das Kloster leitete und der aus Konstanz stammte, ist die glänzende Barockisierung der Klosterkirche zu verdanken. Warum holte Abt Cölestin den damals noch ziemlich unbekannten Joseph Gabler zum Ausbau der Orgel? Weil er ein Ochsenhausener ist, dort 1700 geboren! Sein berühmtes Hauptwerk steht in Weingarten. Wir haben es gesehen, erlebt und gehört. Hier allerdings müssen wir uns mit dem Anblick begnügen. Man kann ja nicht verlangen, daß für uns eigens ein Orgelkonzert veranstaltet wird.

Dafür zeigt uns der Pfarrer einen Schrank mit den feinsten Rokokoparamenten. Und dann blicken wir noch in den östlichen *Konventsbau* hinein, der von 1618 bis 1632 erstellt wurde. Hier gleich ein Refektorium aus der Erbauungszeit ›im Jesuitenstil‹ – wie Kasper sagt. Bilder von Bergmüller und Franz Xaver Forchner. Der einstige Musiksaal ist heute ein Turnsaal, ein musischer Turnsaal jedenfalls mit seinen Grisaillen-Klosteransichten von Forchner. Ein reizvoll breiträumiges und doch leichtes Rokokotreppenhaus ist der Mitte des Südflügels angesetzt: geschnitzte Vasen und Baluster begleiten uns da hinauf. Auf die Treppenhausdecke hat Forchner die Aufnahme Mariens in den Himmel gemalt. Guter Wand- und Deckenstuck! Von Mola? Den 1785-1791 gebauten Nordflügel hat jedenfalls Thomas Schaidh aufstuckiert. Und der Augsburger Akademiedirektor – Joseph Anton Huber – hat hier gemalt.

Die schönsten Huber-Fresken findet man allerdings im alten Bibliothekssaal von Ochsenhausen, der jetzt ausgeräumt ist, wohl schon lange ausgeschlachtet. Es ist der letzte der Oberschwäbischen Bibliotheksfestsäle, eigentümlich in seiner fast profanen Form. Ein Rechteck-Saalraum mit zweistöckigen Galerien, gedrückten Korbbogen auf toskanischen Säulen, gleicht er fast einem fürstlichen Marstall. Zumal in diesem Zustand, ohne Gestelle und Bücher. Frostigstrenges Gitterwerk steht zwischen den Säulen. Aber in den farbfrisch erhaltenen Deckenfresken steht noch das 18.Jahrhundert auf, die alte Augsburger Schule im neuen Gewand, die alten Themen eines Bergmüller und Kuen: Salomo und die weise Königin von Saba, Paulus in

Athen, die Allegorie der Kirche. Als Joseph Anton Huber, der tüchtige schwäbische Konkurrent des Januarius Zick, vom Gerüst stieg, um dem letzten Abt des Benediktinerstifts Ochsenhausen sein vollendetes Fresko zu zeigen, schrieb man das Jahr 1789.

Wir verlassen das feine Ochsenhausen über den Klostervorhof, werfen noch einen Blick auf die anmutige Maria auf der Säule. Der Wagen rollt bergab, an gemächlichen Klosterbauten vorbei. Dann taucht er in das oberschwäbische Hügelland hinein. Es ist die Gegend, die Josef Hofmiller, der Allgäuer Essayist, geliebt hat. Aber er kam nicht mehr dazu, seinen Essay über Ochsenhausen zu schreiben. Er kam nur bis Memmingen.

Dafür zitieren wir einen anderen schwäbischen Essayisten, der auch als politischer Kopf und liberaler Geist bekannt geworden ist, einen, der mit dem Wort und mit der Zeichenfeder gut umzugehen wußte: Theodor Heuss. In seinem Buch ›Von Ort zu Ort, Wanderungen mit Stift und Feder‹ (geschrieben 1918 und veröffentlicht 1959 in Tübingen) lesen wir über Oberschwaben die klassische Charakteristik:

Es ist ein seltsames, etwas unentdecktes Land da oben, ein schwerer fruchtbarer Boden, zwischen den weiten Ackergebreiten hügelige Wälder, Moor und Ried, schwarze Seen eingestreut, ein Volk derber, einfacher Art, mit einem soliden Glauben und Aberglauben, kirchlich und fleißig. Grafen und allerhand Fürsten sitzen in schweren, alten Gebäuden dazwischen, ein Kreis für sich, ein fast fremdes Element in der standesherrlichen Mitregierung des lutherischen schwäbischen Kernlandes. Und daneben lebt das 18. Jahrhundert der Kirche, selbstsicherer und selbstverständlicher als sonst irgendwo. Die Augen und die Sinne spüren es heute noch als fast nahe Gegenwart.

GUTENZELL
LAUPHEIM, OBERDISCHINGEN

Vorbei an dem malerisch gelegenen Renaissanceschloß Hürbel kommen wir nach *Gutenzell*. Ziemlich abseits gelegen mutet es an, aber freundlich. Ein putziger Torbau in Zitronengelb mit zierlichem Glockentürmchen – 1755 vermutlich von Dominikus Zimmermann erbaut – weist zum Kloster der Zisterzienserinnen, nein: zum ehemaligen Reichsstift Gutenzell! Ein parkartiges Grundstück legt sich hinter den Torbau, darin verstreut die Klostermühle mit Fachwerkgiebel, ein Knusperhäuschen fast, dann die ehemalige Oberamtei, unter Baumkronen versteckt. Endlich am Ende die Klosterkirche mit ihrem Dachreiter, den wie mit der Blechschere hineingeschnittenen Baßgeigen- und Linsenfenstern, daran gebaut der barocke Gastbau des Klosters. Idyllisch sieht das alles aus, einer Reichsabtei in Glanz und Aufwand gar nicht recht angemessen.

Die Kirche! Spätes Rokoko, noch kein Ermüden der Form – aber man spürt eben schon, daß keine Steigerung mehr möglich ist, die Stilmittel ausgekostet und ausgeschöpft sind. Man gibt Andeutungen, ergeht sich in Aphorismen des Dekorativen, so leicht sind die Akzente gesetzt und so sicher, daß man sich eigentlich nur ein Stück betrachten müßte, um auf das Ganze schließen zu können. Keine Zimmermann-Kirche also! Aber immerhin eine Kirche, die ein Meisterensemble bis in Einzelheiten durchgestaltet und durchkomponiert hat. Warum denken wir hier eigentlich nur an Zimmermann?

Es ist das Wissen, daß eine leibliche Tochter des Meisters der Wieskirche und Bürgermeister von Landsberg am Lech, Dominikus Zimmermann, hier als Äbtissin gewirkt hat und daß ihr diese Kirche hier nicht zum wenigsten zu danken ist. Ganze siebzehn Jahre hindurch, von 1759 bis 1776, stand die Tochter des Baumeisters und Stukkateurs der Reichsabtei vor. Sie war also Fürstäbtissin mit allen ihr zustehenden Rechten und Pflichten. Aber schon unter ihrer Vorgängerin wurde der Kirchenneubau begonnen: Maria Franziska von Gall, einer Dame aus altem Adel.

1747-1759 regierte sie. Bald nach 1755 begann man mit den Arbeiten. Man zog dazu heimische Kräfte heran, die wir nicht nach Namen kennen. Zimmermann dürfte damals noch nicht ins Spiel gekommen sein. Und doch scheint die Kirche die für ihn typischen ornamentalen Fensterformen vorzuweisen. Wenn man dann den langen und tiefen Vorraum unter der Nonnenempore durchschritten hat, erkennt man, wie dieser Innenraum durch Licht, Farbe, Stuck und großaufgetane Ornamentfenster seinen Rokokocharakter gewinnt. Die Gewölbe auf Latten sind leicht wie Planen ausgespannt, in die der Wind fährt, Korbbogengurten. Der Stuck ist brillant. Man geht wohl nicht fehl, in den ausführenden Meistern das Team Franz Xaver Feichtmayr, Jakob Rauch und Ignaz Finsterwalder zu sehen. Feichtmayr und Rauch haben in Rott am Inn und im Schloßsaal zu Sünching bei Straubing ihr Bestes geleistet. Um 1760-1762, also nach den Arbeiten in Gutenzell. Man hat fast den Eindruck, daß hier das Stuckwerk noch einen Grad ungebundener, aussparender serviert wird als unter der Observanz Cuvilliés' und Johann Michael Fischers. Also doch nicht sterbendes, sondern noch taufrisches Rokoko, Karl-Albrecht-Stil? Nein! Es ist schon der Stil Max III. Josephs von Bayern, bei dem es ein wenig sparsamer zuging, bei den Kirchenbauten zumal.

Die Kanzel des Gutenzeller-Rotter-Sünchinger Stukkatorenteams, zu dem noch Finsterwalder stieß, der vielleicht die Hauptarbeit zugeschanzt bekam, ist fürs erste eine glatte Kopie der Verhelst-Kanzel von Ochsenhausen. Bei der Drapierung des Vorhangs wird gar noch mehr improvisiert. Aber im Figürlichen (Finsterwalder?) ist sie doch sichtbar schwächer. Doch wäre uns Ochsenhausen nicht erhalten – das kommt ja gelegentlich vor –, dann hätte sie den Preis erhalten, der ihr eigentlich gar nicht zusteht, der Gutenzeller Kanzel. Den Preis der absoluten Originalität. So ist das mit der Kunstgeschichte, ihren Urteilen und Zuschreibungen. Wie oft sind die Haupt- und Schlüsselwerke verschwunden und nur noch in den Nachahmungen greifbar. Hier liegt der Fall allerdings klar.

Der Hochaltar mit seinen polierweißen Monumentalfiguren

soll nach einem Riß Zimmermanns gestaltet sein. Auch von dem oben genannten Stukkatoren-Gespann. Und hier ist das Wappen der Reichsäbtissin Maria Alexandra Zimmermann zu erblicken. Es ist anzunehmen, daß ihr der Herr Vater ›das Rißl‹ geschickt hat. Das Altarblatt von einem älteren unbekannten Meister: Mariä Himmelfahrt 1692. Zwei gute Aufsatzfiguren auf den Türen des Umgangs machen den Eindruck plastischer Fülle. In die Türfüllungen sind recht feine Rokokogitter eingelassen. Jetzt ein Blick nach oben zu den Fresken!

Diese vorzüglichen Deckenbilder werden Johann Georg Dieffenbrunner aus Augsburg verdankt. Es sind alttestamentarische Szenen, wie sie die Augsburger besonders liebten, weil man hier in prächtigen Changeant-Gewändern, phantastischen Bauten, exotischem Hintergrund beweisen konnte, daß man ›seinen Tiepolo‹ kannte. Der leuchtende Vortrag der Bilder, die gelungene Verkürzung, die Gewandbehandlung erinnern an Franz Martin Kuen, der als erster in Venedig studierte. Dieffenbrunner dürfte von ihm gelernt haben. Hier in der Chorkuppel haben wir eine Versammlung der Kirchenpatrone, darin eine schöne und richtig gemalte Klosteransicht von 1755. Auf der Decke des Langhauses sind in großen Ovalfeldern Szenen aus dem Leben Christi geschildert und an den Wänden wieder Alttestamentliches. Dieffenbrunner bringt Atmosphäre in seine Fresken, er malt auch echte Typen. In der ehemaligen Pfarrkirche, der heutigen Gottesackerkirche, etwa drei Kilometer von Gutenzell entfernt, kann man einen weiteren feinen Dieffenbrunner kennenlernen. Dies hier aber nur nebenbei gesagt!

In dieser Rokokokirche von Gutenzell hängt aber noch ein Triumphbogenkreuz, dessen Enden die Form von Trauben haben (Kelter Christi). Ein fast lebensgroßer Heiland in der Wies darf hier nicht fehlen, bei einer Äbtissin Zimmermann zumal. Ein Rokokogitter zeigt noch ihr Wappen. Eine ihrer Nachfolgerinnen, die letzte der Reihe, Maria Josefine von Erolzheim, erhielt 1809 ein feines Empiregrabmal.

Wir gehen. Werfen noch einen Blick auf das Deckenstück über der Orgel: Judith mit dem Haupt des Holofernes. Eine grausige

Szene, ein Theatereffekt, eine alttestamentarische Shakespeare-Szene! Darunter die zierliche Rokokoorgel, auf der ein Putto die Pauke schlägt. Das erinnert uns an die reiche musik- und theater-geschichtliche Überlieferung des Klosters.

Zu den kostbarsten überlieferten Schätzen gehören die Brokatgewänder von etwa 6 bis 60 Centimeter hohen Krippenfiguren des Spätbarocks zu den Darstellungen des Stalles von Bethlehem, dem feudalen Aufzug der Heiligen Drei Könige aus dem Morgenland mit ihrem orientalischen Troß und Läuferengeln, der Hochzeit zu Kanaan mit Christus als hoher Kirchenfürst und der Darstellung im Tempel. Der Schauplatz des Krippenberges erinnert an zeitgenössische Opernszenerien. Wie aufgeschlossen die Äbtissinnen neben Literatur und Theater für die Musik waren, bezeugt die Pastorella des Benediktiners Franz Schnitzer für die Anbetung der in der Kirche aufgestellten Krippe. Neu entdeckter Text und Noten zu einem vierstimmigen Weihnachtsgesang und Spiel der Gutenzeller Hirten beim Offertorium und nach der Wandlung ergänzen das reiche Erbe oberschwäbischer Klosterkrippen.   *(Alfons Kasper)*

Durch *Laupheim* an der Rottum, der letzten Station vor Wiblin-gen, sind wir beinahe durchgefahren. Dann hat uns vor einer Wegkreuzung ein Bauwerk anhalten lassen, von dem wir nicht gleich wußten, ob es original oder neobarocker Aufguß war. Es ist das Schloß Kleinlaupheim, wie sich herausstellte 1769 durch den Wiblinger Kirchenbaumeister Johann Georg Specht errich-tet. Gleicht es doch unverkennbar den Klosterpavillons von Wib-lingen, in seiner flächig-fülligen Opulenz gewiß auch den ausge-führten Klostertrakten von Stift Weingarten. Zurückhaltend ist die Zier über dem Portal, der aufgeschwungenen Gesimse und der Fensterverdachungen. Heute dient es als Amtsgericht, auch die Polizei ist darin untergebracht.

Im übrigen wird man das Schloß Großlaupheim, das weithin sichtbar die Stadt überragt, zu den barocken landschaftlichen Bauakzenten rechnen. Wir haben es indes nicht besucht. Auch die Laupheimer Pfarrkirche auf ihrem Kirchhügel mit der Frei-treppe schien uns nur ein Blick hinein wert. Es war nämlich ge-rade Gottesdienst und wir konnten uns, da dieser gut besucht

war, nur im Vorraum aufhalten. Dafür haben wir aber dann in
einem städtebaulich noch ziemlich unbeackerten Gebiet eine
moderne katholische Pfarrkirche angetroffen, die bis auf zwei
junge Besucher völlig leer war. Ihr Turm gleicht einer riesigen
Wäscheklammer, an der sich eine Spiraltreppe hochrankt. Die
äußere Erscheinung ließ auf eine zentralräumliche Grundrißge-
staltung schließen, die durch die Asymmetrie der Wandstruktur
verunklärt ist. Der Innenraum mutete fürs erste wie ein modernes
Kunstmuseum an (die Kreuzwegstationen als graphische Blätter
in vorbildlicher Beleuchtung in einer Art Wandvitrine oder
Leiste). Dazu das eigenwillig symbolisch gestaltete Liturgiege-
rät in den Formen moderner Plastiken. Gut verteilt. Wir ließen
uns davon überzeugen, daß Kirchenbauten von heute die Mitte
zwischen symbolischer Aussage und sachlicher, ja praktischer
Architekturgestaltung wahren sollten, wie es hier durchaus an-
sprechend der Fall war. Die Kirche ist von einer Laupheimer
Architektengemeinschaft gebaut.

In der Nähe von Ulm, doch vor Wiblingen, weichen wir von der
Barockstraße ab und wechseln über die junge Donau hinüber:
nach *Oberdischingen*, das bei Beginn unserer Reise abseits liegen
blieb. In einer Barockreise durch Oberschwaben darf es einfach
nicht fehlen. Haben wir doch das seltene Bild einer kleinen Residenz hier noch ziemlich unberührt überliefert und noch dazu eine
so farbige Figur wie den Grafen Franz Ludwig Schenk von Castell, der ›Malefizschenk‹ genannt, mit seinen Licht- und Schat-
tenseiten in unseren Abgesang des Barock einzubringen. Wer
über ihn Näheres wissen will, wird ohnehin zu den von Max Zen-
gerle neuherausgegebenen Erinnerungen des Johann Baptist
Pflug ›Aus der Räuber- und Franzosenzeit Schwabens‹ greifen.
Es scheint überdies aus den Anmerkungen des Herausgebers
deutlich zu werden, daß der ›Malefizschenk‹ im Rahmen der Aufklärung zu sehen sei. Er war eben einer, der unbeirrbar den Auf-
fassungen Rousseaus folgte und an das Gute im Menschen
glaubte; was die Besserungsfähigkeit seiner Häftlinge betraf,
ihre Rückgliederung in die Gesellschaft, muten uns manche sei-

ner Ideen direkt modern an. Sein Bildnis auf Schloß Kronburg bei
Memmingen, um 1785, zeigt uns einen Seigneur der josephinischen Zeit, nicht anders als Graf Stadion einer war: lässig in einem
rot überzogenen Lehnstuhl, im preussischblauen Morgenrock,
mit kleiner Perücke, Spitzenjabot, das Buch in der Hand. Und
dieses Buch sieht nicht wie ein Gesetzbuch aus, sondern mehr wie
eine klassische Lektüre. Seine Erscheinung muß allerdings noch
mächtiger gewesen sein. Vielleicht hat ihn sein Ruf als Gauner-
und Kriminellenjäger zwischen der oberen Donau und der
Schweiz ins Übermächtige wachsen lassen. Wie es auch sei. Wir
statten diesem Berühmt-Berüchtigten unseren Besuch ab.

Wir sind gleich drüben und werden von einem Straßenzug aufgenommen, der noch reinstes 18. Jahrhundert ist. Wie eine Ko-
lonialsiedlung des deutschen Nordostens nimmt sich die Straße
aus. Von gefälligen Bauten, von denen die Empfangsbauten betont und mit Mansardendach ausgestattet sind, werden wir zur
Kirche und zum Schloß begleitet.

Die Kirche, die linkerhand um einen Straßenplatz zurücktritt,
erweist sich als eine frühklassizistische Schöpfung reinsten Was-
sers, ja als ein zweites schwäbisches Pantheon nach dem Vorspiel
von Sankt Blasien. Alles freilich hier nüchterner und vom reinen

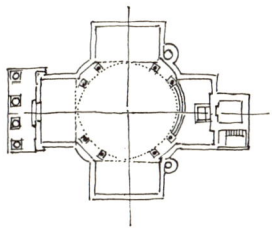

Zweckdenken diktiert. Ein Portikus mit vier Säulen und Drei-
ecksgiebel, die Rotunde mit Schiefer eingedeckt, die streng rechteckigen Exedren der vier Kapellen. Nur der Turm darf sich noch
ein wenig barock gebärden. Er hat eine Zwiebelbekrönung auf

strengem, geradem Abschlußgesims. Ein Blick ins Innere, das modernisiert ist, überrascht durch die Kahlheit der Ausstattung, um nicht zu sagen, durch die künstlerische Verlegenheit der Stilhaltung. Die Altarrückwand bildet ein grau gestrichenes Sandsteinrelief mit Szenen aus der Passion Christi, spätgotischer, wohl Ulmer Herkunft. Kanzel und Orgel als Pendants können nicht überzeugen. Auf einem Nebenaltar die bläßliche Kopie der Sixtina von Raffael, wie sie durch schwäbische Landschaft wandelt. Am erfreulichsten aber die Sicherheit der räumlichen Proportion, der kassettierten Kuppel vor allem, die wirklich zu schweben scheint, und vor allem das Licht, das aus modernen, farbig gebrochenen Fenstern hereinkommt und sich gleichmäßig verteilt. Das Licht ist jetzt alles. Zu ihm paßt das beherrschende Weiß der Wände, das sparsame Gold der Kassetten, der Messington eines Lüsters, der an das späte 19. Jahrhundert gemahnt. Will man in dieser Kirche noch etwas Originelles finden, dann wird man sich die spätgotischen Reliefs näher betrachten müssen. Hier ist neben den Passionsszenen die Himmelfahrt Christi dargestellt. Ähnlich wie auf einem Holzschnitt aus Altdorfers kleiner Passion sieht man von dem Auffahrenden nur die beiden Füße im Gekräusel der Wolken.

Das Oberdischinger gräfliche Schloß selbst ist nicht auf eine Achse mit der Kirche gestellt. Es öffnet sich schräg gegenüber mit einem Ehrenhof in Hufeisenform. Die auf die Hauptfassade gemalten Wappen der Reichsgrafen Schenk von Castell täuschen nicht über eine gewisse Nüchternheit der Architektur hinweg. Bei der Kirche will uns diese Zurückhaltung direkt prätentiös vorkommen. Der Tempel der reinen Vernunft, wie ihn die Französische Revolution dann endlich gefordert und errichtet hatte, er ist hier frühe Wirklichkeit geworden.

BIBLIOTHEKSAAL
DES EHEMALIGEN KLOSTERS
WIBLINGEN
ULM (DONAU)

Für die seit dem 16. Jahrhundert gewachsene kostbare und weitberühmte Bücher- und Schriftensammlung ließ Abt Meinrad (1728-62) im Nordteil des Klosters diesen Bibliotheksaal errichten. Als Baumeister berief er Christian Wiedemann aus Elchingen. F. M. Kuen, 1917 in Weißenhorn geboren, malte die Bibliothek 1744 aus. Das Deckengemälde ist ein Jugendwerk des Meisters, der damals erst 25 Jahre alt war. Den Zugang bildet ein prächtiges Rokokoportal mit Inschriftenkartusche: In quo omnes thesauri sapientiae et scientiae (Col. 2, 3) »In welchem alle Schätze der Weisheit und Wissenschaft verborgen sind«. Eine wahre Überraschung bietet der 23 m lange und 11 m breite Saal, an dessen Schmalseiten die Portale liegen. Über alle Seiten erstreckt sich eine von rot-grün marmorierten Holzsäulen getragene Galerie mit balkonartig ausschwingenden Balustraden. Offene Bücherregale schmücken dazu die Wände der beiden Geschosse, die durch maskierte Wendeltreppen miteinander verbunden sind. Die Hohlkehle der Decke mit ihrer illusionistischen Stukkatur soll »raumdurchbrechend« den Saal nach oben erweitern. In einem den ganzen Raum überspannenden Muldengewölbe öffnet sich das heiter-festliche Deckenfresko. Den Inhalt bildet ein fein durchdachtes historisch-theologisches Programm, das himmlische, christliche und heidnische Weisheit symbolisch-allegorisch ausdeutet. Gegenüber dem Eingang: das Paradies (Heilsverlust); südliche Langseite: die heidnische Wissenschaft: 1. Diogenes in der Tonne, 2. der Parnass mit den 9 Musen, 3. Verbannung Ovids nach Tomi am Schwarzen Meer. Über dem Eingang: (gegenüber dem Heilsverlust) das Heilsverlangen durch die christliche Wissenschaft (Predigt des Evangeliums durch Benediktinermönche an das Volk.) Nördliche Langseite: Die Christliche Wissenschaft. Links: Papst Gregor sendet Missionare nach England aus. Mitte: Berg mit Lamm Gottes und mit sieben Siegeln verschlossenem Buch, am Abhange sieben Frauen als Allegorien der sieben Gaben des Hl. Geistes, darunter zwei weißgekleidete Figuren: der Glaube mit Kreuz und Kelch, die Hoffnung mit Ruder und Kreuz. Rechts: Der spanische König Ferdinand sendet den Abt Buellio nach Südamerika. Im Scheitel der Decke: Himmlische Weisheit auf einer Wolkenbank mit Engeln und Büchern. Unter den vier Balkonen die vier Kirchenväter: Hieronymus, Gregorius, Augustinus und Ambrosius. Unter der Galerie an den Langseiten 8 Grisaillebilder mit den großen Lehrern und Doktores der Kirche im Mittelalter. In den Ecken unter der Galerie die vier Kardinaltugenden: 1. Klugheit (Schlange

und Spiegel), 2. Mäßigkeit (die den Überfluß im Krug ausschüttet), 3. Gerechtigkeit (Schwert und Waage), 4. Starkmut (Löwe, Säule und Helm). Der plastische Schmuck
von Herberger mit vier allegorischen Figuren an den
Schmalseiten zeigt die 4 klösterlichen Tugenden: Gehorsam, Weltverachtung, Glaubenswissenschaft und Gebet,
weitere 4 Figuren an den Langseiten. Die weltlichen
Wissenschaften: Mathematik (Zirkel), Naturwissenschaft
(Flammenbündel), Jurisprudenz (Schwert, Waage), Geschichte (Buch und Tintenfaß). Auf der Galerie 2 allegorische Figuren, die kgl. und bürgerl. Gewalt darstellen.
Die Stukkaturen: An den Deckengemälden prächtiges
Muschelwerk, Blumenranken und Putten von dem Italiener Mola; Faßmaler war Josef Sauer aus Ehingen.

Eintritt mit Führung   DM 1,50

Führungen täglich, außer montags, 10-12 und 14-16 Uhr
(Telefon 0731/45110)

Verkehrsverein Ulm/Neu-Ulm e.V. - 12/84/8.

№ 41121

»Universitätsstadt Ulm – Vorort Wiblingen«, sagt das Ortsschild verheißungsvoll. Ein ländlicher Vorort empfängt uns. Dann macht die Straße eine scharfe Kurve, und vor uns liegt ein Spalier von Klostermauern. Wir sind schon mitten im alten, ausgedehnten Areal der ehemaligen *Benediktinerabtei Wiblingen*. Der schwäbisch-gemütliche Torpavillon ist frisch gefärbelt: rosa und weiß. Durch seine Kehle tritt man ein in einen Hof, der gewiß groß ist und ein langes Rechteck bildet. Das Kloster streckt uns seine gewaltige, streng regelmäßige Stirnseite entgegen: in der Mitte die Kirchenfassade mit übereck gestellten Turmstümpfen, seitlich zwei Rokokofronten mit feinen Portalumrahmungen und Eckpavillons. Der linke Flügel, gündlich erneuert und in strahlendem Rot und Weiß, birgt – wie ein Schild sagt – eine Zweigstelle der Ulmer Universität. Hier wird man zum Bibliotheksbesuch eingelassen, von 9 bis 12 Uhr und von 14 bis 16 Uhr. Der rechte Flügel mit den grünen Fensterläden und den verwitterten olivgrünen Fronten enthält das Altersheim. Ein recht gegensätzliches Paar also, diese Flügel seitlich der Kirche. Aber das wird sich leider noch ändern. Das Kirchentor ist uns versperrt, der Besuch auch hier nur im Rahmen einer Führung möglich. Und wir haben eine gute halbe Stunde Zeit, uns umzusehen.

Durch eines der kleinen Nebenportale gelangt man aus dem Hof hinaus, südlich und nördlich. Wählen Sie das nördliche Portal. Gehen Sie an der nördlichen Flanke des Klosters entlang, vorbei an Kleingärten und hinunter in die grüne Aue, die von Nebenflüsschen der Iller anmutig durchzogen ist. Alte Weiden stehn hier, wie auf den Zeichnungen Wolf Hubers, und ein Laubwald nimmt Sie auf, in dem man sich verlieren kann. Auf dem Rückweg von den Schlängelpfaden bemerken Sie vielleicht, daß die Rückfront des Klosters einen geradezu eleganten Mittelpavillon in die Aulandschaft hält. Solche vorspringende Aussichtspunkte liebten die Benediktiner, liebte der Barock überhaupt. Pater Plazidus Scharl erzählt uns einmal, daß ihn der Abt von Rott am Inn schon am ersten Tag seines Klostereintritts zu so einem ar-

chitektonischen Söller geführt habe, um dort mit ihm den Son-
nenuntergang zu erleben. Der Wiblinger Pavillon schaut aber
nach Osten.

Es ist Zeit zur Führung, zuerst kommt die *Bibliothek*. Was
unserer Reise oft die Akzente des Besonderen aufgesetzt hat:
hier wird es noch einmal deutlich. Es ist der Glanz der barocken
Klosterbibliotheken Oberschwabens. Und wirklich, keine Landschaft des deutschen Südens besitzt so viele gut erhaltene und
prächtig ausgestattete Bibliotheksäle aus dem 18.Jahrhundert.
In keiner anderen Gegend finden wir diese Kontinuität der Entwicklung, diesen anregenden, sich steigernden Eifer im Errichten und Ausstatten intimer und monumentaler Bibliotheken.
Man könnte ja fast von einer Bibliothekstraße sprechen, wenn
nicht soviel während der Säkularisation verschwunden wäre.
Eine feine Sache für reisende Bibliothekare und Bücherfreunde!
Als das Muster einer Bibliotheksreise im späten 18.Jahrhundert
haben wir ja das Reise-Itinerar des Sankt Gallischen Bibliothekars J.N. Hauntinger des öfteren zitiert samt seinen wohlbedach-
ten Äußerungen über die Zweckmäßigkeit und die Schönheit
der Anlage, über die Investitionen und den Bestand.

Es sind, um sie noch einmal aufzurufen, im wesentlichen fünf
Hauptwerke, Bibliotheken, mit denen sich unsere Vorstellung
verbindet: Schussenried, Sankt Gallen, Wiblingen, Ochsenhausen, Ottobeuren; dazu kommt noch die Seminarbibliothek drüben in Dillingen. Entwicklungsgeschichtlich ist die Ordnung so:
Ottobeuren gibt 1725 den Auftakt und setzt die Maßstäbe. Ein
großer Saalraum, in den noch eine etwas strenge Ordnung korin-
thischer Säulen und rechteckig vor- und zurückspringender
Galerien hineingesetzt ist. Es folgt nun, 1744 vollendet, Wiblingen als erste reine Rokokoschöpfung. Wir werden darüber noch
ausführlich sprechen; denn diese Bibliothek ist als Raumschöpfung und im Range der Ausstattung bedeutend.

Den ausgeprägten Emporentypus des Rokoko bringt dann
Schussenried, 1754-1761. Nach Plänen von Dominikus Zimmermann erbaut, gewinnt sie die leichte, etwas verspielte und heite-

re Form, die uns so bezaubert. Die Sankt Gallener Bibliothek
(1767) muß als eine Leistung von Peter Thumb angesprochen
werden, die er im Anschluß an Sankt Peter im Schwarzwald –
eine der schönsten badischen Bibliotheken – zu reizender Intimität gestaltet. Natürlich wird man die planende Mitarbeit der
Äbte und Bibliothekare nicht unterschätzen dürfen. Am Ende
dieser Entwicklung steht die Ochsenhausener Bibliothek, die in
den 80er Jahren entstand und den frühen Klassizismus in seiner
oberschwäbischen Eigenart verkörpert.

Wiblingen ist also, wie schon gesagt, der für die Stilwende zum
Rokoko entscheidende Bau. Als Architekten sind uns hier Chri-

stian Wiedemann und sein Sohn Johann aus Elchingen bekannt.
Freskomaler ist der noch junge Franz Martin Kuen aus Weißenhorn, Stukkateur der Tessiner Gaspare Mola. Die Farbfassung
hat Joseph Sauer aus Ehingen besorgt.

Wer heute die Wiblinger Bibliothek besucht, und dieser Besuch gehört wohl zu den schönsten Eindrücken unserer Reise,
der betritt zunächst den blitzblank erneuerten Flügel der Abtei.
Vom Treppenhausvorraum geht er an den sachlichen Bücher-
regalen der Naturwissenschaftlichen Abteilung der heutigen
Universität Ulm entlang, kommt schließlich zu einem Lift, wird
emporgetragen, tritt in einen der weißen, freundlich stuckierten
Wandelgänge des Klosters hinaus. Am Ende ein Rokokoportal
mit der Inschriftkartusche: ›In quo omnes thesauri sapientiae et
scientiae.‹ (In welchem alle Schätze der Weisheit und der Wissenschaft verborgen sind). Das ist nicht die ursprüngliche Art,
in eine Barockbibliothek zu kommen, hat aber auch seinen kon-
trastierenden Reiz. Der Custode, der uns begleitet und führt,
öffnet die Tür. Wir blicken in einen Saal von solcher Farbigkeit
und Festlichkeit, daß man sich förmlich an ein Theater erinnert
fühlt. Es ist sogleich deutlich: dies ist ein Raum aus den glor-
reichen Zeiten des süddeutschen Rokoko, da es mit unglaublicher Sicherheit sein Dekorationsgenie entfaltet hat. Auf dem
blanken Grund milchblauer Marmorplatten erhebt sich ein recht-
eckiger Raum von zwei Geschossen, durch eine Empore in der
Höhe unterteilt. Seine Schmalseiten sind leicht vorgebaucht und
auch an den Längsseiten schwingt sich die Galerie, logenartige
Balkone bildend, in den Raum hinein. Spiegelnde Stuckmarmorsäulen, günblau und violettrot, sind in fein akzentuiertem Rhythmus verteilt; ihre vergoldeten Kapitäle tragen marmorierte
Holzemporen, die mit blauen Balustern in lebhaftem Vor und
Zurück starke Bewegungsenergien in den Raum bringen. Was
in Ottobeuren schon angedeutet ist, die Rhythmisierung des
Raumes durch die Säulenstellung der Galerie und die logenartige
Gestaltung der Stirnseiten, das erfährt hier eine wirkungsvolle
Steigerung und Bereicherung in Schwellungen und Kurvaturen.
Das gliedernde Instrumentarium der Säulen, der Baluster ist

noch volltönend. Dekorativ und elegant sind die Stukkaturen. Warm und heiter die Farben. Der Lichteinfall von den seitlichen Fenstern ist indirekt durch die Säulen gebrochen und geführt. Der Raum von Schussenried wirkt dagegen wie die Figuration des Themas im fortgeschrittenen Rokoko, wo die Form schon aufgelöst, manches nur noch ›Zitat‹ ist.

Vielleicht wird der dem Theater verwandte Charakter des Raums noch verstärkt durch die lebensgroßen in Alabasterweiß und Gold gefaßten Gruppen und Figuren. Sie stehen auf geschwungenen Postamenten zwischen den Säulen der ›Balkone‹, bewegt und empfindsam agierend, als träten sie eben auf. Es sind ausgezeichnete Werke, wahrscheinlich von Dominikus Hermengild Herberger: an den beiden Schmalseiten die vier klösterlichen Tugenden: Gehorsam, Weltverachtung, Glaubenswissenschaft und Gebet. An den Langseiten die weltlichen Wissenschaften: Mathematik, Naturwissenschaft, Rechtswissenschaft und Geschichte, letztere besonders reich als allegorische Gruppe – Genius mit Buch und Tintenfaß, Chronos blättert im Buch der Zeit – ausgestaltet. In den Nischen der Balkone haben noch zwei allegorische Figuren ihren bühnenhaften Auftritt: die Personifikationen der bürgerlichen (Mauerkrone) und der königlichen (Zackenkrone) Gewalt. Zwei Hermen, die eine Kartusche halten, leiten zur Decke über. Diese ist phantasievoll und reich stuckiert. Das Balustradenmotiv wird illusionistisch fortgesponnen, ein leichtes, ja verwegen hingeworfenes Gerüst, das an Gärten erinnert, auf dem sich Putten tummeln und Muschelwerk zu pflanzlichen Formen stilisiert ist. Große Kartuschen greifen auf den ovalen Rahmen über, wo die Stukkatur sich verdichtet.

Hier öffnet sich in einem Muldengewölbe der kühn aufgezogene, wieder sehr bühnenhafte und auch gartenartige Deckenprospekt des Malers Franz Martin Kuen. Dieses Fresko ist ein Jugendwerk des fünfundzwanzigjährigen Weißenhorners, das er wohl gleich nach seiner Rückkehr aus Venedig geschaffen hat. Und doch ist es auch ein typisch deutsches Werk in seinem Hang zur kunstvoll ausgesponnenen Allegorie, in seiner Bukolik und

seinem krausen Erfindungsreichtum. An der Schmalseite gegenüber dem Eingang haben wir einen Blick auf eine idyllische
Szenerie: das Paradies mit dem Sündenfall der Stammeltern. Es
soll den Verlust des Heils durch die Erbsünde vergegenwärtigen.
Ihm gegenüber wird das Heilsverlangen durch die Missionare
aus dem Benediktinerorden gezeigt. An der südlichen Langseite
die heidnische Weisheit, dargestellt durch drei Szenen: Begegnung zwischen Kaiser Alexander und dem Weltverächter Diogenes; Pegasus auf dem Parnaß mit den neun Musen, angeführt von
Apoll; Kaiser Augustus schickt den Dichter Ovid wegen seiner
Schmähschriften in die Verbannung. An der nördlichen Langseite dagegen die christliche Weisheit. Links: Papst Gregor I.
sendet seine Missionare nach England. In der Mitte der Berg mit
dem Lamm Gottes (als Gegenstück zum heidnischen Parnaß)
und das Buch mit den Sieben Siegeln. Am Abhang des Berges
– wohl als Gegenbild zu den antiken Musen – die von sieben
Frauen personifizierten Gaben des Heiligen Geistes, darunter,
als weißgekleidete Figuren, der Glaube und die Hoffnung. Rechts
davon wird die Geschichte des Klosters aufgerufen: die beiden
Stifter Graf Hartmann und Otto von Kirchberg übergeben das
Kloster an dessen ersten Abt Werner von Ellerbach (1093). Das
Rundpanorama empfängt seinen Reiz nicht zuletzt von der geschickten Unterteilung der einzelnen Gruppen durch gemalte
Rocaille-Versatzstücke, die wie Bühnenattrappen wirken und
phantastische Aufsätze in Form von Baldachinen und Raupen
haben. Der junge Maler beweist beträchtliches Kompositionsgeschick. Das Fresko wirkt trotz der umfassenden Vergegen-
wärtigung von Symbolischem und Historischem nicht überladen. Antithetisch hat man mit Recht das Programm genannt,
das hier vor unseren Augen ausgebreitet wird. Es konzentriert
sich auf die Randzone der Decke, bezieht aber auch den Deckenspiegel als himmlische Zone mit ein. Hier sehen wir die göttliche
Weisheit sitzend auf einer Wolkenbank, umgeben von einer
schwungvoll aufgezogenen Engelsgloriole.

Auf der Flachdecke unter den vier Balkonen sind die vier lateinischen Kirchenväter dargestellt: Hieronymus, Gregor, Augu-

stinus und Ambrosius. Acht Grisaillebilder unter der Galerie an den Langseiten berufen die großen Doctores der Kirche im Mittelalter: Magister sententiae (Petrus Lombardus); Doctor subtilis (Duns Scotus); Doctor eximius (Suarez); Doctor Angelicus (Thomas von Aquin); Doctor seraphicus (Bonaventura); Pater Juris (Gregor IX.); Doctor verabilis (Wilhelm von Occam); Doctor universalis (Albertus Magnus). Daß Wilhelm von Occam in dieser Auswahl erscheint, könnte ein Hinweis auf das Wittelsbachische Kaisertum Karls VII. sein! Occam war nämlich wissenschaftlicher Verfechter der Ansprüche Kaiser Ludwigs des Bayern gegenüber dem Papst. Schon bei der Darstellung des Kaisers Augustus ist diese gedankliche Verbindung nicht ganz auszuschließen. Karl VII. hatte als Kaiser eine Welle von Schmähschriften zu erdulden.

Aber bleiben wir bei unserer Kunstbetrachtung. Deutliche Erinnerungen an Tiepolo geben den vier Kardinaltugenden in den Ecken ihren künstlerischen Reiz. Hier erbauen uns in feiner Stuckumrahmung die Klugheit (Schlange und Spiegel), die Mäßigkeit (ein weiblicher Genius, der den Überfluß im Krug mit einem Glas ausschüttet), die Gerechtigkeit (mit Schwert und Waage) und der Starkmut (mit Löwe, Säule und Helm).

Diese glanzvolle Bibliothek hat nur noch zum Teil alten Bücherbestand, während der größere Teil nach Stuttgart verbracht worden ist, vor allem die wertvollen Handschriften. Gerne hätten wir hier noch nähere Auskunft erhalten, aber unser freundlicher Cicerone mußte sich an die Führungszeiten halten. Nicht anders war es wohl Johann Nepomuk Hauntinger ergangen, als er im Jahr 1784 die Bibliothek von Wiblingen besuchte:

Die Bibliothek ist ein schöner Saal, von dem es scheint, daß die Herren von Schussenried das Modell zum ihrigen möchten genommen haben; schön, was Malerkunst, Bildhauerei, Architektur und das Äußerliche überhaupt betrifft. Von der Büchersammlung sind die Meinungen nicht gleich: einige sagen, daß sie sehr ansehnlich sei, andere wollen wissen, daß man in diesem Punkte allzu haushälterisch zu Werke gehe, als daß diese Sammlung jährlich einen wichtigen Zuwachs bekommen sollte, und daran soll das schöne Kirchengebäude schuld sein. Von der Erfahrung kann ich

da nicht sprechen; es war uns unmöglich, uns länger als einige Minuten
an diesem Orte aufzuhalten, und die Fustische Bibelausgabe von 1462
bemerkte ich, weiter nichts … Sonst wird hier auch ein … Nachfol-
gungs-Christibüchlein gezeigt … über dessen Autor sich die Gelehrten
schon lange zanken. Das Büchlein selbst vergaß ich mir zeigen zu lassen,
und diese Note habe ich aus des Fürst Martin Gerbert Reisebeschreibung
entlehnt.

Heute ist diese Bibliothek des Abtes Meinrad (1730-1762) im
baulichen und kunsthandwerklichen Sinn vorbildlich restauriert.
Der Weg zurück schenkt noch den freundlichen Eindruck des
Klostertreppenhauses mit Deckenreliefs von Gaspare Mola. Und
beim Hinausgehen erhält man noch eine kleine Beschreibung in
die Hand gedrückt, die als Besichtigungsausweis dient und in
der man das Gesehene nachlesen kann.

Wir treten wieder auf den weiten Klosterhof hinaus. Die *Kirche*
reckt uns ihre gewaltige Front mit den übereck gestellten Türmen entgegen. Auf diesem Klosterhof kam es 1805 zu einem Gefecht zwischen Bayern und Württembergern. Es ging um den
Besitz des Klosters. Am 27. März 1806 wurde durch Bayern die
Aufhebung verfügt. Am 12. Juli wurde bestimmt, daß die Besitzungen am rechten Illerufer an Bayern fallen, die auf dem linken an Württemberg. Das gewaltige Klostergebäude wurde vor-
übergehend die Residenz des Herzogs Heinrich von Württemberg, seit 1810 königliches Oberamt, schließlich dann Kaserne.
Etwas davon hat es heute noch, vor allem durch die niederen
Flankenbauten, die einstmals Stallungen bargen. Auch reiten
kann man in Wiblingen heute noch, wie die umzäunten Parcours
an der Nordseite des Klosters uns zeigen.

Die *Kirchenfassade!* Als gewaltiger Torso ragt sie in der Mitte
auf, zwei Türme, die festungsartigen Charakter haben, flache
Riesenpilaster und schießschartenartig kleine Fenster. Die vor-
gewölbte Mittelfront zeichnet ein elegantes Portal aus, das mit
seinem geschwungenen Gebälk über dem Ovalfenster noch ganz
dem Rokoko zugehört.

Drei überschlanke Fenster und zwei Seitenportale mit Ober-

lichtfenstern sitzen gut verteilt auf der mit Doppelpilastern ge-
gliederten, sonst schmucklosen Front. Die Türme schließen mit
etwas behelfsmäßigen Walmdächern, über der schmucklosen
nüchternen Attika ragt der Giebel des gewaltigen Kirchendachs
hervor. In der Bibliothek ist uns ein Fassadenriß von Johann
Georg Specht erhalten, der uns die vollständige Planidee weist.
Demnach sind die Türme nicht einmal bis zur Hälfte gediehen,
zwei weitere hohe Turmstockwerke, mit abnehmender Pilastergliederung, Rundfenstern und Zwiebelhauben samt Laternen
hätten eine Fassade von wahrzeichenhafter Größe abgegeben.
Das Kloster hatte offenbar nicht mehr die Kraft zur Ausführung.

Auf einer aquarellierten Federzeichnung von Pater Michael
Braig aus dem Jahre 1834 haben wir eine Vogelschauansicht des
ganzen *Klosterkomplexes*. Hier zeigt sich, daß auch der rechte,
heute als Spital dienende Flügel nicht mehr zu Ende gebaut worden ist. Das 19. Jahrhundert erst hat ihn ergänzt – mit täuschen-
dem Einfühlungsvermögen, muß man bekennen.

Wiblingen, das zeigt uns ein Blick auf die symmetrische Gesamtanlage, ist die letzte der großen, dem Escorialschema ver-
pflichteten Klosteranlagen. Auffallend ist, daß die Klosteranlage
als solche ›schrumpft‹, während die Kirche zu ungewöhnlicher
Dominanz gesteigert ist. Sie überragt alles und sprengt beinahe
die Proportionen des Quadrats. Was ist hier vorgegangen, wie
ist es dazu gekommen?

Im Jahre 1714 wird der Klosterbau durch Christian Wiedemann von Elchingen begonnen. Um 1745, als die Bibliothek
schon gebaut ist, übernimmt Johann Michael Fischer den Klosterbau und die erste Planung der Kirche. Er errichtet den Ost-
flügel mit dem schlanken Mittelpavillon. Acht eigenhändige
Pläne Fischers, die Pater P. Weissenberger 1934 im Fürstlich
Thurn und Taxisschen Archiv zu Regensburg aufgefunden hat,
geben uns Einblick in die Kirchenbauvorstellungen Fischers.
Sein Grundriß basiert auf Ottobeuren, betont aber die Längsachse viel stärker. Er ist das abschließende Wort dieses großen
Architekten zum Thema kirchlicher Monumentalbau.

Sein Nachfolger Johann Georg Specht hat diese Pläne zwar in

entscheidenden Punkten abgewandelt, aber die Idee der Durchdringung von Langhaus (mit Seitenkapellen) und Querhaus (mit
runden Abschlüssen) von Fischer übernommen. Die Choranlage

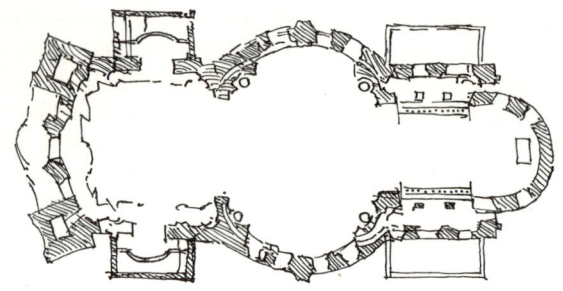

folgt fast unverändert Fischers Plan, auch das Langhausstück mit
den ovalen Nebenkapellen und der gerundeten Front (bei Fischer
noch ohne übereckgestellte Türme). Spechts wichtigste Korrek-
tur betraf die Querhauszone, die er zu einem zentralen Rund-
kuppelraum erweiterte und mit flacher geführten Segmentbo-
gen – anstelle der Fischerschen Halbkreise – schloß. Im Aufbau
entschied er sich für die klassizistischen Korbbögen, die Fischer
noch fremd sind. Doch ist die Wölbung, wie in Neresheim, nicht
mehr massiv in Ziegelbauweise durchgeführt, sondern als Holz-
konstruktion mit Lattenrost. Man merkt es jedoch nicht! Fischers Plan hätte eine quergelegte Ovalkuppel mit sphärisch geführten Gurtbogen vorgesehen.

Am 14. Mai 1772 wurde der Grundstein zum Kirchenbau nach
den abgeänderten Plänen Spechts gelegt. Specht stellt die Kirche
im Rohbau fertig, dann wird er abgelöst (1778) durch den kurtrierischen Hofmaler Januarius Zick, der nun die *Ausstattung* im
neuen klassizistischen Geschmack durchführt. Die Mitarbeiter,
die den ›Bau- und Verzierungsdirektor‹ Zick unterstützen, ein
Johann Georg Schnegg aus Tirol und ein Benedikt Sporer aus
Wessobrunn, ein Franz Joseph Christian und dessen Sohn Franz,

beide aus Riedlingen (Chorgestühl), fügen sich nur unter
Zwängen in die neue Linie, die auf edle Simplizität und erhabene
Größe zielt. Und doch, oder gerade deshalb, muß uns die Leistung des Malerarchitekten Respekt abgewinnen. Es handelt
sich sowohl um die Vollendung eines der größten Kirchenbauten
des Spätbarock, wie auch um eine entschlossene Stilneuschöp-
fung durch die Vereinfachung der Wirkungsmittel. Die absolute
Größe der Raumvorstellung wird somit noch deutlicher, durch
Simplifizierung – das Wort im rechten Sinn gebraucht – vertieft.

Im Gegensatz zur differenzierten Polychromie des Rokoko ist
die Farbwirkung allein auf Weiß-Gold abgestimmt. Daraus re-
sultiert eine Steigerung der Farbwirkung bei den Fresken. Diese
sind als letzte programmatisch durchgeführte Großmalerei des
18. Jahrhunderts eine der Raumschöpfung ebenbürtige Leistung.
In den Jahren 1778-1780 von Januarius Zick gemalt, stellen sie
das beherrschende Ereignis der Klostergeschichte, die Verehrung
des Kreuzes – von dem das Kloster eine Reliquie besaß –, dar. Der
monumental angelegte Zyklus wird durch das letzte Abendmahl über dem Hochaltar im Chor eingeleitet. Das Kreuzopfer
selbst ist im Hochaltarblatt Zicks dargestellt (1781). Die Flachkuppel im Chorraum zeigt uns die Kreuzauffindung durch die
Kaiserin Helena, beziehungsweise den Echtheitsbeweis durch
eine kranke Frau. In den vier Zwickelbildern darunter die Legende von der Wiederauffindung des versteckten Kreuzpartikels
im Dreißigjährigen Krieg. Dazwischen die Porträtsilhouetten der
damaligen Klosteroberen: des Abts Roman Fehr, des Priors, des
Subpriors und des Cellarius. Das Hauptkuppelfresko im Querhaus
bringt die dramatische Szene der Kreuzerhöhung: ein Rundpanorama mit drei glänzend komponierten Einzelszenen: der
Raub des von Helena gefundenen Kreuzes durch die Perser (614);
der Kaiser Heraklius bringt das von den Persern geraubte Kreuz
wieder nach Jerusalem zurück; der Kaiser trägt das Kreuz nach
Golgatha hinauf; die Verehrung des Kreuzes auf Golgatha. Darunter erkennen wir das Wappen des Abtes Fehr, gegenüber das
Wiblinger Kreuz, links die Porträtsilhouette des Malers Januarius Zick mit lateinischer Inschriftkartusche. »Dem berühmten

Manne Januarius Zick, Maler und Baumeister aus Koblenz, wegen der regelmäßigen Innenausstattung der Kirche 1780«. Von
den Deckenfresken der Nebenapsiden im Querhaus – links Mariä
Himmelfahrt; rechts: Aufnahme des heiligen Benedikt in den
Himmel – ist zu sagen, daß sie thematisch die darunter befindlichen Altarbilder (Mariä Verkündigung, Tod des heiligen Benedikt) ergänzen, fortführen.

Das letzte der großen Kuppelfresken bringt eine Apotheose
des Kreuzes: Christus, wie er als Weltenrichter erscheint. Dieses
Fresko will uns aber zugleich als ein letzter Triumph des barok-
ken Illusionismus erscheinen, letzter Ausläufer auch jenes ›genialischen Stils‹, der in den vierziger Jahren des 18. Jahrhunderts
aufkam (Spiegler in Zwiefalten!) und der eigentlich nur von
Franz Maulpertsch über die Stilwende hinaus noch durchgehalten worden ist. Die Wirkung des Maulpertsch ist in den Wiblinger Fresken, besonders in der Kreuzauffindung, evident. Man
beachte im Weltgerichtsfresko die Gruppe der Verklärten und
Verdammten. Auch in der Vorhalle haben wir noch ein gutes
Fresko. Es stellt die gedankliche und historische Verbindung zu
Wiblingen her und zeigt die Übergabe des Kreuzpartikels an den
ersten Abt Werner durch den Stifter.

Der Blick in die Gewölbe der Seitenkapellen erfreut durch die
delikate, in frischer Farbwirkung erhaltene – oder uns wiederge-
schenkte – Freskomalerei. Es sind Szenen von echt Zickscher
Einfühlung, die das Martyrium und das Begräbnis des heiligen
Sebastian und die Buße und Verklärung der heiligen Magdalena
darstellen. Hier spürt man freilich, daß Zick ein Maler des empfindsamen Zeitalters ist, der Zeitgenosse Jean Jacques Rousseaus
und Schillers, des jungen Goethe (der ihn später in seinem Wohnsitz Ehrenbreitstein bei Koblenz einige Male besucht hat!).

Was wissen wir eigentlich von Zick? Er ist in München geboren,
getauft am 6. Februar 1730, und zwar als Sohn des Freskanten und
Hofmalers Johannes Zick. Er begleitete den Vater zu dessen großen Aufträgen nach Würzburg und Bruchsal, wo er ab 1752 mit-
hilft, die heute zerstörten Fresken im Neuen Schloß zu vollen-

den. Bezeichnend sind die Stationen seiner Lehr- und Wander-
zeit: 1745-1748 Maurerlehre bei Jakob Emele in Schussenried,
Studienaufenthalt in Paris 1757, in Basel 1757, dann 1758 in Rom
in der Nähe des Raffael Mengs und Winckelmanns, und im gleichen Jahr schon wieder in Augsburg, wo die Rokoko-Akademie
immer noch blühte. Wien hat er offenbar nicht näher gekannt,
doch muß ihm Maulpertsch ein Begriff gewesen sein, vielleicht,
daß er nach Heiligenkreuz-Gutenbrunn gekommen ist, um den
Zyklus der Maulpertsch-Fresken mit der Kreuzauffindung der
Helena zu studieren. Seinen endgültigen Wohnsitz nahm er in
der Gegend, wo sein Vater große Erfolge hatte, im deutschen
Westen, genauer: in Ehrenbreitstein, das sich gegenüber von
Koblenz erhebt. Auf Reisen und zu großen Aufträgen hat es ihn
immer wieder in die Heimatlandschaft seines Vaters zurückge-
zogen. Hier erhielt er die großen Aufträge als Fresko- und Tafel-
maler, zuerst in Wiblingen 1778-1781, dann in Oberelchingen
1882-1783 und 1785, und schließlich in Rot an der Rot 1784-1786.
Am 14. November 1797 starb er auf seinem Wohnsitz Ehrenbreitstein. Norbert Lieb hat in seiner kleinen, viel zu wenig ge-
kannten Schrift ›Allgäuer Kunst‹ (Sonderdruck aus dem ›Allgäuer Geschichtsfreund‹, Kempten, Neue Folge Nr. 48/1941) die
Künstlerpersönlichkeit des Malers meisterlich charakterisiert:

*In der Kunst dieses Januarius Zick vollendet sich alle höhere süd-
deutsche Malertradition des 18. Jahrhunderts: gespeist aus vielen Quellen, berührt von wesentlichen geistigen Strömungen der Zeit, zusammengefaßt aber in der einheitlichen Haltung einer einmaligen Persönlichkeit.
Dieser Meister malt in großen Deckenfresken wie in kleinen Leinwand-
bildern noch letzte Szenen von barocken Bildallegorien, antiken Histo-
rien und Mythologien; goldiges Sonnenlicht, silberne Wolken, Gewänder
in Rot, Grün und himmlischem Blau erfreuen das Auge, über den Stir-
nen von Mädchen schimmert ein zarter Mond.*

*Aber derselbe Maler hat auch das Bild der Pest (Augsburg) ge-
malt: In grünlich-fahlem Licht schreitet zwischen den wie Ackerschol-
len liegenden nackten Leichen der Sieger Tod ...*

*Es gibt aber noch ein anderes Bild von Januarius Zick. Es stellt eine
Szene dar: ›Rousseau findet die Lösung der Preisaufgabe der Akademie*

von Dijon‹... Am Waldrand sitzt der Jüngling mit grübelndem Blick, aufgeregt in der nachhaltenden Qual geistiger Denkarbeit; da sieht er plötzlich die Lösung der Frage: die Hand greift wühlend an die Brust, um mit dem Hemd die Tränen der Augen zu trocknen. Man erinnert sich vor diesem Bild etwa an ein Ereignis aus der Geschichte von ›Schillers Flucht‹: wie im Herbst 1782 der junge, den Hemmungen seiner herzoglich-schwäbischen Heimat entronnene Dichter am Wege von Mannheim nach Frankfurt kurz vor dem Ziel übermüdet unter einem Gebüsch am Waldrand zusammengebrochen ist, in langem, tiefem Schlaf dann, bewacht von einem treubesorgten schwäbischen Freund. In seltsamer Geistesfreundschaft hat in Zicks Gemälde ein deutscher Maler echten Anteil an der genialischen Erregtheit des jungen französischen Aufklärungsphilosophen genommen, hat als Künstler eine Schicksalsstunde der Geistesentwicklung seiner Zeit in kongenialem Bildgefühl miterlebt und uns verlebendigt.

Die geistig-künstlerische Spannweite aber der Gesamtschöpfung Wiblingen reicht vom flamboyanten ›genialischen‹ Rokoko des Kreuzabnahmealtars bis zum Zickschen dekorativen Klassizismus, vom gotischen Triumphbogenkreuz des Michael Erhart – aus dem Münster in Ulm – bis zum Chorgestühl des Franz Joseph Christian aus Riedlingen. Hier allerdings kam es zum Krach mit dem Auszierungsdirektor, der dem Kloster noch einen Prozeß eintrug. Der Rokokoschnitzer hatte das Gestühl 1771 begonnen; die Arbeit zog sich über seinen Tod hinaus hin, bis schließlich Zick energisch eingriff und von dem jüngeren Christian eine Redaktion des Ganzen im klassizistischen Sinn verlangte, die schließlich auf dem Prozeßwege auch durchgesetzt worden ist. Was zustande kam, war nicht mehr reines Rokoko, sondern ein zwiespältiges, klassizistisch überarbeitetes Rokokowerk mit feinen Reliefs (nach Entwurf von Martin Dreyer), darunter einen Idealplan des Klosters, den typischen Christian-Hermen, aber dann wieder Rosetten, Lorbeergehänge und Urnen. Vom älteren Christian stammen wohl die Stuhlwangen und Voluten. Ein Glück freilich war es, daß man in dieser Zeit noch auf einen so bedeutenden Orgelbauer des Rokoko wie Johann

Nepomuk Holzhay aus Ottobeuren zurückgreifen konnte. Er schuf die Chororgel. Die geplante große Westorgel blieb allerdings unausgeführt.

Fidelis Mock aus Sigmaringen schuf die zwölf Apostel auf der Galerie: weiße Stuckplastiken »von dickköpfiger Virilität«(F. A. Kauffmann), die ein wenig an Gipsabgüsse erinnern. Benedikt Sporer aus Wessobrunn führte die Stuckmarmorarbeiten des Hochaltars nach Zickschem Entwurf aus. Die Schnitzarbeiten am klassizistischen Tabernakel tätigte Chr. Unsöld aus Wiblingen. Die monumentalen, etwa vier Meter hohen Evangelistenfiguren sind dem Tiroler Johann G. Schnegg übertragen worden. Ihr Ausdruck ist noch von würdevoller barocker Pathetik. Die Engel über dem Hochaltarbild Zicks durfte der jüngere Christian schnitzen. Nach Zickscher Zeichnung. Selbst für die Kanzel hatte Zick einen Entwurf geliefert, der uns im Museum zu Koblenz erhalten ist. Die Ausführung in Stuckmarmor übernahm hier Benedikt Sporer aus Wessobrunn. Seine Aufsatzfiguren befleißigen sich der Zickschen rundlichen Zeichnung, haben aber auch schon wie in einem Vorgriff etwas von dem idealisierten Wesen der Nazarener. Das Pendant zur Kanzel, die Stuckgruppe der Aussendung der Apostel, wie auch die Figuren von drei Altären im Kuppelraum (heilige Anna und Maria, heilige Scholastika, heiliger Martin) sind wiederum Werke des Tirolers Johann Georg Schnegg, bei denen noch ein wenig barocke Glut unter der weißen klassizistischen Asche glimmt. Das Zentrum aber der Wiblinger Kirche ist der Kreuzaltar mit der vielverehrten Kreuzesreliquie. Er wird gegenwärtig nach den liturgischen Erfordernissen neugestaltet.

Als wir die Kirche besichtigten, wurde sie gerade einer ›Generalrestaurierung‹ unterzogen. Ein Werk von beträchtlichem Aufwand und künstlerischem und finanziellem Einsatz. Über die klassizistische Kanzel waren durchsichtige Kunststoffhüllen gelegt. Auch die Altäre, die klassischen Grabdenkmäler waren so verhüllt. Das Gestühl und ein Teil des Plattenbelags war entfernt, herausgerissen zum Einbau der Heizung. Das störte zwar den Gesamteindruck, aber verstärkte noch den Charakter des

Monumentalen, weil zu allem auch das Betgestühl fehlte. Man stand also auf Sand wie in einer riesigen römischen Therme, stand auf kleinen Bergen von Bauschutt, über uns die gewaltige Flachkuppel. Aus den Abseiten strömte das Licht herein, stürzte förmlich über die weißen Emporen. Arbeiter werkten in der Baustelle wie unter offenem Himmel. Rufe hallten durch den Raum, man hörte das Dröhnen von Hammerschlägen.

Jetzt traf ein Lichtstrahl aus dem Querschiffenster auf die geduckte, in Zellophan gehüllte Gruppe der Apostel auf dem Kanzeldeckel. Das Zellophan war mit Schwitzwasser angelaufen. Es dünstete in der Sonnenwärme. Die vier Evangelisten auf dem Hochaltar rangen mit großen Gebärden gegen die zarte Hülle an, warfen sich förmlich auf. Nur Markus mit dem gefangenen Stier achtete nicht der Netze und der Verkleidungen, vertieft in sein mächtiges Buch. Er las in seiner eigenen Vergangenheit, fand sich vielleicht in dieser Umgebung problematisch, ein wenig noch von Permoser, ein wenig von Schnegg und ein wenig von Zick erschaffen. Aber die Bezauberung durch das große Buch wurde nun durch die Faszination der erlebten Zeit verdrängt ...

Wir gingen mit unserer Führungsgruppe zurück zum Hauptportal. Der Raum weitete sich noch einmal, war nicht mehr Innenraum allein: er war plötzlich die nach Innen gestülpte Außenwelt, der herabgeholte, herabgezwungene Himmel. Etwas von der Spannung eines Schöpfungsaktes teilte sich dem Besucher mit. Er gab sich einen Ruck und nahm von Wiblingen, vom Barock und zu einem Teil von sich selber Abschied.

Wir sind wieder in Ulm, oder vielmehr: wir fahren um Ulm herum, suchen uns nach Neu-Ulm hinaus durch ein Industrieviertel, bei Nersingen beginnen die Donauauen, dann Leibi, die Donaubrücke, mächtiger strömt der Fluß jetzt schon dahin ... Ein denkwürdiges Panorama, auf das sich der Blick von Leibi aus schon lange geheftet hat, gewinnt klare Umrisse. Sie ist donauländisch, diese Situation: ein mächtiger Bergrücken weist uns die Flanke, er ist bekrönt von einer langgezogenen Kirche mit einem zierlichen Dachreitertürmchen. Häuser staffeln sich die Steige hinauf, eine verwitterte Mauer schlingt sich um den Kirchhof und fällt zu Tal. *Oberelchingen* ist das, die Schlußstation unserer Reise.

Das Panorama kennt man von Kobells Skizzen und Bildern zum Schlachtenzyklus des Marschalls Berthier: ›Ansicht der Abtei und der Brücke von Elchingen, Gefecht bei Elchingen ...‹ Die schwer umkämpfte Brücke war damals noch aus Holz; wie eine Riesenspinne auf langen Beinen stelzte sie über den Fluß.

Wir sind gleich am Fuß des Berges in einem freundlichen und barocken Klosterort. Es geht steil bergan die Klostersteige hinauf. Ein behäbiges Torhaus mit Dachreiter, seitlich durch alte Beamtenhäuser erweitert, sagt, daß wir im Klosterbezirk sind. Was sich dahinter tut, ist freilich fast enttäuschend: Siedlerhäuser, ein verloren dastehendes Haus mit Treppengiebel anno 1850, eine Gruppe schöner Linden mit Bänken darunter und fast versteckt von hier die Kirchenfassade. Hier muß die Säkularisation ziemlich aufgeräumt haben mit der baulichen Klosterherrlichkeit, oder war ein Brand schuld, das Gefecht von 1805? Freilich, da drüben wenigstens noch altes Mauerwerk bei der Klosterbrauerei. Wir werden ja sehen.

›Le Salon du bon Dieu‹ hat Napoleon die *Benediktinerklosterkirche* der Reichsabtei Oberelchingen genannt. Wie respektlos diese Äußerung und doch eigentlich wie bezeichnend, ja treffend. Denn wer hier eintritt, darf auf etwas Außergewöhnliches gefaßt sein: eine Louis-seize-Kirche! Alles in Weiß und Gold bis auf die Fresken. Man steht unter der Orgelempore und versucht seinen ersten Eindruck auf eine Formel zu bringen: reines Louis-seize, aber im Kern noch mittelalterlicher Bestand, Basilika-Quer-schnitt, auch das Raumgefühl noch ganz im Sinne des Barock entwickelt, im Chorraum vor allem und in der Deckenzone. Man blickt nach oben. Auch hier also Zickfresken. Unter der Orgel die Geschichte der Klostergründung, barocke Gesellschaft mit Bauplan befaßt, darunter eine vornehme Dame mit schönem Pro-fil. Ob sie Napoleon auch betrachtet hat? Wie ein Salon ist ihm doch diese Kirche vorgekommen. Und zum Salon gehören vor-nehme Damen. Was aber nun wirklich ein wenig an einen Salon erinnert, sind die Stuckkornichen in den Seitenschiffen. Die sind partout nach Zimmerart stuckiert. Franz Xaver Feichtmayr der Jüngere und wahrscheinlich nach Entwürfen François Cuvilliés' des Jüngeren. Es ist sehr fein aufgetragener, reich vergoldeter Stuck, mit Girlanden und Tuchgehängen durchsetzt, und aller-letzte Rocaille, fast wie im Speisesaal des Schleißheimer Schlos-ses.

Man hat die mittelalterliche Kirche in Weiß und Gold gepackt und mit neuem Gewölberhythmus versehen. Mehr Licht kam auch durch die vergrößerten Fenster herein. Außergewöhnlich viel Licht für eine Basilika. Der Gewölberhythmus entfaltet sich so: im Orgeljoch Ovalkuppel über zwei Jochen; dann Längs-ovalkuppel: über drei Jochen; Rundkuppel: über zwei Jochen, jetzt eine ovalüberkuppelte Vierung: hier reichere Dekoration des Gewölberahmens. Dieser Raum nächst eines Querschiffs mit abgeschrägten Ecken buchtet weich aus und hat ornamen-tal empfundene Fenster. Der Zimmermannschüler Joseph Dos-senberger war hier am Werk. Er hat diesem Raum noch ein Stück Rokokolebendigkeit mitgegeben, ihn mit seinem heiteren Geist durchwirkt. Schließlich die Rundkuppel des Altarraumes.

Freilich, gerade hier, wo der Raum am stilsichersten wird, die Manifestationen der Neuen Liturgie: zentraler Altartisch und Ambo. Damit noch nicht genug, hat man ein strauchartiges Ge-bilde als modernen Akzent in diesen Chorraum gestellt. Es sieht

fürs erste aus wie ein monumentaler Besen. Für sich betrachtet
ist es so schlecht gar nicht. Aber was soll es in dieser stilgeschlos-
senen, stilempfindlichen und stilreinen Kirche? Könnte man sich
mit dem zentralen Altartisch noch anfreunden, obwohl er ein nur
angerauhter Natursteinblock ist, so scheint uns diese Eisenpla-
stik hier fehl am Platze. Zumal das originale Schmiedeeisen in
Gestalt eines prachtvollen Louis-seize-Gitters weichen mußte.
Diese zarte räumliche Zäsur, die Laienraum und Mönchschor
trennte und verband, hat man einfach weggeräumt. Gegen diesen rigorosen Modernismus hat offenbar selbst die bayerische
Denkmalsbehörde einen schweren Stand! Auch der Kreuzaltar
mußte weichen. Warum denn eigentlich, hatte man in ihm nicht
schon einen zentralen Altar? Sein Kruzifixus wurde wenigstens
belassen. Er bildet jetzt ein Triumphbogenkreuz. ›Bon Dieu‹,
kann man da nur sagen.

Aber das Chorgestühl der Benediktiner von Oberelchingen
blieb noch intakt. Es zeigt feine Schnitzereien und Rokokoauf-
satzfiguren. Auf den Gesimsen des Dossenberger-Chores sitzen
noch Stuckplastiken voll Schwung, die Vier Kirchenväter. Auch
im Hochaltar noch der Geist des Rokoko in weißgoldener Ver-
packung. 1774 wurde er von dem Dillinger Bildhauer Johann
Michael Fischer gestaltet, ein Bildschnitzer, der aus der Würzburger Auwera-Werkstatt, die durch ihre Möbelschnitzerei berühmt war, hervorgegangen ist und der noch weit in den Klassizismus hinein ungebrochen schuf. Die Statuen der Apostelfürsten Peter und Paul, die Heiligen Benedikt und Scholastika, Sankt
Michael im Kampf mit dem Drachen, sie verkörpern hier die
Patrone der Kirche, die zum Schutze der Unbefleckten, der apokalyptischen Frau, angetreten sind. Ein Gemälde von Zick in der
Mitte des Altars beruft sie in der Anmut des Zeitalters, das nicht
zuletzt ein Zeitalter der Frau gewesen ist.

Der Verherrlichung Mariens ist deshalb das nördliche Seitenschiff gewidmet. Hier tritt uns Maria als Gnadenbild entgegen,
kostbar in Seide und Stickerei gekleidet. Marianisch ist das
Thema der Fresken in diesem Schiff. Das südliche Seitenschiff ist
dem Ordensvater Benedikt eingeräumt. Von den Fresken aus sei-

nem Leben prägt sich besonders der Tod des Heiligen ein durch
den niederländisch gefärbten Realismus. Tatsächlich hat hier der
Maler Januarius Zick auf eine seiner Ölskizzen zurückgegriffen:
hier war es die ›Pest‹ in der Augsburger Barockgalerie, früher
Sammlung Röhrer.

Ungeduldig soll der Abt von Elchingen, ein kunstverständiger
Mann, auf die Ankunft des kurtrierischen Hofmalers Zick gewartet haben. Der Konvent wartete auch. Zick war derweil in
Wiblingen mehr als beschäftigt, schob den Termin immer wieder hinaus. Aber eines Tages kam er nach Oberelchingen, ein
Kavalier des Ancien Régime, mit silbrig gepudertem Haar und
Löckchen an den Schläfen, ein feinsinniger Künstler, der Mozart
ein wenig glich und klare Augen hatte. Ein wenig überarbeitet
mag er wohl gewesen sein, und ein wenig nonchalant, auch darin
Mozart verwandt ... Er ging durch die glanzvoll erneuerte Kirche, betrachtete sich die leeren Deckenfelder, die wohl schon
nach seiner Maßgabe angelegt waren, und wußte schon, daß
Oberelchingen der sphärische Ausklang seiner umfassenden Arbeiten in Oberschwaben werden müsse. Kein letzter Barock-
himmel, sondern der Intimität des Raums entsprechend tableau-
artige Deckenbilder, die zum Beschauer sprechen, der Andacht
dienen und in gewissem Maße auch volksnahe sein sollten. Eine
Wallfahrtskirche war Oberelchingen seit alters her. Und ist es
noch heute. Maria, die Schmerzensreiche und die Freudenreiche,
sie wird hier nicht mehr verherrlicht, sondern uns menschlich
nahegebracht. Zick gelang das sogar in den großen Fresken des
Hauptschiffs und Chores: Geburt Mariens, Himmelfahrt Mariens, Verkündigung, Jesus im Tempel mit seiner Mutter, und
schließlich die Heimsuchung. Noch mehr aber wird die menschliche Seite uns in den Deckenbildern des Seitenschiffs nahegebracht, wo der Maler liebenswürdige Details wiedergibt. Auf
dem Bilde mit der Geburt Mariens signierte er:

IANU : ZICK

INV : ET PIN :

1783

Zehn Jahre waren dem Kloster, der stolzen Reichsabtei, noch ge-
gönnt. Das gleiche Datum trägt übrigens ein Modell aus Papier
und Pappe, das Pater Ulrich Baumgartner als Fleißarbeit für die
Nachwelt hinterlassen hat. Es ist gleichwohl mit den feinen, aus
verschiedenen Jahrhunderten stammenden Ansichten – die Anton H. Konrad in einem schönen Bildband zusammengestellt hat
– die dokumentarische Bestandsaufnahme eines kunstliebenden
Klosterbruders vor Beginn des sukzessiven Abbrechens in Oberelchingen. Wir blicken mit Staunen in eine barocke Hofanlage,
die den heute leeren Raum zwischen Kirche und Torpavillon
einnimmt und vor der Kirche um einen Ehrenhof zurücktritt.
Wir sehen den Torbau Christian Wiedemanns, dann den langen
Flügel des Marstalls, dahinter der Ökonomie, den von Johann
Georg Specht errichteten Gastbau mit seinem Mittelpavillon,
den Konvent- und Abteibau der Prälatur, südlich der Kirche an
ihre Fassade unmittelbar anschließend und um einen Hof grup-
piert, die Kapelle Sankt Pankratius am Berg. Vor dem Ehrenhof
aber, an den Abhang des Berges hingerückt, ein kleiner Aus-
sichtstempel mit chinesischem Pagodendach und großen Fenstern. Es ist das Sommerhaus des Klosters (von Wiedemann errichtet), dazu bestimmt, die berühmte Bellevue von Oberelchingen in der rechten Art zu genießen. Bei einem Täßchen Coffée
vielleicht und bei verborgener Musik. Bis auf Kirche und Torpavillon ist fast alles vom Bergkloster verschwunden. Das ging
sukzessive nach der Säkularisation und währte fast bis heute.

Doch am Dreieckgiebel des Mittelpavillons am Gästehaus, das
die Zimmer für hohen Besuch bereithielt, an diesem Giebel also
prangt noch heute der schwarze römische Adler: auf dem Modell!
1794 hatte man ihn dort angebracht: »Er wurde schwarz gemacht,
samt Wappen, um das Andenken des Friderichischen Privilegii
stets zu sehen und zu erhalten.« Bon Dieu!

Elf Jahre später aber wird der Wechsel der europäischen Szenerie auch hier in Oberelchingen sichtbar. Die goldenen Adler
Napoleons markieren ihn jetzt.

*Die Franzosen standen zu Anfang des Monats (Oktober 1805) be-
reits an der Donau ostwärts Ulm; der Kaiser konnte von Ludwigsburg*

*aus geradewegs nach Augsburg reiten und dort Quartier beziehen. Vom
9. Oktober ab wird mit verkehrter Front gekämpft. Die Franzosen greifen beiderseits der Donau stromaufwärts an. Die Österreicher, unter
ihrem Feldzeugmeister Mack, werden nach Westen geworfen. Am
14. Oktober kommt es bei Oberelchingen zu einer blutigen Schlacht. Die
Szene ist für Manöver und Krieg wie geschaffen ... Grenzenlose Felder-
breiten, außer etwas Auwald am Strom wenig Deckung, der breite
Hügel festungsartig vom Geviert des Klosters gekrönt. Hier konnte Mack
seine Artillerie placieren; das Schußfeld war denkbar günstig, nur war
man leider schlecht munitioniert. Kanonengewitter, Trommeln und Hörner, Geschrei der angreifenden Battaillone. Zwei Angriffe brechen im
österreichischen Feuer zusammen, Ney, der große Soldat, exaltiert wie
immer, wenn es wieder soweit war, präsentiert sich in Paradeuniform
den Kugeln der Tiroler Schützen (er wird nach diesem Tag den Titel
eines Duc d'Elchingen tragen). Endlich, nach vier Stunden, erzwingen
Angriffswut und Übermacht der Franzosen den Sieg. Dreitausend
Österreicher werden gefangen, darunter ein General, dem außer seinem
Degen auch Uhr und Börse abgenommen werden und beinahe noch seine
goldenen Tressen; und dann muß er sich von Ney noch Grobheiten sagen
lassen. (Peter Lahnstein, 1964)*

Feldzeugmeister Mack, dem in Wien der Prozeß wegen der ver-
lorenen Schlacht und der Übergabe Ulms gemacht wurde, war
der Sündenbock für den Wiener Hofkriegsrat. Dabei wurde er
falsch informiert, wartete auf Entsatz, der nicht kam, und war
außerdem mangelhaft ausgerüstet. Und doch wurde ihm zunächst das Todesurteil gesprochen, das vom gnädigen Kaiser
Franz II. in zehn Jahre Haft gemildert wurde. Später hat der tap-
fere Feldherr, übrigens ein geborener Bayer, die ihm gebühren-
de Rehabilitierung erhalten. Er verbrachte die schlimme Zeit in
seinem Palais in Sankt Pölten (vergleiche ›Barockreisen in Österreich – An der Donau entlang‹, Seite 240). Immerhin wurde ihm
1813 wieder der Generalsrang zuerkannt, und 1819 erhielt er sogar die Feldmarschallspension, da man den schweren Fehler des
Hofkriegsrats erkannt hatte. Macks Truppen waren außerdem
bei Ulm viel zu schwach gegenüber den Franzosen.

Napoleon soll den gefangenen General schon vor dem Wiener

Kriegsgericht auf seine Weise rehabilitiert haben und wußte offenbar um die Hintergründe seiner Niederlage. Beim alten Pflug, der freilich viel nur vom Hörensagen wußte, stehts anders:

Am 17. Oktober kam der Kaiser selbst; in der Wohnung des Landrichters bezog er sein Hauptquartier. Niemand wurde vorgelassen ... Endlich, am 18. Oktober, ritt der Feldzeugmeister Mack gesenkten Hauptes vor und erbat sich eine Audienz; erst nach zwei Stunden erhielt er den Zutritt. Als er in das Zimmer Napoleons trat, stand dieser mit verschränkten Armen am Fenster, das Gesicht nach Außen gekehrt; ohne auch nur eines Blickes ihn zu würdigen, hörte er den Feldzeugmeister an. Als Mack schwieg, wandte sich der Kaiser plötzlich um und schritt mit zorngeröteter Stirne und heftigen Worten so stürmisch gegen den General ein, daß letzterer entsetzt zurückwich. Das Schicksal eines der schönsten (!) Heere, welches die Kriegsgeschichte kannte, war entschieden.

Es ist freilich anzunehmen, daß Napoleon, der ungeduldig auf die Kapitulation von Ulm wartete, in diesem Augenblick wirklich nervös war. Doch das legte sich bei ihm schnell und schlug ins Gegenteil um. Mit dem letzten Abt von Elchingen, dem resignierten Robert Plersch, verkehrte er freundlich. Den Bürgern der Gemeinde ›Thal‹, wie damals die Siedlung am Fuß des Berges hieß, spendierte er sogar für die erlittenen Beschädigungen 6000 Napoleons (einer davon ist in der Vitrine im Vorraum des Bräustüberls zu sehen). Der kleine große Mann hatte es auch den Bayern und Württembergern nicht vergessen, daß sie seinen Aufmarschplan unterstützt hatten. Er erfüllte ihnen einen langen Wunschtraum. Sie bekamen einen König. Die Uhr des 18. Jahrhunderts war abgelaufen, die alten Verbindungen mit Österreich hielten nicht mehr stand. Der Weg nach Austerlitz war frei. Wien war für die Bayern und Württemberger nicht mehr die Stadt, von der das Reich regiert wurde. Napoleon war der Mann der Stunde.

Wir sehen ihn förmlich, den Kaiser der Franzosen, wie er auf seinem Schimmel den Oberelchinger Berg hinaufreitet, durch den Torbau in das damals noch sehr stattliche Kloster hinein, gefolgt von seinen hohen Offizieren. Eigentlich merkwürdig, daß

er der Kirche einen Besuch abstattet. Vielleicht ein Dankbesuch?
Wie er mit schnellen Schritten vor zum Chorgestühl eilt, einen
Blick nach oben wirft, keine Rührung, meine Herrn! »Le Salon
du bon Dieu!«

Wir gehen indes in den Friedhof und um die Kirche herum. Eine
alte, hohe, aber zerbröckelnde Wehrmauer umringt den ganzen
Berg. Man spürt noch, wie hier das Kloster des Mittelalters ge-
borgen lag. Auf alten Ansichten und Gemälden, von denen eine
Kopie im Bräustüberl hängt, sieht Oberelchingens Kloster wie
eine kleine Bergstadt aus, oder wie eine befestigte Burg. In einer
Nische an der Kirchenmauer finden wir einen verwitterten Ge-
denkstein für die letzten Oberelchinger Konventualen. Er ist mit
verschiedenen Stücken älterer Grabdenkmäler appliziert. Kaum
daß man die Schrift noch lesen kann. Vielleicht ist einer von ihnen
jener aufgeklärte und doch sehr auf Repräsentation bedachte
Abt gewesen, dem Johann Ferdinand Gaum in seiner Schrift ›Es
leben die Prälaten‹ 1783 ein etwas zweideutiges Denkmal gesetzt
hat:

Es ist eine Lust, einen Prälaten des H. Römischen Reichs und regierenden
Herrn eines freyen Reichsstifts und Gotteshauses in seiner Person zu ver-
ehren. Er zeigt eine Gedenkungsart, mit der sowohl seine Beamten, deren
er verschiedene unter sich hat, als die ihm und seinem Hirtenstabe unter-
worfenen Patres vollkommen zufrieden sein werden, wenigstens, nach
meinem Geschmacke, alle Ursache haben, zufrieden zu sein ... Wenn er
ausfährt, so ist es allemal ein Aufzug, der Aufsehen macht. Petrus und
alle Mitglieder des apostolischen Collegii zusammengenommen haben
nicht den zehnten Theil Staat gemacht, wenn sie sich im Publikum sehen
ließen, als ein einziger solcher Reichsprälat, der doch bey allem seinem
Splendeur noch weit unter dem Amts-Nachfolger des St. Petrus ist ...

Diese Kirchhofmauer war dereinst umkämpft. Heute dient sie
der Werbung. Ein riesiges ›Cinzano‹-Schild ist hier angebracht,
bis weit ins Donautal zu sehen. Der Ausblick ist großartig. Das
hat schon Johann Hermann Dielhelm 1785 festgestellt:

Sonst hat man aus dieser Abtey die allerangenehmste Aussicht, die
man finden kann, und sich wünschen mag; denn man kann davon fast das

ganze Schwabenland, nebst der Markgrafschaft Burgau, die Grafschaf-
ten Kirchberg und Weißenhorn, ja das ganze Allgäu bis an die tiroli-
sche Grenze übersehen, dabey aber das Kloster die große Beschwerlichkeit
hat, daß die ordentliche Poststraße in das Würtembergerland mitten
durch den Klosterhof gehet, welches demselben keine geringe Gastfreiheits-
zehrung verursachet.

Freilich, ein schwerer Regenhimmel hängt heute über dem
Flußtal, die Auwälder verschwimmen in Blau und Grau. Bleiern
liegt das Wasser in den Baggerseen, die Donau ist nur ein schma-
ler Streifen. Als wir zu den Lindenbäumen vor der Kirche zurückkommen, wird ein neuer Ausblick entdeckt. Er schenkt uns ein
Stück der Vedute von Ulm. Genau zwischen dem Dach des Tor-
pavillons und des Amtshauses daneben zeichnet das Münster seine
feine Silhouette: zwei kleine Türme und der große Turm, mit
dunkleren Farben vor den grauen Himmel hingetuscht, wie auf
einem Aquarell. Wir werden die Vedute zeichnen. Es sind Bänke
da. Aber keine Bank schenkt uns den Ausblick auf das Ulmer
Münster hin. Und jetzt beginnt es zu regnen. So setzen wir uns
einfach in den Wagen, fahren an die gewünschte Stelle und zeichnen durch die Windschutzscheibe. Die Zeichnung will gelingen,
mais mon Dieu, dem Füller geht die Tusche aus. Es wird nur eine
halbe Vedute!

Und wo hat Napoleon in Oberelchingen gewohnt? Im Haus
des Landrichters, sagt Pflug. Aber Landrichter gibt es nicht mehr.
Niemand kann uns sagen, ob das Haus noch existiert. Vielleicht
ist es das von Wiedemann 1725 errichtete, heute als Schule dienende ehemalige Oberamtshaus? Die Generäle Ney und Berthier
nahmen in einem Amtsgebäude neben dem Torpavillon Quartier. Steil zieht die Straße herauf, dann macht sie einen scharfen
Bogen hinüber zur Klosterbrauerei. Das Klosterbräustüberl hält
den schönsten Fleck des Berges von Oberelchingen besetzt. Dort
soll unsere Barockreise ausklingen.

Es ist ein stimmungsvoller Ort, der von vielen Besuchern geschätzt und von den Ulmern geliebt wird. Nicht nur wegen der
Aussicht, sondern auch wegen des Oberelchinger Biers. Man
kann sich heute Ponys zum Reiten mieten oder Kutschenfahrten

unternehmen. Ein Brauner streckt seinen Kopf aus dem Verschlag, blickt uns an, schüttelt die Mähne … Da liegt ein Stück roter Untersberger Marmor an der Mauer, dient als Wasserfänger. Es ist ein Weihwasserbecken, das vom Klosterabbruch übrig geblieben sein mag, herrlich gearbeitet in Form einer Muschel. Fleischfarben glänzt der Stein in der Nässe.

Wir gehen ins Bräustüberl. Im Vorraum oder Fletz steht ein alter Landauer, gut hundert Jahre mag er zählen, und allerlei Pferdegeschirr ist um ihn garniert. Auch eine Vitrine mit Erinnerungsstücken an die Schlacht von Oberelchingen ist da: Miniaturen, Münzen und Medaillen. Ein silberner Napoleon mit dem Cäsarenprofil des Kaisers, am schönsten aber die Erinnerungsmedaille an die Schlacht von Elchingen: Napoleon im Siegeswagen, wie ihm eine Nike den Siegeskranz reicht, Standarten und Fahnen, ganz in antiker Manier. Gegenüber hängt ein altes Bild: es zeigt die Siegesparade am Berg von Oberelchingen und den Abzug der gefangenen Österreicher: »Dédiée à sa Majesté le Roi de Bavière …« steht darüber.

Das Bräustüberl ist gemütlicher. Es wartet mit einer Sammlung von Bierkrügen auf, Biedermeierkrüge und altdeutsche Humpen, auch neue irdene Krügeln mit dem Namen der Brauerei. Aus einem solchen trinken wir jetzt unser Bier und betrachten die Klosteransicht an der Wand und die bunten Bilderbogen im Nebenzimmer. Den Krug nehmen wir dann als Souvenir mit, natürlich nicht ohne ihn zu bezahlen.

Vier Mark kostet er, und das ist er auch wert! Wir zahlen und gehen. Au Revoir! Napoleon und Marschall Ney, Duc d'Elchingen. Meine Verehrung, General Mack!

Jetzt hat es zu regnen anfgehört und – mon Dieu – der Wagen startet nicht. Die Batterie ist auch schon fällig. Sie versagt, fini! Mais non: in Oberelchingen läßt sich jeder Wagen starten. Die Straße fällt gut zwei Kilometer ununterbrochen … Als wir bei der Kirche ums Eck biegen – bon Dieu – brummt der Motor mit. So fahren wir also noch einmal durch den Torpavillon die alte Klosterstraße hinab bis man umkehren kann. Und dann noch einmal mit Motorgebrumm den Berg hinauf, an der Brauerei vorbei quer durch die Liegenschaften der alten aufgelassenen und abgebrochenen Abtei. Jetzt zeigt uns Oberelchingen seine schöne Kehrseite: das langhingestreckte Kirchenschiff in Rot und Weiß gefaßt, dann die Kamine der Brauerei, davor der behäbige weiße Würfel mit der weithin sichtbaren Aufschrift: Bräustüberl. Wie man es so oft schon von der Autobahn her gesehen hat. Und vorbeifuhr! Ein Stück breithingewellter Ackerfläche. Da winkt schon das weiße Band der Autobahn. Es geht gleich bergab. Elchingen sinkt zurück.

Auf Wiedersehen Oberschwaben! Au Revoir Barock! Adieu Oberelchingen – à Dieu!

Unsere Auswahl der Farbtafeln dieses Bandes bringt Werke von Künstlern, die das Erscheinungsbild der Barock- und Rokokomalerei Oberschwabens und des Bodenseeraumes nachdrücklich bestimmen oder in anderer Weise – etwa als Bildhauer – für diese Gegenden repräsentativ sind. Wir beschränken uns dabei auf Ölskizzen, gezeichnete Entwürfe und ausgeführte Bilder sowohl profanen als auch religiösen Inhalts. Diese möchten zeigen, wie fein und genau die Einzelheiten der Ausstattung eines Barockraumes vorbereitet werden mußten, um eine harmonische Gesamtwirkung zu erreichen und zu welcher Kultur des kleinen Formats dieses Zeitalter fähig war, das vorwiegend große Räume mit monumentaler Malerei zu gestalten hatte. Von dieser selbst geben zwei Farbtafeln einen vergleichsweisen Begriff. *Franz Joseph Spieglers* Darstellung der ›Europa‹ im Städtischen Museum zu Meran (Seite 49) ist die Ölskizze für ein Zwickelfresko der Vierungskuppel in der Benediktiner-Klosterkirche Zwiefalten. Diese von Gold überfließende Allegorie unseres Erdteils, die hier mit Kaiserkrone und Zepter zur Himmelsglorie in der Kuppel aufschaut, während zwei Putten Kreuz und Tiara herbeischleppen, stellt der Maler vor branstig roten Grund, der sich bläulich aufhellt und die Rahmenform erkennen läßt. Der auf starke Wirkungen berechnete, fast expressive Charakter von Spieglers Kunst wird hier noch deutlicher als in der Ausführung von 1749 in Zwiefalten wo er sich mehr der Rokokopolychromie des Kirchenraumes anpaßt. Spiegler (1691-1756) hat als Freskomaler wie als Meister der barocken Ölskizze durch seine genialische Mache Einfluß auf seine Generation gehabt, der noch im Werk des genialen Vollenders Franz Anton Maulpertsch spürbar ist.

Das erst in letzter Zeit klarer umrissene Oeuvre des aus Biberach gebürtigen Barockmalers *Johann Heinrich Schönfeld* (1609-1683 oder 1684) dürfte über dessen Augsburger Atelier eine bestimmte, wenn auch noch nicht näher faßbare Wirkung auf die Skizze und das Altarbild gehabt haben. Auffällig ist jedenfalls die Neigung zur kunstvoll verschlüsselten Allegorie bei Betonung der malerischen Werte, wie sie sich von dem Schönfeld-Schüler Johann Heiß bis zu Johann Georg Bergmüller äußert. Unser Umschlagbild und die Abbildung auf Seite 81 geben einen Begriff von der empfindsamen und leicht exaltierten Eleganz Schönfelds wie auch von der Kultur seiner Koloristik, die in Italien den Charakter des Persönlichen gewonnen hat. Dargestellt ist der Raub der

Proserpina, wie Pluto sie in einem goldenen Prunkwagen in das Reich der Unterwelt entführt. Die Nymphe Cyane (auf dem Umschlagbild links unten) zerrinnt vor Trauer und Zorn zu Wasser, während die prächtigen Rosse des Vierergespanns bereits den Feuergraben überspringen. Der zierliche Amorknabe in den Lüften hat seinen Pfeil schon abgeschossen. Das heute im Besitz der Deutschen Barockgalerie in Augsburg befindliche Bild ist 1964 aus der Sammlung Vitale Bloch, Paris, über den Schweizer Kunsthandel – mit Unterstützung der Gesellschaft zur Erhaltung Alt-Augsburger Kulturdenkmale e.V. – erworben worden. Es dürfte der früheren neapolitanischen Zeit Schönfelds, bald nach 1640, angehören – wie Herbert Peé annimmt – und vielleicht durch die zahlreichen festlichen Aufzüge am Hofe des spanischen Vizekönigs inspiriert sein. Einzelne Motive des Bildes, wie der prächtig gemalte Schimmel mit seiner bestickten Satteldecke oder die im Wasser hinschmelzende Nymphe, scheinen sich bis zu Kosmas Damian Asam und Pellegrini, durch Einflüsse holländischer Meister bereichert, bis zu Rugendas d. Ä. und Maulpertsch überliefert zu haben. Auf ähnliche Weise komponierte allerdings Christoph Schwarz das Thema, und es gibt vergleichbare Stiche von J. W. Baur und Antonio Tempesta, auf denen jedoch der Amorknabe fehlt.

Johann Wolfgang Baumgartner (1712-1761) ist der Maler des Deckenstücks im Sommerpavillon des Neuen Meersburger Schlosses, aus dem wir auf Seite 161 einen Ausschnitt bringen. Das im Jahre 1760 geschaffene Fresko darf als eines der feinsten Werke der profanen Rokokomalerei Süddeutschlands gelten. Dargestellt sind die zwölf Monate – an den zugehörigen Tierkreiszeichen zu erkennen –, wie sie ihren Reigen nach der Pfeife der Zeit tanzen nach der Devise: Omnia Tempus habent – Alles hat seine Zeit. Baumgartner hat sich in seiner Komposition durch ein Deckenstück Johann Evangelist Holzers, das sich nicht erhalten hat, anregen lassen. Dieses ist uns in einem Stich Johann Esaias Nilsons (abgebildet bei Adolf Feulner: Bayerisches Rokoko, vor Seite 113) überliefert, der die Beischrift trägt: ›Ein Deckenstück in dem Carlischen Garten Saal in fresco gemalt v. Joh. Holzer‹. Im Vergleich zu Holzers etwas gedrängterer Komposition, bei der das Bildfeld ein reines Oval bildet, hat Baumgartner das Thema aus dem Geiste des Rokoko selbständig entwickelt und räumlich aufgelockert wie auch thematisch bereichert. Unser Ausschnitt aus dem Fresko zeigt die Personifizierung des Monats August als eine anmutige Schnitterin mit Ähren und einer Rose auf dem Hut, wie sie schwungvoll zum deutschen Tanz antritt, dem Monat September durch Blicke und Hände innig verbunden; den Oktober als eine Satyrgestalt mit Weinlaub und Trauben; schließlich, halb verdeckt, der November. Darüber begibt sich der Sonnengott Apoll auf die Reise über den Zodiakuskreis. – Baumgartners Darstellung aus der Legende des Papstes Stephanus (Sammlung Kurt Rossacher) ist, wie wir nunmehr mit Sicherheit wissen, das Modell für einen Kupferstecher namens Joh. Matthias Werlin, genauer gesagt: für Josef Giulinis Stichwerk ›Tägliche Erbauung eines wahren Christen‹, Band III, 1757, wo wir nach Seite 662 die gleiche Szene spiegelverkehrt finden. Es überrascht eigentlich, daß ein Kirchenmaler derart erlesene und koloristisch brillante Bildchen (Format 31,2 x 21,6) für Vorlagenzwecke ausgearbeitet hat, doch gehörte es offenbar zum arbeitsteilenden Prinzip des barocken Kunstverlagswesens auf dem Gebiete der Erbauungsliteratur, daß der Maler durch sein ›pinxit‹ und der Stecher durch sein ›sculpsit‹ ausgewiesen sein mußte. Und die Invention ließ sich ja möglicherweise noch bei einem Altarbild oder Kirchenfresko entsprechend auswerten oder abwandeln (Seite 177).

Das Dekorationsgenie *Joseph Anton Feuchtmayers* wird uns in dem großartigen Korpus seiner Originalskizzen, Entwürfe und Werkstattkopien umfassend verdeutlicht. Der auf Seite 241 abgebildete Entwurf eines Hochaltars als Chorabschluß aus der Sammlung Wilhelm Reuschel (Bayerisches Nationalmuseum) ist als kolorierte Federzeichnung (etwa 70 x 41 cm) von auffallender Größe und Perfektion der Durchführung. Das rückwärtig signierte Blatt ist einem ebenfalls signierten und 1746 datierten Altarentwurf in der Wessenberggalerie in Konstanz (66 x 46 cm) nach dem Katalog der Sammlung Reuschel nächstverwandt. Zu Feuchtmayers eigenhändigem Entwurf für den Hochaltar in Birnau in Stuttgart (1748 datiert) besteht jedoch keine über allgemeine Stilmerkmale hinausgehende Verwandtschaft. Wie die meisten aus der Feuchtmayer-Werkstatt hervorgegangenen kolorierten und zart ausgeführten Entwürfe, dürfte auch dieser von dem Kopisten Feuchtmayers, dem Zeichner Franz Anton Dirr, geschaffen sein, vermutlich auf Grund einer Feuchtmayerschen Skizze oder Bleistiftvorzeichnung. Dirr hat dabei meist die an sich strenge, tektonische Struktur der Feuchtmayerschen Zeichnung malerisch aufgelockert und leicht verunklärt. Eine Ausführung läßt sich bisher nicht nachweisen. Vielleicht war dieser Entwurf als Vorlage für den Stecher Gottfried Bernhard Göz bestimmt, der eine Reihe der Feuchtmayerschen Dessins im Stich erscheinen ließ (vergleiche W. Boeck, ›J. A. Feuchtmayer‹,

Tübingen 1948, Seite 134 und Abbildung 170). Vielleicht ist aber auch ein Zusammenhang mit den Choraltären in Sankt Gallen, wo 1768 die Brüder Dirr erwähnt werden, gegeben. In diesem Falle hätten wir hier möglicherweise den Entwurf für den geplanten Hochaltar der Stiftskirche Sankt Gallen vor uns.

Unsere letzte Abbildung auf Seite 337 gibt eines der großen Kuppelfresken des *Januarius Zick* (1730-1797) in der ehemaligen Benediktiner-Abteikirche Wiblingen bei Ulm wieder. In seiner Gesamtheit ist das Freskenprogramm – eines der letzten großen des 18. Jahrhunderts – der Verehrung des Kreuzes Christi zugedacht, von dem das Kloster eine Reliquie besaß. Im vorletzten Joch des Chorraumes der Kirche wird die Kreuzauffindung durch die Kaiserin Helena und ihr Gefolge gezeigt wie auch der Echtheitsbeweis durch das Auflegen des Kreuzes und die Heilung einer todkranken Frau. Die barocke Aktion der Ausgräber im Vordergrund, die noch die Kreuzesnägel, die Inschrift und Splitter des Kreuzes zutage fördern, ergänzt die duftig gemalte Szene des Hintergrunds (links), wo der römische Venustempel auf Golgatha abgebrochen wird. Die vier ovalen Zwickelbilder erzählen die Legende von der Wiederauffindung des Wiblinger Kreuzpartikels im Dreißigjährigen Krieg: links unten seine Verbergung, rechts unten die Vision des schlafenden Maurers, rechts oben seine Rückkehr aus Kärnten und als letztes Medaillon links oben die Wiederauffindung des Partikels. Vier kleine Porträtsilhouetten dazwischen stellen nach der Überlieferung die Klosteroberen von Wiblingen dar. Ein Entwurf hierzu hat sich in der Klosterbibliothek Wiblingen erhalten. Gerade in der Isolierung des Deckenfeldes durch die strenge Rahmenform und ihre Ausschmükkung mit solchen Details aus dem klassizistischen Stilrepertoire zeigt sich die Haltung des Barockklassizisten, der die Grenzen zwischen illusionistischer Deckenmalerei und antikischer Dekoration wieder reinlicher gezogen haben möchte.

Autor und Verlag danken dem Initiator und Stifter der Sammlung Reuschel, Herrn Bankier Wilhelm Reuschel, für die Genehmigung zur Wiedergabe des Entwurfs für einen Hochaltar
von F. A. Dirr und J. A. Feuchtmayer in der gleichnamigen
Sammlung des Bayerischen Nationalmuseums. Herrn Eduard
Hindelang, Langenargen, sei für zahlreiche Hinweise herzlich
gedankt. Herr Kurt Rossacher, Salzburg, genehmigte freundlicherweise die Wiedergabe der Ölskizze von J.W. Baumgartner aus seiner Sammlung. Der Deutschen Barockgalerie, Augsburg, und dem Städtischen Museum, Meran, wird die Publi-
kation des Gemäldes von J. H. Schönfeld und der Ölskizze von
F. J. Spiegler verdankt. Der Verlag Karl Robert Langewiesche
Nachfolger Hans Köster war so freundlich, Druckstöcke für
die Wiedergabe der Ölskizze von F. J. Spiegler zur Verfügung
zu stellen, die in dem Band ›Deutsche Malerei des Rokoko‹ von
Bruno Bushart in der Reihe der ›Blauen Bücher‹ reproduziert
ist. Farbaufnahmen fertigten Theodor Keller, Reichenau, und
Praun Photo, München.

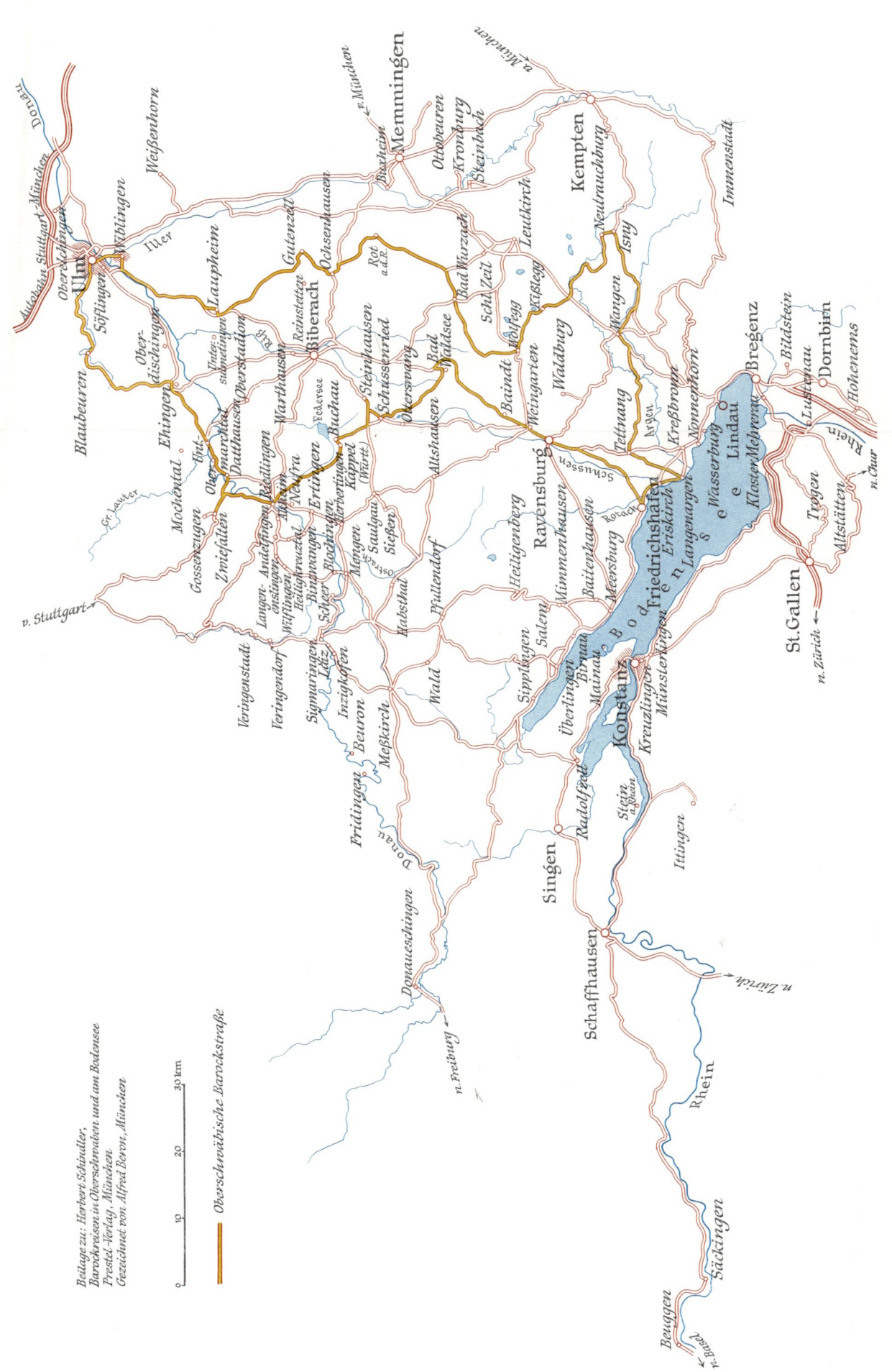

Beilage zu: Herbert Schindler,
Barockreisen in Oberschwaben und am Bodensee
Prestel-Verlag, München
Gezeichnet von Alfred Bervit, München

Oberschwäbische Barockstraße

0   10   20   30 km